语言·文化·传播丛书

中国书籍文化史研究

于翠玲 著

中国传媒大学出版社
·北京·

目 录

contents

绪 论

第一章 古代书籍的编辑与出版概念

第二章 西方书籍史视角下中国出版史的差异

第三章 “同文之治”语境下《康熙字典》的编辑特征

第四章 《康熙字典》在近代的出版流变

第五章 官修类书的编辑传统及其终结

第六章 从博物观念到博物学科

第十七章　古代采诗传统与近代办报观念

绪 论

一、总体思路

本书的研究范围是中国的书籍文化史,即以书籍为中心的研究,主要指中国的古代书籍,也涉及近代书籍。书籍具有物质形制和文本内容,便于携带,可以复制,其本身就是一种文化载体和传播媒介。书籍的历史涉及编辑史、出版史、印刷技术史、媒介史、阅读史、中外文化交流史等领域。书籍史研究包括书籍从产生到传播的复杂过程,“不仅要探讨这个过程中的每一个环节,也要研究这整个过程,这个过程在不同时间地点的表现形式,以及它同周边其他经济、社会、政治以及文化系统之间的关系”①。因此,书籍与文化系统不可分割,书籍史就是文化史的组成部分。我们有必要将具体的书籍的案例,放置于特定的历史语境、宏大的文化系统之中加以考察。

中国的书籍史(或称图书史、书史)源远流长,古代对书籍的整理形成了目录、版本、校勘等专门学问。民国时期的学者将其概述为中国文献学,1928 年郑鹤声、郑鹤春编写的《中国文献学概要》是第一本以文献学命名的书籍,作者指出:“中国文化之完备,世界各国,殆莫之京,此为中国文明之特色,即典籍之完美是也。”②这已经揭示了中国典籍与文化密切相关,显示了中国文明的特色。所谓文献就是指典籍,“典籍者,思想之结晶,学术所由寄也。所以考制度,稽意识,文化之积业,政道所由系。无论何国,对于文献之保存、研讨,必尽其力之所

---

① 达恩顿.拉莫莱特之吻——有关文化史的思考[M].萧知纬,译.上海:华东师范大学出版社 2011:88-89.

② 郑鹤声,郑鹤春.中国文献学概要[M].上海:上海古籍出版社,2001:7.

能而优为之"①。中国的典籍内容丰富,涉及广泛,意义重大,必须尽力研讨。这本文献学包括结集著录、校理审订、讲习传授、翻译外学、编纂刊印等内容,实际上涵盖了中国书籍史研究的诸多方面。可以说,中国文献学已经为书籍史研究奠定了深厚的基础。笔者的硕士、博士专业是中国古典文学和中国古典文献学,正是以文献学为基础,进入了中国书籍史的研究领域。

中国古代的书籍形成了独具特色的文化传统,涉及编辑观念、编辑体例、刊印技术、流通环节,还有读者阅读、图书收藏诸多方面。在西学书籍输入之后,经过长时期的文化冲突与融合过程,中国的书籍文化和出版格局发生了根本变化,也见证了中国社会文化的变迁过程。从西方的媒介史、书籍史、阅读史的研究视角来看,中国的书籍史与西方的书籍史存在着差异,可以相互比较,由此中国书籍史所具有的文化特征更为清晰,具有不可忽视的价值。在当今"国学"复兴的文化氛围中,梳理中国书籍史的发展脉络,以史为鉴,温故知新,也具有现实的参照意义。广而言之,书籍不是孤立存在的,"它在每个阶段表现出来的特点及其发展变化都有着复杂的社会历史背景。与书籍有关的各种思想、政治、经济、社会、文化现象,都是书史研究的对象。因而它绝不仅仅是书籍本身形制和内容的演化史,更是一部社会史、文化史、传播史"②。通过考察书籍本身的历史,我们便进入了长时段的文化研究、跨学科的学术视野。

二、各章要点

基于上述思路,本书主要以中国的书籍文献为基础,提出值得探讨的问题,选择有意义的书籍案例,加以梳理和研究。下面简单概述各章的内容要点,顺带说明写作的相关背景。

第一章总体概述中国古代书籍的编辑与出版问题。20 世纪 80 年代,伴随着改革开放的步伐,中国的印刷出版事业蓬勃发展,曾被称为"朝阳产业"。多家高校设立了编辑学专业,专家学者开始研讨中国特色的编辑学,而编辑史是建构编辑学的基础。为什么中国学者首先提出的是"编辑学"?编辑在中国的书籍史上担当什么角色?编辑活动是如何起源的?这都是值得思考和必须回

① 郑鹤声,郑鹤春.中国文献学概要[M].上海:上海古籍出版社,2001:5.

② 芬克尔斯坦,麦克利里.书史导论:译者前言[M].何朝晖,译.北京:商务印书馆,2012:7.

答的问题。笔者从 1995 年开始,为编辑学专业的本科生讲授中国编辑出版史的课程,就是从“编辑”这个关键词(概念)开始切入的,由此与“出版”概念以及出版史联系起来。本章梳理中国古代编辑出版的发展脉络,有助于我们更好地认识中国近代以及当代出版文化的演变过程。

第二章借鉴西方书籍史的视角,以中国古代官修的大型类书《古今图书集成》为聚焦点,探讨中国出版史的特点。近年来西方书籍史、阅读史、媒介史的书籍不断被翻译引进,为中国的书籍史研究提供了参照视角。值得探讨的是,中国书籍史与西方书籍史存在差异,这不仅是媒介技术问题,而且是巨大的文化差异问题,不能简单套用西方书籍史的研究模式。晚清民国时期,中国的出版史已经成为世界出版史的一部分,有必要进行跨学科的、跨文化语境的比较研究,《古今图书集成》就是当时学者与西方百科全书进行比较的典型对象。

第三章、第四章的研究对象都是《康熙字典》。一部御定书籍在清代的编纂与流布、在近代的印制和发行,这是一个长时段的考察过程。只有将其置于清代所谓“同文之治”的特殊语境之中,与同时的其他御定书籍比较,并考察其在近代社会文化变迁背景下的出版流变,才能呈现一部书籍的复杂样态和传播轨迹。换个角度来看,梳理一部书籍的生命史,可以窥见中国典籍文化从古代到近代的演变过程。这种以具体书籍为案例的文化考察,涉及横向与纵向比较,结合微观与宏观考察。可以说,《康熙字典》不仅是一部检字的工具书,而且是中国书籍文化史上的一个典型案例。从《康熙字典》到新字典的变化,也是新旧知识更替以及工具书转型的过程,尤其具有“知识社会史”的意义。①

第五章论述古代官修类书的编辑传统及其终结,以“编辑”作为切入点,这里的“编辑”也可以用“编纂”表述。在中国书籍史上,有很多辑录群书资料而编纂的书籍,特别是官修的综合性类书在历代不断繁衍,形成了特殊的文化理念、编辑体例、编排方法。值得探讨的问题是,这种编辑传统及知识体系是如何形成的,又为什么会在近代终结?西方书籍史考察作为“启蒙运动的生意”的“《百科全书》出版史”,并不涉及具体的编辑环节。与之对比,中国古代类书的编辑传统具有鲜明的文化特征,建构了中国古代类聚群书、层层积淀、整合为一

---

① 伯克.知识社会史 · 下卷:从《百科全书》到维基百科[M].汪一帆,赵博囡,译.杭州:浙江大学出版社,2017:167.此书指出:“历史学家们需要研究知识的废弃过程”;“当新知识进入某个特定文化时,大学课程、百科全书、档案馆或者图书馆里是否有旧知识被替代了,这一过程可被称作‘文化选择’”。

的知识体系。在近代中西文化交流的背景下，类书的编辑传统被百科型辞书体系所取代，但类书的文献价值依然值得探讨。

第六章辨析中国古代的“博物”观念的内涵及来源，梳理古籍中的博物文献资料，目的是结合近代西方博物学科输入的背景，反思中国古代博物文献的文化特征及价值。这种从“博物”观念到博物学科的跨越，起因是以近代来自西学的博物书籍为参照，追问中国有没有自己的博物学，由此探讨源自儒家传统的“多识之学”的发展脉络及其与诸多文献的关联，可以说是进入了古代读书人原有的知识视野和书籍世界。研究古代的博物观念以及博物知识，不仅有很多文章可做，而且对当今的博物文化普及和博物书籍出版也有借鉴意义。

第七章至第九章，都是基于古代书籍的编辑体例而展开的文本内容研究。中国古代类书有特定的编辑体例和分类名目，包括收录经过选择的文学诗赋等，这为文学创作提供了丰富的素材（包括史料、典故、辞藻等），或者说古代文人的知识结构就是类书式的，由此可以进行类书与文学关系的研究。第七章从类书探讨狐文化与狐文学，这仅仅是一个案例，也是古代博物文化中的动物类型之一。第八章论述诗歌选本《瀛奎律髓》受到类书影响，采用分类体例，其特别突出“梅花”一类的诗歌，呈现了中国古代梅花文学繁荣发展的景观。这实际上也是文人对梅花意象的建构过程，反映了传统的比兴思维对植物花卉文化的影响。第九章分析古代所编辑的大量诗格、诗话、诗选等书籍，其采用摘句品诗的方法，记录了古代诗歌名句被汇集、阅读和传播的轨迹。这三章都涉及古籍的编辑体例与文学创作及文化传播相互作用的关系。

第十章至第十二章，进入书籍的阅读史研究，涉及中国古代文人的读书观念和读书方法、不同的阅读群体（文人、家族、女性）、藏书文化等。书籍是文化思想的载体，读什么书，如何读书，甚至什么人（如女性）可以读什么书，这不仅塑造了读者的知识结构和人生观念，更反映了特定时代的文化规范和社会风尚。第十章从总体上比较儒士与隐士，这两个群体有不同的经典文献、读书心态和阅读方式。而陶渊明作为隐士读书的代表，其记录个人读书生活的诗文见证了当时纸质书籍流通及其影响的情况。第十一章论述古代的儒家文化渗透到家族层面，教子读书为士、藏书传于子孙，形成了中国读书文化的深厚基础。第十二章考察女性的阅读史，涉及古代女德教化的规范、才女对阅读空间的拓展,以此说明近代女学教育、女性解放所具有的重大意义。

第十三章、第十四章是书籍阅读史的个案研究,以康熙朝的博学鸿儒朱彝尊的阅读活动为线索,进入当时的社会文化语境。康熙帝组织文人编纂《明史》,使文人获得了广泛阅读和私下抄录宫廷藏书的机会;康熙帝对西洋历算天文书籍的阅读取向,对文人阅读和讨论西学书籍有引导作用,也为"西学中源"说的形成提供了文化氛围。朱彝尊的大量书跋是个人阅读史的记录,还涉及文人之间的书籍交流活动,展示了博学鸿儒的知识视野,在当时崇尚博综考据的学术风气中具有典型意义。此外,以朱彝尊对利玛窦的看法为线索,以天文历算书籍为媒介,可以关联梅文鼎的著作及其对乾隆朝的才女王贞仪的影响,还有近代梁启超等学者有关利玛窦对中国学术影响的评价。本书所呈现的这种微妙关联,反映了历时性阅读史自然形成的一种轨迹,也记录了利玛窦所输入的书籍在中国学术圈所激起的长久不息的回响。

第十五章论述书籍作为中学与西学相遇与沟通的媒介,对中国的社会文化变迁产生的重要影响。传教士利玛窦以"合儒"的方式解释西学书籍、梁启超早年阅读书目的变化以及所开列的西学书目,二者都是跨文化交流的例证。到了近代,所谓国学概念本来就是中西文化比较与融合的产物,梁启超开列国学书目,要求中国的大学生读中国书,具备"中国学人"的基本素养。这对我们在当今国学复兴的背景下,如何阅读国学书籍、出版国学书籍、建构国学体系,如何传承中国优秀传统文化,尤其具有温故知新的意义。

第十六章涉及传播史料和传播观念问题。伴随着西方传播学书籍的翻译引进,有关中国的传播史及媒介史的研究引起了学者的关注。当然,这出于对中华文化的自信,正如余也鲁在《中国文化与传统中传的理论与实际的探索》一文中所言:"以中国人的智慧,应该可以从中国的历史中找到许多传的理论与实际,用来充实、光大今天传学的领域。"①从中国古代典籍中搜集和整理相关的文献史料就是基础工作。如何辨析古籍中有关传播的语词概念,这需要借助文献学的知识,结合具体的历史文化语境,而不是简单与西方传播学的概念进行类比。

第十七章所论古代的"采诗"说,有其特定的文化内涵。此说又被近代的办报者反复引述、重新阐释,作为论证的思想资源,这正是梳理中国古代传播观念

---

① 宣伟伯.传媒·信息与人:传学概论[M].余也鲁,译述.北京:中国展望出版社,1985(最新增订本).

及其演变的一个案例。从古代“采诗”说到近代办报说,其中存在意义关联,这反映了中国文人特有的引经据典的思维方式及其演变轨迹,也有助于我们思考传播媒介功能与社会变革的关系。

总体来看,书籍史的研究就是“探讨书籍是怎样形成的,又是怎样在社会上传播的”①。但书籍是一个连接广泛的关键词,囊括了诸多学科,涵盖了复杂的文化层面。一部书籍的生命史可以从古代延伸到近代,再现于当代,通过不同读者的接受和阐释,实现其不朽的价值。考察书籍的历史,可以贯通古今,采用新旧对比以及中西比较的视角,由此发现书籍之间的关联,进入更为广阔的文化研究领域。因而,中国的书籍史也是文化史,是以书籍为研究对象的文化史,是具有中国文化特征的编辑史、出版史和传播史。从这个角度来看,本书各章虽然有不同侧重点,但见微知著,有着内在关联和焦点,可以统合在“中国书籍文化史研究”的整体框架之中;或者说是从文化的视角,研究中国书籍史的不同层面及其个案。本书以章节排列目录,是为了使线索更为清晰,便于阅读。

三、修订情况

这本书曾以《传统媒介与典籍文化》为书名,于2006年5月出版。此书出版后,本人发现有个别审校未能改正的错字,一直感到十分遗憾;平时读书过程中,有了新的思考、发现新的资料,便用小纸条夹在书中,或在书上标注,最终决定对全书进行修订。具体修订包括:删去原书中的三篇,增入近年撰写的五篇(第二、三、四、十三、十四章),重写绪论,重新编排各章顺序。原书保留的各章除了纠错,在资料上有所补充外,仍保持原来的基本框架。此外,书名改为《中国书籍文化史研究》,更能体现以“书籍”为中心的整体思路,凸显中国书籍史的文化特征。

本书各章内容是近十多年来陆续完成的,是对笔者平日读书、教书、写书过程中有所感悟和收获的一个小结,也可以说是个人阅读史的一种记录。中国古典文献学作为专业基础,有助于阅读古籍和检索各种资料。但如何研究书籍的复杂系统,还需要不断拓展学术视野。1995年由于编辑学专业的教学需要,笔者开始关注中国的编辑出版史研究,曾参加中国编辑学会组织的多次学术研讨

① 达恩顿.拉莫莱特之吻:有关文化史的思考[M].萧知纬,译.上海:华东师范大学出版社,2011:88.

会;后来在邵益文等先生指导下,承担了《普通编辑学》一书“编辑活动的发展历程”一章的写作①。随着西方传播学书籍的翻译引入,笔者从媒介环境学派有关媒介史的研究获得启发,开始将中国典籍作为一种传统媒介形态,探讨其在传统社会的流通以及为读书人所阅读的实例、在近代受到西学书籍影响而发生演变的过程,于2006年出版了《传统媒介与典籍文化》一书;此后,参照西方书籍史、阅读史研究的视角,将“印刷文化”作为一个交叉学科概念,探讨书籍的媒介特征及其文化价值、中国编辑学与西方媒介论的比较、中国印刷文化的特点、民国时期的书籍传播现象等问题,于2015年出版了《印刷文化的传播轨迹》一书。这次修订完成的《中国书籍文化史研究》一书,新增的五篇有四篇是在2016年以后撰写的,包括《古今图书集成》《康熙字典》和朱彝尊的案例。本书各章所探讨的问题,既源于多年积淀的古籍文献基础,也来自与时俱进的学术思考。

总之,上述成果记录了笔者以书籍为对象,对中国的书籍史进行探讨的过程。其间岁月匆匆,笔耕不辍,有许多读书的体会,值得回忆。翻检古籍,“每有会意,便欣然忘食”;考察国学,倾听梁启超一代学者的声音,会豁然开朗;阅读新书,与西方书籍史研究者不期而遇,则默默对话。然而,人生有限,书海浩瀚,不免望洋而兴叹;以蠡测海,更是难免有局限。本书如有疏漏,还请读者不吝赐教。本书中有多篇文章曾在学术期刊发表,在此谨向诸位编辑表达谢意。

最后,引述令人深思的名言:“睹乔木而思故家,考文献而爱旧邦。知新温故,二者并重。”②这是当年编辑出版家张元济等知名人士为刊印古籍而发出的声音。在当今的媒介环境中,中国的社会文化正在发生巨大变化,数字媒介对纸质书籍的出版及读者的阅读产生了很大冲击。我们有必要通过中国的书籍史,温故而知新,获得新启示。在建设文化强国的进程中,中国的典籍文化作为中华文明的根脉,绵延不绝,必将焕发生机,我们有责任传承这份厚重的文化遗产,为之做出力所能及的贡献。

(2020年11月于北京)

---

① 邵益文,周蔚华,等.普通编辑学[M].北京:中国人民大学出版社,2011.

② 按:此语最初见于《商务印书馆拟刊四部举要说略》,载《申报》1915年3月11日第11版。《申报》1920年6月25日又刊发这一广告,最后署名为张元济等25人“同启”。

第一章
古代书籍的编辑与出版概念

中国具有十分悠久的书籍编辑与出版的历史,而且最早发明了造纸技术和印刷技术。考察中国古代的编辑与出版活动的历史,有助于探讨中国古代书籍文化的形成及其特征,为进一步研究中国近代社会转型背景下,编辑与出版活动所发生的根本变革提供加以比较的基础;还可以参照西方书籍史的研究视角,回应其中涉及中国书籍史的问题,探讨中国编辑与出版活动的独特价值。

一、古代书籍的编辑概念

(一)古代"编辑"活动起源

在中国的历史上,编辑活动是什么时候出现的?这是中国学者研究编辑学时必须回答的问题。现有的中国编辑史著述一般认为,中国最早的编辑活动应该从对书籍的编辑开始。因此,本章首先追溯古代书籍的起源,探讨从书籍著述到书籍编辑的发展过程。

古代的"图书"一词,最初是"河图洛书"的省称。班固《汉书》记载:"昔三代居三河,河洛出图书。"①朱熹认为:"自伏羲以上皆无文字,只有图书最宜深玩,可见作《易》本原精微之意。文王以下方有文字,即今之《周易》。"②图书也泛指图与书,是二者的合称。《史记》记载:萧何"独先入,收秦丞相御史律令图

① 班固.汉书[M].北京:中华书局,1975:1438.
② 朱熹.原本周易本义[M].上海:上海古籍出版社,1989:11.

书藏之”。[1] 明代章潢编纂的类书名为《图书编》，“是编取左图右书之意，凡诸书有图可考者皆汇辑而为之说”。[2] 图书又称为书籍，《后汉书》有“历观古今书籍所载”等句。[3] 古籍中也使用“书”字代指书籍而组成词语，如读书、刻书、刊书等。

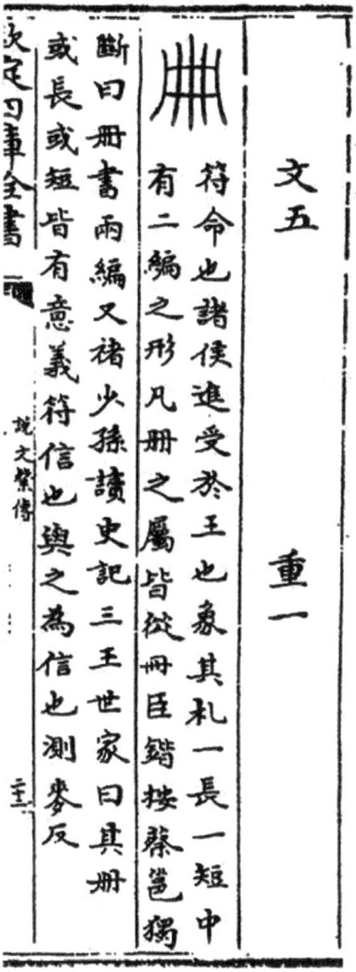
文五 重一

冊 符命也諸侯進受於王也象其札一長一短中有二編之形凡冊之屬皆从冊臣鍇按蔡邕獨斷曰冊書兩編又褚少孫續史記三王世家曰其冊或長或短皆有意義符信也與之為信也測麥反

图 1-1　南唐 · 徐锴《说文解字系传》

书籍的构成包括文字符号、物质载体、知识内容等要素。中国古代的书籍有不同的形制，从记录在甲骨、缣帛、竹简的文字，到纸质卷轴书，再到印刷版本的册页书，不仅独具特色，而且历史悠久。中国目前发现的最早的文字是殷商时代的甲骨文，据《尚书 · 多士》记载：“惟殷先人，有册有典，殷革夏命。”其注疏曰：“言汝所亲知殷先世有册书典籍，说殷改夏王命之意。”[4]从文字学来考证，《说文解字》解释：典是“五帝之书也”，也是“大册也”。“册”是象形字，其意思是“符命也，诸侯进受于王也。象其札一长一短，中有二编之形”，其中“编”字的意思是“次简也”，[5]是说“以丝次弟竹简而排列之曰编”[6]。结合这两个汉字的特点看：中国最初以单音节的“编”字，来表述编次典册的活动——对记载了文字信息的载体（竹简木片）加以编次，就形成了典册。与简牍同时，作为文字符号载体的还有甲骨。甲骨文中的“编”字，从字形上看也是“会以丝次弟竹

① 司马迁.史记[M].北京：中华书局，1973：2014.
② 永瑢，等.四库全书总目：下册[M].北京：中华书局，1981：1155.
③ 范晔.后汉书[M].北京：中华书局，1973：2397.
④ 孔颖达.尚书正义[M]//阮元.十三经注疏：上册.杭州：浙江古籍出版社，1998：230.
⑤ 许慎.说文解字[M].北京：中华书局，1979：99，48，276.按：札，即木简。
⑥ 段玉裁.说文解字注[M].上海：上海古籍出版社，1981：658。

简而排列之之意”。[①] 甲骨和竹简都需要编次，但甲骨的穿扎方式与竹简的编次方式有所不同。更为重要的是，甲骨片本身具有特殊功能：古人通过在甲骨片上钻、烧等产生的裂痕进行占卜[②]，然后用文字记录有关占卜的各种信息，最后将甲骨片作为档案收藏起来。而竹简不是占卜的工具，其作为物质材料也比龟甲更容易获得，更适合记录比较丰富的知识信息，并编次为成册的书籍。

不同的书写载体具有不同的物质特性，古人也根据传播久远的目的来选择多种物质载体。《墨子》记载：“古者圣王……又恐后世子孙不能知也，故书之竹帛，传遗后世子孙。咸恐其腐蠹绝灭，后世子孙不得而记，故琢之盘盂，镂之金石，以重之。”[③]将文字记载的内容附着在多种物质形式之上（从竹帛到金石），如此重复记录，目的是保存古代圣王的信息。所以，这是一种“传遗后世子孙”的工作。其中，“书之竹帛”是一种比较便捷的方式，却不如“琢之盘盂、镂之金石”可以保存久远。然而，在今天的研究者看来，“无论是雕铸或印盖在坚固材料上的文字记录，都不能称为‘书籍’。中国书籍始自竹简的应用，继以帛书和木牍。简策的长度，依内容为准；阔度则通常是很狭窄，只能直书一行；用书绳编连，可以卷起，也可折叠，正如今日书籍的册页”[④]。总之，中国最初使用单音节的“编”字，表示将刻录了文字内容的版片（由于竹简、木牍、甲骨等载体所能书写的字数有限，而必须加以编连），按照一定的顺序（分类、时间、内容等）编连成为篇章（典册）的工作。只有编次成篇的版片才能称为册书典籍，而铸造在青铜器物上的、无法编次成册的文字只能称之为文献，或者说是附载于青铜礼器的文字内容。

作为书籍，不仅要有文字符号（包括书写方式）、物质载体，还必须具有篇目清晰、便于阅读的知识内容。经学家对《左传》记载的“三坟、五典、八索、九丘”，注疏为“皆古书名”“即谓上世帝王遗书也”。[⑤] 这些图书似乎只是传说，在古代书目中没有记载，目前也没有见到考古证据。但是，“在早期文明时代，在

---

① 徐中舒.甲骨文字典[M].成都：四川辞书出版社，1988：1412.

② 许慎.说文解字[M].北京：中华书局，1979：69.此书记载：“卜，灼剥龟也，象炙龟之形。一曰：象龟兆之纵横也。”

③ 孙诒让.墨子间诂：卷八明鬼下[M].上海：商务印书馆，1935：152.又，此书卷十二贵义曰：“古之圣王欲传其道于后世，是故书之竹帛，镂之金石，传遗后世子孙，欲后世子孙法之也。”（278 页）

④ 钱存训.印刷发明前的中国书和文字记录[M].北京：印刷工业出版社，1988：128.

⑤ 孔颖达.春秋左传正义[M]//阮元.十三经注疏.杭州：浙江古籍出版社，1998：2064.

书写文本出现之前,会有一个长期的口述传统,在口述话本(oral texts)中某些言说是被作为权威性的东西来传述的。最早的文献往往是将这些口述的内容转变为文字的记述"[①]。而将口述文献整理成书面文本,就是所谓"书之竹帛"(将有意义的文字附着在竹简或丝帛上面)、编次为图书的工作,目的是为了使出自古代圣王或先贤的、具有权威性的内容得到更为久远的传播,这就构成了编辑活动产生的基础。

(二)先秦士人的编辑活动及其理念

根据今人的观点,编辑活动的主体是中介者,其工作性质是对他人的著述文本进行整理加工,使之便于传播的行为。从中国古代的编辑活动来看,早在先秦时代,有两种特殊的编辑活动值得注意:一是史官对官方文献典籍的整理和保存工作,一是儒家(孔子及其后学)对先贤典籍的整理和传播活动。

其一,史官。中国很早就有史官的建制。《汉书·古今人表》记载:"仓颉,黄帝史。"[②]这说明夏商时已有史官的建置,仓颉是文字的发明者,也是史官,史官是最早掌握了文字符号的人。史官的职责是占卜,即根据占卜的结果,解释其意思,并用文字记录卜辞。这实际上充当了中介角色——沟通问卜者与上天的旨意。史官具有神圣的监督职责,负责记录帝王的言行和国家发生的重大事件,形成了秉笔直书的"良史"传统。《汉书·艺文志》记载:"古之王者,世有史官,君举必书,所以慎言行,昭法式也。左史记言,右史记事。事为《春秋》,言为《尚书》。帝王靡不同之。"[③]

史官还负责整理和保存官方的典籍,《后汉书》记载:"唐虞三代,《诗》《书》所及,世有史官,以司典籍。"[④]这种"司典籍"的职责一直延续下来,例如,北齐编纂的《魏书》批评李琰之"修撰国史……前后再居史职,无所编缉"(缉,通"辑"字,指收集编次)。[⑤] 反之,史官应负责编辑资料,修撰国史。这是中国史

---

① 陈来.古代思想文化的世界——春秋时代的宗教、伦理与社会思想[M].北京:生活·读书·新知三联书店,2002:170.

② 班固.汉书[M].北京:中华书局,1975:867.

③ 班固.汉书[M].北京:中华书局,1975:1715.

④ 范晔.后汉书[M].北京:中华书局,1973:1325.

⑤ 魏收.魏书[M].北京:中华书局,1974:1798.

书中“编缉”二字作为复合词使用的最早记载,后来改用“编辑”①。尽管这里“编辑”的意思与后来有所不同,但史官对典籍的编次整理工作,正是中国悠久的史书编辑活动的起点。由于历代“史官不绝,竹帛长存”②,中国的历史得以有延续不断的记载,并形成所谓“二十四史”系列。我们“在考察中国文化时,不能忽略大量连续的历史文化典籍书卷的存在……中国文化的令人惊诧的持续性,是编辑工作重要性的最有力的证明”③。

其二,儒家。中国古代早期的学术活动是由官方掌握的,任何一门学术都没有以私人身份讲授的,只有官吏以某一部门成员的身份才能够讲授这门学术。但是,在周王朝后期,王室失去了控制能力,天下礼崩乐坏。于是,原来在王室任职的史官携带史书,四处逃奔。而新兴的士阶层也纷纷著书立说,奔走游说,形成了所谓百家争鸣的局面。其中儒家的代表人物孔子(公元前551—公元前479),以私人身份整理史书以及其他典籍,对中国的编辑活动产生了极为深远的影响。

一般认为,孔子对六经进行了整理工作。《庄子·天运》篇记载,孔子自述:“丘治《诗》《书》《礼》《乐》《易》《春秋》六经,自以为久矣。”④孔子究竟是如何整理六经的呢?《论语》中有这样一句话:“子曰:述而不作,信而好古。”孔子并没有说明“述而不作”与其整理六经典籍有什么关系。然而,儒家后学对此多有发挥。皇侃《论语集解义疏》解释:“云述而不作者,述者传于旧章也,作者新制作礼乐也。孔子自言我但传述旧章,而不新制礼乐也。夫得制礼乐者,必须德位兼并,德为圣人,尊为天子者也。所以然者,制作礼乐,必使天下行之,若有德无位,既非天下之主,而天下不畏,则礼乐不行。若有位无德,虽为天下之主,而天下不服,则礼乐不行,故必须并兼者也。孔子是有德无位,故述而不作也。”⑤朱熹《论语集注》解释:“述,传旧而已。作,则创始也。如作非圣人不能,而述则贤者可及……孔子删《诗》《书》,定《礼》《乐》,赞《周易》,修《春秋》,皆传先王之旧,而未尝有所作也,故其言如此……然当是时,作者略备,夫子盖集群贤之

---

① 李延寿.南史[M].北京:中华书局,1975:1008.《南史》记载:刘苞“好学,能属文,家有旧书,例皆残蠹,手自编辑,筐篋盈满”。这里“编辑”一词是编书的意思,以后取代“编缉”一词。

② 赵吕甫.史通新校注[M].重庆:重庆出版社,1990:631.

③ 戴文葆.编辑工作的重要意义[C]//中国出版科学研究所科研办公室编.论编辑和编辑学.北京:中国书籍出版社,1991:11.

④ 王先谦.庄子集解[M].北京:中华书局,1987:130.

⑤ 皇侃.论语集解义疏[M]//丛书集成初编:0482册.上海:商务印书馆,1937:85.

大成而折衷之。其事虽述，而功则倍于作矣，此又不可不知也。”①章学诚也认为：“夫子尽周公之道而明其教于万世，夫子未尝自为说也。表章六籍，存周公之旧典，故曰：述而不作，信而好古。”②根据这些阐释：只有圣人才有“作”的权力，孔子不具备“作”的地位，只能对记录了先王礼乐制度的“旧典”进行删修、编次、整理等工作。或者说，孔子的贡献就在于本着“信而好古”的理念，通过整理旧有的六经典籍，来遵循圣人所“作”，传承先王之旧典。

儒家对“作”与“述”关系的阐释，其实也区分了著述者与编辑者的不同身份。编辑者非著述者，而是对他人的著述进行编辑整理。孔子不是六经的著述者，只是编辑者。但编辑者在“述”的过程中也有“作”的意义，表现出特定的编辑意图。有儒家学者强调“《春秋》是孔子作，作是做成一书，不是抄录一过。又须知孔子所作者，是为万世作经，不是为一代作史”；还总结了孔子所谓“《春秋》笔法”，阐释其中所隐含的褒贬是非的“微言大义”，以便为当朝的政治制度提供依据。③ 可见，儒家所谓“述”者，在编创体例、选择加工过程中也贯穿了自己的准则，正如范文澜所概括的：“六经从形式上说是叙述旧文，从整理的准绳和经义的阐明说是创作新意，述与作是不可分的一件事。自孔子订为六经，儒家学派有一定教本。”④

专门解释古籍词语的《辞源》对“编辑”一词的定义是“收集资料，整理成书”。这个意义上的编辑，在中国的书籍史上有着悠久传统，特别值得关注。如此看来，孔子所作的“编辑”工作，就是将当时搜集到的文献资料，以“述而不作”的方式加以编辑，整理成书的过程。范文澜是这样描述的：“孔子非常博学，收集鲁、周、宋、杞等故国的文献，整理出《易》《书》《诗》《礼》《乐》《春秋》六种教本来，讲授给弟子们。这些教本写在二尺四寸长的竹简上被尊称为经，孔子和其他诸儒解释经义的文字写在较短的竹简或木版上称为传。有了儒家经传，随着儒家学派的盛行，六经以外的书籍逐渐亡佚。”⑤ 陈来列举“春秋时代人们各种‘引证’‘称引’的材料，意在彰显出这个时代对权威性言说资源的强烈需求，而这种需求乃是思想文献化、文献经典化的根本动力”，并说明“引据的实

① 朱熹.四书章句集注[M].北京：中华书局，2005：93.

② 仓修良.文史通义新编[M].上海：上海古籍出版社，1993：49.

③ 皮锡瑞.经学通论：春秋[M].北京：中华书局，2003：2.

④⑤ 范文澜.中国通史：第1册[M].北京：人民出版社，1994：170.

践，必须通过重复地凝聚于某些文本，来造成真正的经典化。而《诗》与《书》，就是在这样的过程中所形成的经典”，“儒家继承了春秋时代称引诗书、以诗书为经典的传统，传承诗书、解释诗书，在话语中称引诗书，一直到汉代前期仍然如此”。[①] 自从汉武帝采纳董仲舒的建议，实施“独尊儒术”的文化政策以后，孔子所整理的“六经”一直是占有主导地位的学术思想，儒家学者始终遵循孔子“述而不作”的原则，以笺、注、疏等形式编述资料、阐释内容、复制版本，而不是采用自立新说的著作方式，这些著述后来被编辑成“十三经”典籍及其注疏系列，这是中国编辑史上独具特色的文化传播现象。

总之，在先秦时代，在具备了文字符号及其物质载体的情况下，原本通过口耳相传的文献资料（如“诗三百”），最终被书写记录，按照一定的体例，编辑成为简册形式的书籍。这种活动最主要的精神动力——来自史官记事的神圣使命感，也来自儒家的复古理想和传道意识。或者说，这种精神动力是中国编辑活动产生的源头。

二、古代编辑与出版的关系

上面谈到古代编辑活动的起源，如果以“编辑”为线索，可以梳理中国悠久的书籍编辑史。但最初的书籍之编辑，或者称之为“编集”“编纂”，并不直接与出版相关。或者说，中国古代的书籍编辑活动早于出版活动。有学者将“编辑”分为两种：一是作为出版工作一部分的编辑，一是作为著作方式之一的编辑。[②] 从编辑史的角度看，这两种编辑活动都是值得研究的。而从出版史的角度看，“出版概念中的编辑，理所当然是出版编辑，不能是别的什么编辑”。[③] 因此，中国古代的书籍之编辑与出版是什么关系，还需要进一步探讨。

（一）从“书版”说起

汉代许慎《说文解字》解释“版”字为“判也，从片”，解释“牍”字为“书版

---

① 陈来.古代思想文化的世界——春秋时代的宗教、伦理与社会思想[M].北京：生活·读书·新知三联书店，2002：157.

②③ 刘光裕.先秦两汉出版史论[M].济南：齐鲁书社，2016：4.

也”。[①] 参考《说文解字序》所言：“著于竹帛谓之书，书者如也。”[②]元代舒天民解释：“‘书者如也，以其所言著于竹帛，能如人意，故谓之书。文言其形，字言其孳，书言其用艺之至也。’古未有纸，编竹简而书之，或书于帛，帛亦谓之纸。”[③]因此，“书版”最初应是指版片（竹简、木牍、缣帛），其可用于书写有意义的文字，将文字附着其上。

如前所述，最初的编辑工作是与书籍的载体形式相联系的，目的是整理成为一种有固定版本形态的书籍。但是，作为一种版本形态的书籍，只是为保存、流传或者复制传播提供了母本。至于以何种方式（载体）来复制这一母本，这又是与编辑的目的、传播的范围、复制技术等因素密切相关的。

原始的书籍向公众传播的方式主要是口传。孔子最初将口传的旧籍整理成“六经”，以此作为私人讲学的教材，而《论语》可以说就是孔子讲学的记录。张舜徽根据“论”字的本义“是集合很多简册加以排比辑录的意思”，说明“《论语》那部书的命名，便取义于此。所以《汉书·艺文志》说：‘论语者，孔子应答弟子、时人，及弟子相与言而接闻于夫子之语也。当时弟子各有所记，夫子既卒，门人相与辑而论纂，故谓之论语。’”[④]宋人邢昺《论语注疏》提到“论语注解传述人”的线索，还说明《论语》“以其口相传授，故经焚书而独存也。汉兴，传者则有三家。鲁论语者，鲁人所传，即今所行篇次是也”。[⑤]这可以说延续了孔子“述而不作”的编辑传统。东汉朝廷设立了五经博士，更使师生相传、口头讲授成为儒家经典传播的重要方式。阮元指出：“古人简策繁重，以口耳相传者多，以目相传者少。是以有韵有文之言，行之始远……古人简策，在国有之，私家已少，何况民间。是以一师有竹帛而百弟子口传之，非如今人印本经书，家家可备也。”[⑥]皮锡瑞也分析：汉代经学“所以如此盛者，汉人无无师之学，训诂句读皆由口授；非若后世之书，音训备具，可视简而诵也。书皆竹简，得之甚难，若

---

① 许慎.说文解字[M].北京：中华书局，1979：143.按：《说文解字》中无“板”字。“板”字后出，意思与“版”同（参见《玉篇》）。

② 许慎.说文解字[M].北京：中华书局，1979：314.

③ 舒天民.六艺纲目[M]//丛书集成初编.上海：商务印书馆，1937：101.

④ 张舜徽.中国文献学[M].武汉：华中师范大学出版社，2004：26. 按：班固《汉书·艺文志》颜师古注：“纂与撰同。”

⑤ 邢昺.论语注疏[M].桂林：广西师范大学出版社，2019：1.

⑥ 阮元.揅经室三集卷二：数说[M]//丛书集成初编：2204 册.上海：商务印书馆，1936：568.

不从师,无从写录;非若后世之书,购买极易,可兼两而载也”①。可以想见当时经师持竹简版本讲授,弟子凭记忆讽诵或者再行记录于竹简的情形,这可以说也是一种复制传播的形式。

将编辑已定的典籍版本镂刻于碑石,向公众展示,以供抄录复制,这是官方经常采用的发布标准文本的方式。东汉熹平四年,蔡邕等人“以经籍去圣久远,文字多谬,俗儒穿凿,疑误后学”,上疏“奏求正定六经文字。灵帝许之,邕乃自书丹于碑,使工镌刻立于太学门外。于是后儒晚学咸取正焉。及碑始立,其观视及摹写者,车乘日千余辆,填塞街陌”。② 这种发布方式是后来雕版印刷的雏形,所谓“秦汉刻石,即板刻之权舆。汉立石经,俾学者就近校正经文,又可用捶拓之法取之以去,此非印本而何？特不如雕版印书之为能行远耳。自印刷之术日新,致用之途益广,便民垂远,为效甚宏”。③ 即使在雕版印刷技术发明之后,儒家、道家以及佛教经典仍然采用过以碑石镂刻的方式,如儒家刊刻的有魏正始二年的三体石经、唐代开成石经和五代蜀石经等,历代共有八次大规模刊刻儒家石经的活动。实际上,官方发布的石经也被拓印下来,再被官方著录和收藏,《隋书·经籍志》记载:汉、魏石经,“其相承传拓之本,犹在秘府”。④

汉魏以来,纸张的发明和普遍使用,为抄录复制书籍提供了极大的方便,以竹帛为载体的书籍逐渐被以纸为载体的书籍所取代。民间还出现了擅长书法者代人抄书的职业(佣书),以及专门出售书籍的书肆。据记载,东汉班超“家贫,常为官佣书以供养”。⑤ 阚泽“好学,居贫无资,常为人佣书,以供纸笔,所写既毕,诵读亦遍”。⑥ 而“晋、宋以来,多能书者。故其时俗,递相染尚,所有部帙,楷正可观”⑦。这种雇人抄书或售书的书肆,以纸笔为工具,通过复制书籍而满足读者的需求。有学者认为:汉代“佣书的雇主,或为官员,或为士人”,不是书商。但汉魏以来,书籍的文本通过读者传写的方式,实现了公众传播,“将书籍实现公众传播作为出版诞生的历史依据,由此出发,可以确定中国出版诞生

① 皮锡瑞.经学历史[M].周予同,注释.北京:中华书局,2008:131.
② 范晔.后汉书:蔡邕列传[M].北京:中华书局,1973:1990.
③ 汪砚山.十二砚斋随录[M]//张舜徽.清人笔记条辨.北京:中华书局,1986:331.
④ 魏征.隋书:第四册[M].北京:中华书局,1973:947.
⑤ 范晔.后汉书:班超传[M].北京:中华书局,1973:1571.
⑥ 陈寿.三国志:吴书[M].北京:中华书局,1973:1249.
⑦ 颜氏家训[M].夏家善,等注释.天津:天津古籍出版社,1995:208.

于汉代”。①

(二)进入“板印”时代

板印的板,不是竹简木牍,而是指书板。隋唐五代时雕版印刷技术开始应用,宋代又发明了活字印刷技术,这极大地提高了书籍的复制速度和出版数量。沈括记载:“板印书籍,唐人尚未盛为之。自(五代)冯瀛王(冯道)始印五经,已后典籍皆为板本。庆历中,有布衣毕昇又为活板。”②这样,古代儒家经典的复制从手抄版进入了印刷版的阶段。民间书坊的功能也逐渐完善,具备了将编辑成书和大量复制联系起来,并从事书籍流通业务的条件。尽管古代没有“出版”这个词语概念,而是用“板印”“刻印”“梓行”“刊板印行”等表述,但这时的书籍已经形成了编辑、印刷、发行诸多环节,也就是完整的出版流程。

板本是指书板形态,也写作版本,其物质载体及装帧形式是有变化的。中国书籍史一般根据书籍的载体和装订形式,分为三种书籍制度:简牍制度、卷轴制度、册页制度。我们也可以根据书籍的复制手段,将其称为简牍编次本、卷轴抄写本、册页印制本(雕版、活字、铅印),当代又出现了电子屏幕本。

关键在于,板印书籍是由整板雕刻文字,或摆排活字而形成的页面,逐页印刷,装订成册,批量复制,同一板所印出的书籍是完全一样的,这是和手抄文本不同的地方。印刷出版的书籍都有明确的版本标记,说明其所依据的版本情况,还有作者或编辑者、刊刻者的姓名。文人对书籍的版本,特别是宋刻本特别重视,宋版书也成为藏书珍品,在明清时期已经很难见到。明清文人热衷于搜集各种书籍版本,进行比较鉴别,著录校勘,逐渐形成了专门的考据学问。无论是官方的书目提要还是私人的藏书题跋都会详细记录书籍版本。例如,《四库全书总目》记载杜牧《樊川文集》:“唐《艺文志》作二十卷。晁氏《读书志》又载《外集》一卷。王士祯《居易录》谓旧藏杜集止二十卷,后见宋版本,雕刻甚精,而多数卷。”③这类记录反映了书籍版本(包括抄本、刊本)流传的具体情况,也是书籍出版史的资料。

今天看来,古代的“出版”概念是指用特定复制手段所生产的版本形式。与

---

① 刘光裕.先秦两汉出版史论[M].济南:齐鲁书社,2016:356,14.

② 沈括.梦溪笔谈[M].余金良,胡小静,译.上海:上海古籍出版社,2013:171.

③ 永瑢,等.四库全书总目:下册[M].北京:中华书局,1981:1296.

这个概念相关联,“编辑”就是为“出版”提供母本的工作,“出版”活动则是以一定的载体形式和复制手段,使母本得以复制以便于流通的行为。中国古代官方、私人和书坊都印刷出版过大量书籍,促进了书籍的流通,反过来也促进了书籍进一步汇辑、刊刻和流传。但受到政治、经济、文化、技术等因素的影响,中国古代也有不少编辑而成的书籍母本,仅仅用于收藏以留存于后世,却没有及时得到大规模的复制发行,其传播的范围取决于抄写及扩散的份数。即使在造纸技术、雕版印刷及活字印刷技术有了很大进步之后,手抄本依然是复制书籍的重要形式①,如清代官方组织编纂的大型丛书《四库全书》先后抄录了七个副本,分别收藏在七处官方修建的藏书阁,其中江南三阁曾经对士人开放,准许士人抄录所需要的书籍。私人藏书家为了获取稀见的书籍版本,也要采取抄录的方式,而难以获得刊刻的版本。

三、古代书籍编辑与刊刻的总体格局

中国古代的编辑活动从先秦时代起源,发展到明清时代,形成了悠久的历史。如果从纵向进行考察,中国的编辑活动早于出版活动,大约到了晚唐五代和宋代,在雕版印刷技术普及后,受到政治、文化等因素的制约,逐步形成了官方、私人、书坊三者并存的编辑与刊刻的总体格局。与之相应,书籍版本也分别称为官刻本、私宅本、坊行本。②

(一)官方的书籍编辑与刊刻活动

如前所述,在学术官守的时代,由史官负责保管官方的典籍。所以,中国官方的编辑活动早于民间的编辑活动。有关各个朝代由官方组织的编辑活动,在各代史书的“经籍志”或“艺文志”中都有详细记载。曹之曾指出“历代官方图书编撰机构连续不断,从汉代的秘书监到清代的翰林院,绵延近两千年,从未间断。任何一个朝代,无论是国泰民安时期,或是多事之秋,都没有忘记修书这件大事”,还列表统计了历代官方修书机构及其出书情况。③

---

① 张舜徽.中国文献学[M].武汉:华中师范大学出版社,2004.此书第六编第一章“抄写”,介绍了雕版印刷出现之前与之后,文人不断抄书的情况。

② 叶德辉.书林清话:书林清话叙[M].北京:中华书局,1999.

③ 曹之.中国古籍编撰史[M].武汉:武汉大学出版社,1999:621.

官方规模较大的书籍编辑活动最初是从整理书籍开始的。《汉书·艺文志》记载："汉兴，改秦之败，大收篇籍，广开献书之路……建藏书之策，置写书之官，下及诸子传说，皆充秘府。"①刘向等官员曾奉命校勘群书，其具体的步骤有：征集遗书、广备众本；分工合作，互相参校；校字句，订脱误；补缺去重，确定篇章；确定书名，编写叙录；最后将校勘完成的书籍重新抄录在竹简或缣素之上，形成官方认定的版本。如《列子叙录》就记录"校雠从中书已定，皆以杀青，书可缮写"②。此后，历代朝廷都对皇家收藏的书籍进行整理、编目和抄录副本等工作。唐代官方修书的制度更加完备，分门别类，加以抄录和装裱："开元时，甲乙丙丁四部书各为一库，置知书官八人分掌之。凡四部库书，两京各一本，共一十二万五千九百六十卷，皆以益州麻纸写。其集贤院御书：经库皆钿白牙轴，黄缥带，红牙签；史书库钿青牙轴，缥带，绿牙签；子库皆雕紫檀轴，紫带，碧牙签；集库皆绿牙轴，朱带，白牙签，以分别之。"③清代官修的《四库全书总目》是中国传统四部分类书目的集成，其编排图书的部类以及顺序、各类的小序、图书提要中的评语等，充分显示了中国古代文化和知识系统的特征。其中"经"部是儒家经典的总称，特指十三经及其注疏系列图书，具有居高临下、统领其他各部的地位。其中"诗三百"本是文学作品，经过孔子编辑、儒者笺注后，便被归入了经书系列。古代关于自然科学技术的书籍一般列在子部，数量很少。通过历代的官修书目，我们可以了解各部类书籍的编辑体例、分类格局、版本装帧和刊印流传等情况。

官方的书籍编辑活动也是当朝者实施文治教化的具体举措。自汉代独尊儒术以后，儒家经典成为官学。隋、唐实行科举制度以来，儒家"五经"和"四书"及其注疏等书籍是官方指定的考试书目，因而儒家经典的校订和颁行受到官方特别重视。唐太宗曾"诏前中书侍郎颜师古考定《五经》，颁于天下"作为标准读本，又"诏国子祭酒孔颖达与诸儒撰定《五经》义疏"，命名为《五经正义》，统一了儒学注疏的版本，"令天下传习"。④ 五代后唐时期，朝廷"敕令国子监集博士儒徒，将西京石经本，各以所业本经，广为抄写，仔细看读，然后雇召能雕字匠人，各部随帙刻印板，广颁天下。如诸色人要写经书，并请依所印刻本，

---

① 班固.汉书：四[M].北京：中华书局，1975：1701.
② 孙钦善.中国古文献学[M].北京：中华书局，1994：108.
③ 刘昫，等.旧唐书：经籍志下[M].北京：中华书局，1975：2082.
④ 刘昫，等.旧唐书：儒学传[M].北京：中华书局，1975：4941.

不得更使杂本交错”。① 经过选定版本、审读，然后刻印，再颁布传播，实现了一个完整的出版流程。这些刻本被称为“监本”，对后代官方刻印儒家经书产生了很大影响，宋代监本就是以五代监本为底本刻印的。

延续先秦时代的史官传统，历代官方都组织专门的修史活动。例如，“汉兴之世，武帝又置太史公，位在丞相上，以司马谈为之”。② 司马谈去世后，其子司马迁接续了太史令职位，编纂完成了纪传体史书《史记》。有关修史机构的变化，《旧唐书·职官志》记载：“魏明帝始置著作郎，专掌国史，隶中书。晋改隶秘书省，因而不改。(唐)贞观年修《五代史》，移史馆于禁中……贞观已后，多以宰相监修国史，遂成故事也。”唐代史馆的编制中除了修撰等职，还包括楷书手、典书、装潢直、熟纸匠等专门人员。③ 这种由朝廷设立、分工明确的史馆机构一直延续到清代。史馆中的史官不仅编纂本朝国史、会要等书籍，还负责编纂前朝史书、校订和刊印历代“正史”，逐渐形成了中国古代体例多样的史书系列。例如，清代乾隆四十年，永瑢等大臣在《进旧五代史表》中详细说明了对《旧五代史》的编辑过程：“臣等已将《永乐大典》所录《旧五代史》，依目编辑，勒成一百五十卷，谨分装五十八册，各加考证，粘签进呈。敬请刊诸秘殿，颁在学官。搜散佚于七百余年，广体裁于二十三史。”④

经史之外，官方还热衷编辑各种大型的资料汇编类图书，如类书、丛书、诗文总集等，作为彰显一代“文治”的标志性成果。其中官修的综合性类书，从唐代的《艺文类聚》到宋代的《太平御览》《册府元龟》、明代的《永乐大典》、清代的《古今图书集成》等，都是在前人已有类书的基础上抄录编纂的，其规模越来越大，却不易复制，也没有进入销售流通环节。例如，明成祖永乐元年至永乐六年编纂完成的《永乐大典》，仅参加纂修、誊录的文人学者就多达二千余人，编纂完成数年后又动用了一百多人，花费了五年时间才抄录完成了一部副本。清代康熙年间编纂的《古今图书集成》，在体例上“广罗群籍，分门别类，统为一书，成册府之巨观，极图书之大备”⑤，多达一万卷。这部后来被西方称为“东方百科全书”的大书，曾在雍正年间用铜活字印刷，却仅仅复制了六十多部，一般人也无

① 薛居正，等.旧五代史[M].北京：中华书局，1976：588.
② 赵吕甫.史通新校注[M].重庆：重庆出版社，1990：640.
③ 刘昫.旧唐书[M].北京：中华书局，1975：1852，1853.
④ 薛居正.旧五代史：附录：编定旧五代史凡例[M].北京：中华书局，1976：2025.
⑤ 雍正皇帝.古今图书集成序[M]//古今图书集成.北京：中华书局，成都：巴蜀书社，1985.

从阅读。乾隆年间由皇帝主持编纂的《四库全书》更是汇集四部书籍，卷帙浩繁，但动用大量人力手工抄录了仅仅 7 部，分藏在文渊阁、文津阁、文澜阁等 7 处藏书地。

上述规模浩大的书籍编辑和刊印工程，必须依赖皇帝任命编纂官员、设立专门的编纂机构、组织众多文士参与；还要利用皇家收藏的书籍资料或广泛征集民间书籍，并得到朝廷的财力支持，否则是无法完成的。这类官修书籍一般说明是“奉旨编辑”，书籍前面有“编辑大意”或“编辑凡例”，还列出不同名目的编辑人员，如“编修史”“纂修官”等。有的御定书籍，是由皇帝亲自主持编辑的，如康熙帝对《佩文韵府》一书“钦颁体例，御定规模。每卷每帙，排日进呈。一字一句，遵旨定夺”①，直到全部刊刻完成。从另一个角度看，官方的书籍编辑和刊刻活动也是文化整合或文化控制的产物。清代乾隆帝主持编纂《四库全书》时，就下令禁毁了大量所谓有“违碍”内容的书籍，造成了很大损失。那些被冠以皇帝钦定、御制名义的书籍，即使存在许多错误也不能随便加以修订，如《康熙字典》被称为“字典”，就是“奉为典常而不易”的意思，王锡侯曾针对《康熙字典》而编纂了《字贯》，便招来了杀头之祸。②

在雕版印刷技术普及后，各级地方官员也组织书籍编刻活动，形成了庞大的地方出版传播的渠道。《中国古代印刷史》列表详细统计了《宋代州、县政府刻印书籍情况》（以南宋为主）、《明代藩府印书情况》、《明代各府印刷情况》。③这些书籍被称为官府本、藩府本。④ 地方行政机构参与书籍的编刻活动，不仅有利于自上而下实施“文教”政策，也有助于对民间出版活动进行监管控制，从而维持社会秩序的稳定局面。

（二）私人的书籍编辑与刊刻活动

私人对书籍的编辑，其实是文人参与的非官方的编辑活动，这应该从春秋时代学术下移之后，孔子以私人身份整理六经开始。但自从汉代独尊儒术、设立五经博士之后，儒家弟子的编辑及注疏活动已经纳入了官学体系。

---

① 查慎行.查慎行集：七[M].杭州：浙江古籍出版社，2014：12.

② 柳诒徵.记王锡侯《字贯》案[M]//柳曾符、柳定生，选编.柳诒徵史学论文续编.上海：上海古籍出版社，1987.（详见本书第三章、第四章关于《康熙字典》的论述。）

③ 罗树宝.中国古代印刷史[M].北京：印刷工业出版社，1993：126，313.

④ 郑鹤声，郑鹤春.中国文献学概要[M].上海：上海古籍出版社，2001：165-166.

"士农工商,四民有业。学以居位曰士。"①士阶层是精神文化的创造者,因而以著述"立言"作为传之后世,使人生不朽的事业追求。或者说,一定载体形式的著述版本得以传播后世,这是士人精神生命的延续。司马迁作《史记》,自言:"仆诚以著此书,藏之名山,传之其人,通邑大都,则仆偿前辱之责,虽万被戮,岂有悔哉!"②曹丕《又与吴质书》称赞徐干"著《中论》二十余篇,成一家之言,辞义典雅,足传于后,此子为不朽矣"。③ 刘知几《史通》分析人们对于功名"莫不汲汲焉,孜孜焉",是因为"皆以图不朽之事也。何者而称不朽乎?盖书名竹帛而已"。④ 因此,古代私人的编辑出版活动相当活跃,或者编辑自己的文集以传播名声;或者编辑父祖先辈的文集以尽孝道,这都是使家族声誉"不朽"、世代"书种"不绝的重要手段。

随着纸张代替竹简而得到普及,文人可以更加方便地抄录和阅读大量书籍,还可以即兴书写个人情感,记录丰富的个人生活。在这种情况下,许多文人自行编辑或请人编辑个人的诗文专集(别集),这种编辑是与著述相联系的。还有人汇编他人的诗文,或编选历代诗文,将其整理成书,这种工作脱离了个人著述,更能代表"编辑"的含义,这里仅以南朝梁代萧统(501—531)为例。萧统在陶渊明逝世近百年之后,搜集抄录陶渊明的诗文,编纂成《陶渊明集》,还为陶渊明作传记,写序文,对陶渊明的人格和诗文给予高度评价,这使得陶渊明文集在后世得到了广泛传播。萧统还主编了文学作品总集,命名为《文选》。这一选本有序文,说明其选录标准是"事出于沉思,义归于翰藻",偏重先秦至当代的诗文辞赋,而不选经文、诸子文章;还创立了先以文体分类、再以题材汇编的体例。这部《文选》流传广泛,从隋唐至清代,不断有人注释、续编《文选》,形成了专门的"文选学"和许多文学选本。五代时人毋昭裔因早年无法向人借到《文选》,后来个人出资雕印了《文选》等书籍,⑤竟然成为一位有名的私人刻书家。

以文人为主体的编辑活动,其特点是以传承文化为使命,而不以营利为目的。在雕版印刷技术普及之后,私人藏书活动更加兴盛。有的著名藏书家不仅

① 班固.汉书:食货志[M].北京:中华书局,1983:1118.

② 司马迁.报任安书[M]//刘盼遂,郭预衡.中国历代散文选.北京:北京出版社,1980:361.

③ 宋效永.三曹集[M].长沙:岳麓书社,1992:162.

④ 赵吕甫.史通新校注[M].重庆:重庆出版社,1990:631.

⑤ 薛居正,等.旧五代史:唐书[M].北京:中华书局,1976:588.此书卷四三:"毋昭裔贫贱时,尝借《文选》于交游间,其人有难色。发愤,异日若贵,当板以镂之遗学者。"

聚书数万卷，还对藏书进行认真校订、考证版本、编写私人藏书目录。其中也有藏书家以私人的名义，雇佣刻工，出资雕印书籍，这就形成了私刻本，也称私宅本、家刻本。例如，明代最著名的私人藏书家和刻书家毛晋（1599—1659）不惜节衣缩食，以高价购求宋元刻本，其汲古阁的藏书达八万四千多册。清人评价“毛晋汲古阁，校勘家亦收藏家也”①。他先后参与或聘人精心校勘编辑、出资刻书六百余种，著名的有《十三经》《十七史》《汉魏六朝百三名家集》、丛书《津逮秘书》《六十种曲》《宋名家词》等。当时学者钱谦益评价毛晋对经史书籍的重视，“故于经史全书，勘雠流布，务使学者穷其源流，审其津涉。其他访佚典，搜秘文，皆用以裨辅其正学。于是缥囊缃帙，毛氏之书走天下”。②

正是通过像毛晋这样的藏书家和校勘家的努力，中国古代许多珍贵典籍得以不断刊刻流传，保存至今。晚清时张之洞作《劝刻书说》，就将刊印传播古书作为不朽的事业，强调“刻书必须不惜重费，延聘通人，甄择秘籍，详校精雕。其书终古不废，则刻书之人终古不泯……且刻书者，传先哲之精蕴，启后学之困蒙，亦利济之先务，积善之雅谈也”③。在近代西学书籍大量输入的背景下，商务印书馆的出版家张元济整理刊刻古籍，依然秉承着这样的理念：“吾辈生当斯世，他事无可为，惟保存吾国数千年之文明，不至因时势而失坠，此为应尽之责。能使古书多流传一部，即于保存上多一份效力。”④

古代还有一些编辑出版活动具有公益性质。例如，由书院山长主持的为讲学提供教材的编辑出版活动，如顾炎武所言：“宋元刻书皆在书院，山长主之，通儒订之，学者则互相易而传布之。故书院之刻有三善焉：山长无事则勤于校雠，一也；不惜费而工精，二也；板不贮官而易印行，三也。”⑤此外，寺庙僧道人士为传播宗教而刻印经书（如多种《大藏经》）⑥，由于与功德意识相联系更是不遗余力，这也促进了雕版印刷技术的发明和广泛使用。

总之，私人编辑者、刻书家特指这样的人——他们不是书商，而是文人学者；他们以编辑刊刻图书作为文化事业，自觉担负起延续文化命脉的使命。受

---

① 叶德辉.书林清话[M].北京：中华书局，1999：251.

② 钱谦益.隐湖毛君墓志铭[M]//叶德辉.书林清话.北京：中华书局，1999：191.

③ 范希曾.书目答问补正[M].上海：上海古籍出版社，1983：341.

④ 柳和城，等.张元济年谱[M].北京：商务印书馆，1991：283.

⑤ 黄汝成.日知录集释[M].石家庄：花山文艺出版社，1990：803.

⑥ 可参考：肖东发.中国图书出版印刷史论：第五章寺院刻书与大藏经雕印[M].北京：北京大学出版社，2001：117-149.

其影响,中国古代商业经营性的编辑出版活动没有得到充分发展,那种以营利为目的、难免粗制滥造的书坊本一直是文人学者所批评的对象。

(三)书坊的图书编辑与刊刻活动

古代从事书籍编辑或流通活动的民间机构,有书肆、书棚、书坊、书铺等。汉代已经出现了抄书售书的书肆,以及为人佣书的谋生方式,但书籍是由文人自己编辑完成的。随着雕版印刷技术的普及,晚唐五代以来,专门经营刻印业务的私人书坊迅速发展。王国维考证:"雕版之兴,远在唐代。其初见于纪载者,吴蜀也。而吾浙为尤先。元微之作《白氏长庆集序》自注曰:扬、越间多作书模勒乐天及予杂诗,卖于市肆之中也。夫刻石亦可云摹勒,而作书鬻卖,自非雕板不可,则唐中叶,吾浙亦已有刊板矣。"①可以推测:当时由于读者喜欢元、白诗歌,便有人将二人比较流行的诗歌编辑成集,及时复制出售以获利。宋元以至明清,民间书坊林立,分布广泛,市场竞争更加激烈。叶德辉记载:"至宋则建阳、麻沙之书林、书堂,南宋临安之书棚、书铺,风行一时。"②胡应麟记载明代晚期民间书坊的刻书状况:"当代板本盛行……凡书市之中,无刻本则钞本价十倍,刻本一出则钞本咸废不售矣……余所见当今刻本,苏、常为上,金陵次之,杭又次之。近湖刻、歙刻骤精,遂与苏、常争价。"③书坊主为了防止盗版,精心设计各种牌记和广告,甚至上书官方请求版权保护,宋刊本祝穆《方舆胜览》自序后就附有两浙转运司的一段公文,根据书坊主所言《方舆胜览》等书"系本宅贡士私自编辑,积岁辛勤。今来雕版,所费浩瀚。窃恐书市嗜利之徒,辄将上件书版翻开,或改换名目,或以《节略舆地纪胜》等书为名,翻开搀夺,致本宅徒劳心力,枉费钱本,委实切害。照得雕书,合经使台申明,乞行约束,庶绝翻版之患",官方准许其以公文形式在各雕书处张挂告示,禁止他人翻刻书版或改换名目盗版。④ 从"私自编辑"、雕版印刷,到申明版权、防止盗版,这已经具有商业化运作的完整环节,也反映了当时书籍市场的竞争情况。

民间书坊刊刻的书籍也有文人的诗集,南宋的陈起就刊刻了唐人多种诗

① 王国维.王国维文集:第四卷[M].北京:中国文史出版社,1997:230.
② 叶德辉.书林清话[M].北京:中华书局,1999:33.
③ 胡应麟.少室山房笔丛:卷四 [M].上海:上海书店出版社,2001:44.
④ 叶德辉.书林清话[M].北京:中华书局,1999:36.

集，如“有云临安府棚北大街睦亲坊南陈宅书籍铺刊行者，唐韦苏州集十卷”等[①]。还有陈思从事书籍买卖生意，“一旦尽取诸家所录，辑为一编”，名为《宝刻丛编》。陈振孙评价此书“于斯文有补焉”、“诚以是获厚利，亦善于择术矣”。[②] 此外，书坊主要刊行适合市民口味的小说、戏文等通俗读物，以及民间日用类书、童蒙读物，还有各种科举应试书等。有的书坊主除根据市场需求来翻刻旧籍外，还主动组织书稿，例如明代通俗小说“三言”“两拍”系列的先后出版，就是书坊主参与运作的结果。冯梦龙“因贾人之请”而编写了《古今小说》（“三言”之一），由于“行世颇捷”，另有书坊主请凌濛初编写了《拍案惊奇》，来与《古今小说》抗衡。后来凌濛初续编的《二刻拍案惊奇》，更是“贾人一试之而效，谋再试之”的产物。[③] 有的书坊主还介入小说的选题策划，如明代嘉靖年间《三国演义》刊行后，历史演义小说畅销一时，建阳书坊清白堂主杨涌泉便力邀熊大木编写《大宋演义中兴英雄传》，出版后销路很好。[④] 书坊出版物在装帧设计方面也不断改进，以吸引读者。元代建安书堂在至元三十一年（1294 年）刻印的《新全相三国志平话》，已经开始使用带插图的封面，并设计了上图下文、连环插图等版式。[⑤]

图 1-2

书坊主为了营利和节省制作成本，难免粗制滥造，影响图书的质量。据记载，“自宋本日希，收藏家争相宝贵。于是坊估射利，往往作伪欺人，变幻莫测，总之不出以明翻宋板剜补改换之一途。或抽去重刊书序，或改补校刊姓名，或伪造收藏家图记，钤满卷中，或移缀真本跋尾题签，掩其赝迹”。[⑥] 由于“五经四书”等科举用书有大量需求，明代“书坊射利，改刻袖珍等版，款制褊狭，字多差

---

① 叶德辉.书林清话[M].北京：中华书局，1999：58.
② 陈振孙.宝刻丛编序[M]//陈思，编次.宝刻丛编//丛书集成初编：1601 册.上海：商务印书馆，1937.
③ 凌濛初.二刻拍案惊奇：上：二刻拍案惊奇小引[M].北京：人民文学出版社，1996.
④ 陈大康.明代小说史[M].上海：上海文艺出版社，2000：172，274.
⑤ 罗树宝.中国古代印刷史[M].北京：机械工业出版社，1993：260.按：图 1-2 为建安虞氏新刊本。
⑥ 叶德辉.书林清话[M].北京：中华书局，1999：264.

讹”,致使福建地方官员下令“将各书一尊钦颁官本,重复校雠 ”,并“拘各刻书匠户到官,每给一部,严督务要照式翻刊,县仍选委师生对同,方许刷卖。书尾就刻匠户姓名查考,再不许故违官式,另自改刊。如有违谬,拿问重罪,追版剗毁,决不轻贷”。[①] 无论是“改刻袖珍等版”,还是“照式翻刊”,刷印和出售科举用书都为书坊主带来了经济收益。此外,有的书坊主大量印制流行的艳情小说、淫秽图片和唱词等,对社会风化造成了很大影响。这一类书籍也被各级官员列出目录,下令禁毁,并警告书坊主“望各自行检点,有语涉淫亵者,一并送局禁毁。自禁之后,如再敢沿街摆卖,及将已毁之板重刻私自印卖等弊,一经察出,立即送官重办,治以应得之罪,勿谓言之不早也”[②]。

古代书坊属于刻印和销售书籍的机构,而刻印前的编辑工作主要是选择图书、写版或翻版、设计封面和版式等,出版物的种类和数量有限。书坊还承揽刻印业务,许多私人编纂的文集著述也是委托书坊汇集工匠来刻印的。由于官方出版和私人刻书都有明确的文化追求、传播范围有限,以“射利”为目的的私人书坊,虽然不免遭到官方的管制和文人的批评,却也是活跃书籍流通市场的重要渠道。书坊主所热衷出版的小说之类通俗文学图书,沟通了文人作者与市民读者的联系,成为官方出版物排斥小说的一种市场补充。

总体来看,在中国古代社会,书籍的编辑与出版经历了长时期的发展和演变过程,逐渐形成了官方、私人、书坊三者并存的编辑与出版格局,这是当时的政治、经济、文化、技术等因素相互作用的结果。书籍的编辑与出版,对中国传统文化的建构、知识的传播与控制,都产生了深远影响。研究中国古代书籍的编辑史,必然与出版史、印刷史相关联,而且不能脱离更为宏大的社会文化环境。但中国书籍的编辑早于出版,关注编辑(编辑者、编辑机构、编辑活动)的存在、重视编辑在书籍结集产生过程中的作用,有助于探讨中国书籍史的源头以及文化特征。到了近代,编辑与出版的概念都发生了变化,编辑成为出版业的重要环节之一,这就另当别论了。

(本章第三部分曾以《古代图书出版格局与传统文化》为题,发表在《图书与情报》2005 年第 6 期)

---

① 叶德辉.书林清话[M].北京:中华书局,1999:179.

② 余莲村.得一录:卷十一“劝收毁小本淫词唱片启”[M]//近代中国史料丛书三编.第九十二辑(913册),台北:文海出版社有限公司,2003:782.

第二章

西方书籍史视角下中国出版史的差异

近年来,有关西方书籍史研究的著作、海外汉学家研究中国书籍史的著作陆续被翻译出版,引起了中国出版史研究者的关注。例如,包筠雅的《文化贸易:清代至民国时期四堡的书籍交易》①一书,以闽西山区的四堡为书坊出版业的个案,详细描述了四堡书商的销售网络,显示了西方书籍史研究关注商业出版活动及其影响的思路。这对中国学者也有启发,郭孟良《晚明商业出版》一书就受到"海外书籍史的启示",选择晚明具有商业性的出版活动作为"中国传统出版传播研究的一个典型案例"。② 但中国古代社会长期存在非商业性质的出版活动,涉及官方的和私人的书籍编辑与传播活动,正如刘光裕所言"对中国出版史来说,拘泥于将发行作为出版诞生的标志,实际上行不通"③,这恰恰与西方书籍史所描述的商业化的出版"交流圈"有一定差异,同样值得关注。此外,西方书籍史在讲述欧洲的印刷媒介、书籍类型时,也会引述中国的具体例证。在这种比较的视野中,中国书籍史上与之不同性质的出版活动反而得到凸显,并在世界书籍史上具有特殊的参考价值。因此,本章侧重梳理西方书籍史中有关中国的论述,引为鉴镜,拓展中国出版史研究的学术视野;特别选择清代官修的大型类书《古今图书集成》作为案例,探讨在西方书籍史的视角下,这本书籍为何可以成为比较的对象。我们既不要局限于中国出版通史一般以朝代划分的叙述框架,也无须套用西方书籍史的研究模式,而是要从更为开阔的视角来展示中国的书籍史或出版史的历史语境及文化特征,由此比较其与西方书籍史的差异。

---

① 包筠雅.文化贸易:清代至民国时期四堡的书籍交易[M].刘永华,饶佳荣,等译.北京:北京大学出版社,2015.

② 郭孟良.晚明商业出版[M].北京:中国书籍出版社,2011:7.

③ 刘光裕.先秦两汉出版史论[M].济南:齐鲁书社,2016:13.

一、以媒介为关键词的历史比较:《古今图书集成》是典型案例

西方史学的年鉴学派关注长时段的书籍发展历史,研究印刷出版物与社会文化的关系,其题目有《十八世纪法国的书籍与社会》等,通过对印刷出版物可计量因素的分析,研究其与文化传播、社会变革的关系,以及人的精神状态史。[①]后来受到麦克卢汉等人媒介理论的影响,西方书籍史研究将书籍视为一种媒介,"'媒介'是一个关键性概念,强化了对书籍史和印刷文化的含义的当代解释"[②]。以媒介的演变作为尺度,人类的媒介史可以划分为口语媒介、文字媒介、印刷媒介、电子媒介、网络媒介等阶段,是一个长时段的发展过程,而书籍只是印刷媒介的代表。美国学者罗伯特·达恩顿是这样表述的:对于书籍史,"我们甚至可以称之为以印刷品为载体的社会和文化交流史。因为它的宗旨是了解理念在过去500年间通过印刷品传播的过程以及印刷文字作为载体如何影响人类的思想和行为"[③]。对西方媒介史来说,古登堡在1450年发明的印刷技术是非常重要的里程碑,《法国传媒史》(2003)指出"旧制活版印刷这一名称强调了印刷刊物的经济与文化体系的持久性,该体系可以说从古登堡的首批继承者们开始(即1500年),一直延续至19世纪初"[④]。全书从旧制时代的书业开始,延伸到全球传媒业以及今天的网络世界。而包筠雅、克里斯托弗·里德所编《从雕版到互联网:转变中的中国出版和印刷文化,约1800—2008》[⑤]一书,就是从长时段来考察中国出版文化历史的。

根据人类媒介史的演进历程,不同国家的媒介发展史,具有了相同的叙述框架和参照比较的基础。中国是造纸术和印刷术的发明国,中国的书籍在唐宋时期就进入了印刷文本阶段(从雕版印刷到活字印刷)。而谷登堡发明活字印刷术是在1450年,这相当于中国的明代,可以说比中国晚了几百年。因此,西方书籍史研究所发现和提出的问题是:为什么中国最早发明了印刷术,反而在

---

① 张广智,张广勇.史学,文化中的文化——文化视野中的西方史学[M].杭州:浙江人民出版社,1990:414.

② 芬克尔斯坦,麦克利里.书史导论[M].何朝晖,译.北京:商务印书馆,2012:50.

③ 达恩顿.阅读的未来[M].熊祥,译.北京:中信出版社,2011:179.

④ 巴尔比耶.从狄德罗到因特网:法国传媒史[M].施婉丽,等译.上海:上海人民出版社,2009:12.

⑤ 伊维德.关于中国文学史中物质性的思考[J].上海师范大学学报,2014(4):注释22.

技术上停滞了？为什么中国发明了活字印刷术，并没有对其社会变革产生巨大的影响，这是与古登堡发明活字印刷术在欧洲所产生过的巨大影响完全不同的。其实，这是仅仅从媒介技术本身演变的角度所无法回答的问题。因而，西方学者看到了中国与西方的不同，如汉字不同于拼音文字的特点、儒家文化的垄断地位、非商业的出版特点等方面。

西方书籍史所谓谷登堡时期，是否也对中国产生了影响呢？中国明代万历十年（1582），传教士利玛窦（1552—1610）来到中国，他携带了世界地图以及欧几里得的《几何原本》等科学书籍；后来传教士邓玉函等又将"西书七千余部"[①]带入中国。由此，中国文人接触了西方机械印刷技术所复制出版的书籍，也通过翻译刊刻活动，阅读和传播了西方书籍的知识内容。这是世界书籍史上值得一提的中西之间的交流活动。或者说，西方的印刷书籍革命间接对中国的读书人产生了一定的影响。美国学者本杰明·艾尔曼的《科学在中国（1550—1900）》一书就以1550年作为开端，其中也涉及"印刷技术与出版"，提到"晚明时期大量书籍、手册的扩散带动了多种类书的出版"[②]。可见这是一个有比较意义的时段，此间中国官修的大型类书达到高峰。《永乐大典》在明代永乐元年至六年（1402—1408），由皇帝组织文臣编纂完成，这早于1450年。《古今图书集成》在清代康熙四十年（1701）开始编纂，于雍正四年（1726）用铜活字印制，历时两朝二十多年。其印制时间晚于1450年，但作为大型的工具书（民国时期称之为"中国百科全书"），又早于狄德罗完成《百科全书》（1751）的时间。我们将《古今图书集成》置于这个时段进行比较，会有新的发现。利玛窦等传教士已经传入并翻译刊刻了西学书籍，其中有的内容已经被《古今图书集成》所摘录，例如《几何原本》一书就在"历法典"部分被多次引录。因而《古今图书集成》已经是中、西书籍交流的一个载体，这是以往的官修类书所不具备的特点。

二、以印刷书为标志的传播革命：不能仅以西方为尺度

西方媒介史、书籍史特别重视印刷媒介的作用，因而书籍史与印刷史有着密切关系。印刷书籍的出现不仅是技术进步，还是社会变革的推动力量，这也

---

① 方豪.明季西书七千部流入中国考[J].新北辰，1937，3(4).

② 艾尔曼.科学在中国(1550—1900)[M].原祖杰，等译.北京：中国人民大学出版社，2016：17.

构成了书籍的社会史和文化传播史。这实际上突出了印刷书籍出版史上的重要节点,即新旧媒介技术的交汇这一因素。有关印刷书籍所能产生的影响、更为广泛传播的书籍文本及其内容是否对一个时期的社会变革产生了巨大的推动力量,法国年鉴学派的代表作《印刷书的诞生》(1957)提出了具有开创性的研究角度:"试图厘清,印刷书所代表的,如何、为何不单只是技术上巧妙发明的胜利,还进一步成为西方文明最有力的推手,将多位代表性思想家散布于各地的理念,荟萃于一处",特别是"新的印刷技术究竟在文艺复兴与宗教改革的划时代变局里扮演何种角色"。[①] 这已经涉及印刷书籍的传播功能及其对社会文化的影响等问题。美国学者伊丽莎白·爱森斯坦的《作为变革动因的印刷机:早期近代欧洲的传播与文化变革》(1979)一书,从马歇尔·麦克卢汉《谷登堡星汉:印刷人的诞生》(1962)一书的观点受到启发,"从印刷革命和传播革命的角度去研究机器印刷对欧洲近代文明的影响"。[②] 这本书论述的是15世纪谷登堡发明印刷术之后的书籍史,或者说是印刷机在近代欧洲所引发的传播革命。作者也说明其研究范围是有限的:"本书所谓的'印刷文化'始终局限于特别狭隘的西方意义:指的是西方的后谷登堡时期的发展变化,将其与亚洲的前谷登堡时期的发展变化可能具有的联系搁置一边。"[③]

在西方书籍史上的古登堡时期前后,中国明代官修的卷帙浩繁的类书《永乐大典》依然采用手工抄录的方式,是汇集和摘录群书为一体的编纂工程。《古今图书集成》在清代雍正时期采用金属活字进行印制,代表了中国当时印刷技术发展的高峰。但是,这本书的编纂和印制都有皇帝钦定的色彩,标志着官方实施"文治"的成果。朝廷尽管组织了大量文臣,耗费了大量资金,但印数只有64部[④],主要以官方收藏或颁赐的形式流通。比较而言,中国的铜活字印刷依然是手工操作的,与古登堡的机械印刷技术已经有了差距。中国的书籍编纂方式和流通模式,也不同于西方的资本主义运作方式。所以,中国的书籍史为西方提供了一个不同的案例。中国与西方,不仅是印刷技术的发展程度有所不

① 马尔坦.印刷书的诞生[M].李鸿志,译.桂林:广西师范大学出版社,2006:(作者序)3,248.

② 爱森斯坦.作为变革动因的印刷机:早期近代欧洲的传播与文化变革[M].何道宽,译.北京:北京大学出版社,2010:(何道宽译序)12.

③ 爱森斯坦.作为变革动因的印刷机:早期近代欧洲的传播与文化变革[M].何道宽,译.北京:北京大学出版社,2010:(何道宽译序)13.

④ 裴芹.古今图书集成研究[M].北京:北京图书馆出版社,2001:141.

同，而且印刷技术所扮演的角色也是不同的。西方学者论证“作为变革动因的印刷机”，必须考虑到中国的特殊性，说明其局限在于未能探讨“亚洲的前谷登堡时期的发展变化”。《书籍的秩序》一书也指出：“衡量东方文明的印刷文化，我们不能仅以西方技术为尺。雕版印刷术自有其优势”。这种优势“应能帮助我们更正确地评估古腾堡的发明。其发明功不可没，但却并不是保证印刷书籍大规模普及的唯一技术”。[①] 对中国印刷术的作用，钱存训也有比较和分析：“印刷术在中国和西方的功能相似，但其影响和作用则并不相同”。印刷术“不仅帮助中国文字的延续性和普遍性，更成为保持中国传统文化的一种重要工具。儒家典籍和科举考试用书的大量印刷，当是一个最好的证明。因此，印刷术乃是中国文化和社会相对稳定的重要因素之一，也是维护中国民族文化统一的一个基础工具。总的说来，印刷术的进展，在很大程度上是由当时的政治、经济和社会条件所促成；同时，这些因素也影响了印刷术本身发展的趋向。因此，印刷术在社会上的功能是相互影响，并不完全是印刷术影响社会变革，各种社会因素也是促使印刷术发展或停滞的一个重要原因”。[②] 这种相互影响说正是基于中国的印刷文化史而得出的结论。

尽管如此，中国的晚清民国时期，伴随着整个社会制度的变革、社会文化的演进，从西方输入的机械印刷技术也曾发挥不同以往的推动作用。海外汉学家也将目光投射到这个阶段，论述中国民间印刷出版业进入资本主义所带来的变化。美国历史学家芮哲非的《谷腾堡在上海——中国印刷资本业的发展（1876—1937）》，说明“从雕版印刷向西方机械印刷的演进是本书着重分析的部分，这也是中国传统的印刷文化和印刷商业向印刷资本主义发展的过程”[③]。正是在这一时期，《古今图书集成》也进入了商业出版模式，先后由多家出版机构采用新式印刷技术加以复制出版，广为推销，使其摆脱了被官方垄断的地位，成为普通人有可能购买或阅读的书籍。如果说，中国的书籍史进入“资本主义”阶段，相对于西方的谷登堡阶段而言晚了几百年。那么，中国所谓“谷登堡时代”与西方有什么异同？其与中国古代又有什么区别？印刷技术是否成为了中国社会变革的动因，为什么其在中国古代与在中国近代所产生的影响是不同的？

---

① 夏蒂埃.书籍的秩序[M].吴泓缈，张璐，译.北京：商务印书馆，2013：18.

② 钱存训.印刷术在中国传统文化中的作用[J].文献，1991(2)：158.

③ 芮哲非.谷腾堡在上海——中国印刷资本业的发展（1876—1937）[M].北京：商务印书馆，2014：9.

这是中国出版史上值得探讨问题,但不能仅以印刷技术为尺度来衡量。

三、以工具书为案例的跨文化比较:中国类书有特殊的文化语境

在欧洲书籍史上,汇集大量知识信息的百科全书具有重要地位。法国学者的《从狄德罗到因特网:法国传媒史》一书"着重展现传媒发展进程中影响最为巨大的某些重要传媒形式",而书籍领域以1751年狄德罗的《大百科全书》诞生作为标志。[①] 美国学者的《启蒙运动的生意:〈百科全书〉出版史(1775—1800)》一书,专门研究狄德罗的《百科全书》在国外的营销情况:这是"一桩投机生意",也是"一部书的传记"。[②] 印刷术促进了知识整合型的大型书籍的编辑出版,而"百科全书"不仅是一种书籍类型,也是欧洲书籍史及出版史上的一个里程碑。

从学术信息管理的角度来看,工具书的诞生及发展也有悠久的历史。美国学者《工具书的诞生:近代以前的学术信息管理》一书,研究近代早期欧洲的参考工具书,涉及其"编纂、抄写、印刷、流通、接受和流传,及其与所处历史语境之间的关系的全面的历史"[③]。其采用的方法是"结合一个广泛的语境,跨越多个时代、地点和工具书类型"[④],其中也提到中国的类书《古今图书集成》等参考工具书。

从中国的书籍史来看,伴随着书籍种类和复制数量的增加,从汉代开始官方就编写书籍目录,进行分类整理,中国也形成了悠久的书目传统(包括官修书目、史志书目、私修书目等),为书籍的版本来源及其流传提供了丰富资料。此外,类书是对众多书籍资料的摘录和汇编,其中集大成者就是清代的《古今图书集成》。这些由朝廷组织文臣、充分利用官方收藏的书籍资源而编纂的大型书籍是实施"文治"的产物。其分类标准和知识框架,也代表了中国对书籍文献信息进行"类聚"和"集成"的观念及方式,因此成为与西方书籍史进行比较的对

---

① 巴尔比耶,拉维尼尔.从狄德罗到因特网:法国传媒史[M].施婉丽,等译.上海:上海人民出版社,2009:006.

② 达恩顿.启蒙运动的生意:《百科全书》出版史(1775—1800)[M].叶桐,顾杭,译.北京:生活·读书·新知三联书店,2005.

③ 布莱尔.工具书的诞生:近代以前的学术信息管理[M].徐波,译.北京:商务印书馆,2014:(译者序)8.

④ 布莱尔.工具书的诞生:近代以前的学术信息管理[M].徐波,译.北京:商务印书馆,2004:17.

象。《工具书的诞生》一书特别关注"1500 年至 1700 年间"的参考工具书，特别是针对伊丽莎白·爱森斯坦将印刷机"作为变革动因"的判断，提出了新见解："通过对许多前近代环境，包括古代和中世纪欧洲、伊斯兰世界和中国的工具书的考察，得出这一结论：工具书的主要特征——包括大型汇编、检索方法和便于查询式阅读的版面编排——的产生都与印刷术无关。"但是，"在近代早期欧洲，印刷术在很大程度上决定了这些书籍的形式、内容和作用"。[①] 这正是结合具体的历史社会语境，来评价印刷术对书籍内容和形式的影响，而中国恰恰与西方有不同之处："虽然中国的文献积累和工具书的发展与拉丁和希腊传统，或伊斯兰传统没有联系(即便是在造纸和火药这类技术从中国向这些文化传播之时)，但是，它提供了一个有价值的比较视角。"中国也对书籍文献进行选择、摘录和分类的工作，但是，中国有自己的特点，"一方面，皇帝授命实施的巨大的集体编辑整理全部经典文献的计划，其规模之大在其他文化中无出其右者。另一方面，准备科举考试的压力促使大量商品化类书的产生，这类书籍辑录文献材料供学子们应试答题时使用"。作者也列举了中国皇帝授命编纂的大型书籍，如《太平御览》《永乐大典》《古今图书集成》《四库全书》。这种"信息管理的跨文化比较"，试图阐明"任何单一因素，无论是技术、制度，还是文化传统，都不足以解释不同语境中工具书的性质和命运"。[②]

《知识社会史》一书也提到："同西方相比，中国更早地出现了卷帙浩繁的巨型百科全书"，包括《永乐大典》《古今图书集成》，"中国和西方的百科全书在组织编撰、实际功效和阅读群体等方面的区别值得我们重视"。这种比较可以视为"两种极端不同的知识体系间的象征物或指示器，这两种知识体系也许可以被称为中国的'官僚式知识组织模式'和欧洲的'企业式知识组织模式'，后者有时也被视作'印刷资本主义'……我们可以这样认为，在近代早期的中国，知识总是与强权联系在一起的，(也就是说)在这种情况下，知识(的生产、保存和传播)依靠的是官吏和毛笔而非武士与刀剑"。[③] 这些看法对于我们综合考察中国工具书的悠久历史以及与其他国家进行比较都是有启发的。

---

① 布莱尔.工具书的诞生：近代以前的学术信息管理[M].徐波，译.北京：商务印书馆，2014：28.

② 布莱尔.工具书的诞生：近代以前的学术信息管理[M].徐波，译.北京：商务印书馆，2014：52，57.

③ 伯克.知识社会史(上卷)：从古登堡到狄德罗[M].陈志宏，王婉旎，译.杭州：浙江大学出版社，2016：196-197.

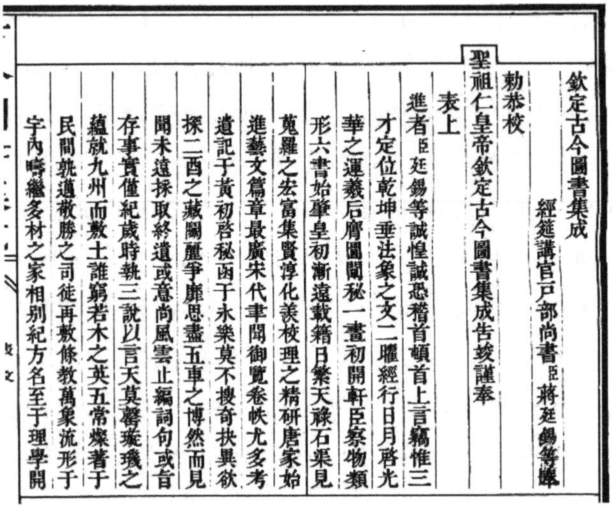
欽定古今圖書集成
經筵講官戶部尚書臣蔣廷錫等奉
勅恭校
聖祖仁皇帝欽定古今圖書集成告竣謹奉
表上
進者臣廷錫等誠惶誠恐稽首頓首上言竊惟三
才定位乾坤垂法象之文二曜經行日月啓光
華之運羲后膺圖闡秘一畫初開軒臣察物類
形六書始肇皇初漸遠載籍日繁天祿石渠見
蒐羅之宏富集賢淳化羨校理之精研唐家始
進藝文篇章最廣宋代聿聞御覽卷帙尤多考
遺記于黃初啓秘函于永樂莫不搜奇抉異欲
探二酉之藏闢釐爭靡思盡五車之博然而見
聞未遠採取終遺或意尚風雲止編詞句或旨
存事實僅紀歲時執三說以言天莫譽璇璣之
蘊就九州而敷土誰窮若木之英五常燦著于
民間孰邁敬勝之司徒再敷條教萬象流形于
宇內疇繼多材之家相別紀方名至于理學開

图 2-1

中国官修的大型类书与西方的百科全书,作为书籍类型有一定可比性。但二者的知识体系和编辑体例、复制流通方式都有很大差异。中国学者可以借鉴西方书籍史的视角,研究中国的工具书诞生及演变的历史,这不仅是中国整体的出版史的一个组成部分,还涉及西方工具书及其知识体系对中国近代出版文化的影响问题。近年来海外汉学家研究中国近代出版的新型百科全书,也以《古今图书集成》作为比较对象。德国学者米列娜和瓦格纳[①],论述清末民初中国百科全书的发展历程,不仅将《古今图书集成》与西方百科全书进行比较,还梳理了中国学习西方而编辑百科全书的过程。其关注的问题是:"百科知识的迁徙以及跨语言、文化和流派的共识、概念的产生,这些都是极有意义的研究议题,需要借助多种语言的资料和各种学科的协作。"在这种跨学科和跨语言的研究中,中国的大型类书作为另一种知识体系的典型而具有特殊价值。此外,中国对西方的百科全书及其知识体系也有一个逐渐接受、从翻译改编到独自编辑的过程。文章还提到"明代以来沿袭的生活日常类书与新式百科全书之间艰难的互动过程",这也是有待研究的问题。中国官修的大型类书与民间刊印的日用类书,具有不同的编辑目的和知识内容,也有不同的读者对象和流通方式。或者说,这两种由不同机构编辑出版的类书,划分了不同的读者群体,也建构了不同的知识体系。

① 米列娜,瓦格纳.思维方式的转型与新知识的普及——清末民初中国百科全书的发展历程[J].复旦学报,2015(2):37-47.

四、书籍“交流圈”流通环节比较:《古今图书集成》刊印方式变化

西方书籍史借鉴大众传播理论的模式及多学科的研究方法,致力于“探讨书籍是怎样形成的,又是怎样在社会上传播的”。美国学者罗伯特·达恩顿的《书史是什么?》(1982)一文,“提出一种对书籍生产的社会化过程进行分析的普遍模式”,这被称为书籍的“传播线路图”或“交流圈”。[①] 他认为“印刷出版的书一般都经历类似的循环规律。这个循环就像一个传播线路系统,从作者到出版人(如果卖书的人没介入这个环节的话),再到印刷的人,再到运输的人,再到卖书的人,最后到读者。读者是这个线路系统中最重要的环节,因为他对作者的影响既反映在写作之前,也反映在写作之后”;而且,“图书史的研究不仅要探讨这个过程中的每一个环节,也要研究这整个过程,这个过程在不同时间地点的表现形式,以及它同周边其他经济、社会、政治以及文化系统之间的关系”。[②] 实际上,这种研究不仅是书籍出版的一个交流圈,还涉及更为复杂的社会文化层面,因而也是以书籍为对象的文化史及社会史研究。正如何朝辉所概括的:书籍史“以书籍为中心,研究书籍创作、生产、流通、接受和流传等书籍生命周期中的各个环节及其参与者,探讨书籍生产和传播形式的演变历史规律,及其与所处社会文化环境之间的相互关系。它是统合关于书籍的各种研究——编辑史、印刷史、出版史、发行史、藏书史、阅读史——的全面的历史。书史不仅是这些局部或侧面的集合,更因为把它们结合为一个有机的整体而富有更深广的内涵”。[③]

美国学者罗伯特·达恩顿选择有代表性的书籍作为案例,例如狄德罗的《大百科全书》、伏尔泰的《哲学问题》、“法国大革命前的畅销禁书”等[④],来论述在书籍“交流圈”的各个环节中作者、书商、读者等角色的作用。他分析伏尔泰《哲学问题》一书的出版史,主要关注“书商的角色”。[⑤] 而《百科全书》的出版史,侧重在《百科全书》编辑完成、印刷出版后的发行环节,即如何“像生意那样

---

① 芬克尔斯坦,麦克利里.书史导论[M].何朝晖,译.北京:商务印书馆,2012:31.

② 达恩顿.拉莫莱特之吻——有关文化史的思考[M].萧知纬,译.上海:华东师范大学出版社,2011:88.

③ 芬克尔斯坦.书史导论:译者前言[M].何朝晖,译.北京:商务印书馆,2012:6.

④ 达恩顿.启蒙运动的生意:《百科全书》出版史(1775—1800)[M].叶桐,顾杭,译.北京:生活·读书·新知三联书店,2005.法国大革命前的畅销禁书[M].郑国强,译.上海:华东师范大学出版社,2012.

⑤ 达恩顿.拉莫莱特之吻——有关文化史的思考[M].萧知纬,译.上海:华东师范大学出版社,2011:91.

运作的”。实际上,“书籍的出版和传播情况因时因地不一而足,不可能指望每一本书的生命都符合同一个模式”①,这个“交流圈”只是描述了一个有普遍性的研究模式。

中国的《古今图书集成》从编纂、刊印到流通都是由官方控制的,虽然用铜活字印制了64部,却没有经过书商进入市场流通环节,“当时惟亲王大臣及总裁是书者,各赐一部,余皆藏之内府。其后乾隆中叶诏于扬州镇江杭州三阁,各以一部分贮。又海内之献书较多者范氏鲍氏汪氏马氏四家亦得各赐一部,他无闻焉。”②这是与欧洲“百科全书的生意”完全不同的流通模式。但到了晚清民国时期,中国的社会文化环境发生了巨大变化。《古今图书集成》虽是古籍,却具备潜在的读者需求和扩大发行的条件,曾经采用新式印刷技术,先后三次印制,有英国人美查的“扁字本”、同文书局的石印本和中华书局的缩印本,由此成为在书籍市场流通的商品。《观机器刷印古今图书集成记》一文介绍申报馆点石斋“用机器印成此书至一千五百部之多,是真古今来非常之大业矣”;并比较“当初历康熙、雍正两朝,数经寒暑而后成,所印且止六十部。今以机器刷印,三年之间已可印成一千五百部,此其迟速之效不大彰明较著哉。盖印书之法至机器而极,无论何等书籍不难克日成功”。③ 正是这种高速印刷机器为书籍大量复制和进入市场提供了基础。

这三家出版机构都采用了商业运作的方式,从各自刊发的广告就可以略知其情况。“申报馆点石斋主人”曾在《申报》连续发布《招股缩印〈古今图书集成〉启》(1883年)、《致股印〈古今图书集成〉诸君启》(1884年)、《开印〈古今图书集成〉告白》(1884年)、《请缴第二批〈古今图书集成〉股银》(1885年),等等;同文书局也连续在《申报》《字林沪报》等处发布《同文书局石印〈古今图书集成〉启》(1883年)、《〈古今图书集成〉目录告成告白》(1884年)等。在同一时期,印行同一种书,点石斋书局与同文书局竞争激烈,“都利用广告宣传自己印行《古今图书集成》的有利条件,并许诺工期,商讨办法,争取更多的入股者”。④ 中华书局1934年出版缩印本时,也在《申报》刊登整版广告,声称“清殿

---

① 达恩顿.拉莫莱特之吻——有关文化史的思考[M].萧知纬,译.上海:华东师范大学出版社,2011:88.

② 同文书局石印古今图书集成启[N].申报,1883-07-15.

③ 观机器刷印古今图书集成记[N].申报,1887-05-20.

④ 裴芹.古今图书集成研究[M].北京:北京图书馆出版社,2001:197.按:此书198页说明,同文书局1883年第一次招股未成,后于1894年为清廷印制完成石印本。

版铜活字本，以原书九页合一页景印，用橡皮机印，用江南制纸公司加重连史纸”①；还考虑到读者对书籍价格的承受能力，最终决定“用三开本影印，全书约五万余页，分订八百册。此洋洋大观之中国百科全书，遂能以最廉之价供学子之求矣”②；后来为了“便于专门研究者”，还采取了“分典发售预约”的方式。《古今图书集成》印制成本较高，读者购买能力有限，因此在集资、发行等环节都采用了商业化运作模式。这部大型类书从清代编辑并用铜活字印刷第一版，到晚清民国时期采用新技术先后刊印的三个版本，不仅见证了印刷技术的进步，也反映了中国社会政治、经济、文化变迁的过程，是中国整体的书籍史（包括印刷、出版、发行等环节）发展的一个典型案例。

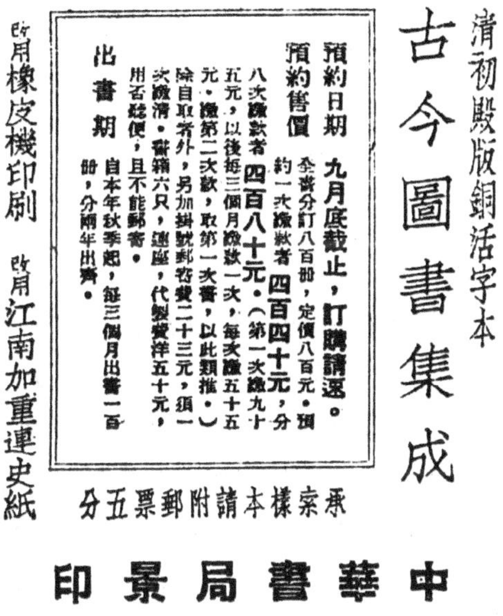

图 2-2

五、书籍文本形态的革命：从抄本到数据库

人类的书籍史和阅读史是相互关联的。由于媒介技术的发展，书籍的文本形态有过两次变化，第一次是从手抄本到印刷本，这还只是复制方式的改变，没有改变书籍作为物质实体的存在形态。第二次是从纸质的印刷书籍到电子文本和视频读物，这已经改变了书籍文本的载体和物质存在形态。法国学者罗杰·夏蒂埃《书籍的秩序》一书指出：“我们今天的这场革命，无疑要比古腾堡革命彻底得多。它不但改变了文本再生产的技术，同时还改变了将文本传递给读者之载体本身的形式和结构”；“电子文本所引发的革命也将是一场阅读革命。阅读屏幕与阅读纸本大异其趣。文本的电子版式彻底改变了文本的生存环境；

---

① 中华书局发售预约[N].申报，1934-09-08.按：本页广告图 2-2 见：申报[N]，1934-09-27.

② 陆费逵.影印古今图书集成缘起[J].新中华，1934，2(7).

它用无定所的虚拟书取代了实体书；印刷品字、画依托于纸的版面要求，电子文本却允许可随意操纵的碎片自由组合；书本所含的整体内容看得见且能即刻感知，而电子版式却让人长航在海岸漂移的文本岛之间。上述转变强制性地、不可避免地会引发新的阅读方式、新的与文字的关系、新的知识处理技术。如果说前几次阅读革命发生后书的基本结构未变，那么在当今世界，它已经不可能不变。这场已然发端的革命首先是传播文字之载体之形式的革命"。具体而言，这种数字化的书籍，改变了文字及其知识内容所附着的文本形式，而且"文本彻底脱离了为其建构历史含义的习惯形式"。这不仅改变了读者与书籍接触的方式，也会失去传统的文本文化的特征。因为，"事实上，话语之秩序不可能脱离其时代的书籍形式"。① 美国学者 W.伊维德《关于中国文学史中物质性的思考》一文，试图说明物质载体变化对中国文学史的影响，认为"在这个悠久历史中，我们分辨出至少三个极大地影响文本书写的生产与消费——包括文学的根本性技术改变——的时刻。这三个时刻是纸张的发明、印刷的普遍使用和近现代印刷科技的引介。现今，我们正经历在互联网及其相关数字科技传播的第四种时刻"。②

如前所述，《古今图书集成》最初是抄录群书而汇辑的大型类书，也就是先有一个手抄而成的文本作为底本。《永乐大典》和《四库全书》最初都是以抄本形式复制的，没有印刷版本。《古今图书集成》采用铜活字印制了 64 部，成为中国传统的活字印刷书籍的代表，但依然保留了手抄本的结构形式；在晚清民国时期又三次采用新式印刷技术重新出版，虽然有缩印等形式，但依然保留了原版面的特征。在当今的数字化时代，《古今图书集成》又被开发了多种数字化版本，有专门的《古今图书集成》网站，还有进入"瀚堂典藏"数据库的版本，形成了更大规模的图书集成式数据仓库。这种庞大的数据库版本已经脱离了印刷文本的物质形态，也拆解了其原有的分类体系和知识框架，成为可以被随意检索、链接和粘贴的页面碎片的集合体。而今天的使用者（读者），不仅改变了检索文献信息的方式，也会从中发现各种类型文献的关联信息，启发数字人文的思路和方法。这使传统的文献汇集型的工具书依然具有学术资源的价值，获得了数字出版与传播的途径。

---

① 夏蒂埃.书籍的秩序[M].吴泓渺，张璐，译.北京：商务印书馆，2013：19，21，26.

② 伊维德.关于中国文学史中物质性的思考[J].上海师范大学学报，2014(4)：104.

正如英国学者约翰·B.汤普森《数字时代的图书》一书所分析的："工具书是离散的片状知识的集合"；"快速地查阅某一特定的知识片段的能力因而成为一个很有价值的特色。与此类似，对相关材料的交互检索也是用户所重视的"。[①]《古今图书集成》显然非常适合开发为交互检索的数据库，但能否有效利用，或是否有条件接触及有能力使用这种庞大的书籍数据库，也预设了一道数字的知识鸿沟，其将使用者划分为不同的层次。从阅读史的角度来看，《古今图书集成》原有的分类体系和知识秩序，那种卷帙浩繁的纸质书籍的实体形态，在数据库的检索空格中已经消失殆尽。中国的书籍形态从"书于竹帛"到纸质卷轴、印刷册页，再到数字虚拟版本，这种变化不仅与物质载体及复制技术有关，还会改变书籍内容的编辑体例和结构方式、读者的阅读习惯以及文化意义的传承，这也是值得出版史研究从整体上关注的问题。

六、中、西书籍史比较的启示

有比较才能有鉴别，有差异才需要对话。中国古代出版史一般以书籍出版本身为研究对象，分为官方、私人和书坊三个领域，各有其编辑、复制和流通的模式。《古今图书集成》是官修的大型书籍的代表，其在清初编纂和刊刻、在晚清民国时期重新印刷出版、在当今进入数据仓库，呈现了一部大型书籍的生命历程和传播轨迹，这是书籍史的一个典型案例。而将其置于西方书籍史的视角下进行比较，可以发现其在历史时段、印刷技术、书籍类型、运作模式、文本形态等方面，都展现了中国印刷文化、出版文化的特点，这也是西方学者所关注的中国书籍出版史上存在的差异现象，为其理论观点提供了参照或矫正的例证。例如，关于印刷技术的发展对社会变革的影响，为什么中国与西方不同？中国古代的官修书籍是实施"文治"举措的象征，而不是商业化运作的产品。《古今图书集成》几个版本的印刷，见证了中国印刷术的演变，也反映了中国的社会文化变迁与印刷出版相互作用的关系。中国的印刷术虽然有悠久的历史，却停滞在手工操作阶段；在近代引进的西方机械印刷技术只是促进社会文化变革的因素之一，或者说伴随中国政治、经济、文化等方面的变革而发挥辅助作用，不能说是社会变革的根本动因。西方学者在进行历史上"信息管理的跨文化比较"时，

① 汤普森.数字时代的图书[M].张志强，等译.南京：译林出版社，2014：336.

中国工具书的编辑机构、手写抄本、编辑体例等特点，同样“提供了一个有价值的比较视角”，因为“以比较的观点来关注其他文化中的工具书，会使任何声称有效的信息管理必须要依靠印刷术或任何其他特殊的‘近代的’或‘西方的’技术的观点落空”。工具书的特征是由多方面因素所决定的，“任何单一因素，无论是技术、制度，还是文化传统，都不足以解释不同语境中工具书的性质和命运”。[①] 以不同文化语境中的早期工具书作为例证，可以纠正媒介决定论的观点。而中国早期的工具书，特别是官修的大型工具书（除了类书，还有书目、丛书、方志等）是值得出版史专门研究的领域。

温故而知新。当今的书籍出版进入了数字时代，回顾印刷书籍曾经走过的历程，可以发现新旧媒介的关联，引发新的思考。《数字时代的图书》一书基于今天的数字时代而指出：“‘图书出版业’是一个复杂多样的领域，这里有不同种类的图书出版；有不同种类的图书和市场。”其中引入了出版领域这个概念：“图书出版界能被定义为一系列的出版领域。然后我们继续假设每个领域都有其各自特点和动力，每个领域都有与其他领域所不同的历史”。[②] 由此联想到中国近代出现的“出版业”“印刷业”概念，陆费逵曾说“我国习惯，对于出版业和印刷业，向来界限不分”[③]，这说明了中国近代出版业与印刷业的密切关系。章清认为：中国在20世纪初才出现与“界”有关的汉语新词，“尤其是‘界’，不可轻易放过。这实际成为一种象征，预示着国家与社会形成新型对应关系后，中国社会在重新组织”；“主要是指某一社会阶层通过一定的关系‘网络’组织起来”。[④] 而“出版界”就是这样一个新概念，杨寿清1946年编纂的就是《中国出版界简史》，由此可见“出版界”这个概念是值得关注的。出版史不仅是以出版人、出版机构为主体而进行梳理和探讨的历史，不仅讲述出版物的具体案例，还包括与“出版界”相关的各个方面。中国古代由官方组织的书籍编纂活动，是特殊的政治体制和文化运作方式的结果，中国古代的民间出版主要由书坊主及手工操作的匠人完成，因而是不同的“出版领域”，也形成了各自的历史。中国到晚清民国时期，读书人脱离科举体制而进入出版机构，形成了新的印刷出版业

---

① 布莱尔.工具书的诞生：近代以前的学术信息管理[M].徐波，译.北京：商务印书馆，2014：45，57.

② 汤普森.数字时代的图书[M].张志强，等译.上海：译林出版社，2014：（引言）7.

③ 陆费逵.六十年来中国之出版业与印刷业[J].申报月刊，1932，1（1）：13.

④ 章清.学术与社会：近代中国“社会重心”的转移与读书人新的角色[M]上海：上海人民出版社，2012：94，96.

或印刷出版界。中国的出版活动从古代到近代的变迁是一个长时段的历史，应该贯穿起来加以比较。晚清民国时期，书籍出版在知识内容、物质形态、出版类型、印刷技术等方面，都受到西方印刷出版业的影响，因而已经是世界出版史的一个部分，这也成为当今海外汉学家热衷于研究和比较的一个重要时段和学术领域。

总之，西方书籍史的视角对我们研究中国出版史颇有启发。一是置于世界书籍史（包括出版史）的长时段中进行比较。二是参考多学科的、跨文化的研究方法。三是以具体书籍为案例的出版传播史及阅读史考察。在此基础上，梳理史料，探讨规律，提出史论，可以和海外汉学家的书籍史研究进行对话。在研究方法上，参照多种视角或其他尺度而进行比较，有助于发现在单一的出版史叙述框架中并不明显的问题，探讨中国出版史所独有的文化特征，这也可以为世界的书籍史及出版史研究提供必要的补充，具有不可忽视的学术价值。西方书籍史的理论探讨是以欧洲的书籍诞生及发展的历史语境为依据的，但也参照了与之不同的东方（包括中国）的书籍史。彼此参照，交流互补，这是以书籍为媒介的学术对话方式。本章仅以《古今图书集成》为例，只是选取了一个便于比较的聚焦点，其中涉及的问题还有待展开和深入探讨，但中国工具书的出版史确实值得进行专题研究。

（故宫博物院故宫学研究所 2016 年 10 月举办《宫廷典籍与编辑出版史方法论》学术研讨会，此为会议论文，发表于《中国出版史研究》2017 年第 2 期，全文转载于人大复印资料《出版业》2018 年第 3 期）

附录:汉字文化圈的书籍史比较

中国的文字具有"普遍性和广被性"。在周边国家,"中国文字的应用于书写和书籍,在历史上都有一段很长的时期。直到如今,中国的方块字,仍被一些国家采用作为他们文字的一部分,而无法隔离,成为今天世界上被最多数人使用的一种文字"①,形成了影响深远的汉字文化圈。从书籍史的角度来看,除了中、西对比以外,还可以从文字、载体、复制技术、文本内容等方面,对比汉字文化圈中不同国家(如中日、中韩、中越)之间的书籍史,发现其中的渊源关系以及历史演变的痕迹。在这方面,中、日、韩等国的学者也有交流与对话的空间。

中国的汉字、造纸技术和印刷技术(包括雕版和活字)以及各种书籍在历史上都曾传入周边国家,也与周边国家的文化、技术相融合而得到了发展,或者说经历了一个本土化的过程。这里仅举一例,中国的禅宗佛教在元代时传入高丽,中国的僧人石屋清珙禅师是一个中介人物。据《朝鲜佛教通史》记载:高丽的普愚禅师在元代至正六年(1346),在46岁时"入燕都。至湖州霞雾山,谒石屋清珙禅师。具陈所得,且献太古庵歌。珙问:'空劫已前,有太古耶?无太古耶?'曰:'空生太古中。'珙师微笑云:'佛法东矣。'遂以袈裟表信。八年戊子(1348)春,师东还本国,挂锡重兴寺。十六年丙申(1356),恭愍王封为王师。礼遇隆挚"。② 此后,又有白云和尚在54岁(1351年)时到中国求法,据《佛祖直指心体要节序》记载:"白云闲禅师,高丽曹溪韵释也,得法于江南霞雾山石屋珙禅师。禅师以手书《佛祖直指心体要节》一卷,授之。且曰:当于言尊也哉。"③后来他汇集了历代佛经典故阐述佛祖教导,以汉文字写成《佛祖直指心体要节》一书。由此说明:清珙禅师有意将佛法东传,普愚禅师和白云和尚都求法于清珙禅师,一个得其所授袈裟,一个得其手书文字。而普愚被称为曹溪一脉在高丽的祖师,特别受到高丽王的尊崇。清珙禅师和普愚禅师也为当今的中韩之间佛

---

① 钱存训.书于竹帛:中国古代的文字记录[M].上海:上海书店出版社,2002:3.

② 李能和.朝鲜佛教通史[M]//蓝吉富,大藏经补编:下编.台北:华宇出版社,1985:579.(瀚堂典藏数据库)按:《古今图书集成》博物汇编·神异典·僧部列传六十四·元三·清珙附愚太古记载,清珙"有弟子愚太古者,高丽人。亲得师旨,尝蒙说偈印可,有'金鳞上直钩'之句。其王尊之为国师。闻师已逝,表奏朝廷诏谥佛慈慧照禅师,仍入山,分其舍利,归国建塔焉"。印可,即认可的意思。

③ 按:李穑《佛祖直指心体要节序》,见《韩国旅游官方网站:世界记录遗产》展示的古籍书页。据《朝鲜佛教通史》记载:李穑"领艺文馆事",曾为普愚禅师作碑文,"权铸书之"。

教文化交流活动搭建了桥梁。①

值得关注的是，白云和尚逝世后3年，其弟子在清州兴德寺刊行了《白云和尚抄录佛祖直指心体要节》（简称《直指》），有卷上、卷下两册，现仅存卷下一册。其中一页写明："宣光七年丁巳七月日清州牧外兴德寺铸字印施"。宣光七年（1377年），相当于中国明太祖洪武十年，而"铸字印施"四个字最为关键，说明此书是铸造金属活字印刷的。此书卷下现存于法国国家图书馆，联合国教科文组织在2001年9月确认《直指》是现存世界上最古老的金属活字本，并列入世界记忆遗产名录。

这个例子涉及中国的印刷术及佛教书籍在海外的传播史。肖东发《中国图书出版印刷史论》一书指出："关于印刷术的东传，是近年来中日韩等国学术界讨论的热门话题，几乎每年都召开有关的学术会议，也发表了不少论文。"②而这件古籍文物更引发了有关金属活字印刷起源的讨论，中韩两国学者都有论述。如果从书籍史的角度来看，这部金属活字印刷的书籍，其实也是中国的汉字、书籍版式、印刷技术以及佛教文化在海外流传和演变的一个实物证据。潘吉星《中国金属活字印刷技术史》一书指出："中国11-12世纪宋代以来形成木版、铜版、非金属活字和金属活字并行发展的印刷格局，活字技术就是在宋、元、明时期以多种渠道分阶段传入高丽和李朝初期的"；"文献记载和实物资料表明，半岛金属活字印刷是从14世纪起开始的，不但铸字、排版技术来自中国，甚至活字文体、版面设计、装订方式也模仿中国刊本"。③ 肖东发引述几位韩国博士生、硕士生的有关论文来说明："对于中韩两国是从什么时候开始有图书交流的，通过什么途径，传播的是哪些书，有哪些文献记载，传播的规模和流向，都十分清楚；当然，交流是双向的，在此期间，韩国也有图书传入中国，传播的时间、规模、品种、数量均有记载。"韩国学者的论文详细考证了中韩之间的书籍交流

---

① 寇丹，朱敏：中韩禅风一脉通[J].文化交流. 2013(4).其中写道："660多年前，从东海高丽国走来了一位中年和尚太古普愚（1301—1382），在霞雾山的天湖庵里参拜了在丛林中享有极高声誉、被杭州灵隐寺推崇为二座的临济宗十九代石屋清珙禅师（1272—1352），并向他求法。过了半个月，石屋授给他'蒙授正印，传衣法信"的袈裟禅杖，嗣法为临济宗弟子。普愚回到国内，不负所望，广泛传法，使临济宗在朝鲜半岛花开一枝，他被尊为始祖，被皇帝封为国师，中国的霞雾山也就是他们的祖庭。"2008年12月15日在湖州霞雾山的中韩友谊亭，中韩两国僧人等共同举行了揭幕仪式。

② 肖东发.中国图书出版印刷史论[M].北京：北京大学出版社，2001：296.

③ 潘吉星.中国金属活字印刷技术史[M].沈阳：辽宁科技出版社，2001：167，171.

史,涉及中国的印刷技术、佛经(如《大藏经》)传入韩国的情况。① 这种中韩之间存在的书籍渊源关系和交流活动是书籍史研究不可忽视的组成部分。

从媒介史的角度来看,佛教文化的传播对印刷技术的发展起到了重要的促进作用,这在中国、日本和韩国都有文献或文物可以证明。此外,还可以将汉字文化圈作为一个整体,考察不同国家在同一时期印刷媒介(包括雕版、木活字、金属活字及其刊印书籍)的发展情况,探讨印刷媒介(书籍)对各自国家的社会文化究竟产生了什么影响,是维护了社会文化的稳定还是促进了社会文化的变迁。总之,汉字文化圈的书籍史有渊源关系,有更多史料,有条件比较异同,回应西方书籍史研究所提出的印刷媒介与社会变革问题,也能凸显中国书籍史的特点和影响。

(说明:2010 年 5 月中国编辑学会在南京举办第 14 届国际出版学术会,与会者有中国出版界及高校的学者,还有韩国出版学会、日本出版学会的学者。本人在会议上提交并宣读了论文《中国古代书籍的媒介特征及其对文化的影响——兼论西方媒介史研究对中国书籍史的启示》。此论文第四部分是在当时中国编辑学会副会长王德友、程绍沛先生建议下补充的,是为了与韩国、日本学者交流。上面第二章论述中西书籍史的差异,未涉及中国与周边国家的比较,故摘出这部分内容,并补充有关史料,附录在此)

① 肖东发.中国图书出版印刷史论[M].北京:北京大学出版社,2001:299-304.

第三章

“同文之治”语境下《康熙字典》的编辑特征

《康熙字典》是康熙五十五年御定的一部大型字书。有关《康熙字典》的文本内容,已有很多集中于古代小学及字书的研究成果。本章仅从书籍史视角,探讨《康熙字典》编辑的外部因素,将其置于当时“同文之治”的文化语境之中,与康熙在同一时期御定的《清文鉴》《佩文韵府》等书籍进行比较,综合考察康熙御定序文、谕旨以及编纂官员奏折等资料,从而确定《康熙字典》在当时的地位与文化价值。

一、编辑动机:“同文之治”的特殊意义

康熙帝在政权稳定之后,组织文臣编辑多种大型书籍,作为彰显“同文之治”的具体举措。值得探讨的是,康熙帝以及文臣同声相应的所谓“同文之治”有着特殊的文化意义,有必要先辨析下面几个关键词。

同文:在中国古代儒家典籍中,“同文”这个词是与“书同文”相关联的。《中庸》曰:“今天下,车同轨,书同文,行同伦。”这涉及车乘的轨辙、书牍的文字、礼仪的秩序,朱熹解释“三者皆同,言天下一统也”。① 《汉书·艺文志》记载:“古制,书必同文。”②所谓“同文”与“书同文”意思基本相同,是指使用同一种文字,“古者谓一字为一文,许氏说文即说字,书同文即书同字也”③。

考文:《中庸》曰:“王天下有三重焉,其寡过矣乎!”朱熹集注引“吕氏曰:

---

① 朱熹.四书章句集注[M].北京:中华书局,1983:36.

② 班固.汉书:艺文志[M].北京:中华书局,1975:1721.

③ 程大中.四书逸笺:卷三中庸[M]//丛书集成初编(0258).上海:商务印书馆,1937:25.

‘三重，谓议礼、制度、考文。惟天子得以行之，则国不异政，家不殊俗，而人得寡过矣’”。[①] 议礼、制度、考文这三件重大的事情，只有天子才能推行。有儒者解释：“车同轨应制度，书同文应考文，行同伦应议礼。”[②]康熙帝的治国理念深受朱熹理学的影响，《日讲四书解义》阐释：“子思曰：议礼制度考文，一归于天子。则今天下非昔周天子所立法，以垂之后人者乎。文武成康之盛远矣，而典章世守，莫敢不遵。以车而言，其辙迹之广狭无弗同，是天子所制之度犹在也；以书而言，其形像与声音无弗同，是天子所考之文犹在也”；“今天下车同轨，书同文，行同伦。虽有其位，苟无其德，不敢作礼乐焉。虽有其德，苟无其位，亦不敢作礼乐焉”；“凡受命为天子而王天下者，有议礼制度考文，三者至重之事，以之新天下之耳目，一天下之心思，则国不异政，家不殊俗，而人得寡过矣乎”。[③] 根据这样的思路，康熙帝组织文臣编辑大量书籍，亲自裁定，就是考文的具体举措，是履行天子的职责。他下旨编辑《康熙字典》时，自述“朕留意典籍，编定群书”，所列举的第一本书就是《朱子全书》，可见其对朱熹理学的认同。清人评价康熙御定书籍也指出：“圣祖仁皇帝考文制度，御定《清文鉴》《康熙字典》《音韵阐微》诸书，颁示中外。凡清字汉字之音切，殊途同归，而按之国书十二字头，各有旋相枢纽之妙。”[④]康熙御定《清文鉴》《康熙字典》《音韵阐微》等有关文字规范的书籍正是考文的举措，也是“书同文”的成果。

文治：根据儒家经典，所谓考文就是文治的组成部分。中国历代皇帝在政权稳定之后，都会组织文臣，整理官方藏书目录，编辑各种大型书籍。宋代官修的《太平御览》《太平广记》《册府元龟》《文苑英华》，被称为“四大部书”。明代编辑了《永乐大典》《洪武正韵》等书籍，明成祖为《永乐大典》作序就强调：“尚惟有大混一之时，必有一统之制作。所以齐政治而同风俗，序百王之传，总历代之典。”[⑤]宋濂的《洪武正韵序》也指出韵书与文治的关系：“当今圣人在上，车同轨而书同文。凡礼乐文物，咸遵往圣，赫然上继唐虞之治。至于韵书亦入宸虑，

---

① 朱熹.四书章句集注[M].北京：中华书局，1983：36.

② 许谦.读中庸丛说：卷下二十八章[M]//续修四库全书：159册.上海：上海古籍出版社，2002：300.

③ 喇沙里，陈廷敬，等.日讲四书解义：卷三中庸下 [M]//景印文渊阁四库全书：208册.台北：台湾商务印书馆，1986：70，71.

④ 皇朝通志：卷十四：七音略一[M]//景印文渊阁四库全书：644册.台北：台湾商务印书馆，1986：137.

⑤ 姚广孝.明实录：明太宗文皇帝实录：卷之七十三[M].台北：台湾中央研究院历史语言研究所校印，1962.

下诏词臣，随音刊正……于以见圣朝文治大兴，而音韵之律悉复于古云。”①

“同文之治”：清代皇帝在取得政权后，要治理的是一个汉字统一的国家，而汉字具有悠久的历史，从《说文解字》以来的小学书籍积淀深厚，小学也是解读儒家经典的工具。如何处理满文字与汉文字的关系，确定相应的标准，使之达到对译沟通，就成为非常重要的事情。康熙帝从小深受汉文化的熏陶，又通过日讲经筵等方式，不断学习儒家典籍，还学习汉字书法、诗歌声律等，均达到可观的水平。所以，他致力于编辑《清文鉴》《康熙字典》等文字书籍，从文字的形音义对译方面，推进满汉文字一体化（不是统一为一种文字），从而获得对汉文字及典籍文化的控制权力，这就是其所谓“同文之治”的特殊意义。正如其《清文鉴序》所述：“朕惟自昔圣人易结绳以书契，用使天下之义理，悉归文字；天下之文字，悉归六书，六书备而义理无不毕具。苟不为讲习修明，则形声点画之制虽存，其义几乎息矣。我太祖高皇帝创业垂训至仁，合于天地，肇造清书大文，昺如日月……朕以凉德，膺祖宗之鸿图，即位多年，未尝晷刻不以法祖为念，兢业自守，宵旰靡遑。万几之暇，惟以读书穷理，尽吾之志。凡五经四书已经翻译之外，如纲目讲义等，有关于治道者，靡不译尽。近来老成耆旧渐就凋谢，因而微文奥旨久而弗彰，承讹袭舛习而不察。字句偶有失落，语音或有不正。国书所关至巨，政事文章皆由此出，非详加厘定，何所折衷；非编辑成书，何以取法。爰诏儒臣分类排纂，以缮稿进呈，朕亲御丹黄，逐一审订。”②他追溯文字产生的历史，从“关于治道”和“政事文章”的角度，来论述《清文鉴》的意义，从而将满文字与汉文字的六书之学联系起来，表述了“同文之治”的理念。这也成为文臣参与编辑大型书籍的理念，李光地《拟清文鉴书成刊行谢表》中写道：“伏愿文化弥隆，淳风常扇。心画微妙，淋漓笔墨之先。性道流行，洋溢文章之内。同伦同轨，敷三重以征民。天文人文，察二仪而化世。”③毛奇龄为他人著述作《资治文字序》，就说明此书“将以献之朝廷，佐一代同文之治，岂仅为载籍之先资已哉”④。可以说，康熙帝通过御定书籍的举措，塑造了自己博学考文的形象，建构了君臣协作的关系，也确立了所谓“同文之治”的合法性。

---

① 唐顺之.荆川稗编：卷三十六[M]//景印文渊阁四库全书：953 册.台北：台湾商务印书馆，1986：704.
② 国朝宫史：卷三十一书籍 [M]//景印文渊阁四库全书：657 册.台北：台湾商务印书馆，1986：558.
③ 李光地.榕村集：卷二十五[M]//景印文渊阁四库全书：1324 册.台北：台湾商务印书馆，1986：877.
④ 毛奇龄.资治文字序[M]//西河文集：二.上海：商务印书馆，1937：394.

上面几个关键词(同文、考文、文治)是相互联系的,也是儒家经典不断阐释的内容。康熙帝反复引用这些内容,作为其维持道统及帝统的依据。但其"同文之治"主要是针对满、汉文字(也包括蒙、藏等文字)的差异而提出的如何"同文"、实现文治的具体措施。因此,必须将《康熙字典》的编辑置于这样的文化语境之中,才能认识其与《清文鉴》《佩文韵府》等书籍的关系及地位,理解其对于"同文之治"的意义。下面结合同期编辑的几部书籍,进一步加以比较和分析。

二、编辑顺序:《清文鉴》在前、《康熙字典》在后

《清文鉴》于康熙四十七年编辑完成,李绂曾拟作谢表:"拟上以国书有关文治,特命儒臣翻译音义,呈请圣裁,赐名《清文鉴》。御制序文,垂文后世,群臣谢表。"①康熙帝在《清文鉴序》中既引据儒家经典,也历数其列祖传统,说明审定文字的重要性:"《易》云:观乎人文以化成天下。朕仰承列祖创造之宏模,深惟国家同文之盛典,岁阅数周,汇成全帙。诵是编者尚其体朕历载之勤劬,因音韵以求字画,因字画以求文章,继自今诏令之出纳,章奏之敷陈,以及达于遐陬,勒诸琰琬者,大经大法,咸有据依,一话一言,式循典则,庶几国书永贻于千百祀,而与日星河汉长垂天壤也夫。"②《清文鉴》是对清人"国书"的总结,是康熙御定的满文大典,地位非同一般。《清通志》评价"国书集音韵之大成,而寻流讨源,允足昭圣世同文之治矣";"《清文鉴》用国语搜辑成书,自天文地理以及鸟兽虫鱼,广大精微,贯串该洽,有兼综之义,无不协之音"。③ 康熙帝由此建立了清文所传承下来的体系,这对于满族来说具有重大意义。

清朝皇帝要治理国家,无论是经典阐述、科举考试,还是公文运作,都不能脱离汉文字。所以如何使满文与汉文对译,顺畅沟通,这是"同文"的关键所在。据记载:"康熙十二年四月辛亥,圣祖仁皇帝特谕傅达礼曰:'满汉文义,照字翻译,可通用者甚多,后生子弟渐致差谬。尔任翰林掌院,可将满语照汉文字汇,发明某字应如何用,某字当某处用,集成一书,使有益于后学。此书不必太急,宜详慎为之,务期永远可传。'其后斟酌损益,至二十余年,始克脱稿刊行,即今

---

① 李绂.穆堂类稿:别稿卷四十二[M].清道光十一年刻本,中华基本古籍库.

② 国朝宫史:卷三十一书籍[M]//景印文渊阁四库全书:657册.台北:台湾商务印书馆.1986:558.

③ 皇清通志:卷十四:七音略一[M]//景印文渊阁四库全书:644册.台北:台湾商务印书馆,1986:142,139.

之《清文鉴》也。清字既定，乃诏修汉字汇，为《康熙字典》一书。于是满汉字学咸备，宇内操觚之士，始无鲁鱼亥豕之误矣。”①由此可见，《清文鉴》是清字词语的标准，而《康熙字典》是汉文字的汇集，两部书先后编纂，相互关联，这就构成了满汉“同文”的格局。

《清文鉴》编纂完成后，乾隆三十六年又有《御制增订清文鉴》（图 3-1），采用满汉合璧的形式；乾隆四十四年又编纂了《御定满洲蒙古汉字三合切音清文鉴》，形成了《清文鉴》系列书籍。《四库全书总目》指出：“初圣祖仁皇帝敕撰《清文鉴》，皇上既命补注汉字，各具翻切释文。嗣以蒙古字尚未备列，因再命详加考校，续定是编。以国书为主，而贯通于蒙古书、汉书。每国语一句，必兼列蒙古语一句、汉语一句，以明其义。又以蒙古字、汉字各对国语之音，以定其声。汉字之音不具，则三合以取之……三体汇为一编，使彼此相释，亦因古例，用达书名于四方，虽成周大同之盛，亦无以逾于斯矣。”③这种以满文为主，贯通满文、蒙古书、汉书的体例，即是“三合一”的字书，同样代表了“同文”的具体含义。

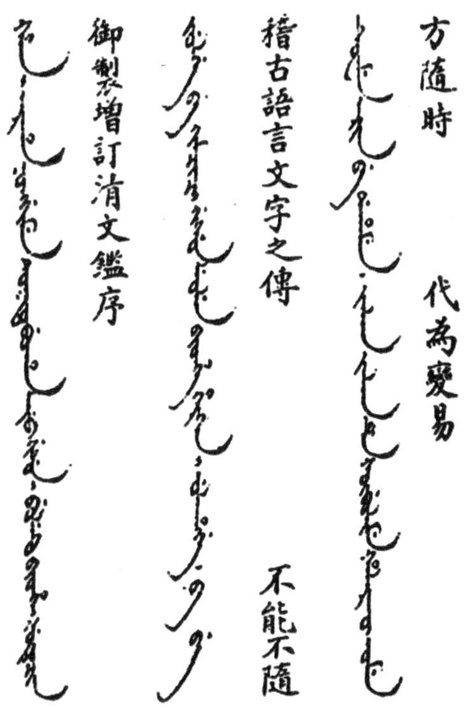

图 3-1②

文字是人类沟通的媒介。满文是字母文字，记录声音。而汉字是表意文字，虽然有“书同文”之说，但各地有不同方言，造成了沟通困难。从国家治理的角度来说，“同文”也包括使用通行的官话，因而确定《清文鉴》及《康熙字典》作为标准是非常必要的。例如，雍正帝曾有谕旨：“谕内阁。凡官员有莅民之责，

① 福格.听雨丛谈[M].北京：中华书局，1984：217.
② 图六：本馆藏满文行书字钞本《御制增订清文鉴》[J].国立北平图书馆馆刊，1931，5(6).
③ 御定满洲蒙古汉字三合切音清文鉴[M]//永瑢，等撰.四库全书总目.北京：中华书局，1965：356.

其语言必使人人共晓，然后可以通达民情，而办理无误。是以古者六书之制，必使谐声会意，娴习语音。所以成遵道之风，著同文之治也。朕每引见大小臣工，凡陈奏履历之时，惟有福建广东两省之人仍系乡音，不可通晓。夫伊等以见登仕籍之人，经赴部演礼之后，其敷奏对扬，尚有不可通晓之语。则赴任他省，又安能于宣读训谕，审断词讼，皆历历清楚，使小民共知而共解乎。官民上下，语言不通，必致吏胥从中代为传述，于是添饰假借，百弊丛生，而事理之贻误者多矣。且此两省之人，其语言既皆不可通晓，不但伊等历任他省，不能深悉下民之情；即伊等身为编氓，亦必不能明白官长之意。是上下之情，捍格不通，其为不便实甚。但语言自幼习成，骤难改易，必徐加训导，庶几历久可通。应令福建广东两省督抚，转饬所属各府州县有司及教官，遍为传示，多方教导。务期语言明白，使人通晓，不得仍前习为乡音。则伊等将来引见殿陛，奏对可得详明。而出仕他方，民情亦易于通达矣。"①雍正帝命令广东、福建的官员学习官话，使官民上下达到语言沟通，以达到"同文之治"。乾隆帝也曾根据"满洲蒙古人地名应译对汉字者"出现的问题，指出："方今海宇，车书大同，《清文鉴》一书屡经厘定颁示"；"而现在疏章案牍，清汉对音，转未画一，于体制殊为未协。著交军机大臣依国书十二字头，酌定对音，兼写清汉字样，即行刊成简明篇目，颁行中外大小衙门。嗣后遇有满洲蒙古人地名对音，俱查照译写，俾各知所遵守，将此通谕知之。"②

《清文鉴》在前，《康熙字典》在后，这种编辑顺序是基于满文作为"国书"的地位。《清文鉴》及其系列书籍的编纂，是为了拓展清帝创立的"国书""国语"传统③；而《康熙字典》的编纂，是延续汉文字研究的传统，为汉文字的形音义确立规范。这两部书相互辅助，成为满汉同文及对译的标准，研究《康熙字典》不能忽视其与《清文鉴》的这种关联。

三、注重声韵：《佩文韵府》与《康熙字典》比较

康熙帝对本族创制文字的历史念念不忘，并以传承为己任："我朝清字，各

① 清实录：七[M].北京：中华书局，1985：1074.

② 清实录：二十[M].北京：中华书局，1986：99.

③ 按：国书是指"太祖高皇帝（努尔哈赤）始制国书，创为十二字头"。

国语音俱可以叶。太宗皇帝时曾借蒙古字以代清文，后来奉敕谕学士达海修饰蒙古字加以圈点，而撰清文。朕虑将来或有授受之讹，故特与高年人等搜辑旧语，制为《清文鉴》颁行之。既有此书，则我朝清字必不至于遗漏矣。”[①]这里提到清字是字母文字，具有“各国语音俱可以叶”的优势，编纂《清文鉴》就是为了保存清字。

汉字的声韵是写作诗歌的基础。科举考试有诗赋的内容，文人必须掌握声韵之学。康熙帝对汉字声韵之学也有研究，曾经让大臣讲解唐诗，学习押韵作诗。康熙十七年，设立博学鸿词科，考试题目中有五言律诗。他亲自阅卷，指出有人作诗存在失押问题，令博学鸿儒所信服。[②] 康熙五十八年，他曾在谕旨中就宋代邵雍《声音图》来讨论声韵之学：“朕览邵子《声音图》，于各国声音有不能该括处。朕于声音之学，究心二十余年，虽未亲至乡里，而乡里人之声音无不悉知。有如清字之音有汉字所无者，汉字之音亦有清字所未备者。朕将此《声音图》讨论多日，欲该括各国声音断乎不能。朕以为《性理精义》内，邵子《声音图》宜仍用汉字，其清字图可以不用。蒙养斋修书举人王兰生谙晓音韵之学，尔与之商酌，观其意见如何，并将此旨令汉大臣同阅。”[③]他命满汉大臣一起讨论声音之学，探讨清文字母与汉字声韵的关系，认为“以国书合声之法出于自然，足以尽括汉文字翻切之要妙也”[④]，命王兰生等人参与编辑《音韵阐微》。此书于康熙五十四年开始编辑，到雍正六年才刊刻。但《皇朝通志》指出了康熙编辑韵书与《康熙字典》的关系：清人创制的文字有“总乎音韵之全”的功用，康熙“考文制度，既已定为《清文鉴》一书。复以《音韵阐微》与《康熙字典》实相表里，颁示训行”。[⑤] 由此可见，《音韵阐微》和《康熙字典》，都是辅助《清文鉴》的。

康熙帝重视文字的声音之学，探讨清字与汉字的声音统合问题，正是为了实现“同文之治”的目的。对此翰林院检讨毛奇龄于康熙二十三年编纂完成《古今通韵》后，在向康熙帝进献此书时曾有阐述：“臣窃惟古王三重，一在考文。周官六书，首重韵学。盖审音定律，一代之典文系焉。自古韵不作，魏晋以降，各创为律韵行世，虽其间递有沿革，然因陋就简，往往标之作一代法式。故唐用

① 康熙.庭训格言[M]//景印文渊阁四库全书：717 册.台北：台湾商务印书馆，1986：634.
② 毛奇龄.为恭进韵书事[M]//西河文集（一）：奏疏.上海：商务印书馆，1937：45.
③ 清实录：六[M].北京：中华书局，1985：785.
④ 国朝宫史：卷三十一书籍[M]//景印文渊阁四库全书：657 册.台北：台湾商务印书馆，1986：556.
⑤ 皇朝通志：卷十一[M]//景印文渊阁四库全书：644 册.台北：台湾商务印书馆，1986：111.

《切韵》,与五经同颁科场。而宋造《礼部韵略》,特照九经例,颁行天下。明初甫定鼎,即命词臣宋濂等辑《洪武正韵》一书,著为律令。夫国家大经大法,岂无更重于此者,而于此急加意哉。诚以同文之治,大权所在,不可忽也。今天下车书一家,满文汉字昭然画一。上自章牍,下逮券契,皆历历遵守。独于韵学,多未定者。"①毛奇龄作为博学鸿儒,引经据典,说明编纂韵书与"同文之治"的关系,其内容完全吻合康熙帝的主张,此书后来被收入了《四库全书》。

康熙帝最为关注的书籍是按韵编排、收录辞藻的《佩文韵府》。《御制〈佩文韵府〉序》详细说明了此书的编辑过程:"朕万几在御,日晷宵分,未遑自逸。时当燕闲,不辍问学,群经子史,诵其文而晰其义矣。以至百家之书,凡可以裨世教、励民风者,修明补正,罔使阙遗……爰于康熙四十三年夏六月,朕与内直翰林诸臣亲加考订,证其讹舛,增其脱漏。或有某经某史所载、某字某事未备者,朕复时时面谕,一一增录,渐次成帙。犹以故实或未极博,于十月复命阁部大臣,更加搜采,以裒益之。既有原本、增本,又有内增、外增,将付剞劂矣,名曰《佩文韵府》。随于十二月开局武英殿,集翰林诸臣合并详勘,逐日进览,旋授梓人,于五十年十月全书告成。共一百零六卷,一万八千余页。囊括古今,网罗钜细,韵学之盛,未有过于此书者也。书成,诸臣请序。朕念自初至今经八年矣,历寒暑之久,积岁月之勤。朕于此书,政事之暇未尝惜一日之劳也。"②而参与编辑的大臣也称颂:"诸臣分纂《佩文韵府》,并包六籍,罗络百家,而一禀于宸衷之裁定,以益沛同文之治,其嘉惠来学,岂有涯哉……今圣心以太和之元气,定太和之元音,将见人人得五声之正,赓歌扬拜之盛,直接于唐虞柏梁唱和之篇,远过于汉世。以声为律,天下同文,又岂章句小儒所得忝其万一乎。"③这里解释了"以声为律,天下同文"的意义。

《佩文韵府》自康熙四十三年开始编辑,到康熙五十年刊刻,时间长达八年。《佩文韵府》的纂修兼校勘官查慎行在《武英书局报竣奏折》中记录:"《韵府》一书,尤宸衷所注意,钦颁体例,御定规模。每卷每帙,排日进呈,一字一句,遵旨定夺。其间繁简去留,尽由旨授;源流本末,咸奉诲言……至有

---

① 毛奇龄.为恭进韵书事[M]//西河文集(一):奏疏.上海:商务印书馆,1937:45.按,宋濂《洪武正韵序》云:"圣朝文治大兴,而音韵之学悉复于古。"

② 张玉书,等.佩文韵府[M].上海:上海古籍书店,1983.

③ 李绂. 韵学册解试[M]//穆堂类稿别稿(卷三十八).清道光十一年刻本,中华基本古籍库.

屡蒙口谕，曾发手批，某事宜删，某条宜补……诚非末学小臣所能仰窥万一也。”①康熙帝为《佩文韵府》作序也说明：“又尝谕诸臣，从来著一大书，非数十年之功不能成。今数年以来，所成大部书凡十有余种，若非合众人之力，岂能刻期告成？”《佩文韵府》完成后，康熙帝又命王掞、王顼龄续编《韵府拾遗》，从康熙五十五年开始到康熙五十九年编刻完成，“所编之字既繁，所引之书甚博，则或遗十一于千百，固理势之必然。而圣人之心，必欲一无罣漏而始慊。于是复命词臣专心纂辑”；“先是，《佩文韵府》书成，卷帙一百有六，墨板一万八千有奇。是编所增可得二十之一”。② 由此可见康熙帝对《佩文韵府》这部书特别重视，精益求精。

与之相比，《康熙字典》是康熙四十九年开始编纂的，这一年康熙帝在给南书房侍直大学士陈廷敬等人的谕旨中说明：“朕留意典籍，编定群书，比年以来，如《朱子全书》《佩文韵府》《渊鉴类函》《广群芳谱》并其余各书，悉加修纂，次第告成。至于字学并关切要，允宜酌订一书。《字汇》失之简略，《正字通》涉于泛滥，兼之各方风土不同，南北音声各异。司马光之《类篇》，分部或有未明；沈约之声韵，后人不无訾议；《洪武正韵》虽多驳辩，迄不能行，仍依沈韵。朕尝参阅诸家，究心考证，凡蒙古西域洋外诸国，多从字母而来，音由地殊，难以牵引。大抵天地之元音发于人声，人声之象形寄于点画。今欲详略得中，归于至当，增《字汇》之阙遗，删《正字通》之繁冗，勒为成书，垂示永久。尔等酌议，

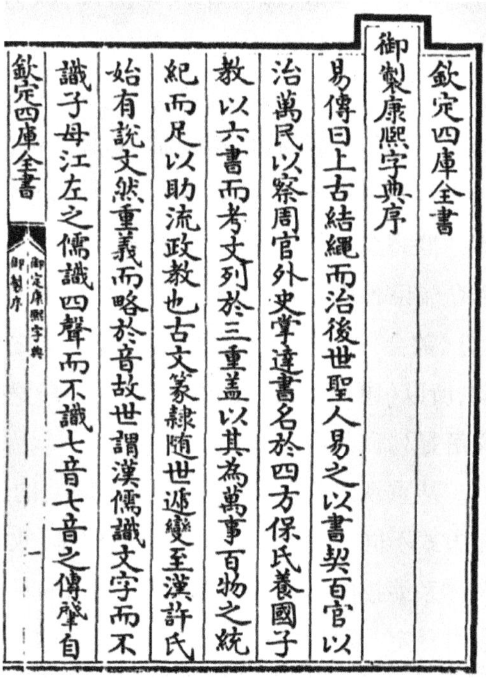
欽定四庫全書
御製康熙字典序
易傳曰上古結繩而治後世聖人易之以書契百官以
治萬民以察周官外史掌達書名於四方保氏養國子
教以六書而考文列於三重蓋以其為萬事百物之統
紀而足以助流政教也古文篆隸隨世遞變至漢許氏
始有說文然重義而略於音故世謂漢儒識文字而不
識子母江左之儒識四聲而不識七音七音之傳肇自
欽定四庫全書
御定康熙字典
御製序
一

图 3-2

---

① 查慎行.查慎行集：（七）[M].杭州：浙江古籍出版社，2014：12.

② 王掞，王顼龄.韵府拾遗序[M]//张玉书，等编.佩文韵府：第三册.上海：上海古籍书店，1983：4241.

式例具奏。”[1]康熙帝在《佩文韵府》等书相继编纂完成之后，历数前人所编的字书、韵书存在的不足；说明汉字不同于字母，汉字由于地域不同而存在南北音声的差异，决定编纂一部字书，总结字学的成果。这部书编成后，于康熙五十五年由康熙帝作序。其序文依然是引经据典，说明文字与政教的关系："《易传》曰：上古结绳而治，后世圣人易之以书契，百官以治，万民以察。周官外史掌达书名于四方，保氏养国子教以六书。而考文列于三重，盖以其为万事百物之统纪，而足以助流政教也。”接着转向汉代许慎《说文解字》，批评汉儒重视字形而忽视字音："古文篆隶随世递变，至汉许氏始有《说文》。然重义而略于音，故世谓汉儒识文字而不识子母，江左之儒识四声而不识七音。七音之传肇自西域，以三十六字为母，纵为四声，横为七音，而后天下之声总于是焉。”[2]提到字母字音，就可以和“从字母而来”的清字联系起来，这是康熙帝重视声音之学的思路，就像大臣称颂《佩文韵府》“远过于汉世，以声为律，天下同文”一样。对汉代以后的字书，康熙帝也予以批评，认为“曾无善兼美具，可奉为典常而不易者”。中国的小学是与经学相联系的，形成了诸多注疏音义的文献，“朕每念经传至博，音义繁赜，据一人之见，守一家之说，未必能会通罔缺也。爰命儒臣悉取旧籍，次第排纂。切音解义一本《说文》《玉篇》，兼用《广韵》《集韵》《韵会》《正韵》，其余字书一音一义之可采者，靡有遗逸”。[3] 由于他重视音韵，所以《康熙字典》在每个字头下，都罗列了多种韵书的注音，而《说文》的字义解释列在其后。

从重视声音之学的角度看，《佩文韵府》与《康熙字典》有相同之处。但编排方式不同，《佩文韵府》是按韵编排、收录辞藻的韵书；《康熙字典》是按照部首体系编排的字书。而在编辑、刊印的具体环节，康熙帝更多关注《佩文韵府》，亲自裁定，逐日进览，由武英殿刊印。《康熙字典》在康熙五十五年由纂修兼校勘官、翰林院侍读陈世倌捐资刊印，此后没有再进行拾遗续补工作，而此书引证等方面确实存在很多错误，为后人批评："盖其时小学本未大明，又以一二显宦率数十冗官领其职务，而字典之为事，又本视其所为《渊鉴类函》等书独难，宜其乖远讹舛，莫可究诘也。”[4]《佩文韵府》是韵书，收录大量诗赋辞藻，摘录名句，

---

① 康熙字典：康熙四十九年三月初九日上谕南书房侍直大学士陈廷敬等[M].北京：中华书局，1981.

②③ 康熙字典：御制康熙字典序[M].北京：中华书局，1981.

④ 徐珂.清稗类钞：经术类：康熙字典[M].北京：中华书局，1986：3851.

可以为科举考试提供参考。其编辑以选取、抄录、排比资料为主,并不需要详细考订文字。《康熙字典》则罗列汇集多种小学书籍,需要严谨的考证学问,其中也有“按”语进行辨析,但难以达到“无一义之不详,一音之不备”的程度。

四、特殊效应:奉为“字典”与文化控制

从康熙帝及其文臣的角度来看,《康熙字典》与《清文鉴》《佩文韵府》是有关联的,《清文鉴》作为“国语”的地位高于《康熙字典》。但《康熙字典》作为“可奉为典常而不易者”,有其特殊地位,在后世的影响效应也与《清文鉴》《佩文韵府》不同。

首先来看“字典”的名目。《说文解字》解释:“典,五帝之书也。从册在丌上,尊阁之也。”① 《尔雅》解释:“典,经也。”② 而“常”字有恒久的意思,“不易”是不能随时世改变的意思。以“典”命名书籍,在明代有《永乐大典》,但这是一部汇集群书的大型书籍,没有奉为经典的意思。而以“字典”命名书籍,特指《康熙字典》。此前的多种字书有不同的名称,康熙帝批评“《字汇》失之简略,《正字通》涉于泛滥”③,“曾无善兼美具,可奉为典常而不易者”。而在前人编辑的字书基础上,按照一定序列,编排字音、字义、字形,并加以辨析,使人“开卷了然,无一义之

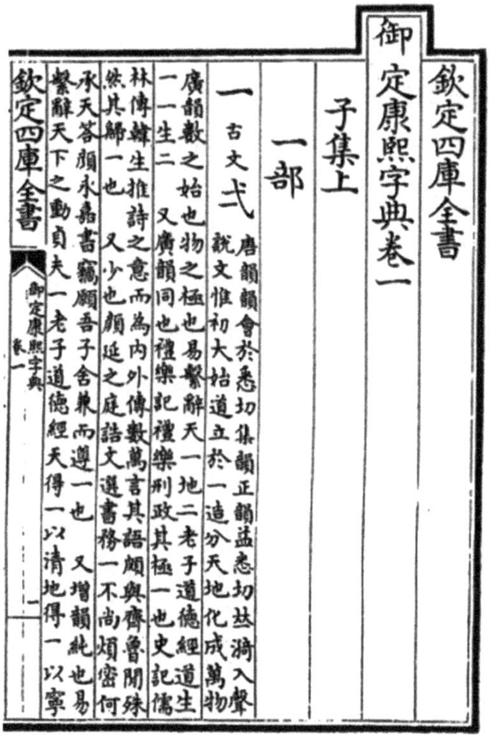
欽定四庫全書
御定康熙字典卷一
子集上
一部
一 古文弌 唐韻韻會於悉切集韻正韻益悉切𠀤漪入聲 說文惟初大始道立於一造分天地化成萬物 廣韻數之始也物之極也易繫辭天一地二老子道德經道生一生二 又廣韻同也禮樂記禮樂刑政其極一也史記儒林傳韓生推詩之意而為內外傳數萬言其語頗與齊魯閒殊然其歸一也 又少也顏延之庭誥文選書務一不尚煩密何承天荅顏永嘉書竊願吾子舍兼而遵一也 又增韻純也易繫辭天下之動貞夫一老子道德經天得一以清地得一以寧
欽定四庫全書
御定康熙字典 卷一

图 3-3

---

① 许慎.说文解字[M].北京:中华书局,1979:99.
② 尔雅[M].郭璞,注.杭州:浙江古籍出版社,2001:21.
③ 康熙字典:康熙四十九年三月初九日上谕南书房侍直大学士陈廷敬等[M].北京:中华书局,1981.

不详，一音之不备矣。凡五阅岁，而其书始成，命曰《字典》，于以昭同文之治。俾承学稽古者得以备知文字之源流，而官府吏民亦有所遵守焉”。[①] 所谓“字典”就是确立一个不能改易的标准、垂范后世的经典。以“一”字为例(图 3-3)，对比梅膺祚《字汇》、张自烈《正字通》的内容，《康熙字典》的解释确实符合其编辑宗旨：“今欲详略得中，归于至当，增《字汇》之阙遗，删《正字通》之繁冗，勒为成书，垂示永久。”[②]

再看以年号命名书籍。康熙二十三年，毛奇龄作为博学鸿儒，在史馆修史之余，编纂了一部韵书，献给康熙帝。其《为恭进韵书事》谈到这部书“拟名《康熙甲子史馆新刊古今通韵》，其曰康熙者，尊朝廷也，犹之明韵冠洪武也”[③]。他以明代《洪武正韵》为例，说明以年号命名韵书已有先例。由此而言，御定字书直接以《康熙字典》命名也是顺理成章的事情。

虽然名为“字典”，但《康熙字典》的地位并不比《清文鉴》更高。根据康熙帝的序文，《清文鉴》属于清人的国语系列，也是“国家同文之盛典”。有了《清文鉴》，“大经大法，咸有据依；一话一言，式循典则，庶几国书永贻于千百祀，而与日星河汉长垂天壤也夫”，这同样是奉为“典则”的意思。《康熙字典》是辅助《清文鉴》的，二者都是建构“同文之治”即政治文化秩序的符号。相比之下，汉文字不仅有悠久的小学传统，而且是阐释经学典籍的工具。康熙帝通过御定的“字典”，确定可以“垂示永久”的规范，实际彰显了对汉文字及典籍的永久控制权力，这与《清文鉴》“以明祖德之源流，敬本之深意”的意义是不同的。

正因为如此，康熙帝御定的《清文鉴》得以传承，乾隆“钦定《增订清文鉴》，由二合而三合四合，合声切字，字无遁音，辨析微芒，益臻美备”[④]。而《康熙字典》的御定权威是一般文人不能质疑的，乾隆四十二年，王锡侯编纂《字贯》一书涉及《康熙字典》的内容，就招致了骇人听闻的文字狱，株连多人被处死。《大学士九卿议奏折》中逐字审查《字贯》的字句，加以批驳，并严正宣称：“圣祖御定《字典》一书，参乎六书七音，考诸百家诸子。凡字之音义声读，形体源流，靡不考核精详，秩然大备。自成书后六十年来，海宇识所据依，士林奉为楷模，诚千

---

① 康熙字典：御制康熙字典序[M].北京：中华书局，1981.

② 康熙字典：康熙四十九年三月初九日上谕南书房侍直大学士陈廷敬等[M].北京：中华书局，1981.

③ 毛奇龄.西河文集(一)：奏疏[M].上海：商务印书馆，1937：46.

④ 皇朝通志：卷十四：七音略一[M]//景印文渊阁四库全书：644 册.台北：台湾商务印书馆，1986：137.

古不刊之经典也。”①乾隆帝通过《字贯》案，进一步确立了御定“字典”的绝对地位。乾隆四十六年编纂的《四库全书》将《康熙字典》收入经部小学类，书名就是《御定康熙字典》，其提要的评价直接引用“御制序文谓‘古今形体之辨，方言声气之殊，部分班列，开卷了然。无一义之不详，无一音之不备’。信乎六书之渊海，而七音之准绳也”，最后增加了“信乎”两句，进一步强调字典作为准绳的价值。在这种政治权力的威慑下，《康熙字典》是绝对“奉为典常”而不能改易的。

于是“自《字贯》之狱兴，有清一代，无敢复言字书者，桂、段诸家以治经不能不识字，则尽力于许书以避时忌。清中叶聪明特达之士，恒舍史而谈经，皆是此意”②。直到道光七年（1827年），皇帝下旨重刊《康熙字典》，依然关注的是“所有书内列圣庙讳皇上御名，俱应敬谨改避”。负责此事的王引之《重刊字典请旨折》还要请示如何缺笔改字，不敢轻易改动。③ 经过四年时间核对刊刻完成后，王引之《进呈重刊字典折》还要称颂：“钦惟圣祖仁皇帝钦定是书，体例精密，考证赅洽，诚字学之渊薮，艺苑之津梁也。其引据诸书搜罗繁富，自经史诸子以及历代诗人文士之所述，莫不旁搜博证，各有依据。凡阅五载全书告成”。他委婉说明“惟是卷帙浩繁，成书较速，纂辑诸臣迫于期限，于引用书籍句间有未及详校者”，于是欽遵谕旨进行核对。④ 王引之的学生也赞扬：“吾师为武英殿总裁，奉旨重刊《康熙字典》，校正原书传写之误，撰《字典考证》十三册，以佐盛朝同文之治。”⑤这种奉旨而进行的校正，只是纠正编纂人员引用传写的错误，目的依然是辅佐“盛朝同文之治”。

《康熙字典》既然被奉为汉文字的规范，无论书写或使用汉字，都必须严格遵守。乾隆年间《四库全书》总纂官陆锡熊在《饬禁书写俗文别字以正小学示》中写道：“惟御定《康熙字典》，义例精详，穷源正讹，统汇百代，诸生自当祇遵恪守，无轶范围。”⑥《四库全书》的总纂官纪昀为他人作序的《六书分类序》一文也

① 王锡侯字贯案：大学士九卿议奏折［M］//掌故丛编（1928）：第一辑.北京：中华书局，1990：497-498.

② 孟森.心史丛刊：字贯案［M］.北京：中华书局，2006：288.

③ 王引之.王文简公文集：卷二［M］//续修四库全书：1490册.上海：上海古籍出版社，2002：380.

④ 王引之.王文简公文集：卷二［M］//续修四库全书：1490册.上海：上海古籍出版社，2002：381.

⑤ 胡培翚.经传释词书后［M］//研六室文钞：卷七//续修四库全书：1507册.上海：上海古籍出版社，2002：443.

⑥ 陆锡熊.宝奎堂集：卷六：饬禁书写俗文别字以正小学示［M］//续修四库全书：1451册.上海：上海古籍出版社，2002：72.

强调其书"以隶书偏旁分部,俾丝牵绳贯,若网在纲,其门目一宗御定《康熙字典》,遵圣代同文之制也"①。光绪年间,还有明确规定"科场书写恪守《御定康熙字典》,遵用当代之制"②。清代地方志中也记载民间依据《字典》、学习正音的情况:"迩来家诵户弦,悉依字典,同文之治,遍及荒陬矣"③;"迩者学习正音,户诵家弦,悉依字典,同文之治,聿昭海宇矣"④。这种情况正如后来学者所评说的:"此乃康熙敕撰之字书,当然不可和在野私人撰著相提并论,自有其不可侵犯的威严,诚如该序文所言,'俾承学稽古者得以备知文字之源流,而官府吏民有所遵守焉。'故名之以'典'者,示其在价值等第上有最高之标准性与永久性,如古帝王或国家之大经大典,凛乎其不可犯,而且还须奉行惟谨。"⑤具体而言,康熙帝最初御定"字典",还有集成汉儒以来的小学书籍而加以完备的目的,是与《清文鉴》相关联的"同文之治"。而乾隆帝处置《字贯》案,最敏感的是对皇上御名避讳问题,而且将《康熙字典》视为其祖上御定、不可置疑的文字典籍,这对文人研究小学或编辑字书产生了震慑和阻滞作用,成为实施文化专制、维护政治合法性的一种手段。

综上所述,康熙帝在政权稳定后,亲自主持编辑了多种大型书籍,借以笼络文臣,彰显"同文之治"的特殊意义。其中《清文鉴》与《康熙字典》有先后顺序,分别代表了清文与汉字的典范,为两种文字对译沟通提供了标准,也揭示了文字、字书与"同文之治"的密切关系。康熙帝命名"字典",确立了对汉文字的话语权和控制权;乾隆时的《字贯》案,进一步强化了《康熙字典》不容置疑的权威地位。本文的思路就是在清代特殊的政治文化语境中,辨析《康熙字典》与其他御定书籍的关联,考察御定书籍编纂的诸多环节,确定《康熙字典》的实际地位及流通情况。以此为参照,有助于进一步探讨《康熙字典》在民国时期的全新语境中所发生的流变,认识一部书籍长时段的生命历程及其与社会文化变迁的关系。

---

① 纪昀.纪文达公遗集:卷八序[M]//续修四库全书:1435册.上海:上海古籍出版社,2002:344.

② 董沛.汝东判语:卷六[M].清光绪正谊堂全集本,中国基本古籍库.

③ 光绪化州志[M]//中国地方志集成:光绪化州志.上海:上海书店出版社,2013:47.

④ 广州府志[M]//中国地方志集成:光绪广州府志(一).上海:上海书店出版社,2013:264.

⑤ 戴镏龄.字典简论[J].文华图书馆学专科学校季刊,1935,7(1):12.

第四章

《康熙字典》在近代的出版流变

在清朝的政治文化环境中,《康熙字典》作为一部御定的书籍,被赋予了特殊的象征意义,是不能修改的范本。在近代的政治文化变革中,《康熙字典》经历了祛魅与演变的过程,涉及对《康熙字典》的重新评价、字典编辑观念的变化、《康熙字典》的大量印制发行等方面。

一、政治环境变化:打破偶像

在清代"同文之治"的语境中,"字典"一词特指《康熙字典》,被奉为经典而不能修订,这种观念也涉及不同民族语言的关系。当西方文化进入中国后,西方的语言文字也被输入,但《康熙字典》依然具有权威地位。1897 年的《时务通考》有文章谈到"语言文字",详细比较世界各国文字的特点及交流问题,还提到"中国宜因西文制通行字典,以广同文之治",道理是"故王者不治夷狄,而以同文治之,书同文则行同伦,其事相因,必然之势"。① 这里字典已经不是特指《康熙字典》,但参照西文体例而编辑字典,依然奉行"同文之治"的理念。随着清朝政权被推翻,御定书籍的时代终结,所谓"同文之治"失去了根基,《康熙

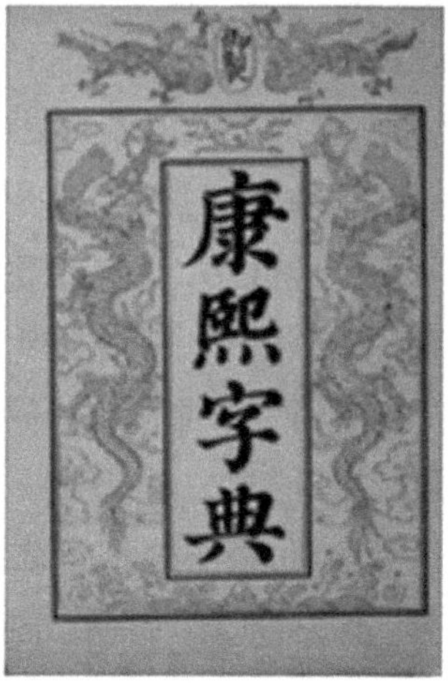

图 4-1

① 杞庐主人,等.时务通考:卷十九学校[M]//续修四库全书:1257 册.上海古籍出版社,2002:575.

字典》也失去神圣地位而被重新评价。民国时期有文章发出愤激之词:“《佩文韵府》也,《渊鉴类函》也,《康熙字典》也,此文人学士所视为拱璧连城之大类书也。而知康熙之时代,我汉人犹有仇视满洲人之心思,彼乃集天下名人以成此之书,借是消磨我汉人革命复仇之锐志焉。”①这种说法很有代表性,1962 年也有学者从政治角度分析《康熙字典》的编纂原因:“玩弄过去封建王朝的老圈套,借修书来笼络知识分子,做为一种怀柔手段。古代封建王朝在开创初期,基础还不巩固,唯恐知识分子捣乱,所以常常多方进行笼络,修书就是常用的手段之一。”②

《康熙字典》的内容确实存在很多知识错误,但由于乾隆年间发生《字贯》案,《康熙字典》被奉为绝对不容置疑的典范。这在民国时期是令人无法容忍而必须痛斥的事情。1915 年发表的《书康熙字典后》一文指出《康熙字典》存在十个方面的错误,其原因是“论者以谓清初小学本未大明,又以一二显宦率数十冗官以领其事,而字典之为事,又本视其所为《渊鉴类函》等书独难,宜其乖远伪舛,莫可究诘也”。因此,“字典非废之另纂不可”。③ 1936 年发表的《康熙字典引书证误》一文同样指出《康熙字典》在清朝不能修订而存在的错误:“《字典》为通究群籍之钤键,与《佩文韵府》《渊鉴类函》等仅供词人藻饰之用者异趣,要不当以寡陋充员,草率将事,滋惑学者。而颁行百余年,士子既冥遵盲从,以误孳误;小学家或糠秕是书,又不能不以‘钦定’为嫌,且鉴于王锡侯《字贯》之祸,咸具戒心,终不敢轻议一字”。然而,“王氏(王引之)以来讫于晚近,《字典》气焰之隆,曾不減于颁行之初。微特冬烘村师奉为圭臬,宁疑五经而不敢疑《字典》;即坊间所纂之新字书,亦莫不是取是准,袭舛乘缪之迹,十九可验。岂积威之下,冥遵盲从之习,潜移默运于不觉欤?或彼等妄以王氏所考证,仅为‘鲁鱼亥豕’之末,不足损《字典》之崇高欤?若夫东西学者,旁探中土简编,未暇识许、郑以来诸家所业源流,其不能不问津于是书,益无论已。由斯以观,《字典》之不可依据既如此,而《字典》之尊信传播又如此,自非破坏不能谈建设,余犹可继王氏为诤臣,而不为揭竿之陈涉乎?因摭其尤纰越者,演为是文,以告国人,庶几隳偶像之庄严,转视听于朝夕”。④黄季刚分析了《康熙字典》在收字、定音等方

① 阙名.革命之原因[M]//郑振铎.晚清文选:卷下.上海:上海生活书店,1937:799.
② 张涤华.论《康熙字典》[J].江淮论坛,1962(1):49-50.
③ 蟫魂.书康熙字典后[J].大中华,1915,1(5):2.
④ 黄云眉.康熙字典引书证误[J].金陵学报,1936,6(2):2-9.

面存在的五个具体问题,并指出:“道光中,王引之诸人重加校正,今字典注文后上隔一圈者即其文。虽甚寥寥,乃鲜谬误。究之书经钦定,臣工勘审,岂能尽情纠弹,亦惟徒有校正之名而已。”①所以,必须打破偶像,分析《字典》不可依据,以改变人们盲目尊信的状况。

康熙帝在同一时期御定多部书籍,包括《佩文韵府》《渊鉴类涵》等书,但学者对《康熙字典》的错误有更多批判。从编纂过程来说,康熙帝对《佩文韵府》《渊鉴类涵》非常重视,亲自裁定,而《康熙字典》编辑时间较短,相对草率。道光年间王引之奉旨核对《康熙字典》存在的引证错误,就委婉说明:“惟是卷帙浩繁,成书较速,纂辑诸臣迫于期限,于引用书籍句间有未及详校者。”②从书籍的类型来看,《佩文韵府》《渊鉴类涵》都是类书,主要是汇集和排比资料。科举制度废除后,这种类书失去了实用价值。1917 年《新青年》杂志提出“应用文学绝对禁止用典”,更不必“再请新国民去研究《佩文韵府》”。③ 比较而言,《康熙字典》是字书,汇集了古代小学研究及字书编辑的成果,为后人编纂字典提供了基础,是不可忽视的参考书籍。民国初年就有人为《康熙字典》改换名称,例如上海鸿文书局 1912 年石印的一部字典名为《新订增篆字典》,实际内容就是《康熙字典》,前面删去了康熙帝的序,而有陈其藩作的《汉文字典序》,其中写道:“我国六书之学代有述者,至前清康熙时,群儒始汇集、排纂,遂成大字典一书,万事百物统纪于斯,洋洋乎!诚巨著焉。然而,当时编辑儒臣,俱是我汉人董其事,集思广益,上承列代各家之说,下采有明一代之华,以成此汉文字典,本无梵书满字错杂于其间,惜乎慑威专制,归功媚上,竟以‘康熙’二字弁诸于首。今则民军光复,事在正名,字学之书尤国文之源本,岂容数典而忘其祖,谨复其名曰《汉文字典》,特别精印,以炯学界。尚祈我中华四万万同胞共宝贵之。”④由于政治环境变化,《康熙字典》被去掉了“康熙”年号,但作为一部汉文字典,属于“国粹”,不会因为是御制就失去了价值。由此可见,清朝政权被推翻后,文人基于政治心态的变化,引起愤激心理,发出批判言辞,而依靠皇权统治而建构的书籍文化秩序已经彻底崩塌了。

---

① 黄季刚.论康熙字典之非[J].制言半月刊:书评,1937(40):1-2.

② 王引之.王文简公文集:卷二:进呈重刊字典折[M]//续修四库全书:1490 册.上海:上海古籍出版社,2002:381.

③ 佚名.通信(钱玄同致陈独秀)[J].新青年,1917,3(5):13.

④ 迟铎.《康熙字典》一段鲜为人知的历史[J].辞书研究,2010(1):157-158.按:增篆即增加了小篆字体。

二、字典观念改变：推陈出新

晚清时期，随着西方人士更多进入中国，西学书籍也大量输入，中文的“字典”一词与西方的词典发生了关联。来自英国的传教士马礼逊为了便于外国人学习中文、使用中文，参照《康熙字典》的部首体例、字头及字义，编纂了《华英字典》一书，其书名中“字典”对译的是“dictionary”。此书于1815年至1823年陆续印制出版。这种命名没有被官方禁止，据记载：“嘉庆中广州知府杨健详定英人商禀许用汉字。自后该洋人久居中土，多以中国言语翻译彼国古书，故马利(礼)逊有《华英字典》之辑，悉依《康熙字典》注释。”①外国人依据《康熙字典》编辑双语字典不乏其例，1857年《六合丛谈》介绍麦都思“作《华英语汇》，以华文为主，旁译英文，体例循《康熙字典》，细译特详，共二册”。② 随着新式中文字典的编辑出版，“字典”成为泛称，指与国外字典相提并论的一种工具书。1912年刊登的《中华字典预约》广告就说明：“字典之目的有二，求新知一也，备遗忘二也。然字义不完备，则欲求新知而不得。体例不妥善，则欲备遗忘而不能。故东西各国无不兢兢于字典之改良。”③

民国时期许多来自西学的新语词、新术语输入中国，人们的社会生活发生了很大变化，《康熙字典》的内容已经不能适应新时代的需要。于是，多家民营出版机构开始编辑新式字典，打破了《康熙字典》不能变易的限制。例如陆费逵、欧阳溥存等人1909年开始编辑《中华大字典》，1915年由中华书局出版。这是一部标志着新旧知识交替的字典，当时有文章将《中华大字典》与《康熙字典》加以比较：“有清历世几三百年，其间文人通博之士，不能谓无改订之学力及正误之志愿，所以有志之士，私家著述，往往借《说文》之讹字殚力考正，而不敢昌言《字典》之不是，以其书为御制，恐遭文字非君大不敬之罪也。故仅成一家之言，而其意甚微”。其中论述“中华大字典定名之正当”，指出“绝非以一朝一姓之名号为吾文物之邦之代名词也。颜曰《中华大字典》，其富有国家观念，具

---

① 天津新议续议[M]//夏燮，撰.中西纪事：卷之十六//沈云龙.近代中国史料丛刊：第十一辑：106册.台北：文海出版社，1967：146.按：《马礼逊传》记载：“当是时《华英字典》第一册刻成，字部及义释多依《康熙字典》。”（载《遐迩贯珍》1855年第8号）

② 麦都思行略[J]. 六合丛谈，1857，1(4)：10.

③ 中华字典预约[N].申报，1912-07-19(8).

世界眼光，炼炼乎，其名大矣。其名改订，一洗《康熙字典》之以朝号之陋习”。[①]《中华大字典》前面有8篇序文，诸位作序者反复说明其编辑动机在于“惩《康熙字典》之失”，以适应新时代的文化需求。王宠惠指出：“吾国人之对于《康熙字典》，几如金科玉律，一字不能改移，则其文学中用字之错误，已成谬种流传，遑论凡百科学之日新而月异耶。是故字典一书，小之系于字学之进步，大之即关于全国文化思想之发达。用字典者，亦必须具有能用书而不用于书之眼光，始能逐渐改进，驯至与世界争衡也。否则吾国虽有《康熙字典》一书，然二百余年不能改进，则为书所用，终不能出其范围耳。”[②]熊希龄的序批评《康熙字典》：“顾纰缪百出，不适于用，久为世病。一义之释，类引连篇。重要之义，反多阙漏。一音之辨，反切重叠……若夫近世新增之术语，百科之名词，与夫数百年来俗语之迁变，此皆非求之《康熙字典》所能得者也。余尝谓一国文化愈进，其字书辞书，愈益繁夥。”[③]廖平的序也指出：“惟文化愈进，文字以孳乳而愈多，字典均书之用亦遂日繁。此编以较《康熙字典》倍详尽矣。”[④]此外，陆尔奎等以《康熙字典》为蓝本，编纂了简明的《新字典》，1912年由商务印书馆出版。蔡元培为之作序，批评《康熙字典》“其书行世已二百余年，未加增改。不特科学界新出之字，概未收入；即市井通用者，亦间或不具”，而“于民国成立之始，得此适用之新字典，其于国民之语言及思想，不无革新之影响”。[⑤]《新字典》凡例也说明：

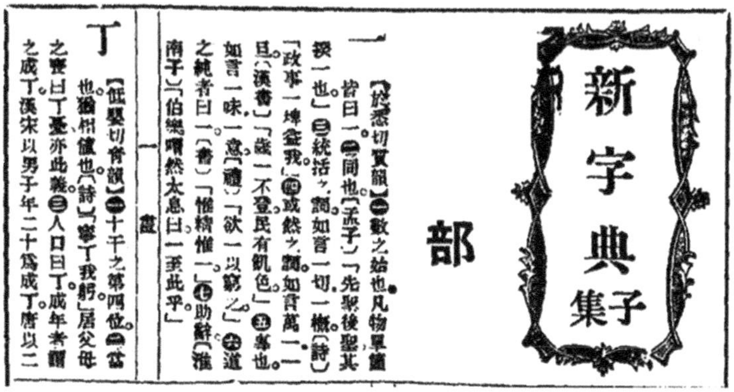
新字典
子集
部
一【於悉切質韻】㊀數之始也。凡物單個皆曰一。㊁同也。「孟子」「先聖後聖其揆一也。」㊂統括之詞。如言一切、一概。「詩」「政事一埤益我。」㊃或然之詞。如言萬一。一旦。「漢書」「歲一不登民有飢色。」㊄專也。如言一味、一意。「禮」「欲一以窮之。」㊅道之純者曰一。「書」「惟精惟一。」㊆助辭。「淮南子」「伯樂喟然太息曰一至此乎。」
一畫
丁【低嬰切青韻】㊀十干之第四位。㊁當也。猶相值也。「詩」「寧丁我躬。」居父母之喪曰丁憂，亦此義。㊂人口曰丁。成年者謂之成丁。漢宋以男子年二十為成丁。唐以二
新字典 一部 一

图4-2

① 梁稼畦.中华大字典与康熙字典之比较[J].读书界(上海)，1916(6)：2-13.
② 王宠惠.中华大字典序[J].大中华，1915，1(1)：6-7.
③ 熊希龄.中华大字典序[J].大中华，1915，1(1)：3.
④ 廖平.中华大字典序文[J].大中华，1915，1(2)：2.
⑤ 蔡元培.商务印书馆新字典序[J].东方杂志，1912，9(4)：7.

"通行之字书,向惟存《康熙字典》。其书汇集各字书,兼收并蓄,检阅已若繁重。且因时代演进,各部有新增之字,各字有新增之义。一国字书,决无二百年而可不增修之理。本馆编纂此书之旨,义取乎此,故名曰新字典。"这些新出版的字典都是针对《康熙字典》而推陈出新的结果,"字典"一词成为字书的总称,这是与时俱进的产物,彻底改变了二百多年来《康熙字典》的独占地位。

民国初期的新字典,在内容编辑方面,同样体现了推陈出新的文化观念。《康熙字典》是传统字书的集成,已被称为"旧字典"。《中华大字典》作为承前启后的大型字典,在《康熙字典》的基础上编辑,一方面参照有关古代字书的研究成果,纠正了《康熙字典》数千条错误;一方面增加了许多来自西学书籍的新语词、新义项,形成了新旧兼备的内容。如其凡例所言:"近今之方言,翻译之新字,亦均加收列"。例如,"心"字第一个义项,先引用《说文》的解释,再以按语形式补充"今生理学云"的知识,并附上一张心脏图。第二个义项的解释是:"意识感情之主也。《荀子·解蔽》:'心者,形之君也,而神明之主也。'[近世亦称感情意志等作用曰心理]",以括号形式增加了心理学词语。其实,明清时期已有西学书籍被翻译,康熙帝本人就喜欢西方数学、天文知识,还刊刻了几种西学书籍,但《康熙字典》依据的是中国古代字书文献,仅有个别字义涉及西学知识,例如,"稣"字的解释:"又《职方外纪》耶稣,西国言救世生也。"①"天"字下"九天"(九重)一词,引述"今西洋历说,天一层缓似一层,此七政退旋,所以有迟速也。"此外很难找到来自西学书籍的字词。而《中华大字典》在"耶"字头下收录了"耶稣""耶路撒冷"两个外来词。而"天"字在第1个义项"颠也"下面,补充了后出的"段注"(段玉裁《说文解字注》);第23个义项是"上帝之所曰天,如道教之称洞天,佛教之言天堂,基督教之称天国";第34个义项"天王星"是指科学知识,还列出了英语名称。由此可以略知《中华大字典》对《康熙字典》增补和超越的情况。

此外,《康熙字典》中的"典"字原指"奉为典常而不易"的典籍,其价值在于"俾承学稽古者得以备知文字之源流,而官府吏民亦有所遵守焉",即包括两个方面的用处。民国时期,学者认为《康熙字典》适用于研究文字学,却不适宜一般人的日常检索,更不适合小学生使用。《申报》1909年发表《改良教育浅说》

---

① 康熙字典:午集下:禾部11画[M].北京:中华书局,1981:33.按:永瑢,等.四库全书总目[M].北京:中华书局,1981:632."《职方外纪》五卷(两江总督采进本),明西洋人艾儒略撰。"

一文指出："我国字数既繁，识别尤不易。但求其能识字，已非数年之功不办。而其实适用之字正未必多，无怪日人呼博记无用者为我国《康熙字典》也……而我国教育家犹往往取无用之死字，责儿童以背诵。以为儿童不使背诵，不能有记忆力，正不知耗损儿童之脑力几何也。今学部简易识字课本已经颁发试用，将来此项课本果能通行，我国教育界之进步或较今日为速。而尤以但取讲解不取背诵为第一要义，此亦今之从事教育者所宜注意者也。"[①]1911 年的一篇文章也指出："吾国文字既繁且深，《康熙字典》一书诚冠千古，惟征引丰富，便于文士之考镜，而非一般浅学之人所能索检"。所以"是宜搜集普通知识必需之字若干，编为普通适用字汇一书，凡小学及简易识字、国民必读等书之字，均不得越此范围"。[②] 为了普及知识的需要，出版机构开始针对不同读者对象，编写小型字典。商务印书馆出版的《新字典》收字一万多个，以《康熙字典》中普通常用字为主，并收现代科学新字。凡二字以上的词语，非与意义有关者，概不收录。这正是与"旧字典"内容不同、功用不同的新字典，同样反映了字典观念的变化。

三、印刷流通方式变化：进入市场

《康熙字典》在康熙五十五年由文臣陈世倌捐资，在武英殿刊刻；乾隆年间经过覆勘誊录后，收入《四库全书》；道光年间王引之奉旨校订后，重新刊刻。作为一部御定的字典，其编纂目的是为了彰显"同文之治"，其印制的书籍主要由皇帝颁赐大臣，而不可能成为在书坊市场流通的商品。据地方志记载：陈似源是康熙年间的进士，参与编修《一统志》，获"御赐《佩文韵府》《康熙字典》诸书"。[③] 还有学宫、孔府、寺庙等处获颁《康熙字典》的记载。关于《康熙字典》被引用的情况，可以利用"瀚堂典藏"数据库来搜集资料。例如，《古今图书集成》是一部大型类书，康熙年间编纂、雍正年间刊刻，其中有 121 个记录，都是参考《康熙字典》进行校勘的小字。如《明伦汇编 · 氏族典》中收录《逄姓部汇考》，下面先有一段小字说明："按逄从夆，音庞，人姓。逄蒙、逄萌是也。逢从夆，音

① 改良教育浅说[N].申报，1909-12-14(3).

② 王劭廉，等.关于中小学教科应用书籍案[N].申报，1911-07-28(26).

③ 陈伯陶.东莞县志：卷六十七：人物略十四：国朝(三)[M]//中国地方志丛书：第 52 号.台北：成文出版社，1967(据民国十年铅印本影印)：2628.

缝，亦姓。逢伯陵、逢丑父是也。二字不同，字典辨之甚明，通志等书合而为一，非是。”《岁功总部汇考一》有一处明确记载“匽字，查字典无”。[①] 这说明《古今图书集成》在刊刻前曾查检《字典》（即《康熙字典》），对文字进行过校勘。蒋廷锡是《康熙字典》的纂修官之一，后来又奉雍正帝之命重新编校《古今图书集成》，由此推论这些根据“字典”校勘的按语应该与蒋廷锡有关。此外，乾隆年间进士翟灏编纂《通俗编》，其中有 6 处引用《康熙字典》，例如，《康熙字典》“怎”字解释：“按此字《广韵》《集韵》皆未收，唯《韩孝彦 · 五音集韵》收之。今时扬州人读争上声，吴人读尊上声，金陵人读津上声，河南人读如樝。各从乡音而分也。”这段话被《通俗编》全部抄录。而乾隆四十二年王锡侯参照《字典》而编纂《字贯》，是对《字典》详细研究的结果，却招致骇人听闻的文字狱，株连多人被处死。此后文人引用《康熙字典》的内容必然有所戒惧，更不敢私自对其进行评价或修订。因而，《康熙字典》尽管名头很大，却不是普通人可以随意获得的书籍。

图 4-3[②]

晚清时期，石印技术输入中国，印刷复制书籍更加方便。《康熙字典》既有御定的名头，又是检字的工具，成为印刷机构争相印制的古籍。据记载：“石印书籍之开始，以点石斋为最先，在上海之公共租界南京路泥城桥堍。其石印第一获利之书为《康熙字典》，第一批印四万部，不数月而售罄。第二批印六万部，适某科举子北上会试，适出沪江，人购五六部，以为自用及赠友之需，故又不数月而罄。书业见获利之巨且易也，于是甬人有拜石山房之开设，粤人有同文书局之开设，三家鼎足，垄断一时，诚开风气之先者也。”[③]至此，《康熙字典》已经成为任何人都可以购买的畅销书，成为一种“文化的生意”。利用“瀚堂近代报刊”数据库进行检索，可以发现许多

① 古今图书集成[M].中华书局，1934，影印本.按：检索记录根据瀚堂典藏数据库。
② 广告：袖珍康熙字典出售[J].申报，1879-02-17(7).
③ 徐珂.清稗类钞：第五册：农商类：石印书坊始于上海[M].北京：中华书局，1986：2136.

有关《康熙字典》印刷、售卖的广告。特别是《申报》刊载《康熙字典》的广告最多,从标题看有:《袖珍康熙字典出售》(1879)、《重印缩本康熙字典出售〔点石斋主启〕》(1880)、《重印康熙字典》(1881)、《仿巾厢本康熙字典考证 扫叶山房谨启》(1882)、《新印直行中版康熙字典出售〔点石斋主人启〕》(1883)、《新印放大直行康熙字典出售〔点石斋主人启〕》(1884)、《访购殿板康熙字典启〔点石斋主人启〕》(1885)、《殿板康熙字典告白 大同石印书局启》(1887)、《新印铅板大字康熙字典告成 图书集成局启》(1892),等等。由于各种名目的《康熙字典》竞相出版,又出现了降价出售的广告,如《同文书局影清殿本康熙字典原价六元半价预约三元》(1917)。广告中对印刷技术有详细描述,如点石斋介绍《新印直行中版康熙字典》(1883):"本斋缩印之《康熙字典》久已风行,海内争来购阅。近因原本印过数次,是以复出重价,觅到殿版初印者,仍用石印照相法照印。惟从前所印者均系罗列三层,兹则改作直行,逐行到底。而字亦较前放大,更觉清晰,不费目力。每部钉成六本,封面均用古雅绫锦,外则仍用红木夹板,准于月底出书,该价俟后再定,然总格外公道也,特此预布。"报纸之外,著名出版机构也通过杂志刊载广告,如《东方杂志》1905 年的广告"商务印书馆出版《大字铜板康熙字典》"。据不完全统计,上海有 29 家书局出版了《康熙字典》,点石斋书局出版最早,且版本最多。① 新式印刷技术的引进,大众媒体的广告宣传,使当年的御定书籍进入了流通市场,这是前所未有的出版现象,同时也消解了《康熙字典》的神圣色彩。民国以后,学者对《康熙字典》多有批评,新编字典应运而生,而《康熙字典》的广告也逐渐消失了。但这一波由点石斋石印书局引发的《康熙字典》出版热,对民间出版机构的商业运作也产生了示范效应。

总之,从书籍史研究的视角来看,书籍的编辑完成与复制流通,受到政治制度、文化观念、媒介技术等因素的制约和影响,具有复杂的考察层面。而工具书的知识内容丰富、文化积淀深厚,是中外书籍史不可忽视的研究对象。美国学者罗伯特·达恩顿曾以《启蒙运动的生意》为题,以具体的案例,研究西方的"《百科全书》的出版史"②。美国学者安·布莱尔"研究近代早期欧洲的参考工具书,以及它们如何被当时的人们看待、编辑、使用",研究"工具书编纂者及其

---

① 杨瑞芳.1949 年以前沪刊《康熙字典》考论[J].汉字文化,2014(5):61-64.

② 达恩顿.启蒙运动的生意:《百科全书》的出版史(1775—1800)[M].顾杭,叶桐,译.北京:生活·读书·新知三联书店,2005.

动机和方法”,其中也将中国作为比较的对象。① 而中国古代工具书的编辑出版史有许多案例,确实具有与西方书籍史进行比较的价值。《康熙字典》作为一部御定的书籍,在清代实施“同文之治”的政治语境下,具有不容置疑的地位。民国初期,伴随着社会制度变革和文化观念变迁,这部字典受到严厉批评,成为旧字典的代表,于是出现了适合新时代需求、收入新语词的新字典,这是一个知识更替、文化选择的过程。西方印刷技术的输入,西方出版机构的商业运作方式,促使中国民间出版机构争相印制《康熙字典》,并通过报刊广告进行宣传和推销,这是与古代官方编辑大型书籍完全不同的流通方式。考察《康熙字典》从古代到近代的流变,有助于理解书籍的出版史与社会史、文化史的密切关系,也有助于认识中国字书及文字学的特点及其发展历程。

在当今的数字化时代,规模巨大的古籍数据库(例如“瀚堂典藏”)整合了无数文献资料,《康熙字典》的多种版本也被囊括其中,构成了新的存储和流通载体。我们通过快捷的检索方式,不仅可以检索《康熙字典》中的具体字句,还可以找到其他古籍文献中的相关资料。有效利用古籍数据库,既可以对《康熙字典》进行新的校勘和修订,也可以考察《康熙字典》的流传与社会文化变迁的关系。然而,只有了解《康熙字典》在古代所具有的权威地位、在近代社会所出现的出版流变,具有长时段的历史眼光,才能更好地利用古籍数据库,发现《康熙字典》相关资料及其内在关联,而不被数字化碎片所淹没。《康熙字典》作为一部书籍的传播史,对于大学的中国古典文献学、中国古代编辑出版史课程,也是一个具有启发意义的案例。

(原文发表于《吉林师范大学学报》2020 年第 3 期)

① 布莱尔.工具书的诞生:近代以前的学术信息管理[M].徐波,译.北京:商务印书馆,2014:17,222,52.

第五章

官修类书的编辑传统及其终结

类书是中国古代特有的一种资料汇编性的工具书，其编辑者有官方，也有私人；其收录的资料有的偏重某一门类，有的综合各种知识。本章仅从整体上考察古代官修的综合性类书所形成的编辑传统，探讨贯穿其中的中国传统文化的因素，分析这种编辑传统在近代走向终结的原因。

一、标榜文治的编辑理念

中国古代的第一部类书就是官修的综合性类书。《三国志·文帝纪》记载："帝好文学，以著述为务，自所勒成垂百篇。又使诸儒撰集经传，随类相从，凡千余篇，号曰《皇览》。"[①]自此以后，历代相继编纂这种综合性类书，梁武帝萧衍命诸学士编纂了《寿光书苑》和《华林遍略》两部类书；北齐后主高纬编纂了《修文殿御览》。隋代官修的类书有《长洲玉镜》《编珠》。唐代是编纂类书的高峰，除了流传至今的《艺文类聚》《初学记》外，还有《文思博要》《三教珠英》等多种类书记录在书目中，以至在开元年间所编《古今书录》中，类书已经从"杂家"中分离出来而自成一家，被标称为"类事家"。此后，官修的大型综合性类书宋代有《太平御览》，明代有《永乐大典》，清代有《古今图书集成》，等等。

值得探讨的是，中国古代为什么会形成这种官修类书的传统？表面看来，编纂这些类书的直接目的是便于皇帝阅览，这从《皇览》的名目就可以看出来了。沿袭这一名目的有北齐后主高纬时编纂的《修文殿御览》、北宋太宗时编纂的《太平御览》。此外，历代皇帝编纂类书，各有其具体的社会背景和目的，如唐

① 陈寿.三国志[M].北京：中华书局，1973：88.

代的《初学记》是唐玄宗为了“儿子等欲学缀文，须检事及看文体”，而命徐坚等编纂的，这和当时的文学风尚有关。① 闻一多曾论述初唐诗歌与类书的关系，“我们若要明白唐初五十年的文学，最好的方法也是拿文学和类书排在一起打量”②。但是，能够激励历代皇帝不惜动用大量人力和物力而编纂大型综合性类书的根本原因，还有着更为深层的文化理念作为支撑，这就是儒家崇尚文治的传统。正是从这个意义上说，“纂辑类书之业，亦文化一种表征” ③。

所谓文治也称为“右文”，是儒家的社会理想。《礼记》提到周代“文王以文治”④。《论语》中“子曰：周监于二代，郁郁乎文哉！吾从周”⑤。因此，古人把“彬彬乎进于周之文”⑥作为盛世的标志。文治思想的真正确立是在汉代，汉武帝独尊儒术，立五经博士，这成为“文治思想之开始”。⑦ 文治体现在诸多方面，编辑整理文化典籍就是重要措施之一。据《汉书·艺文志》记载：“汉兴，改秦之败，大收篇籍，广开献书之路。迄孝武世……建藏书之策，置写书之官，下及诸子传说，皆充秘府。至成帝时，以书颇散亡，使谒者陈农求遗书于天下”⑧，并诏令刘向等人校雠群书，编辑书目。此后，历代王朝在建立之初，大多重视搜集和整理文化典籍，逐渐形成了以整理文化典籍显示“文教之盛”的传统，或者说这是历代帝王除武功之外用以显示其伟大业绩的一种方式。正如《隋书·经籍志》所说，文化典籍是“王者之所以树风声，流显号，美教化，移风俗”的重要载体。⑨《宋史·艺文志》指出典籍作为“文”的标志与朝代兴衰的关系：“文之有关于世运，尚矣……由秦而降，每以斯文之盛衰，占斯世之治忽焉。”⑩明代焦竑《国史经籍志》序认为：“自书契以来，靡不以稽古右文为盛节，见于方策可考已……运殂则铅椠息，治盛则典册兴，盖不独人主风尚系之，而世道亦往往以为候。”⑪

---

① 徐坚.初学记[M].北京：中华书局，2005.

② 闻一多.类书与诗[J].国文月刊，1945(37)：2-5.

③ 梁启超.中国历史研究法[M].北京：东方出版社，1996：62.

④ 礼记·祭法[M]//阮元.十三经注疏.北京：中华书局，1980：1590.

⑤ 朱熹.四书章句集注[M].北京：中华书局，2005：65.

⑥⑩ 脱脱，等.宋史：艺文志[M].北京：中华书局，1977：5031.

⑦ 钱穆.国史大纲：上册[M].北京：商务印书馆，1997：143.

⑧ 班固.汉书[M].北京：中华书局，1983：1701.

⑨ 魏征，等.隋书[M].北京：中华书局，1973：903.

⑪ 焦竑.国史经籍志[M].上海：商务印书馆，1939.

类书只是官方整理文化典籍的一种形式。这种在众多典籍的基础上汇辑而成的著述形式,所以受到历代王朝的重视,还和儒家“述而不作”的传统有密切关系。《论语·公冶长》记载:子贡称颂“夫子之文章,可得而闻也”①。这应该包括孔子所编辑整理的古代典籍(六经)。而重视“立言”扬名、追求文章不朽的价值观念,也是古代帝王崇尚文治、热衷组织文人编纂类书的内在动因。曹丕本来就“好文学,以著述为务”,在称帝后组织“诸儒撰集群经”,编纂《皇览》,这正是他把文章看作“经国之大业,不朽之盛事”②的具体表现。而曹丕的开创之举,“给后来许多封建王朝在开国之初集中人才大规模地编纂类书以示文采之盛做了一个示范”③。此后,历代王朝多效仿魏文帝,组织文人编纂大型类书,以标榜文治,传扬名声。正如明代焦竑在《国史经籍志》“类家”小序所说:“自魏《皇览》而下,莫不代集儒硕,开局编摩……盖施之文为通儒,厝于事为达政,其为益亦甚钜已。”④历代参与编修的文臣,也都把大型类书的编纂看作文治的盛举。唐代欧阳询在《艺文类聚》序中称颂“皇帝命代膺期……偃武修文,兴开庠序,欲使家富隋珠,人怀荆玉”⑤。清代蒋廷锡在将《古今图书集成》校刊之后,上表皇帝时,称颂皇帝“武继文谟”的功绩。而组织文人复制前朝皇帝所修的大型类书同样是彰显文治的措施。《永乐大典》于永乐五年(1407)编纂完成,到嘉靖四十一年(1562),明世宗下诏选儒士百余人重录副本,直到明穆宗隆庆元年(1567)才抄录完成,以此“足慰我皇考尊祖右文至意”。⑥ 清代雍正帝最终将《古今图书集成》刻印完成后,在序文中自许:“上以彰皇考好学之圣德,右文之盛治,并纪朕继志述事,兢兢业业,罔敢不钦若于丕训云尔。”

类书固然是显示文治成果的一种形式,而皇帝雅好文章,皇帝身边聚集着众多文士,这也能显示一种君臣和谐、天下太平的气象。从魏文帝到梁武帝,从隋炀帝到唐高祖、唐太宗,其时下诏纂修类书都是和宫廷文学盛行有着密切关系的。与此相联系,在改朝换代之初,皇帝招揽旧臣来编纂大型类书,也可以起到缓和内部矛盾、笼络人心的作用。或者说编纂大型类书有时也是皇帝刻意营

① 朱熹.四书章句集注[M].北京:中华书局,2005:79.
② 曹丕.典论·论文[M]//魏晋南北朝文学史参考资料.北京:中华书局,1978:51.
③ 胡道静.中国古代的类书[M].北京:中华书局,1982:39.
④ 焦竑.国史经籍志:卷四下[M].上海:商务印书馆,1939:237.
⑤ 欧阳询.艺文类聚[M].汪绍楹,校.上海:上海古籍出版社,1982:27.
⑥ 徐阶.辞重录大典成加俸[M]//世经堂集:卷之九:31//沈乃文.明别集丛刊:第二辑43册.合肥:黄山书社,2013:203.

造文治气氛的一种政治手段。张涤华就指出："宋初削平诸僭，降臣聚朝，虑其才无所施，或怀怨望，于是丰其廪饩，使撰不急之书，困老英雄，允推长策。然则当时类书之盛，非特缘于学术风气，抑且有政治作用推移其间矣……历代君主牢笼人才之法，大率如是，又不仅有宋为然矣。此类书之盛所以多在玉步初更之时欤？"[①]王重民认为明代"纂修《永乐大典》的直接起因是：明成祖朱棣在1402年篡夺了他的侄儿对明王朝的统治权，恐怕全国人民，尤其是知识分子不服，为了笼络他们，便在1403年(永乐元年)开始了《永乐大典》的纂修工作。由于他想广泛地进行笼络知识分子并夸耀文治，所以他对于这一纂修的内容，企图越丰富越好，卷帙的数目越能超越前人越好"。[②] 虽然历代统治者标榜文治只是表面文章，这毕竟是合乎儒家思想规范，并能够为文人所接受的正统观念。所以，参修类书的文士也乐于为皇帝"效一日犬马之劳，亦得分光不朽矣"[③]。

二、文献一统的编辑体例

类书的编辑体例是汇集群书资料为一书。在图书收藏传播条件有限的古代，只有官方组织编纂的类书，才能充分利用官方藏书机构的书籍。随着历代典籍累积增多，也只有官方才能有效组织大量人力和物力，完成卷帙浩繁的文献整理工程。

问题是，为什么要把众多书籍汇集为一书，而不是分别编辑多种不同的书籍，这种汇集群书的文本是如何形成的。《皇览》已经有了"凡千余篇"的规模，如此编辑是为了便于博览"经传"。《修文殿御览》参照了《皇览》的体例："究兰台之籍，穷策府之文，以为观书贵博，博而贵要，省日兼功，期于易简。"[④]可见既广博又简明，便于阅读，这是类书最初的编辑体例。唐宋的类书也是如此，《艺文类聚》序文称其内容"折衷古今，宪章坟典"，所以"卒欲摘其菁华，采其指要"。[⑤]《文思博要》序文称"观书贵要，则十家并驰；观要贵博，则《七略》殊

① 张涤华.类书流别[M].上海：商务印书馆，1958：29.按：玉步，代称君位。
② 王重民.《永乐大典》的编纂及其价值[C]//程焕文.中国图书论集.北京：商务印书馆，1994：151.
③ 陈梦雷.进汇编启[M]//松鹤山房诗文集：文集卷二.清康熙铜活字本，中国基本古籍库.
④ 胡道静.中国古代的类书[M].北京：中华书局，1982：47.
⑤ 欧阳询.艺文类聚[M].上海：上海古籍出版社，1982.

致”。所以此书“义出《六经》,事兼百氏。究帝王之则,极圣贤之训,天地之道备矣”。[①] 宋太宗《太平御览》序称其“包罗万象,总括群书,记历代之兴亡”。[②] 这些专为御览而编辑的类书,将综合的文献知识分门别类、整合为一个系统,可以使皇帝在较少的时间内,博览古今群书,借鉴历代兴亡的经验教训。

《皇览》之后,历代官修的类书一般在抄录前代类书的基础上增加新的资料而成,历代帝王也都有超越前代、编成图书“巨观”的雄心,这势必使类书的规模越来越大。明代的《永乐大典》原名《文献集成》,明成祖在此书的序中说:“尚惟有大混一之时,必有一统之制作,所以齐政治而同风俗,序百王之传,总历代之典。”[③]清代的大型类书名之为《古今图书集成》,其编纂体例是“广罗群籍,分门别类,统为一书,成册府之巨观,极图书之大备”[④]。可见类书发展到明代、清代,在印刷技术得到普遍应用、书籍出版数量增加的情况下,仍然将众多书籍统编为一书,这不仅是为了便于阅读和考索,而且反映了封建帝王天下一统、文献一统的观念,或者说是以大而全的类书作为天下归一的象征。例如,清代康熙帝在开疆拓土方面功绩卓著,蒋廷锡在叙述《古今图书集成》的分类体例时,就特别称颂康熙帝:“古今未有之疆隅,咸归一统;开辟未通之国邑,悉入版图,故是书次载方舆汇编。”所以《古今图书集成》特列“方舆汇编”的名目,并收录地方志资料近 2000 种。[⑤]

文献一统与上述标榜文治的理念是相联系的。《古今图书集成》的最初编纂者陈梦雷在《进汇编启》中就强调此书“必大小一贯,上下古今,类列部分,有纲有纪,勒成一书,庶足广大圣朝文治”。其规模要“广大精详”,超过前代《太平御览》《册府元龟》等类书“何止十倍”,以达到“文治昭垂万世”的目的。[⑥] 康有为题《古今图书集成》存本感慨:“《古今图书集成》为清朝第一大书,将以轶宋之《册府元龟》《太平御览》《文苑英华》,而与明之《永乐大典》竞宏富者。”[⑦]因此,在这种编辑理念的支配下,官修的综合性类书已经是一种显示皇权统治

① 高俭.文思博要序[M]//董诰辑.全唐文:二册.北京:中华书局,1983:1357,1358.

② 李昉,等.太平御览[M].北京:中华书局,1985.

③ 朱棣.《永乐大典》序[M]//姚广孝.明实录:明太宗文皇帝实录:卷之七十三.台北:台湾中央研究院历史语言研究所校印,1962.

④ 清世宗雍正.古今图书集成序[M]//古今图书集成.北京:中华书局,成都:巴蜀书社,1985.

⑤ 裴芹.古今图书集成研究[M].北京:北京图书馆出版社,2001:87.

⑥ 陈梦雷.进汇编启[M]//松鹤山房诗文集:文集卷二.清康熙铜活字本,中国基本古籍库.

⑦ 陈梦雷,等.古今图书集成[M].北京:中华书局,成都:巴蜀书社,1985.

和文治功绩的载体,这与同样是官修的专门性类书,如宋代的《太平广记》、清代的《佩文韵府》《骈字类编》《广群芳谱》等文学性或专门性类书,以及私人所修的各种类书,如隋代虞世南《北堂书钞》等,在编纂内容和规模上都是不能相提并论的。

正因为类书的总体内容汇集了古今各种书籍,非常庞杂,所以在传统书目的四部分类中,“类事之书,兼收四部,而非经非史,非子非集。四部之内,乃无类可归”①,一般别为一类,附录于子部或集部。这种“兼收四部”的编辑体例正是综合性类书的特征。例如,《古今图书集成》在编纂之初就设想:“凡六合之内,巨细毕举。其在《十三经》《二十一史》者只字不遗;其在稗史子集者,十亦只删一二。”②《艺文类聚》则兼采《文选》和《皇览》的体例,最先开始收录诗文,形成了“事居其前,文列于后”的体例。所谓“文”是广义的文章观念,既包括诗、赋,也包括箴、铭等应用文体,可以说是天下文章的总汇。这种“文列于后”的体例,一直到《古今图书集成》仍然沿用,所收录的诗文数量越来越多,已经成为附录于“事”后的诗文分类总集。至于专门收录文学辞藻的《骈字类编》和《佩文韵府》、专门收录政事资料的政书以及类编型文章总集(如《文苑英华》)等,都是从这种综合性类书体例中逐渐分化出来的,或者说是综合性类书中某一部类的扩展。

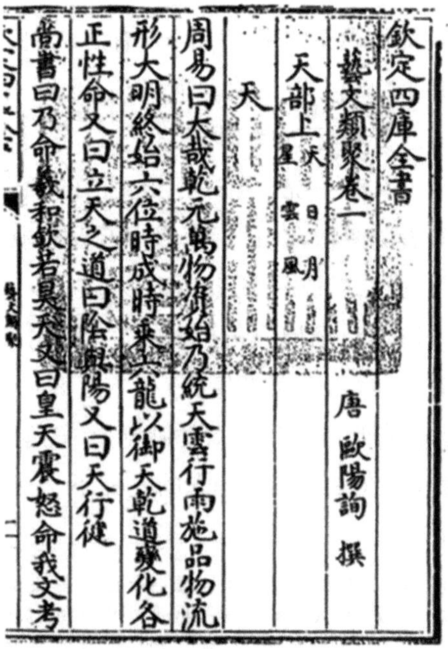
欽定四庫全書
藝文類聚卷一　唐　歐陽詢　撰
天部上　天　日　月　星　雲　風
天
周易曰大哉乾元萬物資始乃統天雲行雨施品物流
形大明終始六位時成時乘六龍以御天乾道變化各
正性命又曰立天之道曰陰與陽又曰天行健
尚書曰乃命羲和欽若昊天又曰皇天震怒命我文考

图 5-1

类书在每一部类名目下所排列的资料,包括了经史子集、百家杂说。例如,《艺文类聚》卷一“天部”的子目“天”下,在“事”的部分列举了《周易》、《尚书》、《礼记》、《论语》、《老子》、《春秋繁露》、《尔雅》、《春秋元命苞》、《黄帝素问》、《庄子》、《申子》、《文子》、《太玄》、《皇览记》、《广雅》、

① 永瑢,等.四库全书总目[M].北京:中华书局,1981:1141.

② 陈梦雷.进汇编启[M]//松鹤山房诗文集:文集卷二.清康熙铜活字本,中国基本古籍库.

《吕氏春秋》、《列子》、《说苑》、《白虎通》、张衡《灵宪》、徐整《三五历记》、《蜀志》、《楚辞·天问》等著述中的相关资料。由于类书汇集群书的特点，儒、道诸家有关资料可以排列在一起（这与四部分类的序列不同），从而形成了儒、道诸家兼收并蓄的知识框架。

类书所收录的内容无所不包，这是就其编辑体例而言。实际上，历代类书所收录的内容受到皇帝个人旨意的影响，服从皇帝御览的需要，也是有所增删的。唐玄宗命张说等编纂《初学记》，是因为“儿子等欲学缀文，须检事及看文体”，所以编辑比较“省便”，还增加了“事对”的体例。宋太宗让大臣“编小说而成《广记》，纂百氏而著《御览》”①，将《太平广记》与《太平御览》加以区分，这已经和宋以前的综合性类书有所不同，特别是将历来不被重视的小说单独编录，应该与宋太宗特别推崇道教而小说中充满了神仙道术之言有关。另一部类书《册府元龟》的“发凡、起例，类事分门，皆上禀圣意，授之群官”，其中资料“凡悖恶之事及不足为训者，悉删去之”。② 清代康熙时已有西学书籍传入，康熙帝本人对于西洋历法等书籍很感兴趣，以至《古今图书集成》（乾象典）中“国家新法历书，凡海西人所考究，造图制器，皆极精晰，故是典多据之”③。

总之，官修的综合性类书这种汇集群书、兼收四部的编辑体例具有多方面的成因。这种整体的编辑框架，为我们今天认识中国典籍文化的知识体系提供了一种特殊角度。通过某一朝代官修的综合性类书所收录的图书数量和种类，可以考察当时的文化知识的发展状况；通过类书历代累积的资料以及历代相承的整体框架，可以了解古代文化知识的总体特点和分类体系。而类书受到“御览”影响而产生的异同变化，从一个侧面反映了中国古代典籍文化的建构、传承演变以及传播控制的情况。

三、以类相从的编排方法

古代官修的大型综合性类书，自《皇览》开始，除《永乐大典》采用韵部编排以外，其余都是采用“随类相从”的方法排列资料的，类书的名称便由此而来。

---

① 宋真宗赵恒.册府元龟序[M]//曾枣庄，刘琳.全宋文：第7册.上海：上海辞书出版社，2006.

② 册府元龟考据[M]//王钦若，等.册府元龟：一册[M].北京：中华书局，1982.

③ 陈梦雷，等.古今图书集成：凡例[M].北京：中华书局，成都：巴蜀书社，1985.

在类书之前,分类编录的书籍已经出现。例如,《说文解字》的编排体例虽然是按照部首“分别部居,不相杂厕”,但其部首的分别是与汉字形体结构所表示的意义相联系的,而且其内容也是“万物咸睹,靡不兼载”的。《尔雅》是中国第一部按语义分类编排的词书,其类目包括了人类社会和自然万物等,所以张舜徽认为:“类书之起,昉于明分部类,据物标目,盖必推《尔雅》为最先。”[①]张涤华认为:《吕氏春秋》“其书大抵撵取往说,区分罗列,而古今巨细之事,靡不综贯。相其体例,益近类书家言……及《淮南内外篇》继作,采诸子之精粹,纳之部类,始纯以聚博为工。后世之类书,实造端于此”[②]。但是在部类之下,不作论述而仅仅摘录资料,这种体例却是从《皇览》开始的。《皇览》“集五经群书,以类相从”[③],从此确立了类书的编排体例及检索方法。

值得研究的是,类书是如何区分部类的,类书中的部类名目以及排列顺序又有什么特点,这其中渗透着中国传统文化的观念,或者说反映了特定的编辑理念和知识体系。

首先,综合性类书的分类渗透着先秦时代“万物生成论”的观念。北齐官修的类书《修文殿御览》的分部是“放天地之数,为五十五部;象乾坤之策,成三百六十卷”。胡道静指出:这五十五部的分类是根据《易·系辞》“凡天地之数五十有五”而确立的。此后宋代的《太平御览》模仿《修文殿御览》,也沿用五十五部。这“是以古典哲学为依据的”,“其意义是表示包罗万象”。[④] 然而,古代类书的分部多少并不相同,总体趋势是部类越分越多,子目也越分越细,像《修文殿御览》这种五十五部的分类只是特殊的例子。我们还可以从类书的部类名目及其排列顺序中发现道家观念的影响。《皇览》等类书已经失传,其具体分类名目无从考据。现存最早的官修综合性类书《艺文类聚》是比较有代表性的,全书分为四十六部,大体可以归纳为天地、人事、万物三大类;而且天部、岁时部、地部列在首位。这种排列顺序,可以从《周易·序卦》所言“有天地,然后万物生焉”[⑤]中找到依据。《艺文类聚》卷一首列“天部”,在子目“天”下引录的第一条

① 张舜徽.清人文集别录:下册[M].北京:中华书局,1980:424.

② 张涤华.类书流别[M].上海:商务印书馆,1958:9.又,梁启超《中国历史研究法》指出:“古籍中近于类书体者,为《吕氏春秋》,而三代遗文,赖以传者已不少。”

③ 陈寿.三国志[M].北京:中华书局,1973:618.

④ 胡道静.中国古代的类书[M].北京:中华书局,1982:122.

⑤ 楼宇烈.周易注校释[M].北京:中华书局,2012:262.

资料就是“《周易》曰:大哉乾元,万物资始,乃统天。云行雨施,品物流形……”这种天地相感而生万物、万物以类聚群分的思想反映了先秦的自然宇宙观。陈鼓应《易传与道家思想》一书详细列举了道家多种著述,例如,《庄子·达生》曰“天地者万物之父母也”、《管子·内业》篇曰“天出其精,地出其形,合此以为人”、《管子·五行》篇曰“以天为父,以地为母,以开乎万物,以总一统”等等,并指出“在以天地为万物本根的说法上,《彖传》和老、庄及稷下道家的观点是共同一致的”。[①] 这对于我们认识类书的中“天”“地”等部类的设置及其关系是有参考意义的。此外,清代《古今图书集成》是分类体系较为完备的大型类书,其“凡例”介绍“是书为编有六,为典三十有二,为部六千有余,为卷一万”,并详细说明了这种排列顺序的理由,其中排在前四的汇编正是按照天、地、人、物的顺序排列的:“法象莫大乎天地,故汇编首历象而继方舆。乾坤定而成位,其间者人也,故明伦次之。三才既立,庶类繁生,故次博物。”(图 5-2)而“三才”出自《周易·系辞》所谓“有天道焉,有人道焉,有地道焉……三材之道也”。[②] 这种“三材之道”说反映了天、地、人的次序,陈鼓应认为始于《老子》二十五章所谓“人法地,地法天,天法道,道法自然”,是“先秦道家天地人一体观的一种特有的思维方式”。[③] 还有,《艺文类聚》关于“物”的部分列有“祥瑞部”“灾异部”,收录一些以鸟兽行踪或自然灾害现象预测社会吉凶征兆的资料,这也反映了儒家的天人感应说,以及道家“由天道推衍人事的思维模式”[④]。

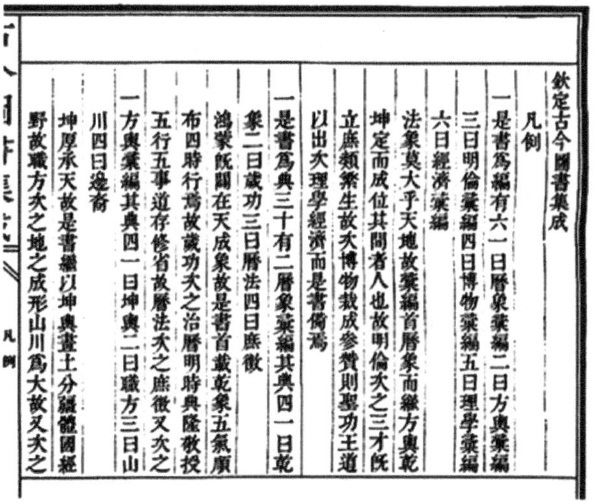
欽定古今圖書集成
凡例
一是書爲編有六一曰曆象彙編二曰方輿彙編
三曰明倫彙編四曰博物彙編五曰理學彙編
六曰經濟彙編
法象莫大乎天地故彙編首曆象而繼方輿乾
坤定而成位其間者人也故明倫次之三才既
立庶類蕃生故次博物裁成參贊則聖功王道
以出次理學經濟而是書備焉
一是書爲典三十有二曆象彙編其典四一曰乾
象二曰歲功三曰曆法四曰庶徵
鴻蒙旣闢在天成象故是書首載乾象五氣順
布四時行焉故歲功次之治曆明時典隆敬授
五行五事道存修省故曆法次之庶徵又次之
一方輿彙編其典四一曰坤輿二曰職方三曰山
川四曰邊裔
坤厚承天故是書繼以坤輿畫土分疆體國經
野故職方次之地之成形山川爲大故又次之
凡例

图 5-2

其次,综合性类书中关于“人事”的部类及排

① 陈鼓应.易传与道家思想[M].北京:生活·读书·新知三联书店,1997:28.
② 楼宇烈.周易注校释[M].北京:中华书局,2012:256.
③ 陈鼓应.易传与道家思想[M].北京:生活·读书·新知三联书店,1997:180.
④ 陈鼓应.易传与道家思想[M].北京:生活·读书·新知三联书店,1997:170.

列次序集中反映了儒家的思想观念。例如,《艺文类聚》首列“帝王部”“后妃部”“储宫部”,再列“人部”。而“人部”下列的58个子目,列有“圣”“贤”等子目;《初学记》中的“人部”则首先列出了“圣”“贤”“忠”“孝”“友悌”等子目,这都反映了儒家的道德伦理观念。《册府元龟》偏重收录历代君臣事迹的资料,其类目顺序更充分反映了封建等级秩序,“其书自初卷至三百八十卷,必首叙帝王,以明一统之尊。由是渐推之宫储宗室,旁及闺僭以终于外戚,皆隶于君,犹之天一耳,大而日月星辰,小而风雨露雷,无一非天之所统”①。《古今图书集成》在凡例中解释“明伦汇编”的下一级类目“典”的次序,表述更为明白:“伦莫大于君父,化必始于宫闱,故首皇极而次宫闱。百职惟贞,臣道之常也,故次曰官常。修身齐家,父子兄弟足法,故次曰家范。师教友规,推之宾客,里党皆有交谊,统之曰交谊。”雍正帝在《古今图书集成序》中根据儒家思想解释全书“列为六编”的整体结构层次:“始之以历象,观天文也;次之以方舆,察地理也;次之以明伦,立人极也;又次之以博物、理学、经济,则格物、致知、诚意、正心、治国、平天下之道咸具于是矣。”②于是“凡例”也依此说明此书的完备体系。

综合性类书的部类名目以及排列顺序,由于渗透着道家和儒家的思想观念,而形成了独具特色的知识结构层次和检索途径。而《永乐大典》仅从检索的角度,采用以韵编排的方法,“或以一字一句分韵;或析取一篇,以篇名分韵;或全录一书,以书名分韵”,就被《四库全书总目》批评为“殊乖编纂之体”。③ 特别是根据韵部中的字来排列所收录的图书资料,打破了“经训为群籍根源”、“以经史子集为纲领”的次序,更是被乾隆帝斥责为“于体例未能允协”。④

四、类书编辑传统的终结

上述中国古代类书的三个特点是相辅相成的。由于是官修的类书,所以在崇尚文治的文化背景下得以历代延续;由于是综合性的类书,所以形成了文献一统的宏大规模,并采取以类相从的编辑体例。然而,自《古今图书集成》之后,清代再没有编辑可以超越《古今图书集成》的大型类书。随着清朝的覆亡,官修

---

① 李嗣京.册府元龟原序[M]//王钦若,等.册府元龟:一册.北京:中华书局,1982:卷首.

② 陈梦雷,等.古今图书集成[M].北京:中华书局,成都:巴蜀书社,1985.

③ 永瑢,等.四库全书总目[M].北京:中华书局,1981:1156.

④ 四库全书总目提要(一):办理四库全书历次圣谕[M]//万有文库.上海:商务印书馆,1931:2-3.

类书历代相延的传统链条最终断裂。

官修类书编辑传统的终结有多方面的原因。

其一,乾隆帝诏修《四库全书》,改变了官方编纂大型典籍的体例。乾隆帝认为:“康熙年间所修《图书集成》,全部兼收并录,极方策之大观。引用诸编,率属因类取裁,势不能悉载全文,使阅者沿流溯源,一一征其来处。”①于是决定编辑收录诸多原书全文的大型丛书《四库全书》。而《永乐大典》和《古今图书集成》,只是为编辑《四库全书》而向各地征集图书时“互为校核”的参考书,而不再是继续抄录增补以编辑大型类书的底本了。显然,乾隆帝是要以《四库全书》这部网罗天下“所有古今载籍”的大型丛书,超越和取代《古今图书集成》等传统类书,“以彰千古同文之盛”。由于是收录“全书”,在编辑体例上必然回到儒家特色的以“经训为群籍根源”的四部分类,而与类书包罗万象的类目体例不是一回事了。《中国文献学概要》也指出:“类书专供词章家之摭采,不独汉学家恶其芜杂,即宋学家亦鄙其浮华,故当时实为类书时代告终之期,而进于求读原书之新时代。乾隆帝即迎合此潮流,汇集原书,以满足读书界之欲望。”②

其二,西学书籍的输入。明清以来,随着西方传教士进入中国,西方的各种书籍也逐渐传入,并被翻译成汉文。其中有关近代自然科学的书籍是中国传统四部典籍所缺乏的,引起了中国皇帝和文人的阅读兴趣。清代编辑的《古今图书集成》已经在相关部类下收录了西人书籍的一些资料,例如,“历象汇编·历法典”大量引用已经翻译的西人相关书籍(如《几何原本》等);“博物汇编·禽虫典”第十二卷“鹰部”收录署名“臣利类思”的《鹰论》,实际上是意大利传教士利类思从西方博物学书籍中抄录并翻译的关于鹰的章节③。《四库全书》则收录了《泰西水法》《职方外纪》《坤舆图说》《几何原本》等多种西人科技书籍。虽然这些西学书籍的收入是有限度的,还不足以改变中国传统的知识结构体系,也不能动摇传统类书的地位。但这也显现了西方科学的知识门类和体系,既不同于中国传统的知识分类结构,也是中国典籍的传统编辑体例所无法容纳的。而在清代编辑一部囊括古今中外群书(或者说兼收国外多种译书)的类书不仅

① 四库全书总目提要(一):办理四库全书历次圣谕[M]//万有文库.上海:商务印书馆,1931:1.

② 郑鹤声,郑鹤春.中国文献学概要[M].上海:上海古籍出版社,2001:139.

③ 彭斐章.中外图书交流史[M].长沙:湖南教育出版社,1998:144.按:熊月之.西学东渐与晚清社会[M].上海:上海人民出版社,1994:53.此书认为:利类思的《狮子说》和《进呈鹰说》,“均取材于亚特洛望地(1522—1607)所著《生物学》。”

是不伦不类,也是不可想象的事情。

其三,西方的“百科全书”型知识体系的输入。中国近代,在西方列强的炮舰威胁下,维新救国成为当务之急,清朝皇帝已经不可能维持所谓“文治”的传统了。科举制度在光绪三十一年(1905)废除,实际上宣告了以儒家经典为主体的传统知识结构体系已经瓦解。随着西方百科全书被介绍到中国,以西方百科全书作为比较对象,中国传统类书在编辑理念、编辑体例和编排方法等方面的特点,已经明显不适应当时社会变革的需要,从而引起了有识之士的深刻反思。严复1907年在《书〈百科全书〉》一文中介绍西方的百科全书说:“百科全书者……盖以一部之书,举古今宇内,凡人伦思想之所及,为学术,为技能,为天官,为地志,为各国诸种有传之人,为宗教鬼神可通之理,下至草木、禽兽、药物、玩好,皆备于此书焉”。然而,“惜乎,吾国之《图书集成》,徒为充栋之书,而不足媲其利用也”。① 颜惠庆在1907年将西方百科全书与中国类书相比较:“是书与中国类书,类而不类,不类而类。不类者此为有用,彼为无用;类者同资参考也。”如果说古代类书是“古今图书集成”的产物,那么西方百科全书就是“一切科学之大成”,或者说是“为参考科学之类书”。② 虽然类书包罗万象的编辑体例,与西方的百科全书有相似之处,但西方百科全书所收录的是世界范围的知识,特别是新知识;是按照近代学科知识体系分类,以重新组织编写的条目形式来编排的;编辑的目的是为了广泛传播知识,开启民智,是通过机械印刷技术而大量复制发行的。这与中国古代官修类书只是收录中国典籍文献的片段资料,分类汇编为一部大书,主要供御览之用或作为皇家“文治”标志等传统,是完全不同的。因此,在西学东渐的社会背景下,中国传统类书必然被新式的百科全书所取代。

晚清时期,中国学者在翻译大量西学书籍的基础上,开始编辑一些汇集西学百科知识的资料汇编,民营书局竞相出版,例如光绪年间的《时务通考》(1897)、《万国分类时务大成》(1897)、《西学通考》(1897)、《万国政治艺学全书》(1902)、《五大洲各国政治通考》(1902)等。这类“通考”名目的书籍,还带有专门性类书(政书)的痕迹,并且与科举考试废八股、考策问有关。但其分类

---

① 王栻.严复集:第二册[M].北京:中华书局,1986:251.

② 钟少华.中国百年一词的嬗变——百科全书定义问题[M]//进取集.北京:中国国际广播出版社,1998:402.

的名目和所收录的内容已经包括世界各国政治时务等方面，涉及化学、电学、光学诸多学科的知识，特别是适应了当时社会维新变法的政治需要，从而完全突破了古代官修类书的知识体系。宣统三年(1911)出版的《普通百科新大词典》采用了“百科”的名目，成为一种新式词典。编纂者黄摩西在凡例中说明：“本书搜辑一切学语，调查种种专门学书籍为基础，中外兼赅，百科并蓄，以适用于教员考检，学子自修为宗旨。”①这可以看作当时百科全书型工具书的总体特点。如果说中国传统文化的知识结构是类书型的，而中国近代文化的知识体系已经转向了百科全书型。这些新式的百科全书型书籍的问世，标志着古代官修类书的编辑传统彻底终结。《古今图书集成》等官修类书虽然被出版机构作为古籍而印制发行，却没有后续之作了。

五、古代类书的文献价值

类书传统的形成和终结都有其历史必然性。近代学者关于类书与百科全书的比较说，也是特殊时代背景下的产物。20 世纪末，在经历了十年“文化大革命”之后，中国再次开始了改革开放、面向世界的进程。中国引进出版了《简明不列颠百科全书》(中国大百科全书出版社 1985—1986 年出版)，成立了专门的中国大百科全书出版社，并终于编辑出版了大型的《中国大百科全书》(1980—1993 年出版)，成为国家级文化工程的标志。在跨越了将近百年的历史之后，中国学者再次以西方百科全书为参照，来比较被西方称为“东方百科全书”的古代类书。姜椿芳《从类书到百科全书》一书指出：“类书是分门别类汇集前人的著作；百科全书则是用条目的形式，编成一篇一篇的文章，把各种知识、事物、人物原原本本地加以叙述，特别是把最新的知识作系统的、全面的介绍。”②这种中西比较侧重于编辑体例，是一种心态平和的比较，已不同于当年严复主要针对类书内容所发出的激烈言辞。如果说百科全书“是一个国家和一个时代科学文化发展水平的标志”③，那么，从《中国大百科全书》，反观近代百科全书型辞书，追溯古代传统类书，我们可以窥探中国书籍知识体系演变的进程，

① 钟少华.清末百科全书初探[M]//进取集.北京：中国国际广播出版社，1998：115.

② 姜椿芳.从类书到百科全书[M].北京：中国书籍出版社，1990：30.

③ 中国大百科全书：新闻出版卷[M].北京：中国大百科全书出版社，1990：8.

以及中西文化交流的轨迹。

古代官修类书的编辑传统终结了,类书文本的生命却可以延续下去。古代官修的综合性类书更具有不可取代的文献价值。梁启超《中国历史研究法》指出:“类书者,将当时所有之书分类钞撮而成,其本身原无甚价值;但阅世以后,彼时代之书多佚,而其一部分附类书以幸存,类书乃可贵矣……现存类书,自唐之《艺文类聚》,宋之《太平御览》,明之《永乐大典》,以迄清之《图书集成》等,皆卷帙浩瀚,收容丰富,大抵其书愈古,则其在学问上之价值愈高,其价值非以体例之良窳而定,实以所收录古书存佚之多寡而定也。”[①]百科全书的条目要不断修订,与时俱进;而古代类书的资料却由于历史悠久,积淀深厚,而更显珍贵。作为图书集成式的类书也是中国传统文化的微缩景观,许多古籍片段正是在这种无所不包的类目结构中具有意义而得以保存。因此,类书的文献价值又是近代以来的百科全书所无法取代的。

古代类书以多种复制方式得到保存和流传,其文献利用价值也得到挖掘和阐释。1934 年中华书局影印《古今图书集成》,宣称此书“囊括古今,汇合经史,洵为中国唯一之百科全书”;并且根据西方的分类体系加以归纳和类比,“今将书中数据,依杜威之图书分类法,约略条举,示其梗概”,重新阐释其利用价值,例如,“乾象典、岁功典、历法典、坤舆典、禽虫典、草木典、庶征典之神奇异部,又可类分于自然科学。举凡天地、日月、星辰、形体、躔度之属、历代所行之月令、五方风俗节令之差异、历代治历之沿革,以及一土一石一虫一草,均有图记,不厌求详”。[②] 1936 年会文堂新记书局发行《图书集成医部全录》,其广告宣传“医部是图书集成最精华之部分”,并参照西学的知识概念,说明“草木今属植物学,禽虫则动物学者之事也,并为生物学之所基。近数十年来,我国生物学有长足之发展,为世界各国所公认。戋戋者固不足以为载记,神异云者,犹言宗教学也。其最为民用所资者,惟艺术典。典之农桑部,所叙亦略,诸部中惟‘医部’独多。是图书集成以今日之估计,其价值已日渐低落;而为之生色者,赖有此医部耳”[③]。如今《古今图书集成》已经开发了多种光盘版,还有全文检索的数据库,以新的载体和超文本链接方式,存储古代文献信息,为学术研究提供了更加方

---

① 梁启超.中国历史研究法[M].北京：东方出版社,1996:61.

② 中华书局影印《古今图书集成》[N].申报,1934-06-17.

③ 《图书集成医部全录》发售预约[N].申报,1936-11-03.

便的检索途径，可以称之为数字化的“古今图书集成”知识库。例如《古今图书集成网站》开发的“天灾索引数据库”，就统计出历史上发生的1298次地震。

古代官修综合性类书所反映的中国传统文化的知识结构体系，在21世纪中西文化更加广泛交流比较的背景下，对诸多学科的研究也有追根溯源的参考价值。今天的学者重新翻检中国历史上这些集成式巨书所提供的资料，一定会有许多不同于近代学者的新发现。汤一介曾指出：《太平御览》“天部一”中对“元气”的解释，“引用了二十几种古书对它作了说明。从这些引用的材料我们不仅可以看到不同时期的著作对‘元气’涵义的不同解说，而且也表现了某些解释方法上的不同……对不同类书的编纂原则和方法加以分析研究，以及从中探索对名词概念的选择和解释，能否对中国的‘解释理论’的建立有一定意义？”①

太平御覽卷第一
翰林學士承旨銀青光祿大夫行工部尚書知制誥上柱國隴西縣開國伯食邑七百戶賜紫金魚袋臣李昉等奉
勑纂
天部一
元氣　太易　太初　太始
太素　太極　天部上
元氣
三五歷記曰未有天地之時混沌狀如雞子溟涬始牙濛莫孔切鴻胡孔切滋萌歲在攝提元氣肇始又曰清輕者上爲天濁重者下爲地沖和氣者爲人故天地含精萬物化生
河圖曰元氣闓音開陽爲天
又曰元氣無形洶洶蒙蒙偃者爲地伏者爲天也
禮統曰天地者元氣之所生萬物之所自焉

图 5-3

本章集中探讨的是古代官修的综合性类书，仅选择了历代编辑类书的典型案例。古代官修的类书还有并非综合性的，如宋代《太平广记》专门收录小说，清代《子史精华》辑录子部和史部书的名言隽句；还有文人私纂的各种类书，如隋代虞世南的《北堂书钞》、宋代王应麟的《玉海》，等等。比较而言，古代官修的综合性类书在编辑组织规模、分类编排体系、汇集文献资料、流传影响等方面，更能代表中国古代书籍编辑史的文化特征，也可以作为西方百科全书出版史的参照对象②。美国学者《工具书的诞生》一书，研究西方“近代以前的学术信息管理”，就以中国古代的官修类书作为比较对象，提到《太平御览》《永乐大典》《古今图书集成》等大型类书，认为“中国学者无疑面对一个非常漫长而又

① 汤一介.能否创建中国的“解释学”[M]//汤一介.和而不同.沈阳：辽宁人民出版社，2001：4.
② 详见本书第二章的论述。

连续不断的文献积累传统”,“他们在发明管理文献的方法上是有贡献的”。①

除此之外,古代官修的综合性类书,与民间流行的日用类书,在编辑目的、编辑体例、收录的资料内容、复制传播方式等方面也是不同的。目前关于民间类书的资料已经引起了学者的关注。葛兆光的《中国思想史·导论·思想史的写法》提到:“敦煌卷子中发现的很多小类书……它的包罗万象和排列秩序,其实可以反映当时知识的定型简化。”②王尔敏《传统中国庶民日常生活情节》一文介绍了《万宝全书》《居家必用事类全集》等民间日用类书。③ 如果将官修的综合性类书的具体部类及内容,与民间日用通俗类书加以比较,有助于考察中国传统文化的不同层面及其相互关系,如读书人源自经典的知识结构与民间实用知识的脱节④。而民间日用类书也收录儒家童蒙教育、家训、读书法等资料,这对普通人的道德伦理规范产生了深刻影响。民间日用类书所收录的日常生活习俗、农桑生产技艺等实用知识,也是中国传统文化的组成部分。因此,官修类书与民间日用类书的比较,还有待展开研究。

(原文发表于《北京师范大学学报(社会科学版)》2002 年第 6 期)

---

① 布莱尔.工具书的诞生:近代以前的学术信息管理[M].徐波,译.北京:商务印书馆,2014:56.

② 葛兆光.中国思想史:导论:思想史的写法[M].上海:复旦大学出版社,2002:107.

③ 王尔敏.近代文化生态及其变迁[M].南昌:百花洲文艺出版社,2002.

④ 吴晗,费孝通,等.皇权与绅权[M].天津:天津人民出版社,1988:10.此书中费孝通《论“知识阶级”》一文,区分了读书人所了解的标准规范知识,与农圃百工所赖以为生的知识有不同。

第六章

从博物观念到博物学科

中国古代的“博物”观念独具特色，并影响了有关“博物”知识的资料汇编类书籍。中国在近代输入了西方学科分类意义的“博物学”概念，编辑出版了博物学教科书及配套的博物学专科辞书。从书籍史角度来看，这种变化过程受到复杂的社会文化因素的影响。而借鉴概念史研究的路径，“要在社会变迁的背景下来理解概念的变化，在长时段中把握概念的命运，即概念的兴起和衰亡”。[①]本章主要以古代书籍中的博物文献为基础，辨析中国“博物”观念从古代到近代的演变以及与西方“博物学”概念的区别，借以窥探中、西方的知识结构和分类体系的不同特征。

一、中国古代的“博物”观念

中国古代有“博物”一词，其语义比较宽泛，没有限定具体的门类，或者说没有学科的概念，所以姑且称之为“博物”观念。

（一）广义的“博物”观念

广义的“博物”观念是一种描述性词语，泛指一个人学问广博（书面知识）、见多识广（阅历经验），或称之为“博物君子”。这里仅以正史的几条记载为证：《史记·孔子世家》记载了孔子辨物的故事，《史记集解》引述：“韦昭曰：获羊而

① 汉普歇尔-蒙克.比较视野中的概念史：李宏图.中文版前言[M].周保巍，译.上海：华东师范大学出版社，2010：2.

言狗者，以孔子博物，测之。”①《史记·吴太伯世家》评价：“延陵季子之仁心，慕义无穷，见微而知清浊。鸣呼，又何其闳览博物君子也。”②《汉书》称赞刘向等人“博物洽闻，通达古今”③。《后汉书》有郑兴“敦悦《诗》《书》，好古博物，见疑不惑”句，其注释引“《左传》，子产辨黄熊，晋侯闻之，曰：博物君子也”④。《宋史》评说“沈括博物洽闻，贯乎幽深”⑤。

晋人张华（232—300）著有《博物志》一书，直接以“博物”命名，并希望“博物之士，览而鉴焉”。⑥ 他本人也被称为“博物洽闻，世无与比”的学问家。⑦《博物志》参考了《山海经》《尔雅》《说文解字》等书，“内容包罗很杂，有山川地理的知识，有历史人物的传说，有奇异的草木虫鱼以及飞禽走兽的描述，也有怪诞不经的神仙方技故事的记录，其中还保存了不少古代神话的资料”⑧。由于《博物志》成书较早，其中收录的资料多为后来的类书、字书等抄录。后人还有多种续编之作，如宋代李石《续博物志》⑨，明代董斯张《广博物志》⑩，清代徐寿基《续广博物志》⑪、谷应泰《博物要览》⑫等。这些以“博物”名义编纂的书籍，具有门类繁杂、抄录资料广泛的特点，有的在辑录体例上也有变化，已经接近类书的体例。

（二）狭义的“博物”观念

狭义的“博物”观念是通过对《诗经》《尔雅》的注释文献而建构起来的。《论语·阳货》记载：“子曰：小子！何莫学夫诗？诗，可以兴，可以观，可以群，可以怨。迩之事父，远之事君。多识于鸟兽草木之名。”⑬孔子论述学诗（《诗经》）的功用之一是可以“多识于鸟兽草木之名”。《论语注疏》解释：“‘多识于

---

① 司马迁.史记：六册[M].北京：中华书局，1973：1912.按：（刘宋）裴骃撰《史记集解》引南朝韦昭《国语》注。
② 司马迁.史记[M].北京：中华书局，1973：1475.
③ 班固.汉书：七册[M].北京：中华书局，1975：1972.
④ 范晔.后汉书：五册[M].北京：中华书局，1973：1220.
⑤ 脱脱，等.宋史：三十册[M].北京：中华书局，1977：10660.
⑥⑧ 范宁.博物志校证[M].北京：中华书局，1980.
⑦ 房玄龄，等.晋书：四册[M].北京：中华书局，1974：1074.
⑨ 李石.续博物志[M].李之亮，点校.成都：巴蜀书社，1991.
⑩ 永瑢，等.四库全书总目[M].北京：中华书局，1981：1156.
⑪ 清史稿[M].北京：中书书局，1977：4367.
⑫ 谷应泰.博物要览[M]//丛书集成初编.上海：商务印书馆，1939.
⑬ 朱熹.四书章句集注[M].北京：中华书局，2005：178.

鸟兽草木之名’者，言诗人多记鸟兽草木之名以为比兴，则因又多识于此鸟兽草木之名也。”①诗人多记鸟兽草木之名，作诗时可以引出比兴之辞，读诗者也因此认识了鸟兽草木的知识。朱熹认为“多识于鸟兽草木之名”，对于学诗的多种功用来说，是置于最后的，“其绪余又足以资多识”②。钱穆《论语新解》则从诗教传统阐释“多识”的意义：“诗尚比兴，多就眼前事物，比类而相通，感发而兴起。故学于诗，对天地间鸟兽草木之名能多熟识，此小言之。若大言之，则俯仰之间，万物一体，鸢飞鱼跃，道无不在，可以渐跻于化境，岂止多识其名而已。孔子教人多识于鸟兽草木之名者，乃所以广大其心，导达其仁，诗教本于性情，不徒务于多识。”③

古代典籍中概称之为“多识”之学，借以指代有关动物、植物的基本知识，即古代的博物知识。唐代诗人钱起《江行无题》诗写道：“自怜非博物，犹未识凫葵。”④这里所谓博物是指能够辨物（动植物）。宋代的类书《册府元龟》对“博物”的解释是：“古之学诗者，多识于鸟兽草木之名，其博物之谓乎？”⑤清代的《四库全书总目》评述《诗经》注疏：三国吴人陆玑撰有《毛诗草木鸟兽虫鱼疏》，“讲多识之学者，固当以此为最古焉”。⑥ 清代有曹昌言撰“《多识类编》二卷……是编乃其札记之文，分动物、植物二门，杂采诸书所载物性物理，以俪语联缀成文，颇为博洽”。⑦ 陈元龙《格致镜原》中有谷、蔬、木、草、花、果、鸟、兽、水族、昆虫等类，“皆博物之学”。⑧ 可以说，古代“多识之学”与“博物之学”是可以相通的。

《尔雅》是古代最早的分类的词语书，偏重名物解释，其中列有释草、释木、释虫、释鱼、释鸟、释兽、释畜等类。晋人郭璞的《尔雅序》就将“博物”与“多识”相提并论：“若乃可以博物不惑，多识于鸟兽草木之名者，莫近于《尔雅》。”⑨由于《尔雅》被列入儒家经部，历代文人不断进行注疏，形成了“雅学”书籍系列，

---

① 论语注疏[M].何晏，注，邢昺，疏.北京：北京大学出版社，1999：237.
② 朱熹.四书章句集注[M].北京：中华书局，2005：178.
③ 钱穆.论语新解[M].北京：九州出版社，2011：522.
④ 全唐诗：第八册[M].北京：中华书局，1979：2681.按：凫葵是一种水生植物，叶子与蓴相似，难以分辨。
⑤ 王钦若，等.册府元龟：四册[M].北京：中华书局，1982：9464.
⑥ 永瑢，等.四库全书总目[M].北京：中华书局，1981：120.
⑦ 永瑢，等.四库全书总目[M].北京：中华书局，1981：1133.
⑧ 永瑢，等.四库全书总目[M].北京：中华书局，1981：1158.
⑨ 阮元.十三经注疏[M].北京：中华书局，1980：2567.

使博物知识不断扩充,积淀深厚,广为流传。例如,北宋陆佃的《埤雅》分为八类(鱼、兽、鸟、虫、马、木、草、天),每一类又细分小类,“集中于动、植诸物的考证和辨释”,“对每一动、植物都解释得很详细,各种物类的形状、特征、性能等不但都有具体的说明,还引用各种古书加以考证,并引俗语另予诠释”,像其中《释鱼》的文字“广博精湛,简直就是一部动物辞典”。① 南宋罗愿的《尔雅翼》专释草、木、鸟、兽、虫、鱼六类,考证精博,例如针对“说芳草者,初不识蕙与兰”的现象,根据实际观察加以辨析,别具特色:“予生江南,自幼所见兰蕙甚熟。兰之叶如莎,首春则茁其芽,长五六寸。其杪作一花,花甚芳香。大抵生深林之中,微风过之,其香蔼然达于外,故曰‘芝兰生于深林,不以无人而不芳’。又曰‘株秽除兮兰芷睹’,以其生深林之下,似慎独也,故称幽兰。与蕙甚相类,其一干一花而香有余者兰,一干五六华而香不足者蕙。”②明代方以智的《通雅》明确分出了“植物”和“动物”的部类。③ 清代郝懿行《尔雅义疏》“释草第十三”说明:“此篇所释,品罗众卉,实多识之资也。”④

正是基于儒家的“多识”观念,古代读书人从历代典籍中找到博物知识的关联,加以描述。例如,清代刘宝楠的《论语正义》指出:“鸟兽草木,所以贵多识者。人饮食之宜,医药之备,必当识别,匪可妄施。故知其名,然后能知其形知其性。《尔雅》于鸟兽草木,皆专篇释之。而《神农本草》亦群言其性所宜用。可知博物之学,儒者所甚重矣。”⑤受到经书体例及注疏传统的影响,古代读书人所涉猎的博物知识及治学方法受到限制,例如宋代邢昺《尔雅注疏》对“释鱼”类说明:“案《说文》云:‘鱼,水虫也。’此第释其见于经传者,是以不尽载鱼名。至于龟、蛇、贝、鳖之类,以其皆有鳞甲,亦鱼之类,故总曰释鱼也。”⑥这就是说,不见于儒家经传的鱼名就不收录了。而有关《诗经》中鸟兽草木的注疏也局限在《诗经》文本所涉及的种类,例如,明代林兆珂的《毛诗多识编》,“其凡例称,鸟兽、昆虫、草木,非三百篇所有不载”⑦。有关品评也受到儒家伦理及比兴思维的影响,例如,鸟类有善鸟、孝鸟、恶鸟之名目,无法形成独立的动植物知识的框

---

① 钱剑夫.中国古代字典辞典概论[M].北京:商务印书馆,1986:165-167.
② 罗愿.尔雅翼:卷二释草:兰[M].石云孙,点校.合肥:黄山书社,1991:4,16.
③ 永瑢,等.四库全书总目[M].北京:中华书局,1981:1028.
④ 郝懿行.尔雅义疏:下册[M].北京:中华书局,2017:677.
⑤ 刘宝楠.论语正义[M].北京:中华书局,1990:689.
⑥ 尔雅注疏[M].郭璞,注.邢昺,疏.北京:北京大学出版社,1999:293.
⑦ 永瑢,等.四库全书总目:上册[M].北京:中华书局,1981:140.

架。清代皮锡瑞则从经学角度评价："鸟兽草木之名，虽属诗之绪余，亦足以资多识……动植物学，今方讲明，宜考毛传、《尔雅》陆疏，证以图说，参以目验，审定古之何物，为今之何物。非但取明经义，亦深有裨实用，未可以其琐而忽之也。"①

二、中国古代博物知识的分类体系

中国古代的书籍历史悠久，数量众多，知识丰富。官方和私人都对书籍进行整理（编目、辑录、校勘、汇编等），大体形成了两套分类体系。

（一）图书目录的分类体系

这里仅以清代官修的大型书目《四库全书总目》为代表，分析博物知识书籍的分类归属情况。《博物志》这种内容博杂的书籍，宋代晁公武的《郡斋读书志》将其列入"小说类"，《四库全书总目》也将其收入子部"小说家类"。明代董斯张的《广博物志》"书名为广张华《博物志》而作，其实分门隶事，名目琐碎，颇近后世类家"，被列入了"类书类"。② 类书类还收入清代陈元龙的《格致镜原》，此书分为三十类，收录各种物类资料，其中也有谷、蔬、木、草、花、果、鸟、兽、水族、昆虫等类，但所有物类都被归入"皆博物之学"。③

狭义的"博物"（即"多识"之学）书籍，有的依附经学注疏而得到发展，如三国吴人陆玑所撰《毛诗草木鸟兽虫鱼疏》列入经部"诗类一"。由于"考训释毛诗草木虫鱼者，自吴陆玑以后，作者实繁"④，这一系列的书籍排列其后，如宋代蔡卞《毛诗名物解》"征引发明，亦有出于孔颖达正义、陆玑草木虫鱼疏外者"⑤；明代吴雨的《毛诗鸟兽草木考》，分为鸟、兽、虫、鳞、草、谷、木等考⑥；林兆珂的《毛诗多识编》"本陆玑疏而衍之，凡草部二卷，木部鸟部兽部虫部鳞介部各一

① 皮锡瑞.经学通论：诗经[M].北京：中华书局，2003：63.
② 永瑢，等.四库全书总目[M].北京：中书书局，1981：1156.
③ 永瑢，等.四库全书总目[M].北京：中书书局，1981：1158.
④ 永瑢，等.四库全书总目[M].北京：中书书局，1981：133.
⑤ 永瑢，等.四库全书总目[M].北京：中书书局，1981：122.
⑥ 永瑢，等.四库全书总目[M].北京：中书书局，1981：142.

卷”①;清代则有毛奇龄的《续诗传鸟名三卷》②,等等。这种以特殊形式编辑的动、植物资料书呈现了“多识”之学的发展脉络。

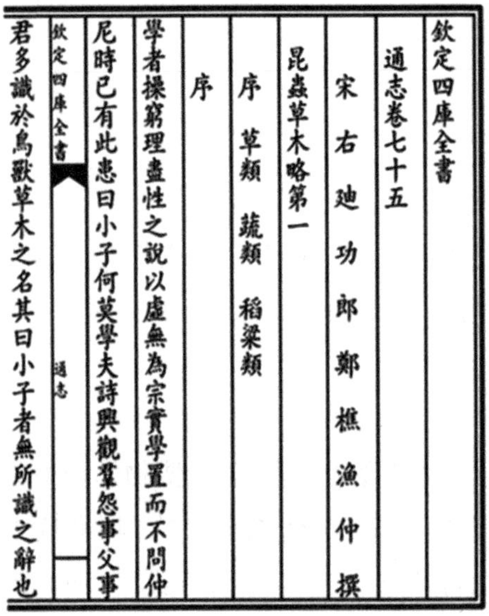
欽定四庫全書
通志卷七十五
宋右廸功郎鄭樵漁仲撰
昆蟲草木略第一
序 草類 蔬類 稻粱類
序
學者操窮理盡性之說以虛無為宗實學置而不問仲
尼時已有此患曰小子何莫學夫詩興觀羣怨事父事
欽定四庫全書 通志
君多識於鳥獸草木之名其曰小子者無所識之辭也

图 6-1

许多专门的动植物谱录、方物志书籍,《四库全书总目》收录在“子部·谱录类”,其中“草木鸟兽虫鱼之属”收入 21 部,还有存目 35 部。此外,宋代郑樵所著《通志》(包括二十略)列在史部别史类,其中《昆虫草木略》(图 6-1)是作者有感于“大抵儒生家多不识田野之物,农圃人又不识《诗》《书》之旨,二者无由参合,遂使鸟兽草木之学不传”,便“会同”《诗经》《尔雅》注疏有关鸟兽草木的内容而编辑的。③ 以上例子说明中国传统书目的四部(经史子集)格局中没有“博物”专类,“多识之学”(鸟兽草木之学)则依附经学得到发展,又衍生出多种类型的书籍。

(二)类书的分类体系

类书是古代的图书资料汇编,所收录的内容包罗四部。其分类名目和基本框架反映了中国古代特有的知识结构体系。综合性类书,这里仅以唐代《艺文类聚》为例,其所谓“物”的概念是与天、地、人事等大类别相对应的,包括十分繁杂的子目,属于植物的有药香草、百谷、果、木等;属于动物的有鸟、兽、鳞介、虫豸等。④ 在综合性类书基础上,又分化出各种专门的类书,如宋代的《全芳备祖》是专门收录植物资料的类书,其编辑理念仍然来自“昔孔门学诗之训有曰:

① 永瑢,等.四库全书总目[M].北京:中书书局,1981:140.
② 永瑢,等.四库全书总目[M].北京:中书书局,1981:133.
③ 郑樵.通志二十略:下册[M].王树民,点校.北京:中华书局,1995: 1981.
④ 欧阳询.艺文类聚[M].上海:上海古籍出版社,1982.

多识于鸟兽草木之名”①。此外，还有关于鸟兽草木的专门谱录，《四库全书总目》子部“谱录类”，收录了花谱、竹谱、笋谱、菌谱、蟹谱等类，根据其汇集资料的性质可以看作是综合性类书的分支。

宋代官修的类书《册府元龟》的“总录部”出现了“博物”名目，所收集的主要是历代人物“洽闻强记”而能辨物的故事，属于广义的博物观念，而与动植物知识无关。清代的集成式大型类书《古今图书集成》设立了“博物汇编”的名目，使“博物”概念有所扩大，其中有属于“多识之学”的禽虫典、草木典，专门收录动物、植物资料，所谓“禽虫草木，多识所资也，故备及之”；还包括艺术典和神异典。但全书的总体结构还是按照天、地、人、物的顺序排列的，所谓“法象莫大乎天地，故汇编首历象而继方舆。乾坤定而成位，其间者人也，故明伦次之。三才既立，庶类繁生，故次博物”。② 这也反映了中国古代文化特有的万物生成观念以及“博物”知识所在的序列位置。

三、西方“博物学”概念的引进

中国从晚清时期开始，输入大量西学书籍，也引进了西学的科学分类体系，其中包括“博物学”概念，有时简称“博物”，其解释也有广义和狭义之分。

（一）广义的博物学概念

广义的博物学概念指自然科学的总称。咸丰五年(1855)，英国医生合信编辑的《博物新编》一书在广州被译成汉文，由上海墨海书馆刊行。《博物新编》共三集，涉及天文、气象、物理、化学、光学、电学、生物等方面的知识。③ 此书的译名或许参考了中国“博物汇编”的名目，但从所收录的学科门类看，此书的“博物”属于西方广义的博物概念。④

宣统三年(1911年)上海国学扶轮社刊行了黄摩西主编的《普通百科新大

---

① 韩境.全芳备祖原序[M]//全芳备祖.北京：农业出版社，1982.按：明代王象晋编有《群芳谱》，清代康熙四十七年根据《群芳谱》，扩编为《御定广群芳谱》一百卷。

② 陈梦雷，等.古今图书集成[M].北京：中华书局，成都：巴蜀书社，1985年.

③ 熊月之.西学东渐与晚清社会[M].上海：上海人民出版社，1995：157.

④ 按：广东与世界文化之关系[J].新民丛报，1905，3(16)：28.其中提到：“道光间广州出版之《博物新编》等五种，近世科学最先之译本也。”

词典》。词典"本书之特色"部分提到"博物一门,多取新颖及为分科纲目者"。其"凡例"说明:"博物及制造名词,范围最广,本书志在普通,势难详载,惟举重要及奇特者,若欲求全,有专门词典在。"可见这本书的"博物"概念是广义的。其《凡例》还提到"某词属某学科,均仿东籍成例,逐条注一略字于目下,如植物学之为'植'",也就是用一个字代表,标出植物学等具体的分科名目,这些都属于"博物一门"。

(二)狭义的博物学概念

狭义的博物学概念特指动物学、植物学、矿物学、生理学,这是西方的知识分类概念。例如,1874 年一篇论医学知识的文章,引述了"泰西博物学"①。1878 年发表的《江南制造总局翻译西书事略》提到"博物学等书"②,与化学、地学等书并列,应该属于专门的博物学。

蔡元培 1901 年 10 月在《学堂教科论》一文中,根据日本学者井上甫水的分类法,将学术分为三大系统,并按照各学科的逻辑层次排列为"树状"表。其中博物学包括全体学(包生理学)、动物学、植物学、矿物学(包地质)。为什么包括生理学呢?蔡元培解释:"自植物而动物,自动物而人,其形态有逐渐改良之迹,其生理有逐渐进化之迹,故以全体学属博物,而生理学则通人身、动、植言之。"③可以说,其"分类的基点是自然(包括作为一个自然物的人)而非社会性的人"④。

与博物学科的引入相配合,各种层次的博物学教科书随之出版。例如,1902 年虞和寅编辑的《博物学教科书》(上海理科书社出版),是中学博物学科的用书,参照日本多种博物教科书的体例和内容,包括动物、植物和矿物等章。杜亚泉 1910 年编写的《博物学初步讲义目录》是"师范讲习社师范讲义"。第一章绪言部分,非常清楚地解说:"鸟兽之类谓之动物,草木之类谓之植物,至土石等无生物,大都存于地内,采诸矿中,故又称为矿物";"博物学者,即合动植矿物而研究之学问也","博物学所研究者,以动植矿为范围,但通常以人身之生理卫生,与动植矿并重。盖人身生理,本在动物生理之范围以内,以其切要于吾人,

---

① 续脉论[J].中西见闻录,1874(28):5.

② 江南制造总局翻译西书事略[M].格致汇编.1878.

③ 中国蔡元培研究会.蔡元培全集:第一卷[M].杭州:浙江教育出版社,1997:334-335.

④ 吴刚.知识演化与社会控制[M].北京:教育科学出版社,2002:75.

故特为注重,别立一门,单称之曰生理。至卫生为生理学之应用,其知识之切要,与生理同,故是编以动植矿及生理卫生为范围”。①

与此相联系,中国人编辑的新式辞书也涉及博物学科的内容。1903 年,曾留学日本的汪荣宝和叶澜编辑了《新尔雅》。② 此书借用《尔雅》的名目和形式,以“释”为类目,具有从传统的词语书向近代辞书过渡的痕迹。但每一类目相当于某一学科,介绍各学科的基本概念和研究范畴等,可以说是介绍西方新学科门类知识的辞书。其中包括释地、释生理、释动物、释植物等类,却没有使用博物学的概称。

1914 年中华博物学研究会创编的《博物学杂志》由文明书局印行,反映了中国学者研究博物学的状况。吴冰心在《博物学杂志序例》③中所论及的就是人类、动物、植物、矿物四类。“博物学”作为一个已经流行的新学科语词也被收入 1915 年商务印书馆出版的《辞源》,其解释比较简明:“Natural history 其说有广狭二义。广义谓研究自然界各种事物之学。狭义为动物学、植物学、矿物学、生理学之总称。普通皆用狭义。”④

四、西方博物学概念与中国博物资料比较

西方的学科分类意义上的博物学被引进之后,作为一个参照系统,有助于比较和分析中国传统的博物观念及资料的特点,这就是所谓“取外来之观念,与固有之材料互相参证”的方法。⑤ 康有为 1902 年所著《论语注》指出:“‘多识于鸟兽草木之名’。其绪余,又足以资多识,知物性,考医药,备养生,盖博物之学。”⑥王国维 1911 年所作《国学丛刊序》指出:“特余所谓中学,非世之君子所谓中学;所谓西学,非今日学校所授之西学而已。治《毛诗》《尔雅》者,不能不通天文博物诸学;而治博物学者,苟质以《诗》《骚》草木之名状而不知焉,则于此学固未为善……故一学既兴,他学自从之,此由学问之事,本无中西,彼鲲鲲

① 杜亚泉,杜就田.博物学初步讲义[M].师范讲习社.师范讲义,1910(1):3,10,11.
② 沈云龙.近代中国史料丛刊续编:第四十四辑[M].台北:文海出版社有限公司印行,1977.
③ 吴冰心.博物学杂志序例[J].博物学杂志,1914(1).
④ 辞源:子部[M].上海:商务印书馆,1933:395.
⑤ 陈寅恪.王静安先生遗书序[M]//金明馆丛稿二编.北京:生活·读书·新知三联书店,2001:247.
⑥ 康有为.论语注[M].北京:中华书局,1984:264.

焉虑二者之不能并立者，真不知世间有学问事者矣。"[1]如此而言，《诗经》《尔雅》《离骚》中的有关知识都可以看作中国古代的"博物之学"。或者说，中国古代的博物学与文学文献有渊源关系。

1914 年中华博物学研究会编辑的《博物学杂志》创刊号，发表薛凤昌《中华博物学源流篇》一文，追溯"吾国博物学源流之大概"，同样列举诸多古代博物文献，包括"三百篇中其所陈鸟兽草木之形色，无一不得之耳闻目见，以曲绘而酷肖之，而与今之形态学不相下也。博物学之遍及全国，于斯为盛"；"《尔雅》于草木禽兽之训诂，绝少谬误。自是以后，释经者无不兼擅博物，以考证名物"；还有屈原《离骚》中兰蕙之类香草"纷焉备举"；等等。[2] 1918 年蔡元培为《植物学大词典》作序，也提到中国的博物文献"《尔雅》之释草木虫鱼鸟兽及本草是也"。胡朴安 1933 年出版的《诗经学》一书有一篇专门谈"《诗经》之博物学"，指出"博物者，今日为独立之学科。中国素无是学，然《诗经》中鱼虫鸟兽草木之名，所在皆是。古人赋诗，必事事得之于实验，然后见之于吟咏；非如今人之知识，皆从书本中来也。所以《诗经》中之鱼虫鸟兽草木，其称名甚确。《尔雅》一书，即本《诗》而成，实为博物学之初祖焉。以后踵此例为之者，其书颇多。合而研究之，可得万物名称变迁之迹"。[3] 由此启发我们：借助西方博物学（动物、植物、矿物、生理）概念，梳理中国有关博物知识的文献资料，二者互相参证，比较异同，会对中国的博物观念及其知识的特征有新的认识。

（一）有关动物、植物的学问

中国的儒家经典中已有动物、植物的词语，而且是相提并论的。《周礼》曰："一曰山林，其动物宜毛物，其植物宜皁物"（"皁者，草之俗字"），"二曰川泽，其动物宜鳞物，其植物宜膏物"。[4] 但动物、植物这两个词语主要用于表述不同的分类，有关动物植物的知识依然依附于经学（《诗经》《尔雅》之学）而得到繁衍，专门的植物学书籍（吴其濬《植物名实图考》）直到晚清（1848 年）才出版。

中国古代是农耕社会，有关动物、植物的知识，与人们的日常生活环境和劳

① 王国维.国学丛刊序[J].国学丛刊，1911(1).

② 薛凤昌.中华博物学源流篇[J].博物学杂志，1914(1)：11-23.

③ 胡朴安.诗经学[M]//万有文库.上海：商务印书馆，1930：80.

④ 贾公彦.周礼注疏：上[M].上海：上海古籍出版社，2010：337.

动实践经验有着密切关系，有条件不断得到充实和发展。但这些知识多被归入鸟兽、草木之类，即孔子所谓“多识于鸟兽草木之名”。或者说，“多识”之学主要包括动物、植物知识，在名目上相当于西方的动物学、植物学，也可以归属于狭义的博物学科。《诗经》之外，屈原《楚辞》中有大量描写鸟兽草木的诗句，还形成了独具特色的“善鸟香草”之喻，正如刘勰所言：“三闾橘颂，情采芬芳，比类寓意，又覃及细物矣。”①与此相应，历代的《楚辞》注疏，对其中“鸟兽草木”名词有详细注释。特别是多种有关《离骚》“草木”的注疏和图录，如宋代吴仁杰的《离骚草木疏》，具有“博物者恒资焉”的作用；明代屠本畯《离骚草木疏补》“特于香草类增入……八种，于嘉木类增入枫、梧两种”②；清代有《钦定补绘离骚全图》，“清萧云从原图，乾隆四十七年奉敕补绘”，其中“香草为十六图，于是体物摹神，灿然大备”③（图 6-2 为其中“秋兰”图）。由此可见，古代文学的诗骚比兴传统为“多识之学”的繁衍提供了土壤。而古代的咏物诗文同样有博物功用，《四库全书总目》评价《御定佩文斋咏物诗选》：“夫鸟兽草木，学诗者资其多识，孔门之训也。郭璞作《山海经赞》、戴凯之作《竹谱》、宋祁作《益部方物略记》，并以韵语叙物产，岂非以谐诸声律，易于记诵欤？学者坐讽一编，而周知万品，是以摛文而兼博物之功也。”④正是基于这种思路，《博物学杂志发刊词》开篇就说：“博物之学，盖兴于上古”，并追溯“多识以勖小子，孔门家法，尼山讲学，要何尝不以博物为先传哉”，还有楚骚也是“深于博物学”。⑤ 实际上这也梳理

图 6-2

① 刘勰.文心雕龙：上[M].范文澜，注.北京：人民文学出版社，2000：157.
② 永瑢，等.四库全书总目[M].北京：中华书局，1981： 1269.
③ 永瑢，等.四库全书总目[M].北京：中书书局，1981：1268-1269.
④ 永瑢，等.四库全书总目[M].北京：中华书局，1987：1726.
⑤ 吴冰心.博物学发刊词[J].博物学杂志，1914(1).

了古代文学与博物文献相互影响的关系。古代文人的辞赋、笔记、散文中有许多涉及"博物"主题的内容,被附录在各种类书的框架之中。

中国古代还有从实用生产技术角度编纂的农书(在子部农家类),包含了动植物的实用知识。[①] 这类农书收录的内容,不同于文人编写的植物谱录(如花谱)。《齐民要术序》就说明:"花草之流可以悦目,徒有春花,而无秋实,匹诸浮伪,盖不足存。"[②]清代陈淏子的《花镜》包括花木释名及栽植方面的园艺知识,并附有"养禽鸟法""养兽畜法"。[③] 民间日用类书收录有关植物(蔬菜、果木、粮食)种植法、家畜饲养法方面的常用知识。[④] 实际上,中国古代有关动植物的书籍大多是常识性、实用性的资料摘录或汇编。尤其是类书的分类体系繁杂、内容包罗万象,其中有关动植物的知识大体属于"多识"之学的范围。此外,古代的地方志中也有关于动植物的记录,但多引据史料,如同类书。正如万国鼎所指出的:"旧志之大病,在于往往仅为片段之簿录,有似不完全之类书,而鲜有条贯之论述。例如志物产,则但载物名,不详其分布轻重;但引录前志及《本草纲目》《广群芳谱》之属,而不载现状;或更偏于考据,辩证名物,而无一字涉及其在本地之生产情形。"[⑤]

(二)有关矿物的知识

中国典籍中关于矿物的记载是相当复杂的。古代较早的地理"博物"资料书《山海经》,在其"山经"部分,记载山名及其所蕴含的草木禽兽,也提到了多种矿藏(金、银、铁、铜)等。[⑥] 但正如《四库全书总目》所指出的:"书中序述山水,多参以神怪……诸家并以为地理书之冠,亦未为允。核实定名,实则小说之最古者尔。"[⑦]清代谷应泰的《博物要览》从文人品玩角度,记载金银玉石等物出产地等知识,如"土番国产红宝石""锡兰国产青宝石"等[⑧]。李调元在此书序中

① 胡道静.中国古代典籍十讲[M].上海:复旦大学出版社,2004. 按:此书有"古农书概述"部分,可以参考。

② 贾思勰.齐民要术[M].南京:江苏古籍出版社, 2001.

③ 陈淏子.花镜[M].北京:中华书局,1956.

④ 居家必用事类全集:农桑类[M]//四库全书存目丛书:第117册.济南:齐鲁书社,1997:191.

⑤ 万国鼎.方志体例偶识[J].金陵学报,1935,5(2):368.

⑥ 郝懿行.山海经笺疏[M].成都:巴蜀书社,1985.

⑦ 永瑢,等.四库全书总目[M].北京:中华书局,1981: 1205.

⑧ 谷应泰.博物要览[M]//丛书集成初编.上海:商务印书馆,1939:45,50.

提到“古人以博物归儒者,洵非诬也”,显然将这类知识归于儒家所谓“博物”范围。此外,医学(如李时珍《本草纲目》)、谱录(如杜绾《云林石谱》)、笔记(如沈括《梦溪笔谈》)、方志等书籍也涉及矿物、金石器物等,这里不多列举。

在综合性类书中,所谓“物”的观念无所不包,部类的划分也受到人文理念的影响。《艺文类聚》有“宝玉部”,收录金、银、玉、珪、璧、珠、贝、玛瑙、车渠、瑇瑁、琉璃、铜等子目,这些“宝玉”是作为人们所珍视的艺术品材料而被归入一部的。例如,其中子目“玉”类,是以“玉”为关键词的资料摘录和汇编,包括以玉比德的诗文等。民国时章鸿钊所著《石雅》沿袭了类书的传统,其中“玉类”卷不仅提及“古之君子,比德于玉”,还引述了《山海经》《博物志》等古籍有关玉的记载。① 这里不妨参照英国学者马丁·约翰逊的分析,他从思维角度,指出“中国人的哲学、宗教和艺术态度”,以及“选择玉作为象征标志”的特点,说明“无论对获取矿的先驱做出什么样的结论,中国人在美学角度上使用玉石的先驱者的地位都是无可动摇的”。② 由此可见古代中国人获取玉这种矿物是与人文理念相联系的,而不是出自纯粹科学探索的目的。

(三)有关人体的知识

中国古代有大量医书讲述与人体生理相关的知识。《汉书·艺文志》的“方技略”已有“医经”“医方”类,所谓医经有“原人血脉经络骨髓阴阳表里,以起百病之本,死生之分”的内容。③ 综合性类书也有相关类目,如《艺文类聚》有“方术部”,包括“养生、卜筮、相、疾、医”等子目。《古今图书集成·博物汇编》中《艺术典》有“医部”,收录了大量医学文献。根据《古今图书集成·凡例》:“诸部中惟医最多,盖病非一,故汇考中统载内经及脏腑脉络图说于前,次则诸病分门,皆合诸家论此病之治法;次列方药,末列针灸医案,合此数者,皆为汇考。”其中还有“明张三锡医学准绳六要”“李梴医学入门”等条,明确标称“医学”。鉴于这部分资料的丰富及实用,中华书局1935年出版了《古今图书集成》“医部”文献,推广其为“医家之要籍”④。

类书有关“人”的部类更为繁杂。例如,《艺文类聚》的“人”部包括人伦

---

① 章鸿钊.石雅:1927年版[M]//民国丛书(第二编):88册.上海:上海书店出版社,1989.
② 约翰逊.艺术与科学思维[M].傅尚逵,刘子文,译.北京:中国工人出版社,1988:63.
③ 班固.汉书[M].北京:中华书局,1975:1776.
④ 古今图书集成广告[N].申报,1935-02-17.

（圣、贤、忠、孝、德等）、人体器官（头、目、耳、口等）、人物情感行为（妒、淫、愁、泣）等许多平行排列的子目。宋代的《太平御览》列出了"人事部"，分为234类，其中"叙人"部分的子目更为繁杂，关于人体器官（形体）的子目多达73条。[①]《古今图书集成》有《明伦汇编》，其中《人事典》所收录的内容，据《经线要目简释》，"指有关人的形体、思维和经历。包括身体、形貌、年齿、名字、号、忧乐、悔悟、志愿、命运、贫贱、升沉、疾病、行旅、养身等部"[②]。这种类目延续了《艺文类聚》开创的"事居其前，文列于后"的体例，便于在具体名目下收录相关诗文。

值得注意的是，有关人体生理器官的子目和有关人伦道德的子目，被归并在一部，这从西方生理学角度来看是不可思议的，却反映了中国古代人特有的"天人感应"的观念和思维方式。例如，班固《白虎通德论》卷八《情性》解释"人生而应八卦之体，得五气以为常，仁义礼智信是也"，并有下列一一对应的词语概念："五藏，肝仁、肺义、心礼、肾智、脾信也"。[③] 梁从诫分析类书的分类特点是："以事物外在的，可以被人所直接感知的形态作为区分的依据……如关于人的解剖学、生理学、心理学、人种学、民俗学、伦理学、社会学等的知识统统作为一类——人，因为它们都表现在人身上。"[④]其实，类书只是综合了以"人"为部类的、与人相关联的文献资料，还谈不上什么"学"。但类书包括四部、无类可归的汇编体例，可以综合表现古代有关"人"（包括社会伦理、生理、人事）的观念。

从上述比较来看，类书作为古代的资料汇编，反映的是中国特有的知识结构和分类体系，这与西方近代学科的分类体系是完全不同的。其原因在于中国人对待"物"的态度与西方人的科学观念根本不同，对此，我们可以参考钱穆的一段论述："中国人常爱把物界和人类同一看待，常把自然界看成一有生机的完整体，因此好谈'物之性'，而不喜欢谈'物质构造'"；"中国人向来主张'天人合一'与'心物合一'……因此中国人的对物观念，常和对人观念般，认为他们中间也有融合一致的共通相似点。常认为'物性'与'人性'，一样是一种'天地之性'，应该不相违异。因此中国人的对物态度，与其说是'科学的'，毋宁说是'艺术的'。其实在中国人观念下，根本便不情愿把科学、艺术、宗教、哲学一样

---

① 李昉，等.太平御览[M].北京：中华书局，1985.

② 陈梦雷，等.古今图书集成[M].北京：中华书局，成都：巴蜀书社，1985。

③ 班固.白虎通德论[M].上海：上海古籍出版社，1990：60.

④ 梁从诫.不重合的圆[M]//张岱年.国学今论.沈阳：辽宁教育出版社，1991：249.

样分开，使之各立门户，不相闻问。中国人常愿将此种种差别同样的融合一气，不加区分"；"西方人的知识，大都由推概得来……此种知识乃一种逻辑性的理论的成分，超越了人生实际经验之外，故常带有一种冒险性……至于中国方面，因其一向偏重在人文科学一边，故其对于知识之获得，常重人生实际经验之综括与会通，往往看不起抽象的由一个概念演绎引申或偏于形式方面的逻辑和理论"。[①] 由此大体可以说明：为什么中国古代有"博物"观念以及各种汇集博物知识的著述，却没有形成西方由归纳演绎而来的抽象的"博物学"科目。

五、中国近代新式博物书籍的特点

中国传统的"多识"之学，主要是认识中国农耕社会的动物及植物，属于鸟兽草木名物之学。《尔雅》就是解释名物的语文性辞书，而不是专科性辞书。中国古代用于童蒙的"博物"教材，主要是《诗经》《尔雅》等[②]。《博物志》等杂书具有神话小说色彩，类书所收录的资料则包括分类选录的诗词文赋。这些书籍有助于培养与物相亲的人文情感和比物类志的思维方式，为写作咏物诗歌提供参考资料，却不利于培养严密的逻辑思维和科学实验的能力。1925 年陈兼善所编《中学校之博物学教学法》一书，就提到"博闻广见——多识鸟兽草木之名——这是十八世纪以前研究动植物学底一个态度，中国从前教授动植物学也不过如是而已"。[③]

西方学科分类意义的博物学被引进之后，新式学校开设博物课程，博物教科书随之编辑出版。1901 年成立于上海的教育世界出版社，翻译出版了日本人藤井健次郎的《近世博物教科书》等教材[④]，带动了博物学教科书的编写。虞和寅 1902 年为"中学校博物学科用"而编辑的《博物学教科书》[⑤]，就参考了多种日本的博物学教科书。博物学教科书的知识内容相当广泛，远远超出了中国本土"鸟兽草木之名"的范围，其教学方法也不同于古代的名物考证，所以连带教

---

① 钱穆. 中国文化史导论[M]. 北京：商务印书馆，1994：219，224，234.

② 阮元. 十三经注疏[M]. 北京：中华书局，1980：2565. 阮元《尔雅注疏校勘记序》："《尔雅》一书……今则三家村书塾鲜不读者。"

③ 陈兼善. 中学校之博物学教学法[M]. 上海：商务印书馆，1925：38.

④ 左玉河. 从四部之学到七科之学——学术分科与近代中国知识系统之创建[M]. 上海：上海书店出版社，2004：235.

⑤ 虞和寅. 博物学教科书[M]. 上海：上海理科书社出版，1902.

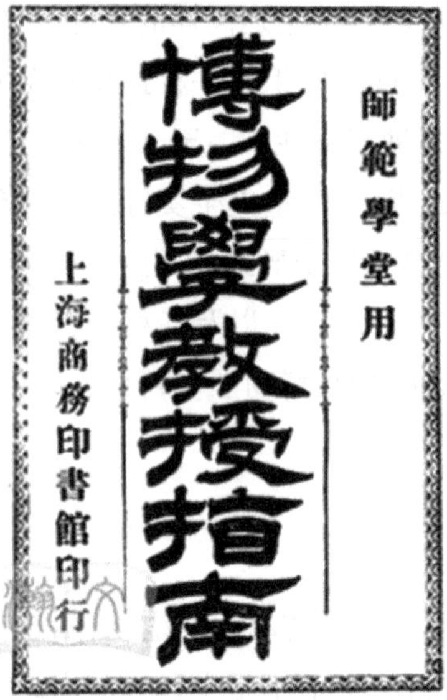

图 6-3

学法以及标本教具等也要从日本引进。例如,日本人山内繁雄、野原茂六著,杜亚泉等译《博物学教授指南》(A Guide to teaching Natural History)一书(图 6-3),在光绪三十四年(1908)由上海商务印书馆印行。此书是“师范学堂用”教材,包括人身生理卫生学、动物学、植物学、矿物及地质岩石学,还介绍了标本采集制作、器具器械药品等内容。书的封页上刊登了商务印书馆的书籍广告,列有小学校教授动植矿物应用之标本器械模型图、博物图谱、博物标本图、博物集览图等。

中国近代编辑的专科性质的博物辞书,完全是西方学科分类意义的概念和知识体系,而与中国传统的“博物”观念以及相关书籍没有历史渊源关系。例如,曾朴、徐念慈合编的《博物大词典》,于光绪三十三年(1907)由上海宏文馆出版。曾朴等人“编译多种学堂教科词典参考等书,以备教育界之参稽……兹先出植物学、矿物学参考书二种,又印成博物大词典、物理大词典样本二册”。这本《博物大词典》的“博物”概念,如例言所说明的:“本书举植物动物矿物生理四科之学语及事项一一加以注释,而于植物动物之分科别类、矿物之成分应用与生理之组织摄养尤加一层注意。”每个词条都分别标示出“动”“植”“生”“矿”的类别。词条按照笔画排列,词头附有中文、英文、日文、拉丁文。还附录有西文目录、东文(日文)索引。编辑者声称“博物家、理学家、实业家允宜人手此一编焉”。可见此书有明确的读者对象、广泛的实用价值,也有市场推广的考虑。新式辞书是与新式教科书配套编辑和出版发行的,例如,1921 年,彭世芳、王烈、陈映璜所编辑的《博物词典》,说明其“编辑大意:本书包括中学教育上博物教材之全部,与本局新式理化词典相辅而行”①。此外,新式专科辞书也先后问世,商务印书馆出版了杜亚泉等编辑的《植物学大辞典》(1918 年初版)、《动物学大辞典》(1923 年初版),被当时人推许“尤为科

① 彭世芳,王烈,陈映璜.博物词典[M].上海:中华书局,1921.

学界空前巨著"①。

综上所述,"博物"是中国古代原有的一个词语,反映了中国特有的人文观念和知识结构体系,其含义与近代从日本转译而来的西方学科分类意义的"博物学"根本不同。中国古代有关博物知识的书籍(类书等),在编纂理念、分类体系、知识结构等方面,也与中国近代出现的"博物"专科辞书完全不同。或者说,中国近代新式博物辞书及教科书最初只是日本书籍的翻版,与中国传统的"博物"观念没有任何渊源关系,更不存在清人所谓"西学中源"的思路②。所以,我们不能简单地将中国"多识"之学,从观念意义上归入西方的动物学、植物学。辨析中国古代的"博物"观念及其相关书籍,有助于了解中国本土产生的知识分类体系,并为研究中国古代编辑出版史、中国博物学史以及中国思想文化史,提供多方面的资料,而不必拘泥于后来传入中国的博物学科概念。近代辞书所收录的新语词为考察西学东渐以来中国学术文化的演变提供了追根溯源的路径,这正如 1917 年蔡元培先生为商务印书馆出版的《植物学大辞典》作序所指出的:"一社会学术之消长,观其各种辞典之有无与多寡而知之。各国专门学术,无不各有其辞典。"中国博物观念及其相关书籍从古代到近代的演变,正是一个有关学术消长的案例。

还要指出:在当代多元文化相互参照、多种学科交叉融合的背景下,西方学者也在反思西方近代学科分类体系的局限。英国物理学家和小说家 C·P·斯诺曾以亲身经历描述了西方科学家与非科学家(文学家、艺术家)缺少相互交往,"日益分裂为两个极端的集团"的现象,说明"由于我们的教育太专门化了",导致了"两类课题、两门学科、两种文化"的冲突。③ 马丁·约翰逊指出:逻辑的或科学的,与想象的或诗情的艺术"二者之间的比较研究会使它们相得益彰,因为它们习惯上的割裂与对立是近几世纪专业化的结果,而如今科学与时而狂热、但通常是令人困惑的艺术之间已有频繁交流的迹象"。④ 加拿大学者马歇尔·麦克卢汉也告诫人们:在信息时代"课程分科的传统划分法,和文艺复兴

---

① 《东方杂志》编辑部.追悼杜亚泉先生[J].东方杂志,1934,31(1).

② 李鼎颐.圣人有四府论[M]//格致书院课艺:第五册.上海图书集成印书局印,光绪二十四年(1898年):22. 按:1889 年格致书院的学生李鼎颐(已丑南洋秋季特课超等第四名)曾在答卷中,根据当时比较保守的西学源于中学说,指出"《毛诗》之草木鸟兽,虫鱼琐屑,则动物、植物之学所由祖也"。

③ 斯诺.两种文化[M].纪树立,译.北京:生活·读书·新知三联书店,1995:16-18.

④ 约翰逊.艺术与科学思维[M].傅尚逵,刘子文,译.北京:工人出版社,1988:11.

之后各级学校中的学科分化一样,已经过时了。任何课程一旦深入之后,立即就与别的课程发生关联……如果我们的课程设置继续沿袭目前肢解分割、互不相关的模式,它们培养出来的公民,必然无法理解自己生活在其间的自动控制社会"①。从这个角度来反观中国古代的"博物"观念以及类书的知识体系,这种产生于农业社会的"融合一气,不加区分"的思维方式,对于今人重新思考和建立人与人、人与物(自然)之间的和谐关系,具有一定的参照价值。中国传统的博物多识之学作为"国学"的组成部分,在当今依然有必要辑录整理、重新解读,使之传承不绝,焕发生机。②

(原文发表于《华中科技大学学报(社会科学版)》2006 年第 3 期)

① 麦克卢汉.理解媒介——论人的延伸[M].何道宽,译.北京:商务印书馆,2001:427.

② 参见:于翠玲."多识之学":儒学的一条根脉[N].中华读书报,2015-12-02(09).于翠玲:我们今天如何对话博物学[N].中华读书报.2018-01-17(016).

第七章
类书文献与狐幻文学

中国古代小说中存在众多狐形象,特别是化为美女的狐形象从唐代传奇到清代《聊斋志异》都有描写,并在民间广为传播。关于狐形象本身在小说史中的演变,学者多有研究论著。但笔者认为:中国古代小说所描写的狐形象源自历史悠久的狐文化,中国小说的狐形象与其它动物形象相比也有其特殊性,因此还有必要进一步研究中国的狐文化以及狐演变为文学形象的过程。而历代综合性类书在兽部列有狐类,摘录汇集了大量的古籍文献资料,这有助于我们了解古代狐文化的诸多方面以及演变情况;通过类书文献的部类结构也便于将狐与其它动物部类相对比,从而获得有意义的发现。

一、狐的动物属性与祥瑞说

唐代编纂的综合性类书《艺文类聚》已经收录了狐的资料,并分别归入了"兽部"和"祥瑞部",这恰恰说明在古代人眼中,狐既具有动物属性,也具有文化象征意义。

1.狐的动物属性

狐的毛皮珍贵,"狐白之裘"成为高贵等级的象征(图 7-1),不是一般人可以穿着的。《艺文类聚》引"《礼记》曰:天子狐白之裘,诸侯青,卿大夫狐腋"。又引"《慎子》曰:狐白之裘,非一狐之皮"。[①] 清代的大型类书《古今图书集成》

---

① 欧阳询.艺文类聚[M].上海:上海古籍出版社,1982.后面所引《艺文类聚》,版本同此。按:陆佃《埤雅》卷四释兽引"颜师古曰:狐白谓狐腋下之皮,其毛纯白,集以为裘,轻柔难得,故贵也"。

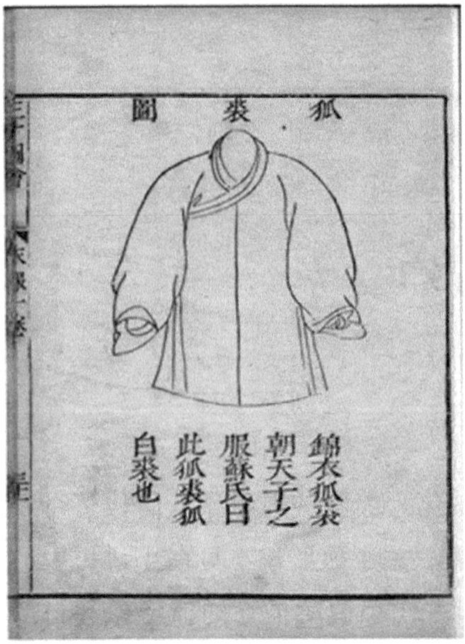

图 7-1①

引李时珍《本草纲目》,则介绍狐肉“主治”何病的方子。② 这些资料都是以人为主体,描述狐作为动物对人的实用价值,而没有把狐作为审美对象。类书还收录了从字义考证狐的特性的资料。《北堂书钞》在“狐听”下引《述征记》云:“狐听冰河,水无声,狐方行。”③宋代《太平御览》兽部狐类引“《水经注》曰:狐性多疑,故俗有狐疑之说”④。清代《佩文韵府》“狐媚”词下引宋代《尔雅翼》:“说者以狐为古淫妇所化,善为媚惑人。故称狐媚。”⑤可见在古代汉语词汇中,狐疑、狐媚等词都是从狐的特性引申而来的。

古人谈到狐的动物属性,也从人的伦理观念出发,加以比附和认同。《艺文类聚》摘引汉代许慎《说文解字》:“狐,妖兽。鬼所乘也。有三德,其色中和,小前大后,死则丘首。”又摘引汉代班固《白虎通》:“狐死首丘,不忘本也。九德至,则九尾能得其所,子孙繁息。于尾,明后当盛也。”所谓“三德”或“首丘”之说,显然出自儒家的道德伦理观念。与此相关的资料,《太平御览》引《礼记·檀弓上》:“君子曰:乐,乐其所自生。礼,不忘其本。古之人有言曰:狐死正丘首,仁也。”为理解这一说法,可以参照唐代孔颖达的注疏:“所以正首而向丘者,丘是狐窟穴根本之处。虽狼狈而死,意犹向此丘,是有仁恩之心也。”⑥这一说法反映了儒家比德于物的思维方式,由此古人对狐的认识超出了单纯功利的角度,或者说赋予了狐的属性以人格化的象征意义。

---

① 王圻,王思义.三才图会:中册:衣服一卷[M]上海:上海古籍出版社,1988:1508.

② 蒋廷锡,等.古今图书集成:博物汇编:禽虫典[M].北京:中华书局,成都:巴蜀书社,1985.

③ 虞世南,等.北堂书钞:卷 159[M].北京:中国书店,1989.

④ 李昉,等.太平御览[M].北京:中华书局,1985.

⑤ 张玉书,等.佩文韵府[M].上海:上海古籍出版社,1983. 按:《佩文韵府》只是概括了《尔雅翼》的大意。《尔雅翼》在“狐”之下列举了许多关于狐的资料。

⑥ 阮元.十三经注疏[M].北京:中华书局,1980:1281. 按:后以“首丘”比喻归葬故乡。

2.狐的祥瑞说

《艺文类聚》还将狐的有关资料列入"祥瑞部",特别是把九尾狐的出现看作是吉祥的征兆。如引录"《孙氏瑞应图》:九尾狐者,六和一同则见。文王时,东夷归之";又引《孝经援神契》"德至鸟兽,则狐九尾"。① 这与《艺文类聚》"祥瑞部"下的其它动物类,如子目"乌"下引《孝经援神契》"德至鸟兽,则白乌下",子目"兔"下引《瑞应图》"王者恩加耆老,则白兔见",诸如此类记载都出自同样的思维模式,赋予动物的出没行踪以特殊的文化象征意义。

所谓祥瑞说,出自儒家的天人感应说,即以自然事物(天象、动物、植物等)的特征和变化来对应、预测人事的征兆。王充《论衡·指瑞篇》以自然界"吉凶之物"与"吉凶之人相逢遇"的观点解释:"王者受富贵之命,故其动出见吉祥异物,见则谓之瑞。"②根据这样的思路,史书多有关于九尾狐出现与政事相关的记载,被类书所收录。《艺文类聚》引郭璞《山海经图·九尾狐赞》云:"青丘奇兽,九尾之狐。有道祥见,出则衔书。作瑞于周,以标灵符"。又引"《魏略》曰:文帝欲受禅。郡国奏九尾狐见于谯陈";还引《汉书》陈胜、吴广"诈狐鸣曰:大楚兴、陈胜王"的故事。清代类书《古今图书集成·博物汇编》在"狐狸部"插入了一张九尾狐图(图 7-2),其中引述《宋书·符瑞志》"白狐,王者仁智则至";并在"狐部纪事"中摘录了多部史书中关于某年何地"献狐""见狐"或"获狐"的记载。这些资料记录在史书中,似乎一本正经,确有其事,实际上是利用祥瑞说进行比附,来为帝王统治的合法性寻找依据。

图 7-2

① 魏征.隋书:经籍志[M].北京:中华书局,1973:1038.按:此书记载"《瑞应图》三卷、《瑞图赞》二卷"。注释:"梁有孙柔之《瑞应图记》《孙氏瑞应图赞》各三卷,亡。"《孝经援神契》是汉无名氏所撰的纬书。

② 王充.论衡[M].上海:上海人民出版社,1974:265.

以动物为祥瑞，还可以追溯到古代万物有灵说，“在认识上，远古人把动、植物都看作有灵的东西”，而“在我国汉族地区广泛迷信狐与黄鼬的做法以及许多灵禽异兽的神奇故事，都是这种原始信仰的遗留和转化”。[①] 例如唐代就有“事狐神”的民间风俗。宋代专收小说的类书《太平广记》在“狐部”引唐代张鷟《朝野佥载》：“唐初已来，百姓多事狐神，房中祭祀以乞恩，食饮与人同之，事者非一主。当时有谚曰：无狐魅，不成村。”又引唐代张读《宣室志》：“唐丞相李揆，乾元初为中书舍人，尝一日退朝归，见一白狐在庭中”，有客人向他解释“此祥符也”，第二天他“果选礼部侍郎”。[②] 由此可见唐人对所谓狐神的迷信程度。这种民俗与具有政治寓意的祥瑞说有所不同，官方对此是予以禁止的。《古今图书集成》所收录的《宋史》几则资料，就记载了宋人破除狐神迷信的事，如引《宋史·王嗣宗传》的记载：王嗣宗任某地方官时，当地有“灵应公庙”，祭祀狐神，“水旱疾疫，悉祷之，民语为之讳狐音”，王嗣宗命人“毁其庙，熏其穴，得数十狐，尽杀之，淫祀遂息”；又引《宋史·五行志》记载：北宋“宣和七年秋……诏毁狐王庙”。这说明民间祀狐的风气在宋代仍然盛行，官方不得不毁庙加以禁止。这种事狐民俗也为狐文学的创作及其为读者接受，提供了深厚的土壤。

至于在诸多神灵动物中，为什么狐的神怪色彩逐渐超过了其它动物，黄永年根据《太平广记》中收录“‘狐’之特多，且为诸兽冠”的现象，考据了“狐与胡之关系”，认为“岂非以南北朝之后隋唐之时，西域与中国交往既密，西胡或以政治，或以商业，纷纷大量入居于中国内地之所致哉！盖华人既以‘狐’诟‘胡’，‘狐’之中自亦渗入大量之‘胡’性。故‘胡’之入居也日亟，而‘狐’之为怪也日烈。”所以，唐代“事狐神”的风俗，“疑即可以凭吾说以解之”。[③]然而，一种民俗形成和延续的原因应该是错综复杂的。唐代小说中诸多狐形象并不是都与“胡”有关，特别是正面的狐女形象并非都有“胡性”，这又需要从文学角度加以解释了。

---

① 乌丙安.中国民俗学[M].沈阳：辽宁大学出版社，1988：259.

② 李昉，等.太平广记[M].北京：中华书局，1995：3658，3690.

③ 黄永年.读陈寅恪先生〈狐臭与胡臭〉兼论狐与胡之关系[M]//学苑零拾.上海：华东师范大学出版社，2001：174.

二、狐的形象与诗文

狐的形象早在《诗经》中已经出现了，例如《诗经·有狐三章》篇。这首诗虽然被解释为"刺时也"，其中"有狐绥绥"的描写只是用来起兴的动物形象，并没有成为拟人化的文学形象。《诗经·北风三章》中有"莫赤匪狐"句，《古今图书集成》引述朱熹《诗经集传》的注释："狐，兽名，似犬，黄赤色，不祥之物也，人所恶见者也，所见无非此物，则国将危乱可知。"又在"有狐绥绥"句下引朱熹注："狐者，妖媚之兽。绥绥独行，求匹之貌"，并从"国乱民散"的角度加以解释。如前所述，《艺文类聚》将"狐"列入祥瑞动物之类，朱熹却斥之为不祥之物，这显然是矛盾的。对此，清代王夫之《诗经稗疏》提出了不同看法："若狐之为妖怪，传自唐人小说，故世厌恶之。古人以其温文，用为君子之裘，何不祥之有。"① 其意思是说，狐在古人看来"初非妖异"，而唐人小说中的狐形象有了变化。《诗经》中用"莫赤匪狐"作为比喻，并不能说明狐本身就是"不祥之物"。

《艺文类聚》开创了"比类相从，事居于前，文列于后"的编排体例，在分类摘录资料后又收录诗文，所收录诗文的范围主要从汉到隋，其中"狐"部没有收录诗文。《古今图书集成》在"狐狸部·艺文"中收录了唐代李咸《田获三狐赋》、杨涛《狐听冰赋》、滕迈《狐听冰赋》、白行简《狐死正丘首赋》、李华《鹗执狐记》等，诗歌只收录了唐代白居易的《古冢狐诗》和宋代苏舜钦的《猎狐篇》。如果对比一下，在《艺文类聚》的部类中，"马"与"狐"一样既被列入"兽部"也被列入"祥瑞部"。而《艺文类聚》"兽部"下收录有关马的诗 18 首，赋 6 篇，另有颂、赞等文 14 篇。此外，还可以通过专门收录辞藻的类书，来检索有关"狐"的资料。清代的《佩文韵府》(图 7-3)②，按照韵部收录"狐"为尾字的词语 70 多条(其中也有个别与狐无关的词语，如"令狐""董狐"等)，并在词语下征引有关诗句，例如，"听冰狐"条引"温庭筠诗：疑惧听冰狐"、"寒狐"条引"李贺诗：青狸哭血寒狐死"。此外，《佩文韵府》收录"狐"为首字的词语有 121 条(今人以四角号码索引排列)，其中也有摘录诗句的，例如，"狐媚"条引"徐玑诗：初作狐儿媚，忽变狼虎威"等。但是所引诗句很少，从有题目的几首诗歌看，没有一首是

---

① 王夫之.诗经稗疏：诗广传[M].长沙：岳麓书社，2011：59.

② 张玉书，等.佩文韵府[M].上海：上海古籍出版社，1983.

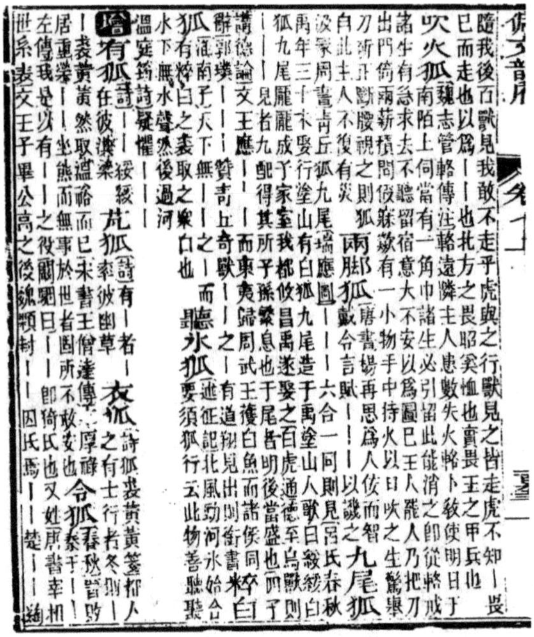

图 7-3 《佩文韵府》

专门描写狐的。清代的《骈字类编》①在“鸟兽门”收录首字为“狐”的词语，其中与动物“狐”有关的词语如狐狸、狐首、狐媚、狐神等，所引出处大多已经见于前人编纂的类书，其中不乏志怪故事，如“狐字”引《搜神记》“阿紫，狐字也”，“狐坐”引《广异记》等；而仅有个别诗句，如白居易《凶宅》诗中“狐藏兰菊丛”句，元稹《田野狐兔行》“鹰怕兔毫，犬被狐引”句等，没有专门咏狐的诗歌题目。

推究其原因，其一，狐有变为艳妇迷惑人、危害人的特性，所以在诗文中多为反面形象。《古今图书集成》所引白居易的新乐府诗《古冢狐》就描写“化为妇人”的妖狐的危害。李华的《鹗执狐记》借耕者之口谴责：“是狐也，为患大矣。震惊我族姻，扰乱我闾里。”苏舜钦《猎狐篇》描写“邑中少年儿”为民除狐害的事，并“书以为警戒”。

其二，由于小说是从“街谈巷语，道听途说”而来的，关于狐变为艳妇的传说更适宜在小说中任意发挥，并形成易于模仿的描写套路。王夫之已经说明“若狐之为妖怪，传自唐人小说，故世厌恶之”。而诗歌的观念比较正统，诗歌中的美人形象往往别有寄托，很难与传说中的狐女形象吻合；咏物诗有以物自喻、即物即人的传统，也不适合诗人以狐自喻。这种对比可以说明狐形象为什么鲜见于诗歌而多入于小说。

其三，《古今图书集成》所收录的 4 篇唐人赋，实际抄自宋代李昉等编辑的《文苑英华》所收赋体“鸟兽”类，都是限以八字韵脚的律赋。律赋本来是唐代“进士试赋”的文体，题目都出自儒家典籍。李咸《田获三狐赋》“以田获三狐古

① 张廷玉，等.骈字类编[M].北京：中国书店，1984.

无不利为韵"，其题目"田获三狐"出自《周易》[①]。白行简《狐死正丘首赋》"以乐生恋本仁者之心为韵"，其题目出自《礼记·檀弓上》[②]。此赋称赞："狐者微物，死乃可珍。想彼邱而结恋，正兹首以归仁。生也有涯，且不忘其本，死而无二，亦不丧其真。可比德于先哲，实闻言于古人。"杨涛《狐听冰赋》"以将济大川慎其所履为韵"，滕迈《狐听冰赋》"以坚劲之上审闻始行为韵"。参考《古今图书集成》所引《水经注》关于狐"善听，冰下无水乃过，人见狐行方渡"的记载，可知这两篇赋都是根据狐善听的特性铺写而成的。但宋代《尔雅翼》解释："狐性善疑，方河冰合时，狐听冰下水无声乃行。人每则之，皆须狐已行乃度。《易·未济》称：'小狐汔济，濡其尾。'盖狐小尾大，则有未济之象，以之为戒。"[③]这说明"狐听冰"的典故依然与经典有关，文人作赋必须依附儒家经典加以发挥。

在类书所收录的诗文中，只有唐人以赋这种文体一本正经地描写狐，不仅其题目都与儒家经典有关，而且都是借狐的自然特性来阐发为人处事的道理，没有超出儒家观物比德说的模式，这又与取材于道听途说的狐幻小说不是一种思路。唐代科举以诗赋考试，《艺文类聚》收录诗文就是为文人提供参考资料的，所以唐代文人有关动物的知识大都受到经学思维的影响，诗赋内容与类书知识有着必然的关联。

三、狐的幻化与小说

狐真正成为拟人化的文学形象是和狐的幻化说相联系的，六朝的志怪小说已有狐幻化为人的记载。狐多幻化为女性形象，《艺文类聚》引"《名山记》曰：狐者，先古之淫妇也。其名曰紫，化而为狐，故其怪多自称阿紫"[④]。《太平广记》"陈羡"条引东晋干宝《搜神记》，则比较详细记载了狐变化"作好妇形，自称阿紫"，魅惑人的故事。狐也能变化为男性，《太平广记》所引《玄中记》(旧题晋郭璞作)记载："狐五十岁，能变化为妇人。百岁为美女，为神巫。或为丈夫与女

---

① 按：宋代程子《伊川易传》解释"田获三狐"："田者去害之事，狐者邪媚之兽。三狐，指卦之三阴，时之小人也。获谓能变化除去之，如田之获狐也。获之则得中正之道，乃贞正而吉也。"宋代李光《读易详说》解释："狐隐伏多疑，如小人之邪佞狙诈，以害正道。获三狐，则小人之情得正直之道伸矣。"

② 陈澔.礼记：檀弓上[M].上海：上海古籍出版社，1987：33.此书解释："礼，不忘其本。古之有言曰：狐死正丘首，仁也。"

③ 罗愿.尔雅翼[M].石云孙，点校.合肥：黄山书社，1991：226.

④ 按：东晋王嘉有《名山记》一卷。

人交接。能知千里外事,善蛊魅,使人迷惑失智。千岁即与天通,为天狐。"其所引《搜神记》就描写了"一斑狐,积年能为变幻,乃变作一书生",拜访张华的故事。这一时期的狐形象多从狐魅惑人的特性加以演绎,但也有个别正面写狐的,如《搜神记》中"陈斐"条,描写了太守陈斐因不杀"千岁狐"所变的"伯裘"而得到回报的故事。

在唐代传奇中,狐是可以幻化为人的动物形象之一(此外还有虎、蛇、猴、驴、龙等动物形象化人的故事)。而狐幻化为人,最终被犬或人识破,这已成为使传奇小说情节曲折变化的一种套路。在宋代专门收录笔记小说的类书《太平广记》中,有一类目为"狐",以九卷篇幅辑录了 83 则故事(卷数多于虎、龙、蛇等),大部分出自唐人传奇或笔记。其中狐所幻化的人物形象仍然有男性,而且往往化作有学问的书生,如唐代的传奇集《广异记》中"李元恭"条,描写狐"见形为少年,自称胡郎",博学多才,迷惑了女子崔氏。这正如钱钟书先生所指出的:"兽之好讲学而爱读书者,似亦推狐,小说中屡道不一道。"①唐代传奇也不乏狐女形象,如《广异记》中"李参军"条,描写李参军与狐所化女子萧氏结婚,狐女后为猎犬所破的故事。

唐代传奇中最为光彩夺目的狐女(妻)形象出自《任氏传》,正如作者沈既济所感慨的:"异物之情也有人道焉。遇暴不失节,徇人以至死,虽今妇人,有不如者矣。"②所谓"异物之情"没有了狐魅惑人的特性,已成为具有"人道"的女性形象,而狐为"异物"的特性只是增加了小说的神秘感。因此,《任氏传》中的狐女成为古代狐文学中承前启后、最具突破意义和典范意义的形象。这仅从后代演绎《任氏传》的作品之多,如宋代歌舞、金代诸宫调、清代传奇和小说等都有,就可见一斑了。③ 老舍也有文提到这种描写的套路:"在狐的历史里,似乎女权很高,千年白狐总是变成妖艳的小娘子——可惜就是有时候露出点小尾巴。虽然有时狐也变成白发老翁,可是究竟是老翁,少壮的男狐精就不大听说。因此,鬼若是可怕,狐便可怕而又可喜,往往使人舍不得她,她浪漫。"④

鲁迅先生曾指出《太平广记》的好处之一是"精怪,鬼神,和尚,道士,一类一类的分得很清楚,聚得很多,可以使我们看到厌而又厌,对于现在谈狐鬼的《太

① 钱钟书.管锥编[M].北京:中华书局,1979:822.
② 李昉.太平广记[M].北京:中华书局,1995:3692.
③ 程毅中.唐代小说史话[M].北京:文化艺术出版社,1990:114.
④ 老舍.鬼与狐[J].论语半月刊(鬼故事专号),1936(91):876.

平广记》的子孙，再没有拜读的勇气”。[①] 而《太平广记》中“狐”类所收录的六朝志怪、唐代传奇几乎全部被《古今图书集成》抄录，有的连排列顺序都没有变。这进一步扩大了《太平广记》的流传和影响，为后人创作“谈狐鬼”的小说提供了大量素材和基本套路。作为“谈狐鬼的《太平广记》的子孙”之一，且真正使狐文学形象蔚为大观者是清代蒲松龄的《聊斋志异》。此书描写了各种各样变幻为人的狐形象，其中正面的狐女形象尤其为人喜爱，例如，仅从《任氏传》“转化而出者”就有《青凤》《娇娜》《婴宁》《莲香》等篇。[②] 这些作品正如鲁迅先生所评价的：“独于详尽之外，示以平常，使花妖狐魅，多具人情，和易可亲，忘为异类。而又偶见鹘突，知复非人。”[③]此外，清代纪昀由于主持编纂《四库全书》而“多见秘书”，对于类书中说狐资料更是信手拈来。他的《阅微草堂笔记》注重“托狐鬼以抒己见”[④]，通过民间喜欢阅读的谈狐说鬼类小说的外壳，寄托劝诫教化之义。例如，他借叙述狐女故事，指出人与狐的区别不在于形貌，而在于内心，“凡人之形，可以随心化……旧说狐本淫妇阿紫所化。其人而狐心也，则人可为狐。其狐而人心也，则狐亦可为人”。他描写一位狐女十分“知礼”，称赞其“非惟形化人，心亦化人矣”。他还以狐的口吻批评人的“失信”行为，感慨“世情如此”，甚至让狐去后悔“交不择人”。[⑤] 唐传奇以来的狐形象往往被赋予与人心相似、与人情相通，或者与人间伦理道德相符的言行，这可以借纪昀关于“狐心”与“人心”的议论来解释了。

谈狐小说在晚清时期仍然不绝，例如，王韬在光绪十年（1884）写作了《后聊斋志异》（原名《淞隐漫录》），最初在《点石斋画报》连续刊载，其中不乏“萧补烟”之类描写男子与狐女相悦、最后狐女为犬所破现出原形的故事，“其笔致又纯为《聊斋》者流，一时传布颇广远”[⑥]。还有署名醉月山人的章回小说《狐狸缘全传》依然描写九尾妖狐魅惑书生的故事。值得注意的是，王韬《后聊斋志异》序文参照当时传入的西方动物学知识，开始比较和反思中国狐文化及狐文学。他指出：“麟凤龟龙，中国谓之四灵。而自西人言之，毛族中无所谓麟，羽族中无

① 鲁迅.破《唐人说荟》[M]//鲁迅全集：集外集拾遗补编.北京：人民文学出版社，1982：108.
② 程国赋.唐代小说嬗变研究[M].广州：广东人民出版社，1997：181.
③ 鲁迅.中国小说史略[M].北京：东方出版社，1996：166.
④ 鲁迅.中国小说史略[M].北京：东方出版社，1996：170.
⑤ 纪昀.阅微草堂笔记：槐西杂志[M].北京：中国华侨出版社，1994：823，611，677.
⑥ 鲁迅.中国小说史略[M].北京：东方出版社，174.

所谓凤,鳞族中无所谓龙。"而且"古者宝龟为守国之器,今则蠢然一介族尔,灵于何有?"所以从西方科学的角度看,中国古代动物灵异祥瑞说或神仙说都是不可信的。那么,古人为什么"好谈神仙鬼怪"呢?王韬认为:"汉武一言,可以破的,圣人以神道设教,不过为下愚人说法。明则有王法,幽则有鬼神,盖惕之以善恶赏罚之权,以寄其惩劝而已。"他进一步说明:"狐乃兽类,岂能幻作人形?自妄者造作怪异,狐狸窟中,几若别一世界。斯皆西人所悍然不信者,诚以虚言不如实践也。西国无之而中国必以为有,人心风俗以此可知矣。"他不仅从风俗方面,解释了中国人相信狐鬼的原因;还从文学创作手法方面,解释"求之于同类同体之人而不得,则求之于鬼狐仙佛、草木鸟兽",这是一种"游戏之言"。①由于与西人的知识及观念相对比,中国狐文化及狐文学的特点更加凸显出来。

从书籍史的角度看,类书反映了古代文人对典籍资料不断辑录和利用的过程,这其实也是一种阅读和接受的连续记录。对此,我们今天重新加以梳理和阐释,又会有新的发现和体会。

其一,关于狐的记载在先秦文献中已经出现,因受天人感应说的影响而出现狐的祥瑞说。关于狐的民间传说和文字记载,为六朝志怪和唐代传奇提供了素材,逐渐形成了以狐的幻化为假托而虚构人物形象、丰富故事情节的小说传统。从这一传统脱胎而来,《聊斋志异》和《阅微草堂笔记》等小说中诸多狐故事,使狐形象在中国小说史的画廊中更加连贯,也更加丰富多彩。由于他们的作品在清代得到及时刊印而传播广泛,这也使狐作为文学形象,比之同样可以幻化为人的蛇、虎、龙等动物形象更加为人耳熟能详。

其二,类书所收录的资料不能说详尽无遗,却汇辑四部,包罗万象;其在抄录过程中难免删减或失误,却也是文献积淀流传的一种方式。特别是小说,历来不被正统文集所重视,《四库全书总目·子部·小说家类》小序就指出:"今甄录其近雅驯者,以广见闻,惟猥鄙荒诞,徒乱耳目者,则黜不载焉。"②类书却是古代小说的渊薮,鲁迅曾利用类书辑出《古小说钩沉》和《唐宋传奇集》。因此,类书资料对于研究狐文学与狐文化具有文献价值。《太平广记》"狐"类收录的小说,记录了狐形象从六朝志怪到唐代小说的发展轨迹。《古今图书集成》在"博物汇编.禽虫典"中列有"狐狸部",集以往类书之大成,收录资料多达 30 页,还

---

① 王韬.后聊斋志异自序[M]//王彬,等.后聊斋志异全译详注.哈尔滨:黑龙江人民出版社,1988:4.

② 永瑢,等.四库全书总目[M].北京:中华书局,1987:1182.

附有 3 幅狐图。历代相沿的类书及其分类体系，恰好有助于综合考察古代狐文化的诸多方面，了解古人的思维方式和艺术创作的关系，以及在此基础上狐从自然的动物形象演变为拟人化文学形象的过程。

通过类书的编纂体例及部类结构，可以进一步考察古代的兔、蛇、马、虎、龙等有化人传说的动物文学形象，比较其与狐形象的同异，从而在更广阔的视野中辨析中国古代小说中狐形象的独特之处。或者说，类书的资料来自四部文献，特别是分类收录诗文的体例，为古代文人的文学创作提供了丰富的资源，也建构了大量文学典故和意象，包括各种动物、植物，甚至器物等，而狐作为"兽类"所具有的象征意义仅仅是其中一个典型。换个角度，今天利用类书资源（包括古籍数据库），可以选择任何一种物象（从一个文字语词入手，如"狐"），搜集大量古籍文献资料，探讨附着其中的文化内涵及其演变轨迹，这也是书籍的文化史研究。

其三，古代类书有关动物的类目及其收录的内容，有助于文学物象的衍生，却无助于专科知识的发展。例如，关于九尾狐有不少文字记载，《佩文韵府》这样罗列引述资料："《汲冢周书》：青丘狐九尾。《瑞应图》：九尾狐，六合一同则见。《吕氏春秋》：禹年三十未娶，行涂山，有白狐九尾，造于禹。涂山人歌曰：绥绥白狐，九尾庞庞，成子家室，我都攸昌。禹遂娶之。《白虎通》：德至鸟兽，则九尾狐见者，九配得其所，子孙繁息也。于尾者明后当盛也。《四子讲德论》：文王应九尾狐，而东夷归。周武王获白鱼，而诸侯同辞。郭璞《九尾狐赞》：青丘奇兽，九尾之狐。有道翔见，出则衔书。"晚清时期徐珂《清稗类钞·动物类》依然记载："长白山有九尾狐，相传其地即九尾狐产地之涂山也。"①但是，古代文献中没有考证：九尾狐是否真实存在的动物、早期正史中所谓"献九尾狐"究竟是何动物，这正是中国古代博物知识驳杂不分的特点在类书中的呈现。

1907 年的《国粹学报》刊载了蔡守（又名有守，字哲夫）所画的博物图，其中有一幅是狐图（图 7-4），并配有短文，介绍狐作为动物的习性，特别对古籍中的资料加以驳斥："至若《抱朴子》《酉阳杂俎》《渊览》皆云：狐有千岁八百岁三百岁者，妄言也"；"又若《孝经援神契》《瑞应图》《白虎通》《山海经》《吕氏春秋》《竹书》《周书》《东观汉记》《古今注》《魏略》皆云：狐有九尾，余也未敢信也。更如

① 徐珂.清稗类钞：第四十一册：动物类[M].上海：商务印书馆，1928：26.

图 7-4

《说文》曰：狐，妖兽也，鬼所乘也。故稗官野史盛言狐祟，尤不值通人一噱”。[①] 短文所援引的书名及资料正是出自类书，但受到西学知识的影响，蔡守将这些记载全部推翻了，其所画的狐也是动物形象，而与《古今图书集成》中的“九尾狐图”全然不同。由此可见，即使在“国粹学报”中，传统的博物知识也转向了科学。反之，类书资料所谓“妄言”正反映了古代狐文化的特点，也是衍生狐文学的丰富素材。

此外，中国古代文献中还有“狐假虎威”[②]的寓言，外国也有“狐狸与乌鸦”、“狐狸和葡萄”等寓言，都是概念化的“狡猾的狐狸”形象。而中国古代类书中的狐文献与狐文学相互关联，形成了丰富多彩的狐文化，具有深刻的文化内涵。由于中国有着悠久的狐文化接受背景，后世文人在小说戏曲中不断繁衍着“谈狐鬼的《太平广记》的子孙”，民间文学中流传着多种“狐妻型”故事[③]，也就不足为怪了。

（原文发表于《西北大学学报》2003 年第 2 期）

---

① 国粹学报·图画[J].1907(1)：134-135. 按：商务印书馆 1912 年出版《新字典》，其中“狐”字条解释：“兽名，似犬而小，体瘦，头尾皆长，以跖行。性狡猾，居山野，盗食食物。寿十四五年。其皮可为裘。俗传狐寿千年，能祟人。妄也。”（238 页）同样否定了有关狐的传说。

② 范祥雍.战国策笺证：楚策一[M].上海：上海古籍出版社，2011.

③ 王晶红.辽宁“狐妻型”故事中的“人触犯禁忌”母题[J].辽宁大学学报，2001(2)：87-89.

附录:古籍中的“司晨鸟”

中国古代文献典籍非常丰富,今人利用古籍数据库,输入一个检索字词,就能检索到出自各种书籍的许多资料。然而,关键是如何梳理和解读这些资料,从中发现古代文人根据怎样的思维方式,赋予文字语词怎样的文化意义,或者说古人的博物知识是怎样勾连在一起的,这是需要深入挖掘和思考的。下面仅以“鸡”字为例,略作阐述。

一、象形之考

古代文人做学问要从文字学入手,说鸡也是如此。汉代许慎《说文解字》解释:“雞,知时畜也。从隹奚声。鷄,籀文,雞从鸟。”[①]鸡最明显的特征是可以报晓,这与古代人的日常生活密切相关,特别为人称道。《说文解字》将其收入“隹”部,又根据籀文的字形解释“鸡从鸟”。

然而,近代学者罗振玉根据当时新发现的殷墟甲骨文字考证(图 7-5):鸡字的写法“皆象鸡形,高冠修尾,一见可别于他禽。或增奚声,然其他半仍是鸡形,非鸟字也”。[②] 由此推断《说文解字》的解释是错误的,就是说,“鸡”最初写作一个象形字,既不是一个“从隹”的字,也不是一个“从鸟”的字。

图 7-5

二、“德禽”之名

在诸多动物中,鸡被誉为“德禽”,又称“五德鸡”。其来源是汉代韩婴《韩诗外传》中的一段说辞:“田饶谓哀公曰:‘臣将去君,黄鹄举矣。’哀公曰:‘何谓也。’曰:‘君独不见夫鸡乎?首戴冠者,文也。足搏距者,武也。敌在前敢斗者,

① 许慎.说文解字[M].北京:中华书局,1976:76 下.

② 古文字诂林编纂委员会.古文字诂林:四[M].上海:上海教育出版社,2001:102.

勇也。得食相告，仁也。守夜不失时，信也。”[①]田饶因为不受鲁哀公重用，便对鲁哀公发牢骚，“鸡有此五德”，反而不如“无此五德”的黄鹄，所以田饶表示要离君而去。文、武、勇、仁、信是道德的名目，鸡有此五德，堪称典范。这段话原本是与鹄对比而言的，是为了说明鸡的境遇不如鹄，借以表达文人的失落心情。但后人一般单独摘录这段话，形成了“鸡有五德”的典故。

这个典故被文人不断引用，加以发挥。晋时陆云作《寒蝉赋并序》写道：“昔人称鸡有五德，至于寒蝉，才齐其美，而莫斯述。夫头上有绣，则其文也；含气饮露，则其清也；黍稷不食，则其廉也；处不巢居，则其俭也；应候守节，即其信也。”这篇赋从“鸡有五德”引发思路，转而为“蝉”贴上“五德”的标签，还质疑“岂鸣鸡之独珍”。[②] 李白的《白鸠辞》描写：“白鹭之白非纯真，外洁其色心匪仁。阙五德，无司晨，胡为啄我葭下之紫鳞。”[③]其言辞激烈，竟然斥责白鹭“阙五德”。而杜甫作咏《鸡》诗，也会联想到“纪德名标五，初鸣度必三”的典故[④]。

“五德”说并非专属于鸡。这种比德于物的思维方式来自儒家经典，无论动物（例如“狐三德”）、植物（例如“岁寒三友”松、竹、梅）、器物（例如“玉有五德”）都可以成为象征君子美德的符号，古代文人习以为常，总是信手拈来。尽管如此，“鸡有五德”这条来自《韩诗外传》的资料，由于被古代的字书（如明代《正字通》、清代《康熙字典》）、训诂书（如宋代《尔雅翼》《埤雅》）、类书（如唐代《艺文类聚》《初学记》，清代《渊鉴类涵》《佩文韵府》《古今图书集成》）反复引证或摘录，已经脱离了原有的语境，积淀为有关“鸡”这个名目的基本知识，广为流传。甚至明代的童蒙读物《幼学琼林》中也有“鸡有五德，故称之曰德禽”的句子，儿童也受其熏陶。

三、分类之属

《尔雅》中有七篇是解释古代动物、植物名称的。其中“释畜”类提到“鸡大者，蜀”。鸡是六畜之一，被归在“畜”类。晋人郭璞注解：“鸡大者，蜀。今蜀

---

① 韩婴.韩诗外传：卷二[M]//屈守元.韩诗外传笺疏.成都：巴蜀书社，2012：101.

② 刘运好.陆士龙文集校注：上[M].南京：凤凰出版社，2010：183.

③ 全唐诗：第一册[M].北京：中华书局，1979：286.

④ 萧涤非.杜甫全集校注[M].北京：人民文学出版社，2014：5223.

鸡。”[①]宋人陆佃《埤雅·释鸟》又解释：“鸡有蜀鲁荆越诸种，越鸡小，蜀鸡大，鲁鸡又其大者。”[②]他仅仅就鸡的外形加以比较，并用地名标称，但哪种鸡更大，还是说不清楚。其实《庄子·杂篇·庚桑楚》中已经提到越鸡和鲁鸡：“越鸡不能伏鹄卵，鲁鸡固能矣！鸡之与鸡，其德非不同也，有能与不能者，其才固有巨小也。”[③]鸡有不同种类，才能也有大有小，其结论却是“其德非不同也”。根据道家“齐万物”的思维方式，完全没有必要比较谁大谁小。

那么，鸡在动物中归属哪一类呢？宋代的字书《玉篇》解释鸡是“司晨鸟”[④]。宋徽宗为《芙蓉锦鸡图》题诗曰：“秋劲拒霜盛，峨冠锦羽鸡。已知全五德，安逸胜凫鹥。”锦鸡并不“司晨”，宋徽宗依然赞美其“全五德”。如果说“鸡有五德”可以推及蝉有五德，锦鸡当然也可以一视同仁，获此美誉。关键在于锦鸡与“司晨鸟”是否都是鸟类？我们希望从古籍中找到一个简明的答案。

然而，古代学者拘泥于“小学”的思路，大多引经据典，使这个问题变得非常繁复。《说文解字》解释：“鸟，长尾禽总名也。”[⑤]这是鸟类的总称。《尔雅·释鸟》说：“二足而羽谓之禽。”其中提到一种鸟名为“翰，天鸡”。对此，宋代郑樵《尔雅注》解释：“按今有吐锦鸡，盖雉类，惟蜀中有之，甚有文彩。”[⑥]锦鸡可以说是鸟，但并非长尾的鸡被称为“司晨鸟”，那么，鸡是“鸟”还是“禽”呢？如果检索古代类书中子目“鸡”，竟然分别归在鸟部（唐代《艺文类聚》）、禽部（宋代《事类赋》）、羽族部（宋代《太平御览》）。清代《古今图书集成》（博物汇编·禽虫典·羽禽总部纪事）中有引文辨析“鸡鹅鸭家畜不能飞，其他野禽皆能飞”，又将“鸡”归在了家畜类。其实这些分类名目只是便于归纳相关文献，并不能明确界定名物的类属和特点。

明代李时珍的《本草纲目》也谈到鸡的种类：“鸡类甚多，五方所产，大小形色，往往亦异。朝鲜一种长尾鸡，尾长三四尺。辽阳一种食鸡，一种角鸡，味俱肥美，大胜诸鸡。南越一种长鸣鸡，昼夜啼叫。南海一种石鸡，潮至即鸣。蜀中

---

① 尔雅[M].郭璞，注.王世伟，校点.上海：上海古籍出版社，2015：200.
② 陆佃.埤雅：卷六[M]//丛书集成初编.上海：商务印书馆，1936：134.
③ 南华真经注疏：下[M].郭象，注.成玄英，疏.北京：中书书局，1998：447.
④ 宋本玉篇[M].北京：中国书店，1983：451.
⑤ 许慎.说文解字[M].北京：中书书局，1979：79.
⑥ 郑樵.尔雅郑注[M]//丛书集成初编：247 册.北京：中华书局，1991：877.

一种鹍鸡,楚中一种伧鸡,并高三四尺。江南一种矮鸡,脚才二寸许也。”①这些记载有点儿猎奇的意味,应该是从各种文献中加以归纳的资料,例如《尔雅》中已有“鸡三尺为鹍”的说法。但李时珍将各种鸡都归入“禽类”,所关心的是哪种鸡可以入药治病,而不是鸡的分类。

四、鸡之定义

翻检古籍中有关鸡的资料,无论是《说文》系列、《尔雅》系列,还是类书系列,都是引经据典,内容堆积,难免重复。古代文人无论是考证名物,还是比德于物,都受制于经学思维,而不属于动物学研究。或者说,古代的博物之学,大体上就是孔子所谓“多识于鸟兽草木之名”,也简称为“多识之学”。由于古代文字复杂,一个字有不同的写法,一种动物有不同的名称,能够“多识”物名已属不易。如果进一步辨析动物的总称(类属的概念),就更为复杂了,许多动物仅从表面特征(如长尾、短尾)是难以界定的。

到了近代,由于西方自然科学书籍的输入,文人的知识结构和思维方式随之发生变化。有关动物、植物、生物、博物等概念,作为专门的学科术语,进入了中国人编写的新式教科书和辞书之中。这里仅举民国时期的辞书为例,看看其中“鸡”的定义是什么。中国人编写的第一部《动物学大辞典》(商务印书馆1923年初版),作为专科辞书,“所收采之动物名称,则以西洋之学名为主”,其中“鸡”的词条很详细,开头定义鸡“属脊椎动物、鸟类、鹑鸡类、雉科,一名家鸡,为最普通之家禽”;还有介绍外国鸡的多个词条,如“西班牙鸡”“安达尔鸡”等,却没有“中国鸡”的内容。而《新字典》(商务印书馆1935年版)是一本面向大众的工具书,其解释简单明了:鸡是“家禽名,翼短,不能高飞,以时而鸣,肉及卵供食,有滋养之效”。通过这种基于西方博物学、动物学知识的辞书,中国古代“德禽”这个符号就此消失了。

总之,溯本追源,温故知新。通过辨析古籍中的“司晨鸟”,可以窥见中国传统的博物知识体系及文献特征,并由此了解其演变过程,比较其与西方博物学科分类的区别,由此反映了中国文人知识结构和思维方式的变化。这正如陈寅

---

① 李时珍.本草纲目:下[M].北京:人民卫生出版社,1982:2583.

恪所指出的："凡解释一字即是作一部文化史。"①我们不能以现代"科学"的尺度去评判古人的知识，却能从古籍文献中唤起对中华传统文化更为丰富的历史记忆。

（此文作于2017年，即"鸡年"。原文发表于《中国艺术》，2017年第3期。附录于此，可以与论"狐"一文相参照，说明古代书籍中博物知识的关联和特点，也可以了解古代文人类书式的知识结构）

① 沈兼士．"鬼"字原始意义之试探：附录陈寅恪先生来函［J］．国学季刊，1935，5（3）：60．

第八章

诗歌选本与梅花文化

中国典籍中有许多谱录类书籍,其中包括有关植物花卉的谱录(如多种梅谱),具有某一类专门资料汇编的性质;诗歌选本也有分类的体例,包括各种花卉的名目,这对古代植物文化的积淀和传播起到了很大作用。《瀛奎律髓》是元代文人方回(1227—1306)所编纂的一种诗歌选本,选录了唐、宋时期的五言律诗、七言律诗,共分为 49 个类目。在这一选本的编辑体例中,与梅花有关的几点值得注意:其一,“梅花”被单独列为一类,而咏其他花的几首诗则一并归入“著题”类之中。其二,每类有小序,而“梅花”类的小序文字最长,如同类书。其三,收录梅花诗歌数量较多,包括五言 62 首、七言 148 首,共计 210 首,其中绝大多数是宋人诗。在全部 49 类中,数量是最多的(除了“释梵类”之外)。这些特点可以说明:在中国古代的吟咏植物的诗歌中,梅花在宋代已经成为卓尔不群、特别繁荣的一类。

一、“别出梅花一类”

关于《瀛奎律髓》“别出梅花一类”的意义,《四库全书总目》有精譬论述,其在宋人范成大《范村梅谱》提要中指出:

> 梅之名虽见经典,然古者不重其花,故《离骚》遍咏香草,独不及梅。《说苑》始有越使执一枝梅遗梁王事,其重花之始欤?六朝及唐,递相赋咏,至宋而遂为诗家所最贵。然其裒为谱者,则自成大是编始。①

① 永瑢,等.四库全书总目[M].北京:中华书局,1981:991.

在宋人黄大舆《梅苑》提要中指出：

昔屈、宋遍陈香草，独不及梅。六代及唐，篇什亦寥寥可数。自宋人始重此花，人人吟咏，方回《瀛奎律髓》，于著题之外，别出梅花一类，不使溷于群芳。大舆此集，亦是志也。①

在元人郭豫亨《梅花字字香》提要中指出：

《离骚》遍撷香草，独不及梅。六代及唐，渐有赋咏，而偶然寄意，视之亦与诸花等。自北宋林逋诸人递相矜重，"暗香疏影""半树横枝"之句，作者始别立品题。南宋以来，遂以咏梅为诗家一大公案。江湖诗人，无论爱梅与否，无不借梅以自重。凡别号及斋馆之名，多带"梅"字，以求附于雅人。黄大舆至辑诗余为《梅苑》十卷。方回作《瀛奎律髓》，凡咏物俱入著题类，而梅花则自立一类。此倡彼和，沓杂不休。名则耐冷之交，实类附炎之局矣。豫亨在至大中，距南宋之末未远，故亦染山人之积习。②

显然，梅花诗作为咏物诗的一种题材，有一个不断发展的历史过程，并且和士人审美情趣的变化有着密切的关系。屈原的《离骚》歌咏多种香草，使香草成为象征君子人格的文学意象，但没有提到梅花。直到唐代，梅花只是群花之一，人们"视之亦与诸花等"，因此诗人的咏梅诗数量也不多。这从分类诗文总集的收诗情况就可以看出来，例如，北宋初所编《文苑英华》③是以类编排的诗文集，其卷三二一"花木一·牡丹"，选咏牡丹诗 27 首，全部是唐诗；而卷三二二"花木二·梅花"类，收咏梅花诗 20 首，其中有唐诗 14 首。此外，其卷三二六"花木六·果实附"部分收录了"梅一首"，为唐代诗人李峤的《梅》，其中虽然描写了梅花"南枝独早芳"，但结句是"若能遥止渴，何假泛琼浆"，由此被划入了"果实"类。这说明梅花诗在排序和数量方面，并没有超过唐代人所喜欢的牡丹诗，但是将梅花与梅实分开归类应该是始于此选本。

从北宋到南宋，种梅赏梅逐渐成为文人追求风雅的一种生活情趣，汇集梅花资料的谱录也开始出现。范成大的《范村梅谱》记载："梅天下之尤物，无问智

---

① 永瑢，等.四库全书总目[M].北京：中华书局，1981：1823.
② 永瑢，等.四库全书总目[M].北京：中华书局，1981：1438.
③ 李昉，等.文苑英华[M].北京：中华书局，1966.

贤愚不肖,莫敢有异议。学圃之士必先种梅,且不厌多,他花有无多少,皆不系重轻。”[①]张镃《梅品》序也说:“梅花为天下神奇,而诗人尤所酷好。”[②]文人的咏梅花诗随之增多,受到特别重视。很多诗人都作有多首咏梅诗,文人之间还有大规模的唱和活动(例如,刘克庄作《梅花百咏》,与其唱和者有20多人,咏梅诗成百上千)。到了元初,方回编纂《瀛奎律髓》,收录唐、宋诗人的律诗,将梅花别为一类,正是这种风尚所致的必然结果;而将其他咏物诗一并列入“著题类”,其中包括咏榴花、海棠、牡丹、菊等花的几首诗歌,这也不过反衬出咏梅花诗的特殊地位,正所谓“他花有无多少”是无足轻重的。

宋元以来咏梅诗的数量之多,还可从梅花诗单独结集的情况加以考察。有一人所作多至百首,编为诗集的。根据《四库全书总目》,“《宋史·艺文志》载李祺《梅花百咏》一卷,久佚弗传”;南宋“端平中(1235)有张道洽者,作梅花诗三百余首”。[③] 宋代嘉熙二年(1237)有宋伯仁《梅花喜神谱》一卷,“写梅花百图……每图各缀五言绝句”。[④] 元代郭豫亨《梅花字字香》作于元“至大辛亥”(公元1311年),收录“咏梅七律至二百首”。[⑤] 还有唱和诗集,如元代冯子振与释明本的《梅花百咏》,“子振才思奔放,一题衍至百篇,往往能出奇制胜。而明本所和,亦颇雕镂尽致,足以壁垒相当”。[⑥] 可见,咏梅诗不厌其多,动辄百首,已经成为文人雅士彼此唱和、争奇斗胜的一种体式。此外,咏梅选本有南宋初黄大舆的《梅苑》十卷,编于建炎己酉(1129)年,“所录皆咏梅之词,起于唐代,止于南北宋间”。[⑦]《瀛奎律髓》编辑于元初“至元癸未”(1283),其别立“梅花”一类,选录咏梅花的律诗多达210首,这不过是以类编选本的形式,顺应了从宋至元的咏梅诗作结集的高潮,当然这对当时文人写作梅花诗词也会起到推波助澜的作用。

---

① 汪灏.广群芳谱:卷二十二花谱:梅花[M].上海:上海书局,1985:523.

② 张功甫(镃).梅品[M]//丛书集成初编:1470册.上海:商务印书馆,1936:3.

③ 永瑢,等.四库全书总目:梅花百咏[M].北京:中华书局,1981:1707.

④ 永瑢,等.四库全书总目:附录:四库未收书目提要[M]. 北京:中华书局,1981:1848.

⑤ 永瑢,等.四库全书总目:梅花字字香[M]. 北京:中华书局,1981:1438.

⑥ 永瑢,等.四库全书总目[M].北京:中华书局,1987:1438.

⑦ 永瑢,等.四库全书总目:梅苑[M].北京:中华书局,1987:1823.

二、参照类书体例

我国类编型的诗文选本可以溯源到南朝梁时萧统主持编纂的《文选》。《文选》分出赋、诗等文体，下面又按题材分出小类。这种体例为唐代类书《艺文类聚》所吸收，形成了“事居其前，文列其后”的顺序，使类书兼有了分类的诗文选本的功能。类书的分类体例也衍生出类编式诗文选本，且分类越来越细。唐代有顾陶所编《唐诗类选》，宋代有赵孟奎编纂的《分类唐歌诗》、刘克庄编纂的《分门纂类唐宋时贤千家诗选》等。这类选本，如《四库全书总目》在明代张之象《唐诗类苑》提要中所指出的：“以类隶诗，意取博收，不复简择。故不免失之冗滥，盖类书流也。然《文选》及《文苑英华》本有分类之例……并入总集。”①这就从编辑体例上说明了类编式诗文选本与《文选》及类书的渊源关系。《瀛奎律髓》的分类体例也是从这一系统发展而来的。

此外，《瀛奎律髓》梅花类的小序，在诸多类序中别具一格，明显受到类书资料的影响。梅花在唐代类书《艺文类聚》中并没有单独列为一类，只是在“果部”中列有子目“梅”。这是以果实来分类，而没有突出梅花。《艺文类聚》在“事”的部分主要收录关于梅实的资料，而在诗赋部分收录了南朝梁时简文帝《雪里觅梅花诗》、元帝《咏梅诗》、鲍泉《咏梅花诗》、何逊《咏早梅诗》、南朝陈时阴铿《咏雪里梅诗》、谢燮《早梅诗》、江总《梅花落诗》，还有南朝梁时简文帝的《梅花赋》等。《瀛奎律髓》的“梅花”类小序显然参考引录了类书的资料，并对此进行了梳理。首先引述梅见于《书》《诗》等多种典籍的资料，指出这些资料只是“取其实而已”；然后考证“汉武帝时始有七言诗及梅也，亦恐不专主花”，而“梅花见于五言诗，自晋时始也”；最后得出结论“大概梅花诗五、七言，至梁、陈而大盛”；接下引录南朝时简文帝、元帝、鲍泉、阴铿、何逊、江总等人的咏梅诗，这与《艺文类聚》所引诗歌完全相同，应该是抄录自《艺文类聚》。最后，《瀛奎律髓》强调“沿唐及宋，则梅花诗殆不止千首，而一联一句之佳者无数矣”。②对这一大段文字，清代纪昀曾批评其“遍述诸书，不足炫博，徒增支蔓，殊乖著书

---

① 永瑢，等.四库全书总目：唐诗类苑[M]. 北京：中华书局，1987：1752.

② 方回.瀛奎律髓[M].上海：上海古籍出版社，1993：223.

之体”。[①] 其实,纪昀没有领会编纂者的用意,方回之所以不厌其详地引用类书资料,正是要向当时读者介绍梅花诗发展的历史脉络,说明唐宋以来梅花诗数量繁多,以及据此将“梅花”(不是梅实)别立一目的原因。当然,这一小序也从侧面说明了类书资料对于类编型诗歌选本的参考价值。

梅花为文人所喜爱,宋代以来关于梅花的文献资料很多。但梅花被推为群芳之首有一个发展过程,或者说古人对于“梅”这种植物的认识是有不同层面的,这在诸多文献资料中已有记载。例如,南宋杨万里《洮湖和梅诗序》就详细记述:

> 梅之名,肇于炎帝之经,著于《说命》之书、《召南》之诗。然以滋不以象,以实不以华也。岂古之人皆质而不尚其华欤?然华如桃李,颜如舜华,不尚华哉,而独遗梅之华,何也?至楚之骚人,饮芳而食菲,佩芳馨而食葩藻,尽掇天下之香草嘉禾,以苾芬其四体,而金玉其言语,文章盖远取于江蓠杜若,而近舍梅,岂偶遗之欤,抑亦梅之未遭欤?南北诸子如阴铿、何逊、苏子卿,诗人之风流,至此极矣。梅于是时,始一日以花闻天下。及唐之李、杜,本朝之苏、黄,崛起千载之下,而躏藉千载之上,遂主风月花草之夏盟。而梅于其间,首出桃李兰蕙而居客之右。盖梅之有遭,未有盛于此时者也。[②]

宋人罗大经《鹤林玉露》也引录典籍(《尚书》《诗经》)中的有关资料,说明前人“但取其实与材而已,未尝及其花也。至六朝时,乃略有咏之者,及唐而吟咏滋多。至本朝,则诗与歌词,连篇累牍,推为群芳之首,至恨《离骚》集众香草而不应遗梅”[③]。由于宋代种梅园艺兴盛,咏梅诗词更是层出不穷,专门品评和汇集花卉资料的书籍应运而生,如花谱有范成大的《梅谱》、张镃的《梅品》等。在综合性类书中,梅花的位置开始名列前茅,南宋陈景沂编纂的《全芳备祖》前集卷一已有专门的“花部”,其第一就是“梅花”;祝穆编纂的《古今事文类聚》在“花卉部”,首先列出“梅花”。此后明代王象晋《群芳谱》在花谱部分将梅花列为第一,清代汪灏等编《广群芳谱》将梅“分见于花、果两处,更使开卷了然”,进

① 李庆甲.瀛奎律髓汇评[M].上海:上海古籍出版社,1986:746.

② 辛更儒.杨万里集笺校:六[M].北京:中华书局,2007:3224.

③ 罗大经.鹤林玉露:卷之四:丙编[M].北京:中华书局,1983:299.

一步将梅之果实与梅之花分开，从而突出了梅花的特殊地位，以容纳数量繁多的咏梅花诗及相关资料。

《瀛奎律髓》对陈景沂《全芳备祖》、范成大《梅谱》以及宋人诗话笔记中关于梅花诗的资料，多有摘录评述。这些资料与梅花小序中引用类书的文字相配合，使《瀛奎律髓》具有了类书叙“事”兼选“诗”两种功能，或者说是选本形式的类书，成为诸多梅花资料书籍的缩影，也对以后的文人梅花诗创作及编选产生了深远影响。

三、汇辑评注资料

在《瀛奎律髓》的诸多类目中，梅花类所选录的诗歌数量较多，这不仅反映了宋元以来梅花诗的繁荣景象，也透露了方回本人对梅花诗的偏爱，以及宋元以来文人对梅花特有的审美情趣。方回在《瀛奎律髓》的评点文字中曾提到“予爱梅”，与友人唱和梅花诗的事。他在编纂《瀛奎律髓》时参考前人选本、诸多别集，对唐宋人所作咏梅律诗进行了广泛搜集，从而指出：“王荆公选唐百家诗，梅花仅有五首。五言律仅有韩致光一首……今以予所选五言律增广之……然则尽唐二百九十年仅选得梅花五言律十二首，其诚难题也哉。”这说明唐代咏梅律诗数量确实很少，其中一个原因是律诗难做：“束大才于小诗之间，惟五言律为最难。”例如，“柳子厚有《早梅》诗，古体仄韵”，就像其有名的《江雪》一样，“为古体则可极天下之奇，为律体则不可矣”。王安石“精于诗，梅花五言律无，七言律亦无之，止有五言绝句五首”。限于《瀛奎律髓》只收律诗的体例，许多咏梅的古体诗无法收录，方回不忍割爱，便在相关评语中加以引录，如柳宗元的《早梅》、王安石的五绝名篇“墙角数枝梅”，还有苏轼的“梅诗古句佳者”数首、吕居仁的“小绝腊梅”等。有的诗人咏梅律诗有多首，方回也要精心选择，例如“放翁诗至万篇，七言律梅花诗三十余首，今选取中半，凡十五首”、方岳的“七言律梅花诗十余首，独选此二首”。

《瀛奎律髓》对所选录的诗歌附有大量评点文字，涉及寓意、风格、作法、格律等方面，并引录或考证许多相关的诗话资料，如方回自序所言：“所选诗格也，所注诗话也。学者求之髓，由是可得也。”由此可见《瀛奎律髓》借鉴了“诗格”（诗歌品评）和诗话（诗歌本事）类著述的体例。具体到“梅花”类，除了作为梅

剪綃零碎點酥乾向背稀稠畫亦難日薄縱甘春至晚
霜深應怯夜來寒澄鮮秖共鄰僧惜冷落猶嫌俗客看
憶着江南舊行路酒旗斜拂墮吟鞍
疎影暗香之聯初以歐陽文忠公極賞之天下無異
辭王晉卿嘗謂此兩句杏與桃李皆可用也蘇東坡
云可則可但恐杏桃李不敢承當耳予謂彼杏桃李
者影能疎乎香能暗乎繁穠之花又與月黃昏水清
淺有何交涉且横斜浮動四字牢不可移

图 8-1

花律诗的选本外，还兼有梅花诗格和诗话的性质，这显然对当时人写作梅花诗具有引导和示范的意义。

例如，关于梅花神韵的描写，北宋林逋《山园小梅》一诗中名联“疏影暗香”，多为宋人赞赏，张端义曾评点：“诗句中有梅花二字，便觉有清意。自何逊之后，用梅花不知几人矣。林和靖八首梅诗，惟‘疏影横斜水清浅，暗香浮动月黄昏’，可谓绝唱。”①方回引述宋人诗话而加以评说（图 8-1）：

> “疏影暗香”之联，初以欧阳文忠公极赏之，天下无异辞。王晋卿尝谓“此两句杏与桃、李皆可用也”。苏东坡云：“可则可，但恐杏、桃、李不敢承当耳。”予谓彼杏、桃、李者，影能疏乎，香能暗乎？繁浓之花，又与月黄昏、水清浅有何交涉？且横斜浮动四字，牢不可移。

方回还指出：“和靖八梅未出，犹为易题。‘疏影暗香’一经此老之后，人难措手矣。近世诸人为梅诗，一切蹈袭，殊无佳话。甚者搜奇抉隐，组织千百，去梅愈远……咏梅当以神仙、隐逸、古贤士君子比之。不然则以自况，若专以指妇人，过矣。”可以说，正是林逋描写了梅花的“疏影横斜”之姿态，“暗香浮动”之韵味，并与其“妻梅子鹤”②的隐逸风范融合为一体，赋予梅花如同隐者高士的内在神韵——孤高清雅。

而“疏影暗香”的名句经过欧阳修、苏轼等名人的称许，得到更为广泛的传

① 张端义.贵耳集：卷中[M]//丛书集成初编：2783 册.上海：商务印书馆，1937：38.

② 冯金伯.词苑萃编：卷四[M]//唐圭璋.词话丛编：二册.北京：中华书局，1996：1830.按，此书记载：“林处士妻梅子鹤，可称千古高风矣。”

播，逐渐成为文人咏梅诗所追求的基本格调。或者说，梅花与隐者贤士是可以互为比喻的，花品即人品，品花即品人，正如宋人张镃所言："花艳并秀，非天时清美不宜。又标韵孤特，若三闾、首阳二子，宁槁山泽，终不肯俯首屏气，受世俗湔拂。"[①]宋代诗人"曾端伯以十花为十友，各为之词"，其中称"梅清客"。[②] 这与宋代文人"以菊花比君子"[③]，因隐逸诗人陶渊明而更爱菊花，所表达的审美情趣有相同之处。正像辛弃疾词中所咏："自有渊明方有菊，若无和靖即无梅。"[④]所以，方回特别赞许以梅花自喻而不落俗套的诗句："凡赋梅盛称其美，不若以自况，而自超于物外可也。"他以林逋的诗为准绳，评说王安石《与微之同赋梅花得香字三首》中"向人自有无言意"一句，虽是"自况"，却"殊觉急迫，无和靖水边林下自得之味也"；又评王安石的《次韵徐仲元咏梅二首》："或问半山此诗，方之和靖，高下如何？予谓荆公不过饾饤工致而已，君复之韵，不可及也。和靖飘然欲仙，半山规行矩步。"

与描写梅花的神韵相联系，方回还强调"清瘦"的笔法，追求雅而鄙弃俗："以予观之，梅花诗清瘦潇洒，近年莫如尤延之，虽杨诚斋、陆放翁亦颇浮肥矣。"他在杨万里《怀古堂前小梅渐开》下附录评语："梅诗，难矣。瘦健清洒如此，亦不易得。"这其实反映了宋代文人对梅花品鉴的共同趣味。例如，苏轼《红梅》诗中有"尚余孤瘦雪霜姿"的名句。范成大《梅谱后序》也说："梅以韵胜，以格高，故以斜横疏瘦与老枝怪奇者为贵。"对于以俗艳比喻来描写梅花的诗句，方回则予以批评，如评江湖诗人戴复古的诗"一言以蔽之曰：轻俗而已，盖根本浅也"；还举出其以美女比梅花的诗句"淡妆西子呈娇态"，是"愈觉其俗。此江湖诗所以难选云"；评刘克庄《梅花》中"真可婿芍药，未妨妃海棠"两句："太富艳，以梅为丈夫，而芍药、海棠以为妻妾，亦不过一巧耳，乏自得趣味也。盖梅诗不贵流丽，后村诗细味之极俗，亦颇冗。"

《瀛奎律髓》还摘录了文人咏梅诗所涉及的其他资料，具有文学史料价值。例如，关于梅花的知识，其引《西清诗话》记载："红梅昔独盛于姑苏，晏元献始移植西园第中，贵游赂园吏，得一枝分接，都下始有二本。晏元献尝赋诗曰：'若更迟开三二月，北人应作杏花看。'"又引王安石"小绝云：春半花才发，多应不奈

---

① 张功甫（镃）.梅品[M]//丛书集成初编：1470 册.上海：商务印书馆，1936：4.

② 都卬.三余赘笔[M]//五朝小说大观.上海：扫叶山房，1926：62.

③ 范成大.范村菊谱[M]//宋人花谱九种.北京：商务印书馆，2019：135.

④ 辛弃疾.浣溪纱：种梅菊[M]//辛更儒，笺注.辛弃疾集编年笺注：一册.北京：中华书局，2015：1352.

寒。北人初未识，浑作杏花看”。这是咏梅诗产生的“本事”，由此可以了解梅花最初盛行于江南，被晏殊移植到汴京私宅西园的过程，也可以看出文人对梅花、杏花加以辨识的兴趣。还有在王安国《黄梅花》诗后说明腊梅之名的由来：“熙宁五年壬子馆中作，是时但题曰黄梅花，未有蜡梅之号。至元祐苏、黄在朝，始定名曰蜡梅，盖王才元园中花也。”但联系方回所引的资料，苏轼认为，“疏影暗香之联”如果用来比喻杏、桃、李等花，“但恐杏、桃、李不敢承当耳”①，这就反映了文人的情感偏好，而不是一般谈论花卉常识了。可以说，正是宋代文人的咏梅诗赋予了梅花卓尔不凡的气韵，将其建构为非其他花可比的文学意象。与之相联系，文人所撰写的梅谱书籍，尽管包括有关各种梅花的命名、分类等博物知识，也有实地的考察和详细描述，但对不同梅花的品评、对梅花与不同花卉的比较，依然受到诗骚传统和文学比兴思维的影响，而不是专门的花卉植物知识的研究，这也反映了古代文人博物观念和“多识”之学的特点及其对文人知识结构的影响。

《瀛奎律髓》还涉及宋代诗案的资料。所选苏轼《歧亭道上见梅花戏赠季常》诗下的评语提及乌台诗案：“东坡作诗初学刘梦得，颇涉讥刺，第以荆公新法天下不便，故勇于排之，而又不能忘情于诗，间有所斥，非敢怨君。元丰中，李定、何正臣、舒亶弹劾之下狱，欲置之死。至于今，此三人姓名，士君子望而恶之。”接下来虽然附带提及舒亶的两首《早梅诗》，以为“此两诗亦颇可观”，却批评“亶眼不识东坡，而谓其能识梅花耶？兼亦格卑句巧，似乎凑合而成。惟东坡诗语意天然，自出高妙，悬绝不同。其人品不堪与东坡作奴，故附其诗于坡诗之下，不以人正选云”。由此可见方回以人品为重的评诗标准。此外，其选录刘克庄《落梅》诗，记载了刘克庄因此诗而牵扯诗祸，以及在“诗禁解”后又作《病后访梅九绝句》而感慨“却被梅花累十年”的整个经过，方回认为“惟此可备梅花大公案也”。②

《瀛奎律髓》梅花类选录的诗歌以及作者生平、诗话等资料，也有重要的文

① 苏轼.东坡先生志林：卷十[M]//丛书集成初编：576册.北京：中华书局，2011：220.此书也记载：“诗人有写物之功，‘桑之未落，其叶沃若’，他木殆不可以当此。林逋《梅花诗》云：‘疏影横斜水清浅，暗香浮动月黄昏’，决非桃李诗……若石曼卿《红梅诗》云：‘认桃无绿叶，辨杏有青枝’，此至陋语，盖村学究体也。”

② 刘克庄.杨补之墨梅[M]//辛更儒，校注.刘克庄集笺校：第九册.北京：中华书局，2011：4171.此文记载：“予少时有《落梅》诗，为李定、舒亶辈笺注，几陷罪罟。后见梅花辄怕，见画梅花亦怕。然不能不为补之作跋，小儿观傩，又爱又怕，予于梅花亦然。”

献价值。例如，方回和张道洽有唱和梅花诗的交往，所以方回选录张道洽的咏梅五言律诗十六首，七言律诗二十首，并提到他“平生梅花诗三百余首”。尽管清代纪昀批评方回“以交契而录之，所评殊非公论，不足为据”①，但《四库全书总目》所记载南宋“端平中有张道洽者，作梅花诗三百余首。今惟《瀛奎律髓》仅存数首”②，就完全根据《瀛奎律髓》的资料，而张道洽的其他梅花诗大都失传了。

四、梅花文献的文化价值

梅花是一种花卉植物，有多种梅谱记录了梅花品种以及文人故事，使之成为一种博物知识，融入了“多识”之学的范围。梅花更是一种独特的文学意象，有多种选本或类书汇辑了历代文人的咏梅诗文，使梅花文化的建构和接受过程得以呈现。

从阅读史的角度来看，《瀛奎律髓》的编纂者方回也是一个阅读者，这个选本的编辑体例及收录内容，恰好成为梅花文献聚合的一个节点。清代的四库馆臣由此梳理了咏梅诗的发展线索，反复强调：“昔屈、宋遍陈香草，独不及梅。六代及唐，篇什亦寥寥可数。自宋人始重此花，人人吟咏，方回《瀛奎律髓》，于著题之外，别出梅花一类，不使溷于群芳。”③这就断定，梅花是从宋代文人开始而被重视的，而咏梅诗也是宋代文人所创造的一种超越前人的文学意象。《瀛奎律髓》的价值就是在分类中“别出梅花一类”，记录了梅花诗承前启后、在宋代繁荣发展的状况。清代查慎行曾作一首五言律诗咏梅，却写了一个长序，有感而发：“蜡梅宋以前未有赋者，东坡、山谷、后山、少游始见于吟咏，率皆古体而不入律。王平甫、陆务观、尤延之、杨诚斋各有五七言律诗，方虚谷《瀛奎律髓》选附

① 李庆甲.瀛奎律髓汇评[M].上海：上海古籍出版社，1986：851.按：纪昀对《瀛奎律髓》选诗有批语，多与方回看法不同。

② 永瑢，等.四库全书总目：梅花百咏[M].北京：中华书局，1981：1707.按：清代曹庭栋选张道洽《实斋咏梅集》，其序评价张道洽：“生平咏梅诗最富，尝自裒所作，次为二卷，并自为序。其略云：‘余诗似梅乎，梅似余诗乎？黄梅夜半，当持叩丹山消息。又云：别庾岭十年，留此面，与梅花相见，无一点愧色。’观此，其趣尚闲雅，可想见也。诗亦刻意造微，颇多传神妙句。”其中所收诗歌数量多于《瀛奎律髓》。（黄灵庚，诸葛慧艳.衢州文献集成：170册[M].北京：国家图书馆出版社，2015：173.）

③ 永瑢，等.四库全书总目[M].北京：中华书局，1981：1823.

梅花类中。雪窗披览，颇不惬意，适友人折赠此花，信手拈笔，非敢与前贤较工拙也。”①清代也有多种《瀛奎律髓》的批点本②，这都说明《瀛奎律髓》作为律诗选本对后人阅读及写作咏梅诗所产生的长久影响。

对于今天的读者来说，《瀛奎律髓》是一个有许多链接的文本，通过其“别出梅花一类”的编辑体例，可以窥探梅花诗的源头及在宋代蔚为大观的历史，并延伸到《四库全书总目》对多部梅花文献的品评，进一步了解中国的梅花文化不断积淀和流传的过程。当然，梅花之所以在宋代成为众人推崇的“天下之尤物”，不仅是诗歌推陈出新的结果，还有更为复杂的社会文化背景，涉及民间花卉种植的风尚、文人品花的审美情趣、文人编辑花谱及对博物知识的兴趣，等等。但梅花在选本中别出一类而地位突出，在类书花部中名列第一而成为群芳之首，这与各种类型的书籍（花谱、选本、类书、丛书等）不断辑录和品评、复制和传播

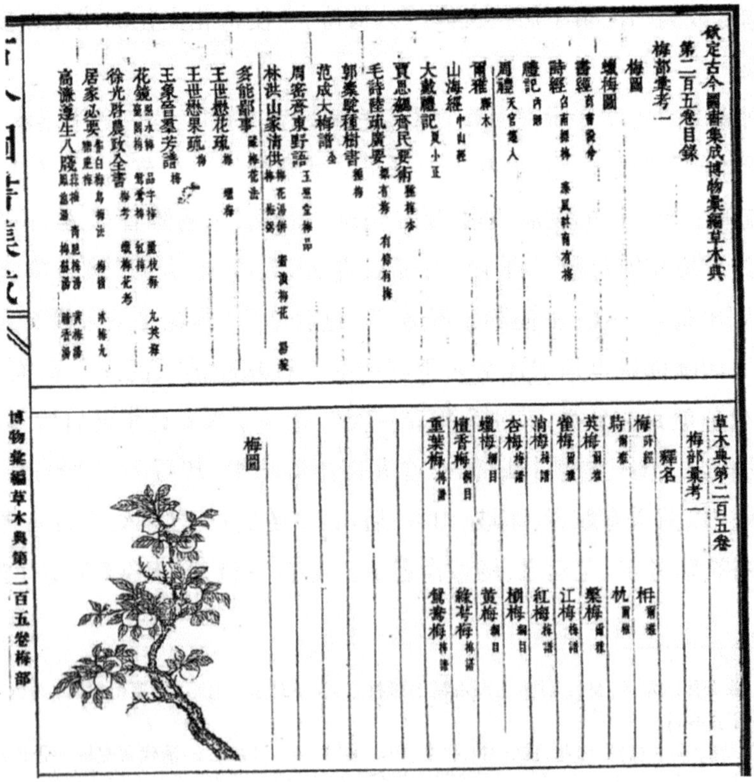
欽定古今圖書集成博物彙編草木典
第二百五卷目錄
梅部彙考一
梅圖
蠟梅圖
書經
詩經
禮記
周禮
爾雅
山海經
大戴禮記
賈思勰齊民要術
毛詩陸璣疏廣要
郭橐駝種樹書
范成大梅譜
周密齊東野語
林洪山家清供
多能鄙事
王世懋花疏
王世懋果疏
王象晉羣芳譜
花鏡
徐光啓農政全書
居家必要
高濂遵生八牋

草木典第二百五卷
梅部彙考一
釋名
梅 詩經　柟 爾雅
時 爾雅　杭 爾雅
英梅 爾雅　桑梅 爾雅
雀梅 爾雅　江梅 梅譜
消梅 梅譜　紅梅 梅譜
杏梅 梅譜　椆梅 綱目
蠟梅 綱目　黃梅 綱目
檀香梅 綱目　綠萼梅 梅譜
重葉梅 梅譜　鴛鴦梅 梅譜
梅圖

博物彙編草木典第二百五卷梅部

图 8-2 《古今图书集成》

① 查慎行.敬业堂诗集：下[M].上海：上海古籍出版社，2015：1286.
② 参见：李庆甲.瀛奎律髓汇评[M].上海：上海古籍出版社，1986.

有着密切关系。例如，清代大型类书《古今图书集成》"博物汇编·草木典"中的"梅部"（图 8-2），收录了大量有关梅花的文献资料。这些文献的积淀与汇辑，使中国独具文人趣味的梅花文化得以不断充实、绵延不绝。

透过《瀛奎律髓》这一选本，我们还可以探寻律诗以外，咏梅的古诗、小词、赋文等也是层出不穷，不胜枚举的。如晁补之的咏梅词《盐角儿·亳社观梅》："开时似雪，谢时似雪，花种奇绝。香非在蕊，香非在萼，骨中香彻。　占溪风，留溪月，甚羞损、山桃如血。直饶更、疏疏淡淡，终有一般情别。"[①]其同样化用了林逋诗"疏影暗香"的意境。文人多以梅花作为绘画的题材，还有描写梅花的题画诗、画谱（如《梅花喜神谱》）、小说等。而且文人"凡别号及斋馆之名，多带'梅'字，以求附于雅人"[②]，例如，元代郭豫亨《梅花字字香序》自叙"余爱梅花，自号梅岩野人"。[③] 这诸多方面组成的梅花文化从唐宋到明清不断发展，使梅花成为具有特殊象征意义的文化符号。不仅是《瀛奎律髓》，我们解读任何有关梅花的文本，如谱录、笔记、选本、类书、方志、小说，甚至绘画作品等，都会进入一个非常丰富的梅花文化领域，还可以推及中国古代花卉文化（与牡丹、兰花、菊花等比较）、博物文化（禽虫草木，儒家所谓"多识之学"）的广阔视野。这种寓意于物的审美情趣延续到今天，依然香远益清，令人赞叹不已。

（原文以《从〈瀛奎律髓〉论咏梅诗的发展》为题，发表于《贵州师范大学学报》2003 年第 4 期）

---

① 刘乃昌，杨庆存.晁氏琴趣外编[M].上海：上海古籍出版社，1991：53.

② 永瑢，等.四库全书总目[M].北京：中华书局，1981：1438.

③ 郭豫亨.梅花字字香序[M]//景印文渊阁四库全书：1205 册.台北：台湾商务印书馆，1986：668.

第九章

摘句品诗与名句传播

古代有名的读书人几乎都是诗人,他们在诗句推敲、韵律、对偶、典故等方面下了许多功夫,而诗歌的形式特征也会影响诗人的知识视野和思维方式。有的诗人可能因为某一诗篇的佳句在当时名扬四方,或者由于某一联名句被后人的诗话品评,得以垂名后世。而摘句是古代文人对他人诗歌的阅读接受行为,也是促进诗歌书面传播的方式。摘句,即摘录诗词中的句子(主要是名句,古人也称为秀句、佳句、胜句等),见于古代不同的著述载体,涉及诗话(诗品、诗格、诗话、词话等)、诗选(秀句集、句图等)以及资料汇编(如类书)等,形成了独具特色的文学传播现象。

一、摘句与诗歌品评

摘句品诗是古代诗歌批评的一种重要方式。从古代诗歌批评的角度来研究诗话、词话中的摘句现象,主要涉及如下相关问题。

(一)摘句品诗的由来

摘句现象可以追溯到先秦时代"赋《诗》断章"的传统。根据《春秋左传正义》的解释:"公子赋河水(《河水》,逸诗,义取河水朝宗于海,海喻秦),公赋六月(《六月》,诗小雅,道尹吉甫佐宣王征伐,喻公子还晋,必能匡王国。古者礼会,因古诗以见意,故言赋诗断章也。其全称诗篇者,多取首章之义)"。[①] 钱钟

---

① 春秋左传正义[M].杜预,注.孔颖达,正义//阮元.十三经注疏:上册.上海:上海古籍出版社,1997:1816.

书引据古籍资料说明：赋《诗》就是引《诗》，赋《诗》断章是“春秋以来词令一法”；“‘断章’乃古人惯为之事，经籍中习见。皆假借古之‘章句’以道今之‘情物’……援引‘各有取义，而不必尽符乎本旨’。后世词章之驱遣古语、成句，往往不特乖违本旨，抑且窜易原文，巧取豪夺；如宋人四六及长短句所优为，以至‘集句’成文之巧，政‘赋《诗》断章’之充类加厉，挦扯古人以供今我之用耳”。①而摘句品诗，或者说以诗说诗的直接典范，可以举孔子为例。《论语·为政第二》记载：“子曰：诗三百，一言以蔽之，曰‘思无邪’。”其中“思无邪”三字出自《诗经·鲁颂·駉篇》，原诗为四章，分别出现了“思无疆”“思无期”“思无斁”“思无邪”句，因此有学者认为“思”字“本是无义的语首词，孔子引用它却当思想讲，自是断章取义”。② 这种以摘录某一诗句来概括、品评诗歌的方法，在后代诗话中得到了广泛应用。

先秦时期赋诗断章的传统，发展到汉儒的《诗经》注释，出现了以“比兴”“美刺”之义，“字笺句解”或摘句注诗的方法。受其影响，唐五代的诗格类著述从写作手法的角度，把各种“物象”及其比附意义归纳成类，并以摘句形式举出例证。例如，五代释虚中《流类手鉴》中“举诗类例”部分，摘引马戴“日落月未上，鸟栖人独行”等诗句，归纳评说“以上比小人获安，君子失时也”。徐衍的《风骚要式》分门别类，摘举诗句来说明美刺手法，如“君臣门”一类，举齐已《春日怀》诗中“一气不言含有象，万灵何处谢无私”句，解释“此是大雅，美帝王盛德之形容也”。③ 这种摘句方式偏重于阐释诗歌的政治寓意。

伴随着诗歌创作的繁荣和发展，“争价一句之奇”④成为诗坛风尚，摘句品诗、论说技巧也受到重视，正如严羽《沧浪诗话·诗评》所概括的：“汉魏古诗，气象混沌，难以句摘。晋以还方有佳句，如渊明‘采菊东篱下，悠然见南山’，谢灵运‘池塘生春草’之类。”⑤其实刘勰《文心雕龙·隐秀》已从理论上表述所谓“秀也者，篇中之独拔者也”⑥。钟嵘《诗品》不仅采用摘句方法称赞诗人的“胜句”，还以诗篇中有无“秀句”作为品评诗人高下的标准，例如，他评说谢朓“一章之

① 钱钟书.管锥编：第一册[M].北京：中华书局，1979：224.
② 杨伯峻.论语译注[M].北京：中华书局，1980：11.
③ 罗根泽.中国文学批评史：第二册[M].上海：上海古籍出版社，1984：193-194.
④ 刘勰.文心雕龙注[M].范文澜，注.北京：人民文学出版社，2000：67.
⑤ 严羽.沧浪诗话[M].郭绍虞，校释.北京：人民文学出版社，2000：151.
⑥ 刘勰.文心雕龙注[M].范文澜，注.北京：人民文学出版社，2000：632.

中,自有玉石。然奇章秀句,往往警遒";指出谢灵运虽有"繁富"之病,"然名章迥句,处处间起",所以"未足贬其高洁也"。①

(二)摘句品评的应用

唐代是诗歌创作的高峰时期,特别是讲究对偶、声韵的格律诗逐渐定型,诗歌数量大增。不少研究诗歌体势和秀句作法的诗格之类著述,便采用了归纳体势、摘句为例的方法。如王昌龄《诗格》论"十七势"中有"感兴势"说:"感兴势者,人心至感,必有应说,物色万象,爽然有如感会。亦有其例……"随后摘引了常建、王维的诗句。②这种因诗言势、摘句为例的方法,不免走向极端化、简单化,成为一些肤浅破碎、难以理解的公式,如释齐己《风骚旨格》论"诗有十势",每一势名称奇特,但仅摘一联诗句为证,不作阐释,所谓"狮子返掷势,诗曰:离情遍芳草,无处不萋萋"之类,令人难以捉摸。③ 其他"诗有二十式""诗有四十门"等名目也是如此摘句。

宋代以来诗话词话类书籍大量出现,其中摘句品诗或论说句法的例子更是随处可见,不胜枚举。在诗话词话中,摘句大多用来称许"秀句"。有的在摘句后加上"佳句""警句"一类印象式的简单评语,如欧阳修《六一诗话》评晚唐诗人周朴:"其有句云:'风暖鸟声碎,日高花影重。'又云'晓来山鸟闹,雨过杏花稀。'诚佳句也。"或者摘句为例,用以阐发自己的诗歌主张,例如,先引梅圣俞的话,其言诗句"必能状难写之景,如在目前,含不尽之意,见于言外,然后为至矣"。欧阳修再举例:"若严维'柳塘春水漫,花坞夕阳迟',则天容时态,融合骀荡,岂不如在目前乎？又若温庭筠'鸡声茅店月,人迹板桥霜',贾岛'怪禽啼旷野,落日恐行人',则道路辛苦,羁愁旅思,岂不见于言外乎?"④

有的只是摘录或列举相关诗句作为示范,而不作品评,如赵翼《瓯北诗话》卷六以"律诗摘句"的名目,分类摘录了陆游大量抒怀、写景的对句,所谓"今就近体中摘句于后,使人见其功力之精"⑤。有的通过摘句对比,来描述诗歌的发展变化,如胡应麟《诗薮》品评唐代不同时期的诗歌风貌:"盛唐句,如'海日生

---

① 钟嵘.诗品[M].北京:人民文学出版社,1980:48,29.
② 王昌龄.诗格[M]//张伯伟.全唐五代诗格汇考.南京:江苏古籍出版社,2002:156.
③ 齐己.风骚旨格[M]//张伯伟.全唐五代诗格汇考.南京:江苏古籍出版社,2002:403.
④ 欧阳修.六一诗话[M]//何文焕,辑.历代诗话:上.北京:中华书局,1981:267.
⑤ 赵翼.瓯北诗话[M].北京:人民文学出版社,1981:81.

残夜,江春入旧年';中唐句,如'风兼残雪起,河带断冰流';晚唐句,如'鸡声茅店月,人迹板桥霜',皆形容景物,妙绝千古,而盛、中、晚界线斩然。"①有时所摘诗句被用作一种形象的比喻,来描述诗歌风格,如王国维《人间词话》从词人的词作中摘句为喻来论述词品,令人可以意会,却无法确指:"'画屏金鹧鸪',飞卿语也,其词品似之。'弦上黄莺语',端已语也,其词品亦似之。正中词品,若欲于其词句中求之,则'和泪试严妆',殆近之欤?"②可见,在古代的诗话、词话中摘句的应用是随心所欲、多种多样的。

(三)摘句的传播功效

自唐宋以来,诗人对"佳句"的追求,已达到"语不惊人死不休"的程度。唐代诗人贾岛自叙其《送无可上人》诗中"独行潭底影,数息树边身"句,是"两句三年得,一吟双泪流"。诗人如此重视"推敲"诗句,是因为诗句便于传播,"惊人"之句可以使诗人名声大震。例如,殷璠《河岳英灵集》记载:王湾《游吴中作江南意》有"海日生残夜,江春入旧年"两句,被认为"诗人以来少有此句。张燕公手题政事堂,每示能文,令为楷式"。③ 宋代诗人林逋的咏梅诗名联"疏影横斜水清浅,暗香浮动月黄昏",由于得到欧阳修、苏轼等人品评④,而为人赞赏。宋人阮阅《诗话总龟》中有"警句门",引用"陆士衡《文赋》云:'立片言以居要,乃一篇之警策。'此要论也。文章无警策,则不足以传世,盖不能竦动世人。"⑤古代诗话中这类名人品诗的故事被不断辑录,使之传播更为广泛,并对以后的文人作诗和品诗,产生了深远影响。

有的作者由于某一名句而获得雅号,如张先因词中有"云破月来花弄影"等名句而"世称诵之,号张三影"。⑥有时甚至出现"士大夫间有口传一两联可喜,而莫知其所本者"的情形⑦。诗话、词话中这类在一定时间一定范围内盛传什么

---

① 胡应麟.诗薮[M].上海:上海古籍出版社,1979:59.

② 王国维.人间词话[M].北京:人民文学出版社,1982:195.

③ 殷璠.河岳英灵集:卷下[M]//唐人选唐诗(十种).上海:上海古籍出版社,1978:106.

④ 许觊.许彦周诗话[M]//丛书集成初编:2550册.上海:商务印书馆,1939:11.此书记载:"林和靖《梅诗》云:'疏影横斜水清浅,暗香浮动月黄昏。'大为欧阳文忠公称赏。大凡《和靖集》中,梅诗最好,梅花诗中此两句尤奇丽。东坡和少游《梅诗》云:'西湖处士骨应槁,只有此诗君压倒。'"

⑤ 阮阅.诗话总龟[M].周本淳,校点.北京:人民文学出版社,1987:121,124.

⑥ 陈师道.后山诗话[M]//何文焕.历代诗话:上.北京:中华书局,1981:308.

⑦ 杨万里.诚斋诗话[M]//丁福保.历代诗话续编.北京:中华书局,1983:139.

诗句,诗人名句与诗人名声的关系一类记载很多,可以说是生动有趣的诗歌传播史料。例如宋人胡仔记载“古今诗人以诗名世者,或只一句,或只一联,或只一篇。虽其余别有好诗,不专在此,然播传于后世,脍炙人口者,终不出此矣,岂在多哉。如‘池塘生春草’,则谢康乐也”①,后面排列了数十位诗人的名句。

唐人诗歌中有些通俗易懂的诗句,易于流传,在民间成为俗语。清代钱大昕《恒言录》在“俗语有出”题目下,引述陆游《老学庵笔记》的记载:“今世所道俗语,多唐以来人诗。‘举世尽从愁里老,何人肯向死前闲’,杜荀鹤诗也。‘何人更向死前休’,韩退之诗也。‘林下何曾见一人’,灵澈诗也。‘长安有贫者,为瑞不宜多’,罗隐诗也。‘世乱奴欺主,年衰鬼弄人’、‘海枯终见底,人死不知心’,杜荀鹤诗也。‘事向无心得’,章碣诗也。‘但有路可上,更高人也行’,龚霖诗也。‘忍事敌灾星’,司空图诗也。‘一朝权入手,看取令行时’,朱湾诗也。‘自己情虽切,他人未肯忙’,裴说诗也。‘但知行好事,莫要问前程’,冯道诗也。‘在家贫亦好’,戎昱诗也。”他还引述了更多的例子,说明“俗语出自唐宋诗者,尚不止此”。②

二、诗选与“秀句”集

关于诗选、词选等载体中的摘句现象也值得注意。唐人所编唐诗选本,已有几种列出了“摘句”的名目。殷璠的《河岳英灵集》选录盛唐王维等二十四位诗人的代表作,每位诗人名下都附有简短的评语,并摘引诗中“警策语”标示诗人的风格,如评常建的诗“似初发通庄,却寻野径百里之外,方归大道。所以其旨远,其性僻。佳句辄来,唯论意表。至如‘松际露微月,清光犹为君’,又‘山光悦鸟性,潭影空人心’,此例十数句,并可称警策”。③ 高仲武的《中兴间气集》也在诗人名下,摘出秀句,来品评和比较诗人的风格,如论李嘉佑“与钱、郎别为一体,往往涉于齐梁,绮靡婉丽,盖吴均、何逊之敌也。如‘野渡花争发,春塘水乱流’,又‘朝霞晴作雨,湿气晚生寒’,文章之冠冕也”。④晚唐张为的《诗人主客图》将诗人归入六种流派,每个诗人名下摘引若干诗句来标示其风格,如李贺被

① 胡仔.苕溪渔隐丛话后集:卷二[M]//万有文库.上海:商务印书馆,1937:424.

② 钱大昕.恒言录[M].北京:中华书局,2019:209.

③ 唐人选唐诗(十种)[M].上海:上海古籍出版社,1978:49.

④ 唐人选唐诗(十种)[M].上海:上海古籍出版社,1978:271.

归入“高古奥逸”一派，举其诗句有“飞香芝红满天春”“酒酣喝月使倒行”“踏天磨石割紫云”三句。[①] 可见，关于诗人风格的生动比喻或风格类型的印象式、形象化术语，与精心摘取的诗句相互发明，在诗选中是常用的表述形式，或者说诗选也是摘句品诗的一种载体。

唐代还编辑了多种为写作诗歌提供范例的秀句集。较早的秀句集是“皇朝学士褚亮，贞观中，奉敕与诸学士撰《古文章巧言语》”。此后，元兢认为褚亮取舍诗篇和鉴识秀句多有不当之处，从“龙朔元年”起，和几位学士一起剪裁《芳林要览》，“讨论诸集”，编成了《古今诗人秀句》。这部秀句集“时历十代，人将四百，自古诗为始，至上官仪为终。刊定已详，缮写斯毕，实欲传之好事，冀得知音”。[②] 虽然只是摘录秀句，不加品评，实际上渗透了摘录者的审美眼光，还有向读者传播的愿望。与之类似，唐代诗人为应对科举考试的需要，往往“凡作诗之人，自抄古人诗语精妙之处，名为随身卷子，以防苦思。作文兴若不来，即须看随身卷子，以发兴也”[③]。这类集子一般根据写作题材，分类汇集秀句，摘录的标准是“精妙”之句，摘句的目的是为了启发诗兴。

此外，皎然《诗式》是诗格和秀句集合一的产物。皎然提出了“不用事”“作用事”“直用事”“有事无事”“有事无事，情格俱下”等五格，分别开列了汉代至中唐的“名篇丽句”近五百条，作为五种诗格的例证。他还概括出关于诗歌风格体类的“十九字”，并用这“十九字”来标注有关的诗句。例如，他论十九字中“静”字：“非如松风不动，林穴未鸣，乃谓意中之静。”他标注为“静也”的诗句，就有江淹《望荆山》中“寒郊无留影，秋日悬清光”、谢朓《游东田》中“鱼戏新荷动，鸟散余花落”等名句。[④] 这类摘句标注显然带有鉴赏性质，而不同于一般只摘不注的秀句集。

晚唐五代出现了所谓“摘句为图”的句图。句图大多摘录对偶诗句数联，比秀句集的规模小，类似今天的对联选一类工具书。郭绍虞《宋诗话考》论及高似孙《选诗句图》说：“其所摘胜句，俪语为多，盖由句图体例所限。”[⑤]关于句图，罗根泽《中国文学批评史》列有“诗句图”一章，并有评论。黄维樑也有文提到“摘

---

① 张为.诗人主客图[M]//丁福保，辑.历代诗话续编.北京：中华书局，1983：80.
② 王利器.文镜秘府论校注[M].北京：中国社会科学出版社，1983：361.
③ 王利器.文镜秘府论校注[M].北京：中国社会科学出版社，1983：290.
④ 李壮鹰.诗式校注[M].北京：人民文学出版社，2003：71.
⑤ 郭绍虞.宋诗话考[M].北京：中华书局，1979：177.

句，且摘而不评的直觉式手法，并非源于诗话。唐人已开摘选秀句之风”，并举到《集贾岛诗句图》《惠崇句图》等。① 凌郁之《句图论考》一文附录了见于书目的唐宋时期的句图 31 种。② 宋代以来，单独的诗句图虽不多见，诗话、词话中附录摘句或者摘句图仍然不乏其例。元代陆辅之《词旨》就以“属对”“警句”等名目摘录了大量词句。清代厉鹗在《绝妙好词笺》中引录《词旨》中的摘句作为参考材料，又使摘句附录于词选得到进一步传播。李调元在词话中也有“史梅溪摘句图”一题，说明“史达祖《梅溪词》最为白石所赏，炼句清新，得未曾有，不独双双燕一阕也。余读其全集，爱不释手，间书佳句，汇为摘句图”。③ 王士禛《池北偶谈》中也有摘句图，并自述其理由：“予读施愚山侍读五言诗，爱其温柔敦厚，一唱三叹，有风人之旨。其章法之妙，如天衣无缝，如园客独茧。约略举之……至于清词丽句，迭见层出。予尝欲仿张为《主客图》之例，摘其尤者列以为图，与康乐‘池塘生春草’，元晖‘澄江净如练’，仲言‘露湿寒塘草，月映清淮流’，并资艺苑谈助。或诘予曰：‘论诗固可摘裂如此耶？’予曰：谢公与子弟论《毛诗》何句最佳，或举‘杨柳依依，雨雪霏霏’，公谓不如‘吁谟定命，远犹辰告’为有雅人深致。夫三百篇尚然，况《骚》《选》以下乎？因作《摘句图》……传诸好事者。”④这段话追溯了摘句图的源头，说明自己作《摘句图》不仅是喜爱其诗句，还要向他人传播，而他所摘录的都是五言律诗的写景对句。

无论是专门的秀句集、句图，还是在诗格、诗选、诗话中附录摘句，不仅是个人喜爱，还是为了提供句法范例。中国古代的诗词选本往往反映出选者的眼光，表达了选者的诗词主张。上述以句子为单位的选集、句图，虽然是摘而不评，同样表露了摘录者的褒扬之意。而在诗话中除了摘句为评，也有汇集摘句作为范例的情况，明代胡应麟《诗薮》就有多处汇集诗句，比较各代诗风，如云：“世谓晋人以还，方有佳句。今以众所共称者，汇集于此”；“齐、梁、陈、隋句，有绝是唐律者，汇集于后，俾初学者知近体所从来”。⑤ 清代赵翼《瓯北诗话》就有“摘句”“诗人佳句”等名目，多处夹杂着“摘取古来佳句沁人心脾者，随所得笔

---

① 黄维樑.诗话词话中摘句为评的手法——兼论对偶句和安诺德的“试金石”[M]//中国文学纵横论.台北：东大图书股份有限公司，1988：253.

② 凌郁之.句图论考[J].文学遗产，2000(5)：45-49.

③ 李调元.雨村词话[M]//唐圭璋.词话丛编：第二册.北京：中华书局，1986：1427.

④ 王士禛.池北偶谈：下册[M].北京：中华书局，1982：303-306.按：谢朓，字玄晖。此文避讳“玄”，改为“元”。

⑤ 胡应麟.诗薮[M].上海：上海古籍出版社，1979：33，60.

之”的段落。[①] 古代诗话兼有“句图”形式,这成为摘句品诗的一种类型。

摘句也用于对联、诗词等创作。张伯伟《摘句论》一文提到“摘句在另一方面的渗透是对联。对联在宋代得到很大发展,其中之一就是集句为联”,“集句为联,乃是从作品中摘出诗句而重新加以组织,其基础就是有句可摘”。[②] 此外,文人有所谓集句体,集他人诗句,重新组合成诗或词,每句注明出处,这也是屡见不鲜的。例如,宋代文天祥曾诵杜甫诗,集为五言绝句 200 首,以写忧国之怀。宋代史铸在《百菊集谱》中收录其自作集句诗 40 首,续集句诗 20 首,摘录他人的咏菊诗。元代郭豫亨喜爱梅花,“凡见古今诗人梅花杰作,必随手钞录而歌咏之,积以岁月,遂成巨编,熟之既久,若有所得。暇日辄集其句,得百篇,目为字字香。其间句锻意炼,璧合珠联,亦有天然之巧者,吾不知其为古作也。”[③]清代朱彝尊集唐人诗句作词数十首,每句都注明出处,编为《蕃锦集》,这显示了其熟悉诗歌的文学功底和语言技巧,当时人还很欣赏这种像织锦一样的功夫。

摘句对类书的编辑体例也有影响。科举考试中有试帖诗,诗题大多用古人诗句,如南宋蔡梦弼《杜工部草堂诗笺跋》评价杜甫诗歌所言:“自唐迄今,余五百年,为诗学之宗师,家传而人诵之。故元微之志其墓曰:‘诗人以来,未有如子美者。’信斯言矣! 况我国家祖宗肇造以来,设科取士,辞赋之余,继之以诗。诗之命题,主司多取是诗。”[④]因此,按各种体例采摘秀句的书籍便有了应用价值。例如明代杨慎“采摘汉魏以后诗隽句”等编为《哲匠金桴》[⑤]。清代的类书多有摘句,专收辞藻的类书《佩文韵府》列有“摘句”的名目,摘录尾字相同的诗句;而全书每个字头下排列尾字相同的词语,也会引诗句作为例证,其中摘选最多的是杜甫、白居易、苏轼等人的诗句[⑥]。《渊鉴类涵》凡例中“对偶居三,摘句居四”,说明“对偶不拘朝代,但以工致相俪。若散句,或摘自序记,或采从诗赋,单

① 赵翼.瓯北诗话[M].北京:人民文学出版社,1981:171.

② 张伯伟.摘句论[J].文学评论,1990(3):132..

③ 郭豫亨.梅花字字香序[M]//景印文渊阁四库全书:1205 册.台北:台湾商务印书馆,1986:668.

④ 蔡梦弼.杜工部草堂诗笺跋[M]//仇兆鳌.杜诗详注:第 5 册.北京:中华书局,2007:2249.

⑤ 永瑢,等.四库全书总目:哲匠金桴[M].北京:中华书局,1981:1167 上.《哲匠金桴》提要:“明杨慎撰。采摘汉、魏以后诗隽句及赋颂之类,分韵编录。然征引庞杂,挂漏亦多,不足重也。”

⑥ 按:利用瀚堂典藏数据库,以诗人姓名为关键词,对《佩文韵府》(清康熙五十年武英殿本)进行全文检索(截至 2020-12-5),相关记录数是:杜甫诗 14644 条、白居易诗 11213 条、苏轼诗 15837 条。

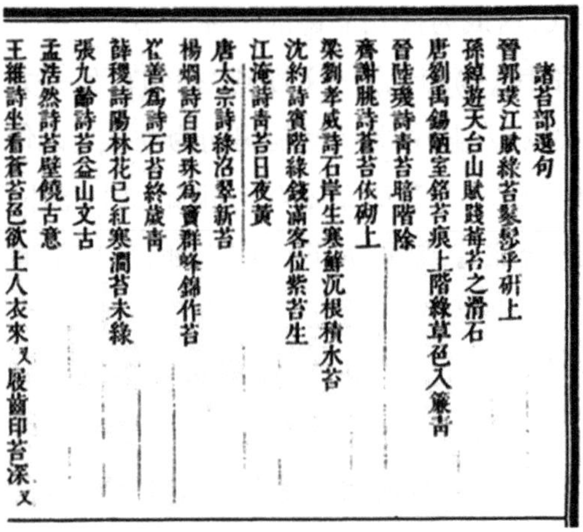
諸苔部選句
晉郭璞江賦綠苔鬖髿乎研上
孫綽遊天台山賦踐莓苔之滑石
唐劉禹錫陋室銘苔痕上階綠草色入簾青
晉陸機詩青苔暗階除
齊謝朓詩蒼苔依砌上
梁劉孝威詩石岸生寒蘚沉根積水苔
沈約詩賓階綠錢滿客位紫苔生
江淹詩青苔日夜黃
唐太宗詩綠沼翠新苔
楊炯詩百果珠爲實群峰錦作苔
崔善爲詩石苔終歲青
薛稷詩陽林花已紅寒澗苔未綠
張九齡詩苔益山文古
孟浩然詩苔壁饒古意
王維詩坐看蒼苔色欲上人衣來又屐齒印苔深又

图 9-1 《古今图书集成》

词只句，务取华赡，以备览观”。[①]综合性类书《古今图书集成·博物汇编》中每一部都包括“选句”，摘录历代文人有关诗句（如“诸苔部选句”，选择了 56 位诗人写有“苔”字的诗句。见图 9-1）。这可以说是以特殊体例编排、便于检索的秀句集，或者说是摘句现象的副产品。就是在当今，古代诗词名句摘编、荟萃或赏析一类工具书仍在不断出版。

三、摘句品诗的特点及评价

如上所述，摘句现象涉及中国古代诗歌批评、诗句集编辑、类书体例等方面。如果综合考察，摘句现象反映了更为复杂的文化因素，还有待从不同角度深入研究。

（一）推敲秀句有助科举考试

尽管从诗歌批评角度，人们更加重视的是“主要依靠摘句来说明自己的品藻优劣，以至某种诗学观念、理论”的现象[②]。但是，上述诸多摘句现象是相互联系的，从隋唐延续至清代的科举考试制度，使文人把许多精力用于钻研诗歌写作的基本技巧。或者说，推敲秀句、创作诗歌，这是文人学士必备的关乎仕途的文化修养和基本能力。历代文士热衷于摘句以品诗、摘句以学诗，其动因不仅是审美性的，而且是实用性的，这也是摘句现象长期存在的原因。据记载，“自唐以来，试进士诗，号省诗。近年能诗者，亦时有佳句”[③]。而且“唐宋科举，始专以古句命题。其程试之作，唐莫详于《文苑英华》，宋莫详于《万宝诗山》，大

① 张英，等.渊鉴类涵[M]//景印文渊阁四库全书：982 册.台北：台湾商务印书馆，1986：9.
② 刘明今.方法论[M].上海：复旦大学出版社，2000：301.
③ 刘攽.中山诗话[M]//何文焕.历代诗话：上.北京：中华书局，1981：297.

抵以刻画为工,转相效仿”①。摘录佳句、便于检索的实用性书籍(秀句集、类书等)由此产生,刊印不绝。

除了科举考试,作诗品诗是文人生活中不可缺少的内容,也是文人之间交往谈论的话题。读书人如此推敲和推崇精妙诗句,可以说是“读书时代”的绝响,这在“读报时代”和“读图时代”是不可想象的事情。

(二)对偶佳句便于摘录品评

诗话所摘的大多是对偶佳句。这些诗句可以脱离原篇的上、下句而单独品评,而且便于记忆引用,成为各种诗话的话题。唐代诗格著述中就有“二十九种对”②,举出大量对偶句作为例证。黄维樑曾与西方比较说:中国诗话中所“选取的句子,十九为对偶句,其中又以描摹自然景物者居多。对偶句虽然只是两个句子,不过既是作家用心经营的结果,本身意义完整,又有对比性,便很可以孤立起来欣赏。英国十九世纪著名批评家安诺德(Matthew Arnold)的‘试金石’(touchstones)法,同样摘句为评,可是所摘之句大异于中国的对偶句,是不能从诗篇的上下文中抽离出来,供人品鉴的”③。这从语言形式的角度,说明了中国诗歌可以句摘,因而可以独立品鉴的特点。

还可以参照有关对偶研究的著作,高友工《律诗的美学》一文指出:“一联对偶就为我们提供了互相对应的两幅同时出现的画面,而且更重要的是,对偶中的画面有其自身的完整性,它可以被视为一幅长卷中自成一体独立部分。即使将它从上下文中抽取出来,这一联对句还能保持其本身的美学价值。”④因此,诗格、诗话往往摘录大量对偶句作为典范,加以品评,使之不断积淀,广为传播。相比之下,近代出现的白话新诗,冲破旧体诗形式束缚,却难以脱离原文而摘句,不便吟诵,这应该是影响其传播效果的原因之一。摘句品诗不再适合于新诗,关于新诗的诗话也自然消失了。

(三)摘句品诗有特殊意义

关于摘句方式和品评语言的特点,论者多认为:其反映了中国诗歌批评注

---

① 永瑢,等.四库全书总目:刘辰翁.须溪四景诗集[M].北京:中华书局,1965:1410.
② 王利器.文镜秘府论校注[M].北京:中国社会科学出版社,1983:224.
③ 黄维樑.中国文学纵横论[M].台北:东大图书股份有限公司,1988:241.
④ 倪豪士,黄宝华.美国学者论唐代文学[M].上海:上海古籍出版社,1994:40.

重感悟直觉,以象征性语言加以表述的特征。黄维樑《诗话词话和印象式批评》一文指出:“很多诗话词话作者,摘句(且往往摘而不评)以见其喜恶,这是中国印象式批评的又一特色。”①刘明今《方法论》一书提到古代摘句褒贬的“思想根源即在于整体直觉。人们以为诗歌的意味,或佳妙处,往往很难以明确的言辞加以解说,最好的方法莫过于让读者直接从原作中领会”。②

对摘句品诗的这种特征及其评价,学者有不同看法。周庆华《诗话摘句批评研究》一书有“过去研究成果的检讨”一章,就是针对“今人大多把摘句批评解释为印象式批评”“主观的直觉批评”“今人为了迎合西方文学批评而驳斥摘句批评”等偏颇之处而立论的。本书系统研究了古人诗话摘句批评现象,特别“透过跟西方文学批评的比较,判断它成就了一种不可或缺的批评方式,来肯定它的价值;并且以维护了批评对象的纯粹性,对这一不可或缺的批评方式的功能作一点回应,合而可以看出摘句批评的现代意义”。作者强调“现代人要从事文学批评,在选择批评方式时,摘句批评这种批评方式是不可或缺的,理当优先考虑”。③

此外,周庆华提到:“摘句批评跟全诗批评、个别诗人全集批评、一体一类批评、一代诗人总集批评等,在批评方式上没有什么差别,而摘句批评以个别诗句为对象,是最基本的批评,在诗话的实际批评中具有代表性。”④笔者认为:摘句研究与全篇、全集的研究,以及“知人论世”、顾及全人的研究模式,应该是有所区别的。从文献资料来看,晚唐、宋代以来为数众多的诗话词话辑录了大量摘句批评的资料,而涉及诗歌全篇、诗人全集或者诗歌总集的研究资料相对较少(这类资料的主要载体是有注释的诗选和诗词别集、本事诗等)。明代许学夷《诗源辨体》就指出;“晚唐、宋、元诸人论诗,多论字、论句,至论篇、论人者寡矣,况论代乎?”⑤从传播效果来看,脱离了全篇的名句不断被诗话摘录品评,其影响远远超过了全篇研究,还影响了读者对诗人整体形象的把握。鲁迅曾感慨“被论客赞赏着‘采菊东篱下,悠然见南山’的陶潜先生,在后人心目中,实在飘逸得

① 黄维樑.诗话词话和印象式批评[M]//中国古典文论新探.北京:北京大学出版,1997:73.

② 刘明今.方法论[M]上海:复旦大学出版社,2000:300.

③ 周庆华.诗话摘句批评研究[M].台北:文史哲出版社,1993:31,172.

④ 周庆华.诗话摘句批评研究[M].台北:文史哲出版社,1993:23.

⑤ 许学夷.诗源辨体[M].杜维沫,校点.北京:人民文学出版社,1998:326.

太久了”，这就是由于“摘句作怪”，并批评这种摘句“最能引读者入于迷途”。[①] 这说明古代摘句品评对塑造诗人形象有不容忽视的作用。

从诗歌批评来看，以句子为单位的批评，也可以分为句法技巧的探讨和语义内涵的阐释两个方面。但是，这种批评一般脱离了原篇上下句的语境，只就所摘录的诗句来说，因而更多地显现了摘录者特有的文学理念、欣赏趣味等。同样一首诗，不同的人会有不同的摘录或评价标准；同样一句诗，不同的人也有不同的阐释思路，这也是一个读者接受与意义建构的过程。古代传诵久远的名句，例如谢灵运“池塘生春草，园柳变鸣禽”等，被历代诸多诗话摘录品评，又不断汇集起来。借助这些资料，可以进行名句阅读和传播史的研究。其中包括别出心裁、不苟同前人的例子，如金人王若虚《滹南诗话》中“梅圣俞爱严维‘柳塘春水漫，花坞夕阳迟’之句……或者病之曰……予谓不然……”之类记载。[②] 这也为中国诗歌阐释学研究名句本文与读者，以及读者与读者之间的关系提供了生动的范例。

从创作的角度看，名句是一篇结构中的“诗眼”，不少诗歌是由于名句而成为名篇的。而诗人由于熟读前人名句，在自己写作时往往加以引用或点化。有诗话评说：“用前人成句入诗词者极多，然必另有意象以点化之，不能用入排偶或直写偶句也。如欧公长短句云：‘平山栏槛倚晴空，山色有无中’。此实别有意象。故坡公复作长短句云：‘认得醉翁语，山色有无中。’以王摩诘语专归之欧，转见别致。”[③]王维的名句“山色有无中”，被欧阳修写入词，如同己出，又被苏轼当作欧阳修语加以欣赏。宋代以来的诗话、词话，也从诗句技巧的角度，研究“脱胎换骨”“点铁成金”的作法。前人诗句通过后人引用、点化而成为语典，凝缩成简短的字面；这种语典又被诗话所品评、被诗歌笺注本所标明，从而不断积淀和传播，反过来又影响了诗歌创作。究竟如何评价诗歌的有句可摘，有句与有篇是什么关系，摘句批评如何影响了后人雕琢字句、有句无篇的创作风气等，诗话中有关这些问题的论述也是值得加以搜集和研究的。

(四)读者对摘句品诗的接受

摘句品诗是一种简明的印象式、评点式的批评，有的甚至只是借摘句而寓

---

① 鲁迅.“题未定”草[M]//鲁迅全集:第六卷.北京:人民文学出版社,1981:422-425.

② 王若虚.滹南诗话[M]//丁福保,辑.历代诗话续编.北京:中华书局,1983:508.

③ 潘德舆.养一斋诗话[M].朱德慈,辑校.北京:中华书局,2010:116.

褒贬之义。为什么历代批评者得以延续、而历代阅读者能够接受这种批评方式呢？这是因为历代批评者和阅读者有着相似的知识结构和文学修养，熟悉中国古代诗歌批评的基本范畴和评价标准，形成了诗歌写作或品评的传统。例如，对于诗句所表现的情景交织的境界，中国古代诗歌批评者或者依经立意，附会比兴、美刺之意；或者借助释、道的思维方式，注重“可以意冥，难以言状”的感悟。有时摘句品诗反映了这两种模式的差异，例如谢朓描写山水风景的名句“余霞散成绮，澄江静如练”，许多诗人从文学技巧的角度加以推许；白居易却从“索其风雅比兴”的角度，评论其“丽则丽矣，吾不知其所讽焉”①。有时摘句品诗只是根据同一批评模式加以比较，皎然《诗式》曾摘举谢灵运的两句诗评说：“池塘生春草，情在言外；明月照积雪，旨冥句中。风力虽齐，取兴各别。”②可以说，古代的摘句批评者和诗话的阅读者，借助相同的知识结构（或者说诗句上下文之外的语境），可以彼此沟通或形成对话的基础。诗话作者只需摘出诗句，附加几个赞许的字眼（在评点本中只需某种圈点符号），阅读者便会“心有灵犀一点通”，产生情感共鸣，或者引发出不同于前人的新见解。

古代的诗歌笺注类书籍也引录前人字面相同的诗句，加以比对，追溯或考索诗歌之间的意义关联，启发读者的联想。例如，清代的《杜诗详注》注释《春宿左省》一诗，就引用了多首前人的诗句，还引用了摘句品评的诗话，“胡应麟曰：杜诗五律结句之妙者，如‘明朝有封事，数问夜如何’……语皆矫健振劲，绝非铮铮细响也”。③ 此类例子比比皆是，不胜枚举。中国古代诗歌的历史如此悠久，诗人的数量不计其数，古代诗人摘句品评的诗话不断积淀，数量众多，这影响了诗人（作为一个群体）的思维方式、创作走向、鉴赏习惯、注释方法，构成了中国古代文学史上独具特色的“书面传播”现象。

此外，诗话作者随心所欲，把不同时代、不同诗人所作的意境相似的诗句，信手拈来，排列比拟，稍加点评，也为读者带来许多链接式的感悟。这些诗句在新的阐释框架中也被赋予新的意义，这和中国诗歌创作本来就注重“言外之意”，从而形成了特定的文本结构是相关联的。例如，王国维《人间词话》论“古今成大事业、大学问者，必经过三种之境界”，就分别摘引了晏殊、柳永（非欧阳

① 白居易.与元九书[M]//王汝弼，选注.白居易选集.上海：上海古籍出版社，1980：347.

② 李壮鹰.诗式校注[M].北京：人民文学出版社，2003：153.

③ 仇兆鳌.杜诗详注：上[M].北京：中华书局，2010：369.

修）、辛弃疾的词句，引发新意：“‘昨夜西风凋碧树，独上高楼，望尽天涯路。’此第一境也；‘衣带渐宽终不悔，为伊消得人憔悴。’此第二境也；‘众里寻他千百度，蓦然回首，那人却在，灯火阑珊处。’此第三境也。”他自己也说明：“此等语皆非大词人不能道。然遽以此意解释诸词，恐为晏欧诸公所不许也。”[①]钱钟书在《谈艺录》《管锥编》中也多运用摘句的方法，使读者获得触类旁通、妙趣横生的感觉。这种摘句，使诗句不再作为原诗的局部而存在，“正因为摘句批评者摘取它，又加以批评，它的生命才得以新的面貌出现。如果再有人给予新的评价，它又可以再更新一次。这么一来，诗句的生命就不止得到纯粹的延续，而是转化再转化的延续。这就比让它留在原诗里，或只让它保持同一副面貌要来得有意义”[②]。就是在今天，摘句仍是人们常用的品诗方法，例如《名作欣赏》曾于 1995 设立“摘句断章”栏目，《古典文学知识》设有“名句掇英”栏目，还有新编的一些有关名句检索和鉴赏的工具书。可以说古诗名句的生命仍然在摘录中延续和更新，不仅为今人所接受和阐释，也在建构我们曾经作为诗歌国度的集体记忆。在今天的数字化时代，无数古籍进入了数据库，搜集诗歌名句更是快捷方便，读者可以信手拈来，但还需要具备如何品评鉴赏的知识，学者则可以进一步拓展有关摘句现象的研究视野。

（原文以《古代摘句现象综论》为题，发表于《河南社会科学》2003 年第 3 期，全文转载于人大复印报刊资料《中国古代、近代文学研究》2003 年第 10 期）

---

① 王国维.人间词话[M].北京：人民文学出版社，1982：203.

② 周庆华.诗话摘句批评研究[M].台北：文史哲出版社，1993：167.

第十章

儒士读书与隐士读书

清代大型类书《古今图书集成》“理学汇编 · 学行典”专门列有“读书部”(图 10-1),汇集了历代各种书籍中有关读书人的言论和故事,可以窥见中国读书文化的洋洋大观。其中“总论”部分首先列出的就是儒家勉学、朱子读书法等内容。中国古代的读书人也被称为士阶层,是中国文化的建构者和传承者。本章从对比的角度,描述儒士与隐士作为两个不同的读书群体,总体来说有着不同的经典文献、读书心态及阐释方式。而作为具体的个人,其身份是复杂的(可以既是儒士也是隐士),阅读书籍的范围是广泛的,其阅读心态有时是入世的,有功利目的;有时是超然的,自得其乐,二者不能截然分开。从阅读史的视角来看,中国古代读书人的阅读生活及文化体验是丰富多彩、独具特色的。

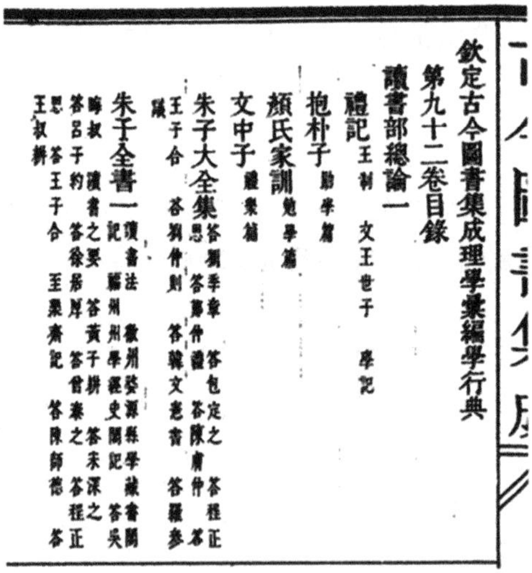
欽定古今圖書集成理學彙編學行典
第九十二卷目錄
讀書部總論一
禮記 王制 文王世子 學記
抱朴子 勗學篇
顏氏家訓 勉學篇
文中子 禮樂篇
朱子大全集
朱子全書一 讀書法

图 10-1

一、儒士的读书方式

谈到儒士读书,首先要追溯到孔子及其整理的六经,即儒士所阅读的经典从何而来。孔子是读书人眼中的“圣人”。孔子所以成为圣人,是因为他整理了

“六经”;而“六经”经过孔子加以整理,具有了神圣的地位,这二者是相辅相成的关系。司马迁最先为孔子这样一位读书人立传,并对孔子充满了景仰之情:“太史公曰:诗有之:‘高山仰止,景行行止。’虽不能至,然心向往之。余读孔氏书,想见其为人。适鲁,观仲尼庙堂车服礼器,诸生以时习礼其家,余祗回留之不能去云。天下君王至于贤人众矣,当时则荣,没则已焉。孔子布衣,传十余世,学者宗之。自天子王侯,中国言六艺者折中于夫子,可谓至圣矣!”①皮锡瑞《经学通论序》说得更明白:“经学不明,则孔子不尊。孔子不得位,无功业表见。晚定六经以教万世,尊之者以为万世师表,自天子以至于士庶,莫不读孔子之书,奉孔子之教。天子得之以治天下,士庶得之以治一身,有舍此而无以自立者。此孔子所以贤于尧舜,为生民所未有。其功皆在删定六经。”②这段话耐人寻味,孔子当年周游列国,得不到重用,所以去整理“周公之旧典”。但儒家经典具有不朽的价值,“孔子之书”成为所有读书人(从天子到士人及普通人)得以自立的根基。

至于孔子对每一部经书是如何整理的,这是一个非常复杂的问题,经学史家周予同指出:“关于孔子与六经的关系,就是六经的某一部分为孔子所制作或为孔子所删述,自来经学家的意见,假使要详密地罗列着比较着,可成为数十万言的专著。”③关于孔子在中国文化史上的地位,柳诒徵 1947 年所著《中国文化史》有简明的概述:“孔子者,中国文化之中心也。无孔子则无中国文化。自孔子以前数千年之文化,赖孔子而传;自孔子以后数千年之文化,赖孔子而开。即使自今以后,吾国国民同化于世界各国之新文化,然过去时代之与孔子之关系,要为历史上不可磨灭之事实。”④下面仅简单谈谈儒家学者是如何阅读经书、传承道统的。儒学家认为六经是以文字记录下来的圣人之言,而且孔子整理六经也是“述而不作”的。因此,对于经书的版本、书写经书的文字、以及文字之外的微言大义,都要认真探求,还有延续不断的注释与讲述的传统,这就形成了一门专门的学问——经学。

先看儒家对版本载体的讲究。王利器的《谶纬五论》考证:“‘六经’、《孝》《论》,于古之书式,则有尊卑。《仪礼·聘礼疏》引郑玄《论语序》云:‘《易》

---

① 司马迁.史记[M].北京:中华书局,1973:1947.

② 皮锡瑞.经学通论[M].北京:中华书局,2003:1.

③ 朱维铮.周予同经学史论著选集[M].上海:上海人民出版社,1996:217.

④ 柳诒徵.中国文化史[M].上海:东方出版中心,1996:231.

《诗》《书》《礼》《乐》《春秋》,策皆长尺二寸,《孝经》谦半之,《论语》八寸策,三分居一又谦焉。'阮元《校勘记》以为'尺二寸'当作'二尺四寸',是也。《左传序疏》云:'郑玄《论语序》,以《钩命诀》云:'《春秋》二尺四寸书之,《孝经》一尺二寸书之。'故知'六经'之策,皆称长二尺四寸。'然则,'六经'策长二尺四寸,《孝经》一尺二寸,《论语》八寸,此盖汉人本经与传记简策长短之区分。《论衡·量知篇》云:'截竹为筒,破以为牒,加笔墨之迹,乃成文字,大者为经,小者为传记。'即言经与传记之分,由策之大小而定也。经传之简策既有大小,谶纬之书式从而亦有尊卑。"①古人选择不同尺寸的简牍作为书写经书的载体,而六经在儒家诸多著述中享有最高等级的地位。

再看对版本文字的重视。秦始皇焚书坑儒,造成了儒家经典的流失。许多经书是靠儒士(包括孔门弟子)口头教授而得以保存的,汉代儒士用当时流行的隶书字体把经书抄录复制成有形的版本,就成了今文经书。汉代还有一些经书旧版本在民间流传,《史记》记载:"《诗》《书》所以复见者,多藏人家,而史记独藏周室,以故灭。"②河间献王刘德曾经在民间搜集书籍,"献王所得书皆先秦古文旧书,《周官》《尚书》《礼》《礼记》《孟子》《老子》之属,皆经传说记,七十子之徒所论"③。据《汉书·艺文志》记载:武帝末鲁恭王刘馀拆孔子故宅,在坏壁中得到古文《尚书》《礼》《论语》《孝经》等数十篇。④ 这些就是古文经书。

古文字经书、今文字经书,其实是口头与书面两种传播方式交汇所形成的不同版本。然而,"自武帝立五经博士,设弟子员,开科射策,劝以官禄,讫于元始(平帝年号),百有余年,传业者浸盛,枝叶繁滋,一经说至百余万言,大师众至千余人,盖禄利之路然也" ⑤。在独尊儒术的文化政策鼓励下,儒家流传下来的五种书籍成为"经典",博士也限于儒生而专掌经学传授,儒学正式成为官学。关于五经的文字版本,由于关系到哪一种经书、哪一种版本可以立为官学,以及掌握哪一种文字版本的儒生可以成为博士(学官的名称),可以招收弟子,可以步入仕途的问题,便产生了激烈争夺和论战,并形成了古文经学和今文经学两种不同的研究路径。对此,周予同《博士制度和秦汉政治》有详细介绍:"《汉

① 王利器.当代学者自选文库:王利器卷[M].合肥:安徽教育出版社,1999:399.
② 司马迁.史记:第2册[M].北京:中华书局,1973:686.
③ 班固.汉书:景十三王传[M].北京:中华书局,1975:2410.
④ 班固.汉书:艺文志[M].北京:中华书局,1975:1969.
⑤ 班固.汉书:儒林传[M].北京:中华书局,1975:3589.

书·儒林传赞》说:‘武帝立五经博士,《书》唯有欧阳,《礼》后,《易》杨,《春秋》公羊而已!’这样,便有了‘五经博士’……儒家独尊之势既成,此后增列和争论的,也就都在儒家经籍之内了……宣帝于甘露三年(公元前五一年)在未央宫石渠阁举行御前会议,史称为‘石渠阁议’……‘石渠阁议’是武帝以后又一次整齐‘归于一是’的重要辩论会……这次争辩的结果,使博士经说分家,而谷梁学也随之而兴……当时的儒生各以经说争立博士,企图取得政治上和学术上的权势……某些儒生也就利用不同来源、不同写本而与‘法定’经籍‘名同实异’的书籍,说‘法定’的经籍还有脱简残缺;或者宣传其他儒家书籍得到孔子的真传,‘信而有征’,要求补充‘法定’为经,要求朝廷承认他们是真经学……古文经出现后,在文字、师说、思想各方面,同今文博士展开了激烈的斗争……于是当章帝建初四年(公元七九),又在白虎观举行辩论……白虎观议奏之后,在安帝永初四年(公元一一〇),又有一次‘东观校书’……主要的‘整齐脱误,是正文字’,重点已经移到文字训诂的雠校勘复,而这些又正是古文经学家所擅长的。”①了解了汉代有关经书文字版本的论争,就可以找到后世经学发展的不同走向以及儒士阅读经典的方法了。

古文经学以文字作为读经的基础,由此发展了文字学,或者说文字学依附于经学得到繁衍,字书在《汉书·艺文志》中已列入经部小学类。许慎是著名的古文字学者,曾经参加“东观校书”,他所编著的《说文解字》就是为解释经书古文版本服务的。许慎《说文解字序》特别讲述了古文字的来源及其对于经学的意义:“仓颉之初作书,盖依类象形,故谓之文。其后形声相益,即谓之字。字者,言孳乳而浸多也。著于竹帛谓之书,书者如也……盖文字者,经艺之本,王政之始,前人所以垂后,后人所以识古。故曰本立而道生,知天下之至啧而不可乱也。”②清代孙星衍在嘉庆十四年覆刻宋本《说文解字》的序文中也说明:“唐虞三代五经文字毁于暴秦而存于《说文》。《说文》不作,几于不知六义。六义不通,唐虞三代古文不可复识,五经不得其本解。”③官方为了统一经书的文字,便有了刻于碑石、公之于众的版本形态。据《后汉书》记载:蔡邕曾经“召拜郎

① 朱维铮.周予同经学史论著选集[M].上海:上海人民出版社,1996:732-739.皮锡瑞.经学历史[M].北京:中华书局,2008:73.书中说明:“立五经而独举其四,盖《诗》已立于文帝时,今并《诗》为五也。”

② 许慎.说文解字[M].北京:中华书局,1979:314,316.按:啧:幽深。

③ 许慎.说文解字[M].北京:中华书局,1979:1.

中，校书东观。迁议郎。邕以经籍去圣久远，文字多谬，俗儒穿凿，疑误后学。熹平四年，乃……奏求正定六经文字。灵帝许之，邕乃自书丹于碑，使工镌刻立于太学门外。于是后儒晚学，咸取正焉。及碑始立，其观视及摹写者，车乘日千余两，填塞街陌"[①]。关于抄写经书的字体也需要官方加以规范，书法学因此得到官方的重视。唐代国子监有"书学博士二人"，"博士掌教文武八品已下及庶人之子为生者，以石经、说文、字林为专业，余字书兼习之"。[②] 还有《干禄字书》《五经文字》《九经字样》等名目，都是从刊正经书的角度，来规定文字标准书体的。康有为的《广艺舟双楫》专门列"干禄"一篇，说明朝廷各种官员都必须擅长书法，"苟不工书，虽有孔、墨之才，曾、史之德，不能阶清显，况敢问卿相！是故得者若升天，失者若坠地。失坠之由，皆于楷法荣辱之所关，岂不重哉！"[③]

如果说古文经学家在阅读经书的同时成了古文字专家，把经书中的每一个字都梳理过了，这属于"我注六经"的工作。那么今文经学家却把精力用在了"文字"之外，例如，关于孔子整理的《春秋》，历代儒生加以注疏，就在不断阐发其中所隐含的"微言大义"。最初是孟子发现了孔子作《春秋》的用意："世衰道微，邪说暴行有作，臣弑其君者有之，子弑其父者有之。孔子惧，作春秋。春秋，天子之事也，是故孔子曰：'知我者其惟春秋乎？罪我者其惟春秋乎？'……孔子成《春秋》而乱臣贼子惧。"[④]司马迁演绎了孟子的说法："故吴楚之君自称王，而《春秋》贬之曰'子'；践土之会实召周天子，而《春秋》讳之曰'天王狩于河阳'。推此类以绳当世，贬损之义，后有王者举而开之。《春秋》之义行，则天下乱臣贼子惧焉。"[⑤]这种用字措词所流露出来的褒贬是非的倾向被儒士称为"春秋笔法""微言大义"。清代《四库全书总目》的经部春秋类就汇集了历代注解《春秋》的诸多书籍。

儒士如此阅读《春秋》，产生了两种作用：一是把《春秋》作为治理国家的法典，作为判断现实社会是非的标准，这就是所谓"春秋决狱"[⑥]，又称"春秋断狱"

---

① 范晔.后汉书：蔡邕列传[M].北京：中华书局，1973：1990.

② 刘昫.旧唐书：职官志三[M].北京：中华书局，1975：1892.

③ 康有为.广艺舟双楫[M]//艺林名著丛刊.北京：中国书店影印本，1983：60.

④ 杨伯峻.孟子译注[M].北京：中华书局，1981：155.

⑤ 司马迁.史记：孔子世家[M].北京：中华书局，1973：1905.

⑥ 范晔.后汉书：陈忠传[M].北京：中书书局，1973：1612. 此书记载："故胶东相董仲舒老病致仕，朝廷每有政议，数遣廷尉张汤亲至陋巷，问其得失。于是作《春秋决狱》二百三十二事，动以经对，言之详矣。"

等。汉代董仲舒《春秋繁露》如此表述:“春秋之听狱也,必本其事而原其志。志邪者不待成,首恶者罪特重,本直者其论轻。”①唐代孔颖达《春秋正义序》解释:孔子“因鲁史之有得失,据周经以正褒贬。一字所嘉,有同华衮之赠;一言所黜,无异萧斧之诛。所谓不怒而人威,不赏而人劝,实永世而作,则历百王而不朽者也”。② 清人皮锡瑞指出:“春秋有大义,有微言。所谓大义者,诛讨乱贼以戒后世是也。所谓微言者,改立法制以致太平是也。此在孟子已明言之。”③历代政治家往往以《春秋》为解读文本,以附会孔子“微言大义”的名义,来表达自己的政治主张,以获得政治话语权,这就是所谓“六经注我”的阐释方式。直到西学书籍传入中国的近代,康有为主张变法维新,也要在这个圈子里绕来绕去,专门著述《春秋笔削大义微言考》(光绪二十七年,1901),说自己“得悟笔削微言大义于二千载之下”。④

另一种作用是提高了文人著述史书的地位,或者说《春秋》笔法成为中国史书的叙事传统,也成为文人借以褒贬现实、探讨世代兴衰规律的一种学问。司马迁《太史公自序》引述“子曰:我欲载之空言,不如见之于行事之深切著明也”,说明《史记》的特点是“网罗天下放失旧闻,王迹所兴,原始察终,见盛观衰”。⑤ 刘知己《史通》谈撰史的目的是:“申以劝诫,树之风声,其有乱臣贼子,淫乱君主,苟直书其事,不掩其瑕,则秽迹彰于一朝,恶名被于前载”,而读史者可以由此“见贤而思齐,见不贤而内自省”。⑥ 司马光著《资治通鉴》,其宗旨是:“专取关国家盛衰,系生民休戚,善可为法,恶可为戒者,为编年一书。”⑦

这种“春秋笔法”不仅制约了史书的编纂体例,也培养了文人阅读史书的思维习惯,李光地自叙“曾将《左传》分类编纂,言礼者一处,言乐者一处,言兵者一处,言卜筮者一处,嘉言美行一处,如此容易记”;还“欲搜《廿一史》中取其关于修齐治平之要者,仿东莱《大事记》为一编”。⑧ 有学者指出:“中国史学著作的叙述与解释所侧重的并非‘事件’本身,而多以人物的刻画为主。例如《史记》

---

① 苏舆.春秋繁露义证[M].钟哲,点校.北京:中华书局,2019:81.
② 孔颖达.春秋正义序[M]//阮元.十三经注疏:下.北京:中华书局,1980:1898.
③ 皮锡瑞.经学通论:春秋[M].北京:中华书局,2003:1.
④ 康有为.春秋笔削大义微言考序[M]//汤志钧.康有为政论集.北京:中华书局,1998:469.
⑤ 司马迁.史记:太史公自序[M].北京:中华书局,1973:3285.
⑥ 刘知己.史通[M].沈阳:辽宁教育出版社,1997:54,89.
⑦ 司马光.进资治通鉴表[M]//皇朝文鉴:卷六十五//四部丛刊初编集部.上海:上海书店,1989.
⑧ 李光地.榕村语录[M]//王余光,等译注.读书四观.武汉:湖北辞书出版社,1997:362.

中最精彩的是七十‘列传’，虽另有‘书’‘表’，但主要内容仍是历史上具有代表性的个人的表现。此外，历代史家皆秉持着《太史公自叙》所揭示‘善善恶恶，贤贤贱不肖’的著史原则，因此后世读者必须先通过他们对人物的臧否，才可以进一步拼合出整个事件的全貌。”①明清以来书坊主很容易将史书故事改编为演义小说，应该和史书这种以人物刻画为主，好人、坏人褒贬分明的体例有关系。后世的历史剧也不免因为被人读出了所谓“春秋笔法”而招来祸患。

从某种意义上说，中国的史书也是文人论政的一种载体，黄俊杰就指出：“中国史学有着悠久的史论传统，从《左传》之‘君子曰’、《史记》之‘太史公曰’、《汉书》之‘论赞’、《三国志》之‘评’，一直到《资治通鉴》的‘臣光曰’，皆显现出历史学家独立于权力外，化身为社会良心的强烈使命感。”②这种以史论政的传统，对近代报纸的政论文章有直接影响，或者说，受过史学熏陶的文人在观念上很自然将报纸看作历史。章太炎以为“报章者，诚史官之支与余裔也”③。梁启超则引述“西哲有言‘报馆者现代之史记也’，故治此业者不可不有史家之精神”④。戈公振《中国报学史》也有这样的观点：“虽然，自狭义言之，《春秋》纪已往之事，仅为一种良史，似不能即谓之报。故本书之言官报，仍自邸报始。至《春秋》以严谨之笔，定大公之予夺，故‘《春秋》作而乱臣贼子惧’，乃后世报纸纪事之极则。吾人时遭丧乱，痛舆论之萎靡无方，而愈为响往不置耳。”⑤

西方阅读史研究，从读者阅读接受的角度，提出了“阐释团体”的概念，说明“这是一个分享共同阅读风格和可辨认的诠释策略的读者群”。⑥ 而且“一个文本有这样多的读者，并不一定会导致各不相同的意义，因为我们所共有的价值观、经验和文化背景限制了这个范围”，“相同的意义显示我们是‘解释共同体’”。⑦ 可以说，中国的历代儒士就是这样一个通过解读经书而形成的“阐释

---

① 黄俊杰.中国传统历史思想中的时间概念及其现代启示[M]//黄俊杰.传统中华文化与现代价值的激荡.北京：社会科学文献出版社，2002：346.

② 黄俊杰.钱宾四史学中的“国史”观：内涵、方法与意义[M]//黄俊杰.传统中华文化与现代价值的激荡.北京：社会科学文献出版社，2002：459.

③ 章炳麟.实学报叙[J].实学报，1897(1)：5.

④ 梁启超.敬告我同业诸君[J].新民丛报，1902(17)：4.

⑤ 戈公振.中国报学史[M].上海：上海古籍出版社，2003：32.

⑥ 王余光，许欢.西方阅读史述评与中国阅读史研究的新进展[J].高校图书馆工作，2005(2)：1-6.

⑦ 芬克尔斯坦，麦克利里.书史导论[M].何朝晖，译.北京：商务印书馆，2012：189-190.

团体”（或者说“解释共同体”），甚至采用“师徒相传”①的方式，来延续对一种经学文本的阅读和解说。唐代建立了科举取士的制度后，以儒家的五经作为考试的标准文本。唐太宗进一步统一了注疏的版本，“太宗又以经籍去圣久远，文字多讹谬，诏前中书侍郎颜师古考定《五经》，颁于天下，命学者习焉。又以儒学多门，章句繁杂，诏国子祭酒孔颖达与诸儒撰定《五经》义疏，凡一百七十卷，名曰《五经正义》，令天下传习。”②于是，在科举制度的制约下，那些想通过考试而进入仕途的士人，不仅要背诵《五经》，还要依据标准的注疏版本，熟悉经学注疏的基本方法和思路，以统一答案。这正如皮锡瑞所指出的：“自《正义》《定本》颁之国胄，用以取士，天下奉为圭臬。唐至宋初数百年，士子皆谨守官书，莫敢异议矣。故论经学，为统一最久时代。”③

就是儒家的这五本经书，奠定了历代儒士治学从政的根基，也耗费了读书人群体无数的精力，以至于有“皓首穷经”的说法。这就像是一个巨大的陀螺，最初凭借皇权力量的推动，开始旋转起来，接着一代又一代儒士被吸附在这个陀螺上，随之转来转去，划出一个又一个圆圈，虽然这个圆圈有所扩大（从五经到九经到十三经，以及其他配经而行的注疏学问），但终究不能离开这个中心点。吴刚《知识演化与社会控制》一书通过分析科举制度对“教育知识的控制”得出结论：“凝固的知识缔造停滞的帝国”。④ 当朝者通过指定的经书，控制了士人的读书方式，也制约了士人的知识结构，从而稳定了社会秩序。然而，在近代西方学科分类体系进入中国之后，朝廷被迫在 1905 年废除了科举制度，经学的传统失去了来自官方的推动力，读书人终于跳出了过去的圆圈。而一旦读书人跳出了那个圆圈，转向中西融合的大视野，“停滞的帝国”也就彻底崩溃了。

二、隐士的读书方式

上述儒生的读书方式，因为与朝廷的选官制度相关，实际上是一种官方的

---

① 沈约.宋书[M].北京：中华书局，1997：360. 书中记录：“先儒典训，贾、马、郑、杜、服、孔、王、何、颜、尹之徒，章句传注众家之学，置博士十九人。九州之中，师徒相传，学士如林，犹是选张华、刘寔居太常之官，以重儒教。”

② 刘昫.旧唐书：儒学传[M].北京：中华书局，1975：4941.

③ 皮锡瑞.经学历史[M].周予同，注释.北京：中华书局，1959：207.此书说明：“唐初又有《定本》，出颜师古，五经疏尝引之。”

④ 吴刚.知识演化与社会控制[M].北京：教育科学出版社，2002：249.

公开的学术活动，汉代的几次版本论争就是由皇帝组织的学术会议。对于一个士人来说，阅读儒家经典似乎无法摆脱仕途的功利目的。但是，如果真的一辈子只读五本经书，读书人要郁闷死了。实际上，他们还可以选择跳出那个圆圈，因为还有道家的书可以读，后来又有佛教的书可以读，这些书籍恰好与儒家经典形成了互补的知识结构。至于读书人在私下空间有什么阅读兴趣，这只要看看著名藏书家的书目就知道了。

美国的媒介研究者提出了“印刷场景”的概念，研究“媒介在多大程度上将不同类型的人们分成或合并到不同或相同的信息世界中”；而“作为一个物体，一本书不仅仅是传播媒介，它也是一件艺术品和财产。这样，它不仅仅是提供信息的一种渠道，而且也是自我和身份的象征。正如我们确定穿着风格不单单是为了实用，我们选择书也要能‘恰当地’反映我们以及我们所加盟群体的形象”。由于“信息的有选择性传递，将人们划归到非常不同的信息系统，而创造出各个‘群体’。对于你所知道的、书写的或阅读的东西一无所知的人，显然是非常‘不一样’。”①如果我们考察一下中国古代的文人的读书“场景”，那些啸傲于山林，或者逍遥于园林的隐士、名士，无疑是独具特色的另一种读书人群体。

我们先追溯道家代表人物老子、庄子对读书的态度。有趣的是，《庄子》一书多处描述孔子与老子的交往，其中孔子及其弟子的形象总是离不开读书，而老子对文字和书籍却有不同的看法。《庄子·外篇·天道第十三》写道：

> 孔子西藏书于周室，子路谋曰：“由闻周之征藏史有老聃者，免而归居，夫子欲藏书，则试往因焉。”孔子曰：“善。”往见老聃，而老聃不许，于是繙十二经以说。老聃中其说，曰：“大谩，愿闻其要。”孔子曰：“要在仁义。”
>
> ……世之所贵道者，书也。书不过语，语有贵也。语之所贵者，意也，意有所随。意之所随者，不可以言传也，而世因贵言传书。世虽贵之，我犹不足贵也，为其贵非其贵也。故视而可见者，形与色也；听而可闻者，名与声也。悲夫，世人以形色名声为足以得彼之情！夫形色名声，果不足以得彼之情，则知者不言，言者不知，而世岂识之哉！
>
> 桓公读书于堂上。轮扁斫轮于堂下，释椎凿而上，问桓公曰：“敢

① 梅罗维茨.消逝的地域：电子媒介对社会行为的影响[M].肖志军，译.北京：清华大学出版社，2002：66，77，78.

问，公之所读者何言邪？”公曰：“圣人之言也。”曰：“圣人在乎？”公曰：“已死矣。”曰：“然则君之所读者，古人之糟魄已夫！”桓公曰：“寡人读书，轮人安得议乎！有说则可，无说则死。”轮扁曰：“臣也以臣之事观之。斫轮，徐则甘而不固，疾则苦而不入。不徐不疾，得之于手而应于心，口不能言，有数存焉于其间。臣不能以喻臣之子，臣之子亦不能受之于臣，是以行年七十而老斫轮。古之人与其不可传也死矣，然则君之所读者，古人之糟魄已夫！”①

庄子是老子思想的传承者，曾著书十余万言，“以诋訾孔子之徒，以明老子之术”②。《庄子·外篇》虽掺杂了道家后学的文字，但也是道家思想的代表。在上述文字中，孔子为了将自己整理的经书收藏于周，而去拜见老子，但老子对孔子所谈的这些书不感兴趣。老子认为书籍是以文字来记载语言的，而“道”是语言文字所无法传达的，这也就是所谓“言不尽意”。轮扁斫轮的故事说明：斫轮的手艺是得之于手、感悟于内心的，却无法用语言传授给他人。依此类推，圣人已经死了，圣人的语言也是文字书籍所无法传达的；所谓圣人的书籍只是圣人的糟粕而已，是不值得阅读的，也是没有用的。这表达了道家对于“传”的看法。书籍是以文字符号记载语言、表达意义的一种媒介，但是，真正自在自然、无所不在的“道”是无法用语言来表述的。有趣的是《庄子》中的故事也被后人形容读书的心态，“冯开之曰：读书太乐则漫，太苦则涩。董遇之百遍，考亭之半日；渊明之不求甚解，东坡之每事一过；庾嵩之开卷一尺，王筠之重览兴深。其各得于轮扁之甘苦者乎。”③无论采取怎样的读书方式，对于书应该有轮扁斫轮那样的感悟。

《庄子·外篇·天运第十四》也有一段话，表达了同样的意思：

孔子谓老聃曰：“丘治《诗》《书》《礼》《乐》《易》《春秋》六经，自以为久矣，孰知其故矣；以奸者七十二君，论先王之道而明周、召之迹，一

① 曹础基.庄子浅注[M].北京：中华书局，1988：197，203，204. 又：黎凤翔，梁运华.管子校注[M].北京：中华书局，2018：1033.《管子：内业》云：“道也者，口之所不能言也，目之所不能视也，耳之所不能听也，所以修心而正形也。”所以，“道”是无形的，不仅文字不能传达，人的所有感官都无法感觉到，只有依赖“修心”而感悟。

② 司马迁.史记：老子韩非列传[M].北京：中华书局，1973：2144.

③ 方以智.通雅：卷首三：文章薪火[M].北京：中国书店，1990：55.

君无所钩用。甚矣！夫人之难说也，道之难明邪？”老子曰：“幸矣，子之不遇治世之君也！夫六经，先王之陈迹也，岂其所以迹哉！今子之所言，犹迹也。夫迹，履之所出，而迹岂履哉！……性不可易，命不可变，时不可止，道不可壅。苟得于道，无自而不可；失焉者，无自而可。”①

老子认为：所谓“六经”只是先王留下的陈迹，并不是先王原本的意思。就像人的足迹是鞋留下来的印记，并不等于人的鞋本身；而语言、文字以及书籍等媒介，无法传达那些已经成为过去的事情，特别是抽象的“先王之道”的含义。

或许一个苦读经书的儒生，在休闲的时候读了道家这些话，会感到一种“颠覆”经典的乐趣，心情轻松了许多。在魏晋那个“道家复兴的时代”②，《庄子》中鄙薄经书的言论也成了名士的谈资。例如，荀粲（209—238）曾经在家中和几位兄弟讨论儒家经典，他借题发挥说：“子贡称‘夫子之言性与天道，不可得闻’。然则六籍虽存，固圣人之糠秕。”③这不就是《庄子》以圣人之书为“糟粕”的翻版吗？嵇康（223-262）作为“竹林七贤”之一，拒绝朋友山涛的劝说，不肯出山做官，竟然反复说明：“老子、庄周，吾之师也”，“不涉经书……又读《老》《庄》，重增其放，故使荣进之心日颓，任逸之情转笃……每非汤、武而薄周、孔”。④ 他还有一句非常大胆的话：“向之不学，未必为长夜，六经未必为太阳也。”这句话针对的是以读书谋求荣利的现象：“劝学讲文，以神其教。故六经纷错，百家繁炽，开荣利之涂，故奔骛而不觉。是以贪生之禽，食园池之粱菽；求安之士，乃诡志以从俗。操笔执觚，足容苏息；积学明经，以代稼穑。”⑤既然那些好学的人不过如此，“我”当然不把孔子当作圣人，也不把六经看作神圣的经典了。即使是读老庄的书，也不必像儒生那样拘泥于注疏，向秀要为《庄子》作注，事先告诉了嵇康，嵇康却说：“此书讵复须注？徒弃人作乐事耳！”⑥读《庄子》的书本来是很快乐的事，何必让人放弃快乐而去作注（读注）呢？

---

① 曹础基.庄子浅注［M］.北京：中华书局，1988：224. 按：此文中“奸”为“求”的意思，“钩”为“取”的意思。

② 朱维铮.周予同经学史论著选集［M］上海：上海人民出版社，1996：111.

③ 陈寿.三国志：魏书：荀彧传［M］.北京：中华书局，1973：319.

④ 戴明扬.嵇康集校注：上：与山巨源绝交书［M］.北京：中华书局，2016：196，198.

⑤ 戴明扬.嵇康集校注：上：难自然好学论［M］.北京：中华书局，2016：448，447.

⑥ 徐震堮.世说新语校笺［M］.北京：中华书局，1987：111.

由于“老庄哲学本身就是由隐士行为底理论化出发的”①，所以，魏晋的名士选择了《老子》《庄子》《周易》等书籍作为阅读和清谈的话题，也作为一种身份的标志，追求一种高雅脱俗、逍遥自得的生活方式。这一时期，佛教经书也被翻译出来，成为名士与名僧谈论的对象。名士们可以随心所欲地读书，或以道解儒（如《周易》），或出入于佛老。例如，《宋书·隐逸传》记载：“周续之……居学数年，通《五经》并《纬候》，名冠同门，号曰‘颜子’。既而闲居读《老》《易》，入庐山事沙门释慧远。”②

《世说新语·文学》记载了名士与名僧往来谈玄的生动情景：

> 《庄子·逍遥篇》，旧是难处，诸名贤所可钻味，而不能拔理于郭、向之外。支道林在白马寺中，将冯太常共语，因及逍遥。支卓然标新理于二家之表，立异义于众贤之外，皆是诸名贤寻味之所不得，后遂用支理。
>
> 支道林、许、谢盛德共集王家，谢顾谓诸人：“今日可谓彦会。时既不可留，此集固亦难常，当共言咏，以写其怀。”许便问主人：“有《庄子》不？”正得《渔父》一篇，谢看题，便各使四坐通。支道林先通，作七百许语，叙致精丽，才藻奇拔，咸称善。于是四坐各言怀毕。谢问曰：“卿等尽不？”皆曰：“今日之言，少不自竭。”谢后粗难，因自叙其意，作万余语，才峰秀逸，既自难干，加意气凝托，萧然自得，四坐莫不厌心。支谓谢曰：“君一往奔诣，故复自佳耳。”③

这群文人聚会谈玄的地点可以在佛寺，也可以在家中，随便从《庄子》中翻出一篇，提出一个题目，各自侃侃而谈，加以阐释，还能互相推许，这真是一种自得自娱，使个性得到张扬的读书方式。

《南齐书》记载的一件事更有名士风度。张融临死时，“遗令建白旐无旒，不设祭，令人捉麈尾登屋复魂，曰：‘吾生平所善，自当凌云一笑。’三千买棺，无制新衾。左手执《孝经》《老子》，右手执《小品》《法华经》。”④一个人死后要以儒、道、佛家的书籍来随葬，可见书籍作为一种象征符号，不仅代表了当时名士所崇

---

① 王瑶.论希企隐逸之风[M]//中古文学史论集.上海：上海古籍出版社，1982：57.

② 沈约.宋书：隐逸传[M].北京：中华书局，1974：2280.

③ 徐震堮.世说新语校笺[M].北京：中华书局，1987：119，130.

④ 萧子显.南齐书：张融周颙列传[M].北京：中华书局，1974：729.

尚的生活境界,也说明了在私人阅读空间中三教书籍兼容并存的情况。

受到道家、佛家思想的影响,历代文人在奔走于仕途时也向往隐逸生活,但是,他们所谓"隐逸",已经变成了一种不拘泥于时间、地点的"朝隐"(包括"居士"生活),或者说是一种无往而不逍遥的人生境界。而《老子》《庄子》以及佛经,也为士大夫在儒家"穷则独善其身,达则兼善天下"①的人生设计中,提供了进退自如的理论依据。

三、陶渊明的读书生活

魏晋以来由于玄学盛行,崇尚隐逸,士人风气大变。原本避世不出的隐者高士被文人编入了"高士传",史书中也有了"隐逸传"的名目。早期的隐者高士,如《论语·微子第十八》中提到几位隐士,"长沮、桀溺耦而耕"、"遇丈人,以杖荷莜"、楚狂接舆等,没有正式的名字,远离社会,不知所终,过着简朴的原始的生活,也不需要读书。而魏晋时代的隐士有着丰富的读书生活,这使他们心态悠然自得,精神更加充实。于是,我们想到了陶渊明(352 或 365 年—427 年)——这位自称"好读书,不求甚解"的隐逸诗人。关于陶渊明的归隐、躬耕生活、田园诗等,历代文人都有许多评论。② 这里仅借鉴微观的个人阅读史的视角,分析陶渊明作为一个隐士的读书生活有什么特点,包括纸质书籍如何成为一个隐士自娱自乐的媒介。

陶渊明自少就崇尚自然,不愿意做官,虽然为生活所迫,也几次离家,做过州祭酒之类小官,但不久就觉得这与自己的性情不合,辞职回家了。最后他任彭泽令,由于"郡遣督邮至县,吏曰:'应束带见之。'潜叹曰:'我不能为五斗米折腰向乡里小人!'即日解印绶去职,赋《归去来》以遂其志"③。从此,他亲自耕田,维持家计,拒绝与官场人物打交道,再也没有出去做官。而在耕种之余的生活中,给陶渊明带来极大乐趣的就是读书了,就像他的诗歌所描写的:"既耕亦已种,时还读我书"(《读山海经十三首》其一);"息交游闲业,卧起弄书琴"(《和郭主簿二首》其一)。④

---

① 杨伯峻.孟子译注[M].北京:中华书局,1981:304.

② 于翠玲.论陶渊明的人格特征三题[J].九江师专学报,1991(1):78-83.

③ 李延寿.南史:隐逸传[M].北京:中华书局,1975:1856.

④ 逯钦立.陶渊明集[M].北京:中华书局,1982.

陶渊明所阅读的书籍很杂,有儒家的经书,如《论语》《诗经》《孟子》等,也有道家的《老子》《庄子》;有《史记》等史书,还有一些"异书",如《穆天子传》《山海经》。他说自己"好读书,不求甚解。每有会意,便欣然忘食"①。他在读书时有了心得就随手写下来,如《读史述九章》就是"余读《史记》有所感而述之"②,《读山海经十三首》是读"异书"的体会。然而,似乎没有人追问过陶渊明所看的书籍是什么载体的?他的读书笔记和诗文又书写在什么载体上?这对于他成为"隐逸诗人"有什么意义?

值得提起的是,在陶渊明生活的晋宋时代,出现了一件标志媒介技术变化的大事情——"废简用纸"。据记载:东晋桓玄称帝后曾下诏:"古无纸,故用简,非主于敬也。今诸用简者,皆以黄纸代之。"③这可以说明纸媒介至少在这个时期已经普及了,而纸的普及有助于读书人抄录书籍,或随时记录读书体会,与先贤进行超越时空的精神对话。在简牍时代,以刀为笔,书写费时,必须先专心致志打好腹稿,王充写作《论衡》时"乃闭门潜思,绝庆吊之礼,户牖墙壁各置刀笔"④。甚至还有这样的例子:"苏秦、张仪佣书,遇圣人之文,无题记处,则以墨书掌内股里,夜还,折竹写之。读书者当观此。"⑤有了纸张就不同了,就像西晋人傅咸《纸赋》所描述的:"揽之则舒,舍之则卷。可屈可伸,能幽能显。若乃六亲乖方,离群索居,鳞鸿附便,援笔飞书。写情于万里,精思于一隅。"⑥纸媒介有舒卷自如、书写方便的特点,对于"离群索居"的隐士来说,这是不可缺少的朋友,也是自我娱乐的工具。

从传播学角度来看,人类不能不传播,即使是孤独的隐士也有自我传播行为。"假定有一个隐士从人间世界退隐到他在山里的洞穴去冥思。他试图避免与他人交流,除非是有人来向他求教。但是,沉思冥想这个行为本身就意味着内心的传播。这个隐士是在挖掘自己过去储存的信息,加上从他的脱离人的环境所得到的信息,不断思考,自己同自己讨论。他是在同他自己的每日祈祷书和自己的书籍进行交流,而且在某种意义上说,是在同所有那些对他起过影响

---

① 逯钦立.陶渊明集:五柳先生传[M].北京:中华书局,1982:175.

② 逯钦立.陶渊明集:读史述九章[M].北京:中华书局,1982:179.

③ 徐坚.初学记:卷二十一:桓玄伪事[M].北京:中华书局,2005:517.

④ 范晔.后汉书:王充传[M].北京:中华书局,1973:1629.

⑤ 吴应箕.读书止观录[M]//王余光,等.读书四观.武汉:湖北辞书出版社,1997:23.

⑥ 严可均.全晋文:卷五十一[M].北京:商务印书馆,1999:531. 按:《晋书·左思传》记载左思作《三都赋》,"豪贵之家,竞相传写,洛阳为之纸贵"。这说明当时纸的价格比较贵,生产的数量有限。

的思想进行交流。他的退隐到山洞是向全体人类传播一个讯息。”①与西方的隐士相比,陶渊明并没有远离人世,他只是从官场中主动地退了出来,回到自己生活的“田园居”。他正是通过读书来“自己同自己讨论”的,也通过随时书写在纸上的诗歌,在孤独中自我娱乐,如《饮酒二十首序》所叙述的:“余闲居寡欢,兼比夜已长,偶有名酒,无夕不饮。顾影独尽,忽焉复醉。既醉之后,辄题数句自娱。纸墨遂多,辞无诠次。聊命故人书之,以为欢笑尔。”②然而,陶渊明以纸墨记录的诗文,不仅在当时为人所知,而且在后世流传久远,向读者“传播”了许多可以解读的信息。

(一)读经书,不求甚解

陶渊明在《五柳先生传》中有句名言:“好读书,不求甚解,每有会意,便欣然忘食。”这里谈到读书的两种方式:一是“不求甚解”。什么是“甚解”? 儒家对于经书是提倡“甚解”的,也就是反复阅读,精心钻研。而不求甚解的读书方法,往往被人批评,如有人教子读书说:“陶公读书,止观大意,不求甚解。所谓甚解者,如郑康成之《礼》,毛公之《诗》也。世人读书,正苦大意未通耳。今者朝读一书,至暮便竟,问其指归,尚不知所言何事;自云吾师渊明,不惟自误,更以教人,少年倦于讨求,从之而废。凡我同人,若遇此辈,所谓‘损友’,绝之可也。”③其实陶渊明所言“不求甚解”,正是针对当时人的“甚解”而言的,意思是不能过度解读,不能穿凿附会。二是“会意”。强调以个人的内心去体验原文本,与“古人”相通,进入浑然忘我、欣然忘食的境界。陶渊明读书没有功利目的,不需要以苦读的方式背诵经书,以字斟句酌的注疏方式去阐释经书,而是基于自己的日常体验,自然感悟人生的道理。

其实,陶渊明对孔子非常尊重,称之为“先师”。《饮酒二十首》之第二十首赞许孔子整理六经的功绩:“羲农去已久,举世少复真。汲汲鲁中叟,弥缝使其淳。”痛斥秦始皇:“诗书复何罪,一朝成灰尘”,造成“如何绝世下,六籍无一亲”的状况。他的诗歌有多处引用《论语》,就是通过书籍媒介,在内心和孔子进行

---

① 施拉姆,波特.传播学概论[M].陈亮,等译.北京:新华出版社,1984:21.

② 逯钦立.陶渊明集:饮酒二十首序[M].北京:中华书局,1982:86.

③ 周永年.先正读书诀[M]//丛书集成初编.上海:商务印书馆,1939:45.按:此段话引自冯班《钝音杂录》卷七.

对话。例如,《癸卯岁始春怀古田舍》写道:

先师有遗训,忧道不忧贫。瞻望邈难逮,转欲志长勤。
秉耒欢时务,解颜劝农人。平畴交远风,良苗亦怀新。
虽未量岁功,即事多所欣。耕种有时歇,行者无问津。
日入相与归,壶浆劳近邻。长吟掩柴门,聊为陇亩民。

这首诗开篇就援引"先师有遗训"。孔子曾说:"君子谋道不谋食。耕也,馁在其中矣;学也,禄在其中矣。君子忧道不忧贫。"①樊迟向孔子请学稼,孔子回答:"吾不如老农。"樊迟又请学为圃,孔子回答:"吾不如老圃。"等樊迟出去了,孔子很不高兴地说:"小人哉,樊须也!"②樊须想的是个人谋食的事情,而不是以道来治国的问题,这根本不是君子的志向。这种"小人"当然不配做孔子的学生了。然而,陶渊明在辞去彭泽县令以后,只能亲自去种田,来维持一家人的生活。他这时才体会到:原来"先师"的"遗训"是遥不可及的。表面看这是在感慨自己不得不"谋食",实际上也是叹息自己"谋道"不可能("有志不获骋")。这首古诗语言非常简朴,描写的只是诗人如何拿着农具去耕种、如何与农人亲切交往等日常生活。伴随着日出日落和岁时变化,眼看着风吹苗长,期待着秋后有个好收成。这种普通农人的耕种生活,给陶渊明带来了内心的充实和欢欣。尽管他在辞官归田后,难免"长吟掩柴门",在感到寂寞时也会反思"先师"的教诲。不过,既然这是自己的人生选择,既然崇尚"复得返自然"的生活境界,就姑且做一个田间的农人吧!

陶渊明以一种很亲近也很随意的口吻,和"先师"对话。他并没有把孔子当作至高无上的圣人,也不把《论语》视为必须"求甚解"的经书。这一点与汉代"独尊儒术"以后,那些博士官及其弟子把传授儒家经书当作政治活动是不同的。据说在西汉时,《论语》的注释传授者就有十多家,三国魏时"何晏诸人又杂采汉、魏经师八家之说,成《论语集解》"③。如果按照汉儒"疏不破注"的思路,就要从高深处阐释孔子的话,何晏《论语集解》引包氏所言:"礼义与信足以成德,何用学稼以教民乎?"④儒家重视的是道德教化,并不需要"学稼以教民"。

① 论语:卫灵公第十五[M]//朱熹.四书章句集注.北京:中华书局,2005:167.
② 论语:子路第十三[M]//朱熹.四书章句集注.北京:中华书局,2005:142.
③ 朱维铮.周予同经学史论著选集[M].上海:上海人民出版社,1996:274.
④ 何晏.论语集解[M]//阮元.十三经注疏.北京:中华书局,1980:2500.

而陶渊明只是从自己目前的生活状况出发，告诉孔子这位先师自己为什么要亲自去种田，为什么要“谋食”而无法去“谋道”，并没有读书以求利禄的目的，这就是“不求甚解”的态度。

这首诗中“行者无问津”一句出自《论语·微子》所谓“长沮、桀溺耦而耕，孔子过之，使子路问津焉”。长沮、桀溺是两个不知名的隐士，他们正在田间一起耕地。孔子派子路前去向他们询问渡口，他们却对孔子不以为然。陶渊明借用这个故事，把自己比作了亲自耕田的隐士，遗憾当今已经没有像孔子那样为天下奔走的人了，也不会有人来理睬自己了。因此，诗人一声“聊为陇亩民”的感叹，隐含了对当时社会时事的批评态度，也是借题发挥、聊以自慰而已。

（二）读异书，自得其乐

陶渊明所读的书籍除了经史之外，还有《山海经》《穆天子传》等杂书。《读山海经十三首》其一写道：

> 孟夏草木长，绕屋树扶疏。众鸟欣有托，吾亦爱吾庐。
> 既耕亦已种，时还读我书。穷巷隔深辙，颇回故人车。
> 欢言酌春酒，摘我园中蔬。微雨从东来，好风与之俱。
> 泛览周王传，流观山海图。俯仰终宇宙，不乐复何如？①

在安闲自在的田园生活中，以“泛览”“流观”的方式读书，这是多么快乐的事情啊！

《周王传》即《穆天子传》，西晋荀勖记载：“古文《穆天子传》者，太康二年，汲县民不准盗发古冢所得书也。皆竹简素丝编，以臣勖前所考定古尺度，其简长二尺四寸，以墨书，一简四十字……汲郡收书不谨，多毁落残缺。虽其言不典，皆是古书，颇可观览。谨以二尺黄纸写上，请事平以本简书及所新写，并付秘书缮写，藏之中经，副在三阁。”②荀勖将出土的竹简书校订为六卷，抄录在黄纸上，收入官方藏书机构。而陶渊明所阅读的自然是辗转抄录流传下来的纸

---

① 李善，等.六臣注文选：卷第三十杂诗下[M].北京：中华书局，2012. 此书注释《读山海经》：“善曰：周王传，穆天子传也。山海图，山海经也。铣曰：泛，溥也。周王传谓周穆王传也。穆王车辙马迹遍于天下，故先溥览之，然后流目于山海经也，图象也。”[明]胡应麟《少室山房笔丛》丁部《四部正伪》云：“陶‘泛览周王传，流观山海图’，则知此经古有图也，宋刻称张僧繇画。”

② 荀勖.穆天子传序[M]//郭璞，注.穆天子传.上海：上海古籍出版社，1990：2.

书。这本书内容很神奇，描写了“（周穆）王好巡守，得盗骊騄耳之乘，造父为御，以观四荒，北绝流沙，西登昆仑，见西王母”①的故事。

《山海经》大概成书于战国时代，原有绘图，西晋的郭璞就作有《山海经图赞》。此书一直被称为荒诞不经之作，由于《论语·述而》中有“子不语怪，力，乱，神”②的说法，读书人对“语怪”的书籍比较谨慎，司马迁就说：“《山海经》所有怪物，余不敢言之也。”③朱熹《论语集注》解释：“鬼神，造化之迹，虽非不正，然非穷理之至，有未易明者，故亦不轻以语人也。”④所以，此书被后人评价为“古今语怪之祖”⑤。《四库全书总目》则认为《山海经》“实则小说之最古者尔”。⑦

图 10-2⑥

这两本书都提及“西王母”这个神话人物，这是陶渊明题为“读《山海经》”，却自叙“泛览周王传，流观山海图”的原因。陶渊明在耕种劳动之余，阅读这样的语怪之书，眼前浮现的是精卫填海、夸父追日、刑天舞干戚等神话故事，还有西王母、周穆王等神奇人物，还有仙山（如昆仑、三危山）、奇树（如丹木、扶木）、异兽（如三青鸟、灵凤、神鸾、人面兽身动物）等生动形象，这使他思绪飞扬，浮想联翩，从现实的田园环境中超越出来，进入了茫茫远古的时空之中，不由得赞叹“俯仰终宇宙，不乐复何如”。这十三首就是他读书及读图的笔记，无论其文字背后是否隐含了更为深刻的时事感慨，《山海经》中的字面、典故，被他重新编织在一起，形成了宏观“宇宙”与微小人生的对比，这也如同他在一首《饮酒》诗中所感慨的：“宇宙一何悠，人生少至百。”这种阅读与写作情景，可以借《文心雕龙·神思》

① 荀勖.穆天子传序[M]//郭璞，注.穆天子传.上海：上海古籍出版社，1990：2.
② 朱熹.四书章句集解[M].北京：中华书局，2005：98.
③ 司马迁.史记：大宛列传[M].北京：中华书局，1982：3179.
④ 朱熹.四书章句集注[M].北京：中华书局，2005：98.
⑤ 胡应麟.少室山房笔丛：卷三十二[M].北京：中华书局，1958：412.
⑥ 古今图书集成：博物汇编：神异典：山川诸神部汇考二：山海经[M].上海：中华书局，1934 影印本.
⑦ 永瑢，等.四库全书总目[M].北京：中华书局，1981：1205.

中的话来描述："文之思也，其神远矣。故寂然凝虑，思接千载；悄焉动容，视通万里。"①或者说，这是一种以图书文本为媒介进行的自我交流而心神超越的状态。如果没有机会获得并阅读这些"异书"，陶渊明不仅失去了俯仰天地的乐趣，也无法写出这些读书诗了。而后人在阅读陶渊明《读山海经》诗时，又参照《山海经》文本加以笺注，并揣摩其中的寓意，这也达到了"传之其人"的影响效果。

(三)咏贫士，与古贤对话

加拿大的传播学者麦克卢汉曾分析："书写的发展，以视觉形象组织生活的方式，使人发现个人主义和内省等等成为可能。"②中国学者也论述"内省式思考——人内传播的一种形式"，进一步说明："内省式思考的过程并不是封闭的，而是与周围的社会环境、与周围的他人有着密切的联系。这就是说，在内省的过程中，人的头脑中会出现他人的形象，个人会分析和推测别人是如何考虑的，别人对这个问题会采取什么态度等等，只有在与他人的联系上才能形成个人自己的态度轮廓，考虑自己应该怎么做。这个过程，也是一个重新构筑自我与他人关系的过程，因此，内省式思考的过程也是一个社会过程。"③可以说，这种"内省式思考"也是个人阅读的一种状态。我们不妨看看陶渊明是怎样通过与古代贫士对话，以古代贫士为镜子来观照自我、反思人生的。

陶渊明的诗歌中有《咏贫士七首》，第二首叙述了当时生活贫苦的状况："凄厉岁云暮，拥褐曝前轩。南圃无遗秀，枯条盈北园。倾壶绝余沥，窥灶不见烟。诗书塞座外，日昃不遑研。闲居非陈厄，窃有愠见言。何以慰吾怀，赖古多此贤。"④天气寒冷，他只好在屋前晒太阳取暖；家中无酒食，《诗》《书》也顾不上读了。虽然不同于孔子在陈绝粮的情形，却像子路一样有些怨言。这时候谁能安慰自己呢？只有依赖古代的贤者高士了。他笔下的荣启期、黔娄、仲蔚等人，都是隐居不仕，宁愿过着贫困的生活，也要坚守自己的气节。陶渊明一边追思

---

① 范文澜.文心雕龙注[M].北京：人民文学出版社，2000：493.

② 麦克卢汉.理解媒介——论人的延伸[M].何道宽，译.北京：商务印书馆，2001：78.

③ 郭庆光.传播学教程[M].北京：中国人民大学出版社，1999：80.

④ 逯钦立.陶渊明集[M].北京：中华书局，1982：123. 按：《庄子·外篇·山木第二十》："庄子曰：贫也，非惫也。士有道德不能行，惫也；衣弊履穿，贫也，非惫也；此所谓非遭时也。"这应该是"贫士"的含义。

这些贫士的事迹，一边感慨："岂不知其极，非道故无忧。从来将千载，未复见斯俦。朝与仁义生，夕死复何求"；"贫富常交战，道胜无戚颜"；"谁云固穷难？邈哉此前贤"。[①] 其实，他也是在与自己对话，在借古代贤者安贫乐道的事迹，包括孔子所谓"君子固穷"[②]的观念，鼓励自己战胜生活的困境，印证和完善自己的道德修养。那一句"贫富常交战"，就是他自己内心矛盾的真实写照。

陶渊明所吟咏的贫士大多出自皇甫谧的《高士传》，他在阅读史书时也特别注意其中的隐士人物。除了以贫士作为自己的榜样以外，他还写了一篇《五柳先生传》，可以说是为自己而作的"隐士传"，大概期待以后能够以"隐士""高士"的形象在史书中留名吧！从"传播"的角度看，这篇《五柳先生传》是有潜在的读者对象的，而且得以流传后世，这本身就是自我传播的结果。《五柳先生传》写道：

> 先生不知何许人也，亦不详其姓字；宅边有五柳树，因以为号焉。闲静少言，不慕荣利。好读书，不求甚解；每有会意，便欣然忘食。性嗜酒，家贫，不能常得。亲旧知其如此，或置酒而招之。造饮辄尽，期在必醉。既醉而退，曾不吝情去留。环堵萧然，不蔽风日；短褐穿结，箪瓢屡空，晏如也！常著文章自娱，颇示己志。忘怀得失，以此自终。赞曰：黔娄之妻有言："不戚戚于贫贱，不汲汲于富贵。"其言兹若人之俦乎？酣觞赋诗，以乐其志，无怀氏之民欤？葛天氏之民欤？

文中"黔娄之妻"的话出自刘向《列女传·贤明传》，"无怀氏"见于《史记》[③]，"葛天氏"出自《吕氏春秋》。陶渊明在翻阅和抄录这些古书的过程中，拈出其中的人物典故，把自己描述成为一个超越现实时空的隐士形象。他在给儿子的信中也形容自己："偶爱闲静，开卷有得，便欣然忘食。见树木交荫，时鸟变声，亦复欢然有喜。常言：五六月中，北窗下卧，遇凉风暂至，自谓是羲皇上人。"[④]这不仅是一个以古人为友的高士，还是一个可以与大自然的信息（四季变化、时鸟变声）相交流的隐士呢！

---

① 逯钦立.陶渊明集[M].北京：中华书局，1982：125，126，127. 按：荣启期、黔娄、仲蔚等人物，见于皇甫谧《高士传》。

② 朱熹.四书章句集解[M].北京：中华书局，2005：161.

③ 司马迁.史记[M].北京：中华书局，1973：1361.

④ 逯钦立.陶渊明集：与子俨等书[M].北京：中华书局，1982：188.

此外，陶渊明还有《形影神》诗三首，其小序说明："贵贱贤愚，莫不营营以惜生，斯甚惑焉。故极陈形影之苦，言神辨自然以释之，好事君子，共取其心焉。"全诗分别以"形赠影""影答神""神释"的方式，来展开自我对话和反思，讨论人生的根本问题。人自身的存在有其形，人外在的名声如同影，形与影不可分，"身没名亦尽"，这是令人感伤的事情。但人还有更高层次的精神追求，可以摆脱形与影的束缚，达到不喜不惧、合乎"自然"的境界："甚念伤吾生，正宜委运去。纵浪大化中，不喜亦不惧。应尽便须尽，无复独多虑。"这首诗生动形象地呈现了一个人内心纠结、思考和解脱的过程，正是自我反省、"人内传播"的真实写照。陶渊明还有《拟挽歌辞三首》以及《自祭文》，想象自己死后葬于荒郊的情景，所谓"余今斯化，可以无恨""不封不树，日月遂过"（不起坟地，不载墓树，让日月流逝，不留下自己的痕迹），这正是其超然物外、"形影相吊"的自我对话！

图 10-3 明代李在 归去来兮图之一：临清流而赋诗

（四）桃花源——虚拟的天地

如何借助文字阅读，建构一个虚拟的天地，沉醉其中，不知所终？陶渊明的《桃花源记》就是一篇绝妙的文章！

在《桃花源记》之前，《老子》就描述过"小国寡民……甘其食，美其服，安其居，乐其俗。邻国相望，鸡犬之声相闻，民至老死，不相往来"的社会场景。[①]《庄子》也描述了"至德之世"的景观："子独不知至德之世乎？……当是时也，民结绳而用之，甘其食，美其服，乐其俗，安其居，邻国相望，鸡狗之音相闻，民至

① 任继愈.老子新译[M].上海：上海古籍出版社，1988：233.

老死而不相往来。若此之时,则至治已。”①这些描述呈现出口语传播时代的特征:人们生活在自己的村落中,与邻国的人没有来往;没有文字,而用结绳记事,过着古朴而满足的原始生活。

《桃花源记》则以散文和诗歌,描述了“晋太元中”一个捕鱼人偶然发现桃花源的故事。那也是一个与世隔绝的村落:“有良田、美池、桑竹之属,阡陌交通,鸡犬相闻。其中往来种作,男女衣着悉如外人;黄发垂髫,并怡然自乐……问今是何世,乃不知有汉,无论魏晋。”②那里的人没有日历,通过四季变化来标记时间,更不知道外界有什么朝代的变化。陶渊明在阅读了《老子》《庄子》之后,进一步发挥想象,重新建构了一个与现实的动乱社会形成鲜明对比的、古朴自然而和谐相处的村落。

一个现实社会中的人,如何返回自然状态的远古社会,排除人为的礼乐制度的规范呢?《庄子·大宗师》告诉人们要通过“心斋”“坐忘”,使自己“堕肢体,黜聪明,离形去知,同于大通”,进入一种混沌的精神境界。③ 这使我们联想到麦克卢汉的话:“任何发明或技术都是人体的延伸或自我截除。”④我们可以反向去理解,文字作为一种媒介,改变了人们的交往方式,瓦解了使用口语的村落,形成了新的社会规范。如果人们在凝神冥想之中,“堕肢体,黜聪明”,自我截除个人的感官,就仿佛返回原初的社会了。陶渊明正是通过阅读《老子》《庄子》等书籍,以文字符号虚拟了一个世外桃源。其实,陶渊明的多首田园诗也描写了“心远地自偏”的境界。他常常在一念之间,与万物相亲近,与“人境”相脱离。如《饮酒二十首》其五写道:“结庐在人境,而无车马喧。问君何能尔?心远地自偏。采菊东篱下,悠然见南山。山气日夕佳,飞鸟相与还。此中有真意,欲辨已忘言。”⑤这其中的“真意”是悠然而自得,却无法用语言表达的。

陶渊明通过读书而自得其乐,也通过诗文写作而自我“传播”,创造了许多具有象征意义的典故符号。陶渊明的诗文集在后世被不断抄录、刊刻,广为传播,为文人提供了一个可以回味无穷的解读空间。对此,只要从后世文人多有

---

① 庄子.外篇:胠箧第十[M]//曹础基.庄子浅注.北京:中华书局,1988:140.

② 逯钦立.陶渊明集[M].北京:中华书局,1982:165.

③ 庄子.内篇:大宗师第六[M]//曹础基.庄子浅注.北京:中华书局,1988:109.

④ 麦克卢汉.理解媒介——论人的延伸[M].何道宽,译.北京:商务印书馆,2001:78.

⑤ 逯钦立.陶渊明集[M].北京:中华书局,1982:89.

和陶诗(苏轼等)以及绘画(归去来兮辞图、桃花源图等)、文人园林和书斋多引用陶诗命名(归来堂、陶令宅、人境庐等)的现象,就可以略窥一斑。这里仅引唐代诗人孟浩然的几句诗,说明陶渊明的诗文对读者接受所产生的深远影响:"尝读《高士传》,最嘉陶征君。日耽田园趣,自谓羲皇人。"①陶渊明已经成为《高士传》之外,为文人不断阅读、更为推崇的隐者高士形象,并获得了"古今隐逸诗人之宗"②的美誉。

综上所述,中国古代的读书人,从整体上来看,可以分为儒士与隐士两个群体,二者有着不同的思想观念、经典文本和阅读方式。但具体到个人,如陶渊明,其阅读的内容并不限于一家,而是随心所欲、包罗广泛的。当然,陶渊明仅仅是纸质书籍普及时代的读书人代表,而在印刷书籍普及之后,藏书万卷、博览群书的文人不断涌现,其阅读生活更加丰富,其知识视野也大为拓展。目前的书籍史研究涉及多种层面,周绍明提出"在书史的研究中追求一种远为社会的、以人为基础的研究路径",探讨"读者及其阅读方式是如何不仅创造了读者团体,还创造了各种概念化的群体的。这些群体更多地是通过其所读、所闻的共同关注点和思想方式而联系在一起,而不是通过社会和市场网络联系在一起"。③ 还有个人阅读史研究:"有本日本的阅读史采用了一种办法,即从一个人的一生来考察他的阅读活动,这是个很好的路子,它用年谱的形式列出其读书活动。"④在中国古代悠久的书籍发展史上,无论是群体阅读,还是个人阅读,都受到复杂的社会文化因素的影响,呈现出丰富多样又相互关联的特征,积累了大量读书史料,还有很大的探讨空间。

---

① 孟浩然.仲夏归汉南寄京邑旧游[M]//李景白.孟浩然诗集校注.成都:巴蜀书社,1988:120.

② 陈延杰.诗品注[M].北京:人民文学出版社,1980:41.按:刘昫,等.旧唐书:隐逸传[M].北京:中华书局,1975:5115.《隐逸传·序》云:"皇甫谧、陶渊明慢世逃名,放情肆志,逍遥泉石,无意于出处之间,又其善也。"

③ 周绍明.书籍的社会史——中华帝国晚期的书籍与士人文化[M].北京:北京大学出版社,2009:(中文版代序)3.

④ 李常庆,孟昭晋,王余光.开卷有益——阅读史与阅读文化座谈会纪要[J].图书情报工作,2001(1):22.

第十一章

读书文化与家族风尚

中国古代将士人称作读书人,这准确地表述了士人与传统媒介——书籍的密切关系。而个人与媒介接触和接受的社会条件因素更为复杂,“既包括他们完成社会化过程的环境,也包括他们的现实的政治、经济和文化的背景、社会地位、价值观、群体归属关系和人际关系等众多的因素”①。中国古代读书人以读书为基本技能和身份标志,儒者形成了一套涵泳苦读的方法,藏书传统与家族风尚密切相关而绵延不绝。梳理古代读书人有关读书目的、读书方法、图书收藏的资料,有助于了解古代文人的读书教育史及阅读史的文化特征。

一、读书目的:士人的志向与技能

在春秋战国时代,私学兴盛,诸子争鸣。士人作为一个流动的阶层,或者携书而逃,或者载书而行,或者整理典籍而传授弟子,是非常活跃的分子。特别是以孔子为代表的儒家,对于士阶层有着更为明确的文化规范和价值理念,也更为重视书面典籍的整理和传播,所谓“士志于道,而耻恶衣恶食者,未足与议也”②。经过孔子整理的六经是“道”的书面载体,传道也就是传授六经,这是儒士义不容辞的职责。正如费孝通所指出的:“规范、传统、文字结合了之后,社会上才有知道标准规范知识的特殊人物,称之为君子,为士,为读书人,为知识分子都可以。”③

---

① 郭庆光.传播学教程[M].北京:中国人民大学出版社,1999:183.

② 朱熹.四书章句集注:论语.里仁第四[M].北京:中华书局,2005:71.

③ 费孝通.论“知识阶级”[M]//吴晗,费孝通,等.皇权与绅权.天津:天津人民出版社,1988:17.

自汉代独尊儒术、设立五经博士官之后，攻读和传授儒家经典成为士人获取利禄的条件，也为其家族带来了地位和荣耀。因此读书几乎等同于读经书，还出现了以“累世经学”来维持累世公卿的家族现象。清代赵翼曾解释“累世经学”的说法：“古人习一业，则累世相传，数十百年不坠。盖良冶之子必学为裘，良弓之子必学为箕，所谓世业也。工艺且然，况于学士大夫之术业乎。”①因此，古代各种家训教子的书籍，都非常强调读书的目的与价值。北朝时颜之推作《颜氏家训》，其中《勉学》篇，就以一个家长的口吻来说明读书，特别是读经书对于世族子弟的重要性：

> 自古明王圣帝，犹须勤学，况凡庶乎！此事遍于经史，吾亦不能郑重，聊举近世切要，以启寤汝耳。士大夫子弟，数岁已上，莫不被教，多者或至《礼》《传》，少者不失《诗》《论》。及至冠婚，体性稍定；因此天机，倍须训诱。有志尚者，遂能磨砺，以就素业；无履立者，自兹堕慢，便为凡人……
>
> 虽百世小人，知读《论语》《孝经》者，尚为人师。虽千载冠冕，不晓书记者，莫不耕田养马。以此观之，安可不自勉耶？若能常保数百卷书，千载终不为小人也。夫明《六经》之指，涉百家之书，纵不能增益德行，敦厉风俗，犹为一艺，得以自资。父兄不可常依，乡国不可常保，一旦流离，无人庇荫，当自求诸身耳。谚曰：“积财千万，不如薄伎在身。”伎之易习而可贵者，无过读书也。世人不问愚智，皆欲识人之多，见事之广，而不肯读书，是犹求饱而懒营馔，欲暖而惰裁衣也。②

宋人《袁氏世范》说得更具体：“士大夫之子弟，苟无世禄可守，无常产可依，而欲为仰事俯育之计，莫如为儒。其才质之美，能习进士业者，可以取科第，致富贵，次可以开门教授，以受束修之奉。其不能习进士业者，上可以事笔札，代笺简之役，次可以习点读，为童蒙之师。”③明末张履祥也谆谆教诲：“须知此身除却学问，更无一事可为。此生自少至老，忧乐穷达，无非学问之日，委心矢志，以求无负此读书人三字。久久自能向上，小有小成就，大有大成就。”④可见读书是士大

① 赵翼.廿二史劄记[M].沈阳：辽宁教育出版社，2000：76.

② 颜之推.颜氏家训[M].上海.上海古籍出版社.1992：13.

③ 袁采.袁氏世范[M].刘云军，校注.北京：商务印书馆，2017：102-103.

④ 张履祥.初学备忘[M]//丛书集成初编：211册.北京：中华书局，2011：156.

夫家子弟成为士人、得以生存的一种基本技能,也是维持家族声誉的一种责任。

自从隋唐时期实施科举选拔官吏的制度之后,儒家经典及其注疏成为科举考试的必读教材。这种制度实际上也是一种读书和教育制度,引导读书人走向了皓首穷经的道路。这一方面强化了士人以读书为职业的观念,为寒士阶层走入仕途提供了机会,所谓“好学者则庶民之子为公卿,不好学者则公卿之子为庶民”①;另一方面限制了读书人的阅读范围和知识结构,使读经书成为一种功利性行为。唐代诗人杜荀鹤《书斋即事》一诗就描述了卖田买书、读书为儒的追求:“时清只合力为儒,不可家贫与善疏。卖却屋边三亩地,添成窗下一床书。沿溪摘果霜晴后,出竹吟诗月上初。乡里老农多见笑,不知稽古胜耕锄。”②宋代开国皇帝采取重文轻武的国策,扩大了科举录用的名额,士人读书更是蔚然成风。而且,“更应该注意的是印刷术发明了,得书比较容易,书籍的流通比较普遍,知识也比较不为少数家族所囤积独占,平民参加考试的机会增加了。‘遗金满籯,不如教子一经’。念书,考进士,作官,发财,‘万般皆下品,惟有读书高’‘天子重英豪,文章教尔曹’。政府的提倡,社会的鼓励,作官作绅士得从科举出身,竭一生的聪明才智去适应科举。”③此外,许多童蒙书籍也在灌输读书成名的思想,所谓“贤乃国之宝,儒为席上珍”“十载寒窗无人问,一举成名天下知”“一举首登龙虎榜,十年身到凤凰池”“有田不耕仓廪虚,有书不读子孙愚”“榜上名扬,蓬门增色”,④诸如此类的民谚广为流传。

既然士人以读书为技能和职业,读书又与科举制度和仕途相联系,这决定了读书人的生存方式和人生追求,也导致了他们在或中举或落第的经历中,不断上演着一幕幕人生的悲喜剧。榜上题名是一个人事业成功的标志,也是为人羡慕不已的荣耀。据记载:从唐代“中宗神龙(705—707)时起,就有人逐年记载登第进士的姓名,称作《进士登科记》。封演在玄宗天宝时曾入长安太学读书,他在天宝末登进士第,太学的同学诸生就将他的姓名续记在已有的《进士登科记》之末。当时有一个叫张繟的读书人,也应进士举,初落第,出于对进士及第的羡慕,就用两手把那本《登科录》捧在头顶上,说:‘此千佛名经也!’”唐代人为及第进士举行的曲江宴更是热闹非凡的狂欢节,“曲江之宴,行市罗列,长安

---

① 增广贤文[M].长春:吉林出版集团有限责任公司,2011:71.

② 杜荀鹤.杜荀鹤诗[M].北京:中华书局,1960:81.

③ 吴晗,费孝通,等.皇权与绅权[M].天津:天津人民出版社,1988:53.

④ 杨根乔,沈跃春.增广贤文[M].合肥:安徽文艺出版社, 2010:1,7,8,10,12.

几于半空。公卿家率以其日拣选东床，车马填塞，莫可殚述”。[①] 而小说《聊斋志异》《儒林外史》中，读书人落第后失意落魄的种种神态，被刻画得非常生动。值得反思的是，至今还有所谓高考“状元”的名目以及媒体的炒作行为，可见科举文化的影响依然存在。

二、读书方法：苦读与“涵泳”

由于读书与仕途有密切关系，古人以劝学、赞学、勉学为名目的文章很多，汇集这类文章的集子也很多，清代的类书《古今图书集成·理学汇编·学行典》中就设有“读书部”，专门收录这类文章。这类文章不厌其烦地列举许多苦读勤学的故事，例如，东汉王符《潜夫论》“赞学”篇举例说明：“董仲舒终身不问家事，景君明经年不出户庭，得锐精其学而显昭其业者，家富也。富佚若彼，而能勤精若此者，材子也。兒宽卖力于都巷，匡衡自鬻于保徒者，身贫也。贫厄若彼，而能进学若此者，秀士也。”[②]宋代以来民间广为流传的《三字经》，也举出一连串勤奋读书故事，训导少儿：

> 昔仲尼，师项橐，古圣贤，尚勤学。赵中令，读鲁论，彼既仕，学且勤。
> 披蒲编，削竹简，彼无书，且知勉。头悬梁，锥刺股，彼不教，自勤苦。
> 如囊萤，如映雪，家虽贫，学不辍。如负薪，如挂角，身虽劳，犹苦卓。
> 苏老泉，二十七，始发奋，读书籍。彼既老，犹悔迟，尔小生，宜早思。
> 若梁灏，八十二，对大廷，魁多士。彼既成，众称异，尔小生，宜立志。
> 莹八岁，能咏诗，泌七岁，能赋棋。彼颖悟，人称奇，尔幼学，当效之。

并告诫儿童：

> 幼而学，壮而行，上致君，下泽民。扬名声，显父母，光于前，裕于后。
> 人遗子，金满嬴，我教子，惟一经。勤有功，戏无益，戒之哉，宜勉力。

这些故事虽然有励志的意义，但也把读书描述成了一件“苦”差事。古代没有电灯，夜间苦读，如何照明就是一个问题。明代冯京第竟然有一篇题为《读书

---

① 傅璇琮.唐代科举与文学[M].西安：陕西人民出版社，1995：3，308.
② 张觉.潜夫论校注[M].长沙：岳麓书社，2008：10.

灯》的文章，归纳了历代文人夜读所用过的十三种照明灯火，如油灯、松明、柴草以及萤囊、星月等，并分别写了别具一格劝学诗。[①] 为了读书甚至要"头悬梁，锥刺股"，近于酷刑；或者终身不问家事，经年不出户庭，忍受寂寞。这些为古人反复称颂的读书故事，其实是在培养"书呆子"型的读书人。至于让儿童从七、八岁开始进入私塾，以死记硬背的方法诵读儒家经书——属于成人的书籍，这更是一种灌输性的教化，不仅抑制了儿童的求知兴趣和个性发展，也压缩了儿童从文化意义上进入"成人"的过程。古代的私塾就是以这种方式不断塑造着同样类型的读书人，从而与科举制度相衔接的。

这种为科举考试而读书的功利性方式，引起了宋代理学大师朱熹(1130—1200)的反思和批评。朱熹指出："士人先要分别科举与读书两件，孰轻孰重。若读书上有七分志，科举上有三分，犹自可；若科举七分，读书三分，将来必被他胜却，况此志全是科举！所以到老全使不著，盖不关为己也。圣人教人，只是为己。"[②]他在《论语集注》"宪问"篇"子曰：古之学者为己，今之学者为人"一句下，引"程子曰：为己，欲得之于己也。为人，欲见知于人也"，并发表自己的见解："圣贤论学者用心得失之际，其说多矣，然未有如此言之切而要者。于此明辨而日省之，则庶乎其不昧于所从矣"。[③] 他所提倡的读书"为己之学"，实际上是一种自觉追求的人格涵养修炼的过程，而与追求外在功利的读书态度截然不同。

朱熹曾经先后在江西庐山白鹿洞书院、福建武夷精舍、湖南岳麓书院、福建沧州精舍等地聚徒讲学，门人弟子遍布天下。他在向弟子讲授儒家经典的过程中，以圣贤的语录为依据，制订了《白鹿洞书院教条》，并说明："熹窃观古昔圣贤所以教人为学之意，莫非使之讲明义理以修其身，然后推以及人，非徒欲其务记览为词章，以钓声名、取利禄而已。今之为学者，则既反是矣。然圣人所以教人之法，具存于经。有志之士固当熟读深思而问辨之。苟知其理之当然，而责其身以必然，则夫规矩禁防之具，岂待他人设之而后有所持循哉！"他力图从根本上明确教学目的，端正为学态度，不仅把读书当作内心涵养、道德完善的方式，还要躬身实践，推己及人。他从儒家经典中选取了"四书"，作为童蒙教材，安排

---

① 冯京第.读书灯[M]//王晫，张潮.檀几丛书二集：卷二十八.清康熙三十六年刻本.
② 朱熹.朱子语类[M].黎靖德，辑.北京：中华书局，1988：243.
③ 朱熹.四书章句集注：论语集注[M].北京：中华书局，2005：155.

了阅读的顺序，并加以注释讲解，例如《论语集注》原名《论语训蒙》，就是“取便于童子之习而已”“将藏之家塾，俾儿辈学”的教材。①

朱熹关于读书方法的讲述很多，其门下弟子收录在《朱子语类》的“读书法”部分，并汇编为《朱子读书法》，归纳出“居敬持志、循序渐进、熟读精思、虚心涵泳、切己体察、著紧用力”六条②，加以阐释。此书被后人多次刊刻，并被各种劝学书籍以及民间类书收录，在民间私塾和民间书院广为传播。所谓“朱子读书法”，强调在反复读书的基础上，通过个人内心专一的“涵泳”，在“文字”之外（经典是“道”的载体，也是悟“道”的对象），感悟圣人的道理：

> 读书，须是看着他那缝罅处，方寻得道理透彻。若不见得缝罅，无由入得。看见缝罅时，脉络自开。
>
> 读书之法，先要熟读。须是正看背看，左看右看。看得是了，未可便说道是，更须反复玩味。
>
> 读书著意玩味，方见得义理从文字中迸出。
>
> 读书须将心贴在书册上，逐句逐字，各有著落，方始好商量。大凡学者须是收拾此心，令专静纯一，日用动静间都无驰走散乱，方始看得文字精审。如此，方是有本领。③

朱熹还谈到了书籍载体形式的变化对读书方式的影响：“今人所以读书苟简者，缘书皆有印本多了。如古人皆用竹简，除非大段有力底人方做得。若一介之士，如何置？……盖古人无本，除非首尾熟背得方得。至于讲诵者，也是都背得，然后从师受学。如东坡作《李氏山房藏书记》，那时书犹自难得。晁以道尝欲得《公》《谷》传，遍求无之，后得一本，方传写得。今人连写也自厌烦了，所以读书苟简。”④在竹简书时代，复制费力，版本难得，读书和讲授都要靠背诵和抄写。有了印刷版本的书籍之后，人们不用抄书了，却失去了背诵的兴趣，所以读书变得简略了。从书籍史的角度看，印刷媒介的出现不仅改变了图书的载体形式，也带来了阅读方式的变化，朱熹这段话恰好描述了古代读书人进入印刷时代的现象。

---

① 程瑞礼.程氏家塾读书分年日程[M].姜汉椿，校注.合肥：黄山书社，1992：1，19.

② 程瑞礼.程氏家塾读书分年日程[M].姜汉椿，校注.合肥：黄山书社，1992：9.

③ 朱熹.朱子语类：第一册[M].黎靖德，辑.北京：中华书局，1988：162，165，173，177.

④ 朱熹.朱子语类：第一册[M].黎靖德，辑.北京：中华书局，1988：171.

古代文人读书和科举制度有着密切关系。朱熹本来反对为科举而读书，但他的《四书集注》自元代开始至明代、清代，一直被官方列为科举考试的权威读本和标准解释。因此，朱子读书法被收录在各种民间日用类书、童蒙读物中，得到广泛推广。元代程瑞礼《程氏家塾读书分年日程》自序就说："况今明经，一主朱子说，使理学与举业毕贯于一，以便志道之士。汉、唐、宋科目所未有也……今士之读经，虽知主朱子说，不知读之固自有法也。读之无法，故犹不免以语言文字求之，而为程试资也。"他根据"朱子读书法"，修订了《程氏家塾读书分年日程纲领》（图 11-1），详细规定了"八岁未入学之时""自八岁入学之后""自十五志学之年"如何教弟子读书的顺序和方法。他还抄录了朱熹弟子所作《程董二先生学则》，其中有详细的师生礼仪规则，例如，先击板，然后"升堂，师长帅弟子诣先圣（孔子）像前。再拜，焚香。讫，又再拜，退。师长西南向立，诸生之长者率以次东北向，再拜。师长立而扶之，长者一人前致辞。讫，又再拜。师长入于室，诸生以次环立，再拜。退，各就案"。[①] 如此繁琐的读书礼仪，其实是一种朝圣行为，这与孔子让弟子"各言尔志"的教学方法，已经相去甚远了。

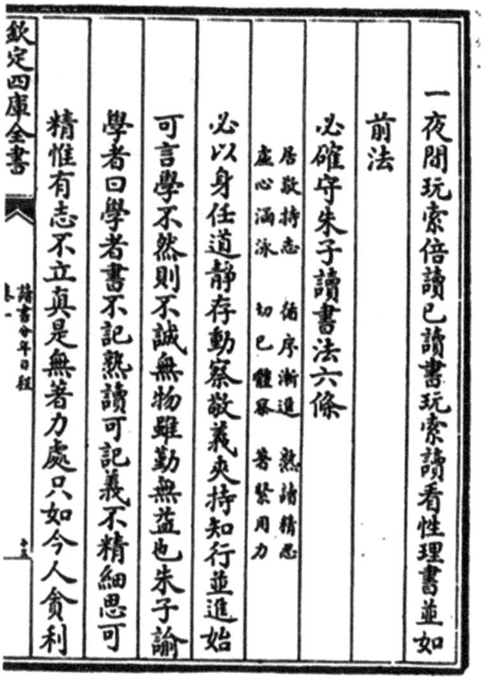
欽定四庫全書
讀書分年日程
一夜間玩索倍讀已讀書玩索讀看性理書並如
前法
必確守朱子讀書法六條
居敬持志　循序漸進　熟讀精思
虛心涵泳　切己體察　著緊用力
必以身任道靜存動察敬義夾持知行並進始
可言學不然則不誠無物雖勤無益也朱子諭
學者曰學者書不記熟讀可記義不精細思可
精惟有志不立真是無著力處只如今人貪利

图 11-1

这种读书方法，教导儿童"非圣贤之书，勿读。无益之文，勿观"[②]，以应对科举考试的科目。即使是学者治学，也围绕着几本儒家经典，在文字训诂考据等方面翻来覆去、详细注疏。可以说古代读书人一辈子的精力都耗费在了几本儒家经典上了，所谓博学其实知识有限，只是在熟读经书的基础上，"以一事不

① 程瑞礼.程氏家塾读书分年日程[M].姜汉椿，校注.合肥：黄山书社，1992：1，2.
② 朱子论定程董学规[M]//陈弘谋.五种遗规.苏丽娟，点校.南京：凤凰出版社，2016：13.

知为耻";所谓由博返约,则是专攻一书,在更窄的范围内融会贯通,如李光地所说:"'四书''六经'及濂、洛、关、闽之书,人须终身艺之,如农夫之终岁而艺五谷也……每艺一经,必尽自家分量,务令彻底方休。艺之之法:一曰熟读经文也;二曰尽参众说,而别其同异,较其短长也;三曰精思以释所疑,而犹未敢自信也;四曰明辨以去所非,而犹未敢自是也。能于一经上得其门而入,则诸书皆同室而异户者,可以类推而通。古之成业以名世者,其必由此矣。"①这种以经学为中心的阅读方式,对读书人的知识结构和思维方式产生了深刻影响。

古代藏书家由于兴趣爱好所至,广搜群书,视野比较开阔,钱曾《读书敏求记》就批评说:"秦火之后,书亡有二,其毒甚于祖龙之炬:一则宋时之经解,逞私说,凭臆见,专门理学,人自名家。汉唐以来,诸大儒之训诂注疏,一概漫置不省,经学几几乎灭熄矣;一则明朝之帖括,自制义之业盛行,士子专攻此,以取荣名利禄,《五经旁训》之外,何从又有《九经》《十三经》,而况'四库书籍'乎?三百年来,士大夫划肚无书、撑肠少字,皆制义误之,可为痛惜者也。"②所谓《五经旁训》是一种解释"五经"字义的通俗读本,由书坊刊刻,作为乡间私塾的儿童读本,因而遭到藏书家钱曾的批评;四库馆臣也批评这种书"盖乡塾课蒙之本,不足以言诂经也""经学至此而极陋"。③

三、图书收藏:读书种子不绝

关于中国古代藏书文化,已有不少研究成果。仅在 2001 年就出版了两部史书:任继愈主编的《中国藏书楼》三册(辽宁人民出版社)、傅璇琮主编的《中国藏书通史》上、下(宁波出版社)。笔者在本章仅仅探讨古代私人藏书的理念与家族伦理的关系。

如上所述,古代藏书家把读书看作士人的职业,极为重视教子读书,而藏书是读书的必备资本。明代藏书家祁承㸁说:"吾儒聚书,非徒以资博洽,犹之四民,所业在此。"④清代藏书家张金吾说:"欲致力于学者,必先读书;欲读书者,

① 周永年.先正读书诀[M]//丛书集成初编.上海:商务印书馆,1939:24.
② 钱曾.读书敏求记[M].丁瑜,点校.北京:书目文献出版社,1984:71.
③ 永瑢,等.四库全书总目:朱升.尚书旁注[M].北京:中华书局,1981:108.
④ 祁承㸁.澹生堂藏书约:藏书训略[M]//丛书集成初编.北京:中华书局,1991:21.

必先藏书。藏书者，诵读之资而学问之本也。”①自宋代以来，雕版印刷技术普及，书坊书肆林立，书籍复制数量增加，这为私人抄写、购买和收藏书籍提供了方便，但私家购书和藏书依然不易。有人记载了“聚书十难”说：“学无渊源，一难也。家少承书，二难也。不生通都大邑，三难也。乏慧鉴，四难也。隋唐以上书不多见，五难也。携带跋涉，易致触损，六难也。检曝之劳，病于夏畦，七难也。近无善本，校雠斯苦，八难也。家贫购书，九难也。片时不阅，便供蛀虫，十难也。夫聚必有散，物理之常，念此十难，嗜好弥笃。”②

值得注意的是，维持一个家族聚书藏书、延续不断的文化理念，是为了整个家族“书种不绝”、素业不坠。早在汉代，书籍复制比较艰难，大儒者郑玄临终时遗憾地告诉儿子：“末所愤愤者，徒以亡亲坟垄未成，所好群书，率皆腐敝，不得于礼堂写定，传与其人。”③宋人周密《齐东野语》中有“书种文种”条记载：

> 裴度常训其子云：“凡吾辈但可令文种无绝。然其间有成功，能致身万乘之相，则天也。”山谷云：“四民皆坐世业，士大夫子弟能知忠、信、孝、友，斯可矣，然不可令读书种子断绝。有才气者出，便当名世矣。”似祖裴语，特易文种为书种耳。练兼善尝对书太息曰：“吾老矣，非求闻者，姑下后世种子耳。”余家有书种堂，盖兼取二公之说云。④

宋人晁公武《郡斋读书志自序》讲述：“公武家自文元公以来，以翰墨为业者七世，故家多书。至于是正之功，世无与让焉……岂敢效二三子之博闻，所期者不坠家声而已。”⑤明人祁承㸁举了一个藏书使子孙成功的例子：“宋丁顗尽其家赀，置书十万余卷，且曰：吾聚书多矣，必有好学者为吾子孙。后其孙度竟登博学宏词科，至参知政事”。他教育子孙“不可令读书种子断绝，有才气者出便名世矣。斯余藏书之意乎”。⑥ 这足以说明藏书对于家族的象征意义和文化功用了。直到民国时期，中华书局为推销其印行的《四部备要》，仍然宣传传统的家族藏书观念，其广告题目就是《以财产遗子孙不如以书籍遗子孙》：“古今名人藏

① 张金吾.爱日精庐藏书志[M].柳向春，整理.上海：上海古籍出版社，2014：(张金吾新序)17.
② 徐𤊹.徐氏笔精[M]//景印文渊阁四库全书：856 册.台北：台湾商务印书馆，1986：553.
③ 范晔.后汉书：郑玄传[M].北京：中华书局，1973：1210.
④ 周密.齐东野语[M].北京：中华书局，1983：380.又，周密《藏书示儿》：“我家有书种，谨守毋或坠。”
⑤ 李希泌，张椒华.中国古代藏书与近代图书馆史料[M].北京：中华书局，1982：24.
⑥ 祁承㸁.澹生堂藏书约[M]//丛书集成初编.北京：中华书局，1991：11，3.

书，既备自己阅读，更将以遗子孙也。盖以财产遗子孙，不免长其骄侈淫逸；以书籍遗子孙，却可增其学问知识。”①

藏书传家也是儒家孝道的表现。杨国枢曾对“中国人的家族主义”进行分析：“中国人非常重视家族整体的名誉，个人必须努力光耀门楣，以达到维护与增进家族声誉的目的”；“孝道融进传统中国人的各种日常活动，深入传统中国社会的每一范围与角落，俨然成为中国文化最突出的特色”。② 藏书是关系家族整体名誉的事情，同样需要以儒家“孝道”来维持。据记载：唐代杜暹藏书不外借，每本书后都有自题跋尾，以告诫子孙：“清俸买来手自校，子孙读之知圣教，鬻及借人为不孝。”③元人赵孟頫在藏书后面写着这样的话：“吾家业儒，辛勤置书，以遗子孙，其志何如。后人不读，将至于鬻，颓其家声，不如禽犊。苟归他姓，当念斯言，取非其有，毋宁舍旃。”④明代最有名的藏书楼天一阁主人范钦去世后，也有非常严密的藏书规定，清人阮元在《宁波范氏天一阁书目序》中记载：

> 子孙各房相约为例，凡阁厨钥匙，分房掌之。禁以书下阁梯，非各房子孙齐至，不开锁。子孙无故开门入阁者，罚不与祭三次；私领亲友入阁及擅开厨者，罚不与祭一年；擅将书借出者，罚不与祭三年；因而典鬻者，永摈逐不与祭……夫祖父非积德则不能大其族，族大矣而不能守礼读书，则不肖者多出其间。今范氏以书为教，自明至今，子孙繁衍，其读书在科目学校者，彬彬然以不与祭为辱，以天一阁后人为荣，每学使者按部必求其后人优待之。自奉诏旨之褒，而阁乃永垂不朽矣。⑤

有书记载，明代的“耶稣会传教士目睹中国大规模的藏书，想到欧洲那些破烂矮小的私人图书馆，确实被那‘建筑宏伟、受人仰慕、藏书异常丰富的大量的中国藏书楼’打动了”⑥。其实，这些藏书楼不只是建筑宏伟，其得以世代相守、绵延不绝，正是中国人独具特色的家族观念和藏书文化的结果。

---

① 广告[N].申报.1926-09-16(3).

② 杨国枢.中国人的心理与行为：本土化研究[M].北京：中国人民大学出版社，2004：140，199.

③ 祁承熯.澹生堂藏书约；聚书训[M]//丛书集成初编.北京：中华书局，1991：13.

④ 叶德辉.书林清话[M].北京：中华书局，1999：289.

⑤ 李希泌，张椒华.中国古代藏书与近代图书馆史料[M].北京：中华书局，1982：40.

⑥ 卜正民.纵乐的困惑：明代的商业与文化[M].方骏，等译.北京：生活·读书·新知三联书店，2004：188.

中国私人藏书文化的兴盛，还和读书人讲究书籍版本、喜欢收集珍稀版本有关，由此形成了书籍版本、目录、校勘、辑佚等专门学问。私人藏书目录及其提要或题跋往往不拘一格，收藏广泛，并记载有关书籍来源、版本特征以及藏书家之间交往的内容，成为古代文人书籍阅读史的真实材料。这里仅摘录清初钱曾《读书敏求记》中的几段文字：

《京氏易传三卷》：陆绩注。予藏旧抄本四种，其一书法甚佳。

《苏东坡易解九卷》：明初人钞本，缮写极精好。

《陆淳春秋微旨三卷》：内阁藏本。予从曹秋岳先生借录。

《陆德明经典释文三十卷》：吾友叶林宗，笃好奇书古帖，搜访不遗余力。每见友朋案头一帙，必假归躬自缮写，篝灯命笔，夜分不休。我两人购得秘册，即互相传录，虽昏夜扣门，两家童子闻声知之，好事极矣……君亡来三十余年，遍访海内收藏家，罕有如君之真知真好者。每叹读书种子，几乎灭绝矣。此书原本，君从绛云楼北宋椠本影摹，逾年卒业。不惜费，不计日，毫发亲为是正，非笃信好学者，孰能之。君殁后，予从君之介弟石君借来……予述此书所自，而题语专属林宗，或冀后日君托此书以传，不至名氏翳如，是予之愿耳。然予言不文，何足为君重。且传不传有数焉，聊以写予哀而已。

《浦江郑氏旌义类编一卷》：郑氏世居浦江县东二十五里，乡名咸德，里曰仁义。其远祖冲素处士绮，自宋建炎初同居，至元末已十世，历二百六十余年，守诗书礼乐之教弗坠。是编则其六世孙太和录《家范》五十八则，七世孙铉补续一百余则，八世孙涛又因时损益之。总一百六十八则，勒成一书，以训子弟。君子于此有感焉，圣经修身齐家之道，终古无能行之如此其久者；而郑氏子孙世守勿替，迄今循览斯编，虽百世而下，得不为之兴起乎。①

如此内容丰富的书目，不仅具有版本学的价值，也是家族藏书史和私人阅读史的生动资料。尽管明清时期的刻书技术已经普及，但珍稀的版本还是要及时用手抄录，作为自家的藏本，所以抄本藏书依然流行。

中国书籍的历史极为悠久，书籍版本多种多样，一个藏书家有幸收藏到某

---

① 钱曾.读书敏求记[M].丁瑜，点校.北京：书目文献出版社，1984：1，2，7，13，38.

个朝代的珍稀版本,或者亲自缮写、影摹某种版本,作为自己的家藏,往往如获至宝。这种行为也寄托了藏书家对古人文化遗产的敬意、为古人续命的责任感,以及使个人托古书以扬名的期待。而为数众多的私人藏书目录以及藏书印章符号、书籍题跋等,不仅是古代善本书籍辗转流传的记录,也是整个民族文化传承、"书种"不绝的一种表征。西方有"实物目录学"的名目,"不过就是对印刷书籍的考古学",包括"最大限度地对照和比较所要研究的书籍的不同单本"。① 从这个角度来说,中国古代私人藏书目录为版本考古学或实物目录学研究提供了丰富的资料,记录了书籍的版本形态和文本内容为人们所阅读和流传的线索。

在中国古代整个藏书体系之中,私藏是官藏的重要补充。清代乾隆时期官方编纂《四库全书》,就征集并采用了大量来自私人藏书楼的书籍版本。但是,私藏世守的观念限制了图书的广泛流通,甚至不利于书籍的长久保存。因而有一些藏书家开始提倡相互借书抄录,或者公开图书。清人曹溶在《绛云楼书目题辞》中讲述了钱谦益藏书被毁的例子:钱谦益晚年"居红豆山庄,出所藏书,重加缮治,区分类聚,栖绛云楼上,大椟七十有三,顾之自喜,曰:我晚而贫,书则可云富矣。甫十余日,其幼女中夜与乳媪嬉楼上,剪烛炧,误落纸堆中,遂燃",以至"楼与书俱尽"。由于钱谦益平时不肯借书,使一些孤本"烬余不复见于人间"。曹溶"深以为鉴,偕同志申借书约,以书不出门为期,第两人各列所欲得,时代先后,卷帙多寡,相敌者,彼此各自觅工写之,写毕各以奉归。昆山徐氏、四明范氏、金陵黄氏皆谓书流通而无藏匿不返之患,法最便"。② 周永年则根据明人曹学铨的"儒藏"说,积极提倡建立公共的藏书处所,"愿与海内同人共肩斯任,务俾古人著述之可传者,自今日永无散失,以与天下万世共读之"。刘音响应周永年的《儒藏说》,又作《广儒藏说》,其中谈到了书籍传播文化的功能:"太上立德,其次立功,其次立言,三者必赖书以传。书之所系,顾不重哉!……今夫前人之书,后人藏之,后人之书,不能自藏,复赖后人藏之也。自今以往,不知其几千万世,其间之圣贤哲士,不知复几千万人,而所立之功德文章,载于书而可传于后世者,又不知其几千万帙。是书愈多愈易散,而藏之者愈难矣。今欲

---

① 瓦里.实物目录学对近代出版生产研究的贡献[M]//韩琦,米盖拉.中国和欧洲:印刷术与书籍史.北京:商务印书馆,2008:154,160.

② 李希泌,张椒华.中国古代藏书与近代图书馆史料[M].北京:中华书局,1982:32-33.

其聚而不散,令上下千古之书有所依归,则莫善于儒藏。"①这段话说明:书籍复制方便,数量日益增加,私人已经难以承担藏书传世的重负了。书籍作为一种"媒介",其本身的扩充,也改变了读书人之间的交往关系,建构起新的藏书组织形式。而图书的流通加速,有助于辑录各种版本,重新整合,汇刻各种类型的丛书或类书,进一步拓展了读书人博览群书的知识视野。

在近代,西方公共图书馆以及公藏观念被介绍到了中国,有识之士进一步反思中国私藏的弊端,呼吁建立公共图书馆。郑观应1892年所作《藏书》一文指出:"我朝稽古右文,尊贤礼士,车书一统,文轨大同,海内藏书之家,指不胜屈。然子孙未必能读,戚友无由借观,咸鼠啮蠹蚀,厄于水火,则私而不公也。"②近代有名的藏书家徐树兰捐建了古越藏书楼,于1904年建成并对外开放。他在"立案文"中写道:"泰西各国讲求教育,辄以藏书楼与学堂相辅而行。都会之地,学校既多,又必建楼藏书,资人观览。英、法、俄、德诸国收藏书籍之馆,均不下数百处。伦敦博物院之书楼,藏书之富,甲于环球,一切有用之图书报章,亦均分门藏弃。阅书者通年至十余万人。"日本明治维新以来,也建立了许多图书馆,"听任众庶观览"。于是,他"参酌东西各国规制,拟议章程,以家藏经史大部及一切有用之书,悉数捐入,延聘通人,分门排比,所有近来译本新书以及图书标本,雅训报章,亦复购备"。③ 这篇文章恰好写在1904年,所谓"当此科举更章之际,讲求实学,每苦无书",而1905年科举制度就废除了。

西方书籍史研究者指出书籍作为媒介的文化价值:"人类借助于某种有型的介质来记录信息,并在一定的期限内保存该信息,由此便成了知识与学问的积累,它是思想发展史必不可少的中介。"④如果说古代私人藏书楼是一个象征符号,代表了读书人以经学为中心的知识视野、以家族为核心的伦理结构,那么,古越藏书楼的建立则是一个新的标志:中国的教育制度、读书制度、藏书制度都在发生根本变革,中国读书人(包括藏书家)已经开始具有面向世界的眼光和中西融合的知识结构,读书教育也开始向大众层面普及,这也是思想史发展变化的表现。民国时期有图书馆学者强调:"指导民众阅读图书,是真正转变藏

---

① 李希泌,张椒华.中国古代藏书与近代图书馆史料[M].北京:中华书局,1982:47,52.
② 李希泌,张椒华.中国古代藏书与近代图书馆史料[M].北京:中华书局,1982:85.
③ 李希泌,张椒华.中国古代藏书与近代图书馆史料[M].北京:中华书局,1982:112.
④ 巴尔比耶,等.从狄德罗到因特网:法国传媒史[M].施婉丽,等译.上海:上海人民出版社,2009:002.

书楼为图书馆的一椿主要工作，故愿职民众图书馆的人员，万不可再忽视之。”① 而在新式学校中开始读书的少年，已经有机会走进图书馆，其所接受的读书教育、图书的来源、读书的内容和方法，脱离了家族文化的束缚，开启了前所未有的风尚。这里仅举一个童蒙读物的例子，1926 年有位老师发文推崇《三字经》为“六百年来最有势力的小学校教科书”，便有人提出批评：这本书之所以流传经年、有极大势力，是因为能满足许多学者、父母、教师的心，却不顾到能否满足儿童的心。② 儿童教育要符合儿童的心理，《三字经》内容不适合儿童，也落后于时代，便被新式教科书及儿童图书取代了。在当今“国学热”的背景下，《三字经》《弟子规》等童蒙读物广为传播，甚至有家长让孩子退出小学而进私塾，这似曾相识的现象令人反省。我们有必要回顾历史，了解古代读书教育的文化特征及其在近代的变化，站在新时代的高度深入探讨读书文化建设的课题。

---

① 徐旭.民众阅读指导之研究[J].图书馆学季刊，1933，7(3)：439.

② 田瑞璐.《六百年来最有势力的小学校教科书》书后[N].京报副刊，1926-01-04(374 号)：6-7.

第十二章

女德教化与闺塾阅读

在中国的书籍阅读史上,“女性”是受到传统道德规范和教育制度限制的特殊群体。女性的读书状况及其变化也是衡量传统媒介与知识视野的一个重要尺度。近年来,有关中国传统女性的研究引起了海外汉学家的关注,其中也涉及女性读书和参与出版等现象。本书第十章、第十一章都是以男性为主体的读书现象,作为一个不可忽视的比较对象,本章有必要考察女性读物的特点、女性读者与印刷媒介的接触情况,以及由此形成的交际网络和生活方式变化等问题。所谓“男性与女性的区别在于他们掌握不同的知识……这种群体差异始于简单的、低水平‘数据’,但是它们积累的结果却是一个不同的世界观”①。我们也由此进入了女性阅读史的研究视角。

一、为“女德”作《女诫》

在儒家的道德伦理规范中,男女的文化差异在于内外有别,男尊女卑。因而由内及外,以男性为中心的“妇礼”“女德”教育,也即如何培养文化意义上的女性角色,一直受到传统社会的重视。提到“妇礼”“女德”等字眼,自然要举汉代班昭的《女诫》为例。这是由女性(以母亲的身份)写给女性(家族女性)的训诫文章,特别具有威严,也耐人寻味。史书记载:

> 作《女诫》七篇,有助内训,其辞曰:‘鄙人愚暗,受性不敏,蒙先君之余宠,赖母师之典训。年十有四,执箕帚于曹氏,于今四十余载矣。

① 梅罗维茨.消失的地域:电子媒介对社会行为的影响[M].肖志军,译.北京:清华大学出版社,2002:324.

战战兢兢，常惧黜辱，以增父母之羞，以益中外之累。夙夜劬心，勤不告劳，而今而后，乃知免耳。吾性疏顽，教道无素，恒恐子谷负辱清朝。圣恩横加，猥赐金紫，实非鄙人庶几所望也。男能自谋矣，吾不复以为忧也。但伤诸女方当适人，而不渐训诲，不闻妇礼，惧失容它门，取耻宗族。吾今疾在沉滞，性命无常，念汝曹如此，每用惆怅。间作《女诫》七章，愿诸女各写一通，庶有补益，裨助汝身。去矣，其勖勉之！

显然，斑昭作女诫的目的是说明女子守诫是有关家族荣誉、家族与朝廷关系的大事。

《女诫》论述了夫妇之间的伦理关系：

夫妇第二：夫妇之道，参配阴阳，通达神明，信天地之弘义，人伦之大节也。是以《礼》贵男女之际，《诗》著《关雎》之义。由斯言之，不可不重也。夫不贤，则无以御妇；妇不贤，则无以事夫。夫不御妇，则威仪废缺；妇不事夫，则义理堕阙。方斯二事，其用一也。察今之君子，徒知妻妇之不可不御，威仪之不可不整，故训其男，检以书传。殊不知夫主之不可不事，礼义之不可不存也。但教男而不教女，不亦蔽于彼此之数乎！《礼》，八岁始教之书，十五而至于学矣。独不可依此以为则哉！①

她从阴阳相配的角度，说明男女“人伦之大节”是双方的事情，不能只教育男子读书，而不教育女子读书。她以学习“礼”为理由，为女子读书找到依据，可以说义正词严。难怪《女诫》为后世倡导女子读书的人不断引用，不仅男子尊班昭为“百代女师”，就是近代女子也从正面加以解释，如裘毓芳 1901 年以白话注释《女诫》，其序中说：“曹大家也是个女子，他竟这样有学问，有道理，做到名声赫赫，万世流传。不知那个胡涂不通人，说什么‘女子无才便是德’，这句话害得天下女子不轻。弄到如今的女子，非但不知什么是学问，什么是有才料，竟一字不识的也有几万几千人。若曹大家也依着这‘无才便是德’的话，《汉书》也续不成了，七篇《女诫》也做不成了，到如今也没人知道什么曹大家了，那能人人佩服他，个个敬重他？可见得做了女子，学问不可没有的。”②

① 范晔.后汉书：列女传[M].北京：中华书局，1973：2786，2788.

② 裘毓芳.女诫注释[J].中国官音白话报，1898(7/8)：7.

《女诫》是古代女子的必读书，被后人不断复制和传播。此后，男性作者编著的女子教育书籍，都会提到这本由女子所写的书，以增加感召力和说服力。清代乾隆七年陈宏谋编辑了一本《教女遗规》，将班昭奉为“百代女师”，将《女诫》“列诸卷首，以为教女者则焉”。书中还汇集了宋若华《女论语》、吕得胜《女小儿语》《闺范》、于石《温氏母训》、唐彪《人生必读书》等。陈宏谋在此书序中指出：“天下无不可教之人，亦无可以不教之人，而岂独遗于女子也？”但他重视的是“女德”教育，这本书“采古今教女之书，及凡有关女德者，裒集成编。事取其平易而近人，理取其显浅而易晓，盖欲世人之有以教其子，而更有以教其女也”。当然，陈宏谋的论证依据还是女子所担当的道德伦理角色：女子“在家为女，出嫁为妇，生子为母。有贤女然后有贤妇，有贤妇然后有贤母，有贤母然后有贤子孙。王化始于闺门，家人利在女贞。女教之所系，盖綦重矣”！他介绍了《闺范》的体例和流布情况：“前列嘉言，后载善行，复绘之以图，系之以赞，无非欲儿女子见之，喜于观览，转相论说。因事垂训，实具苦心。当时士林乐诵其书，摹印不下数万本，直至流布宫禁。”他强调：“子道、妇道、母道胥备焉。所载懿行，可以动天地、泣鬼神。至今读之，凛凛犹有生气。诚哉地维赖以立，天柱赖以尊，孰谓女德为无关轻重哉？”①

再看史书有关女子的记载。陈东原所著《中国妇女生活史》附录了《二十四史中之妇女一览表》。妇女的名字在正史中主要见于“列女传”，也有的附录在男性的传记中，如范晔《后汉书·范滂传》提到了范母。《后汉书》开始有了“列女传”的名目，收录了 18 人。其他各史，如《晋书》《魏书》《北史》《隋书》《新唐书》《旧唐书》《宋史》《金史》《元史》《明史》也都有“列女传”。其中《明史》收录的女性总数最多，有 308 人。②《清史稿》也有四卷《列女传》，收录数百人。这些女性得以垂名于官方正史，主要是作为女德的典范，被冠以“贤母”“贞女”“孝女”“烈女”“孝妇”“义妇”“烈妇”“节妇”等称号，否则，这些女性的名字是不可能出现在史书之中的。清代大型类书《古今图书集成》“明伦汇编”中有“宫闱典”，其凡例说明“母仪阴教，俪体宸极，内治之本也。史书本传或有未详，今按诸臣列传及稗官所记，但有嘉言懿轨，皆附本传之后”；还有“闺媛典，与史册列女传稍异者，区其流品，虽一节必登，而贞淫不杂，庶为劝戒云”。其中汇集

---

① 陈宏谋.五种遗规[M].苏丽娟，点校.南京：凤凰出版社，2016：105，123.

② 陈东原.中国妇女生活史[M].北京：商务印书馆，1998 年影印 1937 年本：430-438.

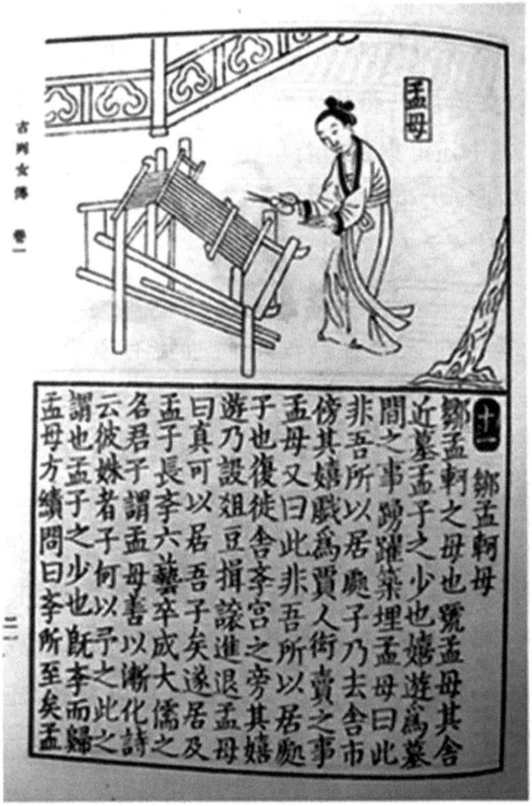

图 12-1 古列女传

了大量女性资料，但在编辑理念上依然强调对女性的伦理规范。

另有一本单独编辑的女性读物也名为《列女传》，这就是西汉刘向所编的《列女传》。①此书共分七卷：母仪传、贤明传、仁智传、贞顺传、节义传、辩通传和孽嬖传，记叙了 105 位妇女的故事。从其名目和内容看，有正面的，也有负面的。每一传后附有赞语，进行道德评说。这一读物有东晋著名画家顾恺之的补图本，到了北宋雕版印刷技术普及时，又被书坊主模仿雕刻，名之为《古列女传》。这一雕印本采取上图下文的版式（图 12-1），每页一传，有图 123 幅。此书的雕版技术为人称道："绣像书籍以宋椠《列女传》为最精。"②书坊主出版绣像本的《古列女传》，是为了适合女性读者的口味。或者说：印刷书籍的普及，使女性读者的数量增加，书坊主不仅出版女性读物，还要照顾女性读者的识字水平以及喜欢"读图"的特点。有学者分析插图本《列女传》的"流行和非训诫用途。女性道德的特定主题，已成了一种消遣应酬的内容"③，或者说具有了商业营销的用途。

此外，民间童蒙教材也有女性故事。《三字经》中讲述母亲教子读书的故事："昔孟母，择邻处。子不学，断机杼。"还列举了才女的事例，来激励男子读

① 刘向，顾恺之.古列女传[M]//丛书集成初编：3400.北京：中华书局，1985.宋代曾巩《古列女传目录序》说："初汉承秦之敝，风俗已大坏矣。而成帝后宫赵卫之属，尤自放，向以谓王政必自内始，故列古女善恶所以致兴亡者，以戒天子，此向述作之大意也。"图 12-1 选自此版本卷一，21 页。

② 徐康.前尘梦影录：卷下[M].沈阳：辽宁教育出版社，1998：33.

③ 高彦颐.闺塾师——明末清初江南的才女文化[M].李志生，译.南京：江苏人民出版社，2005：60.

书:"蔡文姬,能辨琴。谢道韫,能咏吟。彼女子,且聪敏。尔男子,当自警。"在《三字经》中,女子读书的故事仅此数例,或者肯定女性作为母亲的角色,或者提醒男子不能不如女子,其口吻都是在教育男子读书。

在中国古代社会,儒家出于"女德"教化的目的,编辑了许多讲述女子规范的读本。"女德"是在与男性相关的伦理中加以界定和规范的,也就是相对于父亲、丈夫、子女而言的,女子始终处于陪衬的地位。这些教化"女德"的书籍,限制了女子的生活方式和社交圈子。加上女子不能参加科举考试,被排除在政治、社会生活之外,女子读书没有自身的功利目的,她们转而期待男子(丈夫、儿子)读书成名。唐代宋若莘的《女论语》就明确说:"大抵人家,皆有男女。年已长成,教之有序。训诲之权,亦在于母。"①从唐代传奇小说开始,女子鼓励男子读书中举的故事就成了一种套路。而母亲教子读书成名也是一种受人尊重的自我补偿方式,"在士人阶层当中,很多母亲把孩子引进书本世界"②。但是,母亲(包括父亲)教子读书和教女读书的内容和目的是不同的。这里引录宋代司马光《居家杂仪》中的一段话,说明古人教子与教女有不同规定:

> 凡子……六岁教之数与方名。男子始习书字,女子始习女工之小者。七岁男女不同席,不共食,始诵《孝经》《论语》,虽女子亦宜诵之……八岁……男子诵《尚书》,女子不出中门。九岁男子读《春秋》及诸史,始为之讲解,使晓义理。女子亦为之讲解《论语》《孝经》及《列女传》《女戒》之类,略晓大意。十岁男子出就外傅,居宿于外。读《诗》《礼》,傅为之讲解,使知仁义礼智信。自是以往,可以读孟、荀、杨子,博观群书。凡所读书,必择其精要者而诵之。其异端、非圣贤之书,傅宜禁之,勿使妄观以惑乱其志。观书皆通,始可学文辞。女子则教以婉娩听从及女工之大者。③

男子与女子担当不同的社会角色,其阅读书籍的范围、读书的方式和场所,都有不同的要求,由此也造就了二者不同的知识结构。

---

① 陈宏谋.五种遗规[M].苏丽娟,点校.南京:凤凰出版社,2016:116.

② 伊沛霞.内闱——宋代的婚姻和妇女生活[M].胡志宏,译.南京:江苏人民出版社,2004:163.

③ 司马光.司马光书仪[M]//丛书集成初编.上海:商务印书馆,1936:45

二、为《诗经》动情肠

汉代独尊儒家经典以来，男子阅读经书就与仕途利禄有了密切关系，民间教子读书的风气也很盛行。但女子读书并不普及，章学诚（1738—1801）《文史通义》中《妇学》篇指出："妇学则古实有之，惟行于卿士大夫，而非齐民妇女皆知学耳。"古代为人熟悉的女子读书故事也是有特殊身世背景的：

> 昔者班氏《汉书》未成而卒，诏其女弟曹昭躬就东观，踵而成之。于是公卿大臣执贽请业，（大儒马融从受《汉书》句读）可谓扩千古之所无矣。然专门绝学，家有渊源，书不尽言，非其人即无所受尔。又，苻秦初建学校，广置博士经师，《五经》粗备而《周官》失传。博士上奏，太常韦逞之母宋氏，家传《周官》音义。诏即其家讲堂置生员百二十人，隔绛帏而受业，赐宋氏爵号为宣文君，此亦扩千古之所无矣。然彼时文献盛于江左，苻氏割据山东，遗经绝业幸存世学家女，非名公卿所能强与闻也。此二母者，并是以妇人身行丈夫事。盖传经述史，天人道法所关，恐其湮没失传，世主不得不破格而崇礼；非谓才华炫耀，惊流俗也。

就是说，班昭修《汉书》、韦母传《周官》，是由于当时传授经典有"家学渊源"，还要依靠口传，女子才承担了"丈夫事"。但章学诚强调："汉廷儒术之盛，班固以谓利禄之途使然。盖功令所崇，贤才争奋，士之学业，等于农夫治田，固其理也。妇人文字，非其职业，间有擅者，出于天性之优，非有争于风气，骛于声名者也。"①男子读经就像农夫种田一样，是理所当然的事；妇人识字读书与仕途没有关系，因而不是妇人的职业。

在儒家的六经中，《诗经》是描写女子最多的文本。《诗经》中包括不少采自"桑间濮上"、描写男女爱情的诗歌。儒家学者一般认为《诗经》是经过孔子删修的，《论语·为政》记载孔子对《诗经》的总体评价："子曰：诗三百，一言以蔽之，曰思无邪。"《论语·八佾》提到孔子的具体评说："《关雎》，乐而不淫，哀而不伤。"对于儒家的注疏者来说，如何是"思无邪"之意，如何解释《诗经》中的

---

① 仓修良.文史通义新编[M].上海：上海古籍出版社，1993：213，212.

情诗,使其既符合孔子的思路,又能自圆其说,这是很费心思的事情。宋代邢昺《论语注疏》解释:“诗之为体,论功颂德,止僻防邪,大抵皆归于正,故此一句可以当之也。”①朱熹的解释比较周密:“凡诗之言,善者可以感发人之善心,恶者可以惩创人之逸志,其用归于使人得其情性之正而已。”②所谓“思无邪”是就《诗经》本身的功能而言的,而不是就《诗经》作者而言的:“思无邪,乃是要使读《诗》人‘思无邪’耳。读三百篇诗,善为可法,恶为可戒,故使人‘思无邪’也。若以为作诗者‘思无邪’,则《桑中》《溱洧》之诗,果无邪耶?”关键在于读者怎样理解,“淫奔之诗固邪矣。然反之,则非邪也。固某说:其善者可以感发人之善心,恶者可以惩创人之逸志”。③ 正是遵循“思无邪”的思路,《诗经》第一篇《关雎》被《毛诗序》解释为:“后妃之德也 。风之始也,所以风天下而正夫妇也。故用之乡人焉 ,用之邦国焉。”④从某种意义上说,《诗经》中这一类涉及男女的诗歌,也成为从男性角度来评判“女德”、进行教化的载体,如《后汉书·列女传论》开篇就陈述:“《诗》《书》之言女德尚矣。若夫贤妃助国君之政,哲妇隆家人之道,高士弘清淳之风,贞女亮明白之节,则其徽美未殊也,而世典咸漏焉。”⑤

这里仅举《静女》诗中一段注疏,来说明儒家注疏是如何一以贯之,将情诗纳入了“思无邪”的框架。《静女》诗开头几句写道:“静女其姝,俟我于城隅。爱而不见,搔首踟蹰。”《毛传》云:“静,贞静也。女德贞静而有法度,乃可说也。姝,美色也。俟,待也。城隅,以言高而不可逾。”郑玄笺云:“女德贞静,然后可畜美色,然后可安。又能服从待礼而动,自防如城隅,故可爱之。”孔颖达“正义曰:言有贞静之女,其美色姝,然又能服从君子,待礼而后动,自防如城隅,然高而不可逾。有德如是,故我爱之,欲为人君之配。心既爱之,而不得见,故搔其首而踟蹰然……服从待礼,谓待君子媒妁聘好之礼,然后乃动,不为淫佚,是其自防如城隅,故可爱也”。⑥ 显然,这里讲的“女德贞静”,是让女子自我约束、不可逾越礼教的规范。于是,诗中的约会地点——“城隅”,竟然成了象征女子内心“自防”的一道高墙。这也是在告诫男子:“有德如是”的女子,才能成为“人

---

① 邢昺.论语注疏[M]//阮元.十三经注疏.北京:中华书局,1980:2467 下.
② 朱熹.四书章句集注:论语集注[M].北京:中华书局,2005:53.
③ 黎靖德.朱子语类[M].王星贤,点校.北京:中华书局,1988:539,542.
④ 孔颖达.毛诗正义[M]//阮元.十三经注疏:上.北京:中华书局,1980:269.
⑤ 范晔.后汉书:列女传[M].北京:中华书局,1973:2781.
⑥ 孔颖达.毛诗正义[M]//阮元.十三经注疏:上.北京:中华书局,1980:310.

君之配”。或者说,“静女”是女子“贞静而有法度”的典范。章学诚《妇学》篇就针对当时的风气感慨:“女子佳称,谓之‘静女’,静则近于学矣。今之号才女者,何其动耶,何扰扰之甚耶?噫!”①

欧阳修《诗本义》不同意前人注疏的说法,从另一角度解释《静女》一诗:“据文求义,是言静女有所待于城隅,不见而彷徨尔。其文显而义明,灼然易见。而毛、郑乃谓正静之女自防如城隅,则是舍其一章,但取城隅二字,以自申其臆说”。此诗“乃是述卫风俗男女淫奔之诗”,批评卫国“礼义坏而淫风大行,男女务以色相诱悦,务夸自道,而不知为恶。虽幽静难诱之女亦然,举静女犹如此,则其他可知”。② 朱熹《诗集传》也认为《静女》“此淫奔期会之诗也”③,其作者是民间男女。

然而,朱熹的解释也为后代文人留下了口实,明清时一些才女出版自己的诗集,就以《诗经》为依据,如邹漪《红蕉集》说:“三百删自圣手,二南诸篇,什七出后妃嫔御,思妇游女。”④章学诚则针对《诗经》的作者,提出批评:“朱子之解,初不过自存一说,宜若无大害也。而近日不学之徒,援据以诱无知士女,逾闲荡检,无复人禽之分,则解《诗》之误……朱子岂知流祸至于斯极……以《风》诗之和雅,与民俗之谣谚绝然不同。益知《国风》男女之辞,皆出诗人讽刺,而非蚩氓男女所能作也。是则风趣之说,不待攻而破,不待教而诛者也。”他认为:女子读书的目的只是为了明诗礼,“女子生而质朴,但使粗明内教,不陷过失而已。如其秀慧通书,必也因其所通,申明诗礼渊源,进以古人大体,班姬、韦母,何必去人远哉!夫以班姬、韦母为师,其视不学之徒,直妄人尔!”甚至认为“古之妇学,必由礼而通诗;今之妇学,转因诗而败礼。礼防决而人心风俗不可复言矣”。他把“女德”看得重于女才:“古之贤女,贵有才也。前人有云‘女子无才便是德’者,非恶才也;正谓小有才而不知学,乃为矜饰鹜名,转不如村姬田妪,不致贻笑于大方也”。⑤ 这代表了以男性为中心的看法,女子所谓“学”只是为了“礼”,而不能以《诗经》为借口,来败坏“礼”对女子的规范。或者说,这是告诫女子应该

① 仓修良.文史通义新编[M].上海:上海古籍出版社,1993:217.
② 欧阳修.诗本义:卷三:静女[M]//四部丛刊:三编经部.上海:商务印书馆,1935:2,3.
③ 朱熹.诗集传[M]//朱子全书:第一册.上海:上海古籍出版社,合肥:安徽教育出版社,2002: 438.
④ 胡文楷.历代妇女著作考:附录[M].上海:商务印书馆,1957:52.
⑤ 仓修良.文史通义新编[M].上海:上海古籍出版社,1993:218,219,217.

如何阅读《诗经》中描写男女的诗歌。

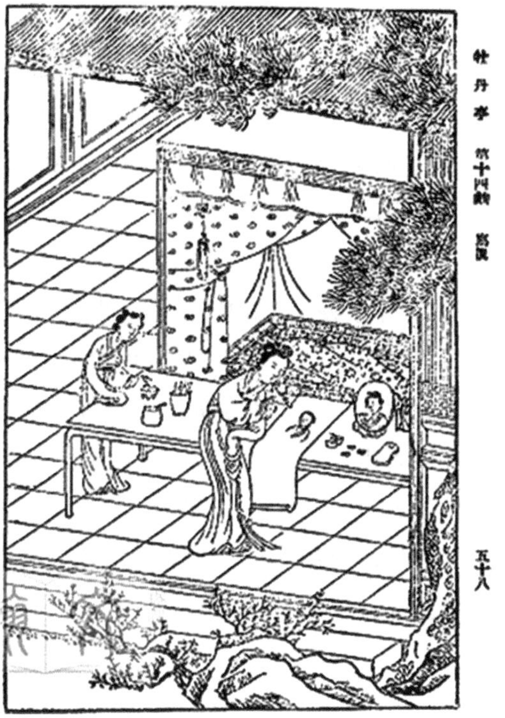

图 12-2①

章学诚的担忧不无道理，如果女子认字读书，也像男子一样阅读《诗经》，这一文本会对女子产生什么影响，她们能否从《诗经》中悟出“女德”？有趣的是，明代汤显祖的传奇剧本《牡丹亭》中就有一段描写了杜丽娘在闺塾中听老师讲《诗经》第一篇《关雎》的情景。那位私塾先生陈最良讲解《关雎》，特别提到：“论六经，诗经最葩，闺门内许多风雅……只‘无邪’二字，付与儿家。”没想到杜丽娘读到《毛诗》第一章“窈窕淑女，君子好逑”，悄然废书而叹曰：“圣人之情，尽见于此矣。今古同怀，岂不然乎？”几天后，小丫鬟便对陈最良说：“小姐呵，为诗章，讲动情肠。”“小姐说，关了的雎鸠，尚然有洲渚之兴，可以人而不如鸟乎！书要埋头，那景致则抬头望。如今分付，明后日游后花园。”②杜丽娘从《关雎》描写鸟儿的句子，引发了个人的春愁，这种阅读效果是迂腐的私塾老师无法理解的，借用章学诚的话，这正是“因诗而败礼”的例子。这个问题在民国时期也有人思考，《教育杂志》1935 年曾设“读经问题专号”，蔡元培对儿童读经发表看法，也举了《牡丹亭》的例子：“《诗经》是‘国风好色’‘小雅怨诽’，在成人或可体会那不淫不乱的界限，怎样同儿童讲明呢？一开卷就是‘窈窕淑女，君子好逑’。《牡丹亭》曲本里的杜丽娘因此而引起伤春病。虽是寓言，却实有可以注意的地方。所以，我认小学生读经，是有害

① 汤显祖.牡丹亭[M]//万有文库.上海：商务印书馆，1933：58.

② 汤显祖.牡丹亭[M].北京：文学古籍刊行社，1954：22，31，33. 按：“可以人而不如鸟乎。”此句也有出处，朱熹《大学章句》引：“子曰：于止，知其所正，可以人而不如鸟乎。”汤显祖写这个细节隐含讥讽之意。

的;中学生读整部的经,也是有害的。”①

有关《诗经》笺注疏的系列书籍,遵循“疏不破注”的原则,力图使其解释合乎孔子所谓“思无邪”“《关雎》乐而不淫”的规范。对于为科举而读书的士人来说,他们必须熟悉《诗经》原文本,还要按照规定的注疏版本来解释,也就学会了这种牵强附会、比兴寄托的思维方式。但是,对于女子来说,她们读书并不是为了科举,也不在乎那些烦琐的注疏文字,很容易为其中描写男女情思的诗句而感动,甚至引发“白日梦”。《牡丹亭》的故事虽然是虚构的,却也是对“求甚解”的《诗经》注疏的一个讽刺。随着雕版印刷技术的普及,书籍数量增加而更容易进入闺房之中。且不说那些才子佳人的小说,就是正统的经书(《诗经》),对于女性读者来说,也会产生不同于男子的解读思路和情感触动。那些提倡女学的男性学者,为什么不断编辑出版“女诫”一类书籍,为什么特别强调“女德”?就是要从外部建构一道用于防范失礼的高墙,对女性读书写诗等行为予以引导和约束。

三、才女的读书空间

古代才女的受教育程度以及读书生活,是和其家庭中的男性亲属(父亲、丈夫、兄弟等)所给予的支持相联系的。宋代最为人称道的李清照就是生活在家庭环境中的才女。李清照的父亲李格非,官至礼部员外郎,以文章为人称颂;母亲王氏是状元王拱辰的孙女,也擅长文辞。李清照从少年时就有诗名,十八岁嫁给了太学生赵明诚。赵明诚喜爱收藏金石文字,详加考证,著有《金石录》。李清照与丈夫情投意合,爱好相同,也拥有了丈夫多年来辛苦寻访、收藏的图书、字画文物等,她在《金石录后序》中回忆:

> 每朔望谒告出,质衣,取半千钱,步入相国寺,市碑文果实。归,相对展玩咀嚼,自谓葛天氏之民也……后屏居乡里十年,仰取俯拾,衣食有余。连守两郡,竭其俸入,以事铅椠。每获一书,即同共勘校,整集签题。得书、画、彝、鼎,亦摩玩舒卷,指摘疵病,夜尽一烛为率。故能纸札精致,字画完整,冠诸收书家。余性偶强记,每饭罢,坐归来堂,烹

① 全国专家对于读经问题的意见:蔡元培先生的意见[J].教育杂志,1935,25(5):47.

> 茶，指堆积书史，言某事在某书、某卷、第几页、第几行，以中否角胜负，为饮茶先后。中即举杯大笑，至茶倾覆怀中，反不得饮而起，甘心老是乡矣。故虽处忧患困穷，而志不屈。收书既成，归来堂起书库，大橱簿甲乙，置书册。如要讲读，即请钥上簿，关出卷帙。……遇书史百家，字不刓缺，本不讹谬者，辄市之，储作副本。自来家传《周易》《左氏传》，故两家者流，文字最备。于是几案罗列，枕席枕藉，意会心谋，目往神授，乐在声色狗马之上。①

如此快乐和睦的读书生活，是一般家庭的女子难以得到的。我们从李清照身上似乎可以看到陶渊明的影子，她自号易安居士，喜爱吟诵菊花，将居处命名为归来堂，也“自谓葛天氏之民”。可以说，她已经将自己当作一个自得其乐的隐士，而淡化了作为女性的身份。博览群书的文化修养，使她的诗文充满书卷气，或者说“有丈夫气”，就连理学家朱熹读了李清照的诗，也要赞叹“如此等语，岂妇人所能”②。

像李清照这样不让须眉的才女在宋代只是个别的。到了明清时期，民间书坊刊印的通俗书籍有更多机会进入闺房，读书女性的数量不断增加，还有为数不少的才女出版了自己的作品集，形成了群体性的才女现象。近年翻译出版的海外汉学家有关中国女性的书籍，对此多有关注。孙康宜指出：“胡文楷先生的《历代妇女著作考》……使我们惊喜地发现，原来世界上没有一个国家比传统中国出版过更多的女诗人作品——仅仅在明清两代，就出版了三千种以上的女诗人选集和专集。”③伊沛霞提示我们：“在我们努力地思考了女人在哪里以后，中国历史和文化看来就不一样了。”④高彦颐指出：“阅读、写作、编辑和出版，作为文化消费者和生产者，明、清江南的受教育女性开始参与进了写作文化中。无论是印刷文化还是她们自己的生活，都因而走进一个新纪元。”⑤孙康宜特别强调：“明清才女作品的大量出版不但反映出妇女创作的繁荣，而且也直接促使它更加繁荣。无论如何，女性文本已在当时成了普遍的热门读物。最有趣的是：

---

① 王仲闻.李清照集校注[M].北京：人民文学出版社，1981：178.

② 王仲闻.李清照集校注[M].北京：人民文学出版社，1981：141.

③ 孙康宜.文学经典的挑战[M].南昌：百花洲文艺出版社，2002：248.

④ 伊沛霞.内闱——宋代的婚姻和妇女生活[M]. 胡志宏，译.南京：江苏人民出版社，2004：240.

⑤ 高彦颐.闺塾师——明末清初江南的才女文化[M].李志生，译.南京：江苏人民出版社，2005：68.

这些流芳一时的女性文本的整理、出版及传播,主要是明清男性文人的贡献。"①此外,女子阅读也改变了女子自身的生活方式,使得女性书呆子普遍增多。"这些书呆子就是所谓的'书痴',她们不但爱书成性,而且还多次在诗中吟咏自学的甘苦,用读书来诠释生命的价值,有一种'朝闻道,夕死可矣'的精神……她们往往只在读和写中偷闲,就像蛀书虫一样,只为读书而读书。"②这些研究说明:中国明清时期江南才女与印刷媒介的接触关系,具有多方面的认识价值。

明清时期,书坊主印刷出版了大量绣像小说,特别是言情小说。这些书籍对于女子来说属于禁书,却通过各种渠道进入了庭院深深的闺房,从而改变了女子的阅读视野和生活方式。小说《红楼梦》第二十三回题为"《西厢记》妙词通戏语,《牡丹亭》艳曲警芳心",就描写了禁书对大家闺秀的影响。最初是茗烟从书坊买来《西厢记》等书,交给宝玉看。宝玉正在偷看时,却被林黛玉发现了,于是两个人一起读起来。林黛玉"接书来瞧,从头看去,越看越爱看,不到一顿饭工夫,将十六出俱已看完,自觉词藻警人,余香满口。虽看完了书,却只管出神,心内还默默记诵"。这一回还写道:林黛玉听到梨香院女子在演唱《牡丹亭》的戏词,"不觉心动神摇"、"如醉如痴,站立不住,便一蹲身坐在一块山子石上,细嚼'如花美眷,似水流年'八个字的滋味"。《红楼梦》第四十回,描写黛玉在行酒令时,竟然脱口说出了《牡丹亭》里的词:"良辰美景奈何天。"宝钗听了,回头看着她。黛玉只顾怕罚,也不理论。第四十二回又接着写宝钗审黛玉,宝钗委婉地告诉黛玉:"你当我是谁,我也是个淘气的,从小七八岁上也够个人缠的。我们家也算是个读书人家,祖父手里也爱藏书。先时人口多,姊妹弟兄都在一处,都怕看正经书。弟兄们也有爱诗的,也有爱词的,诸如这些'西厢''琵琶'以及'元人百种',无所不有。他们是偷背着我们看,我们却也偷背着他们看。后来大人知道了,打的打,骂的骂,烧的烧,才丢开了。所以咱们女孩儿家不认得字的倒好。男人们读书不明理,尚且不如不读书的好,何况你我。就连作诗写字等事,这不是你我分内之事,究竟也不是男人分内之事。男人们读书明理,辅国治民,这便好了。只是如今并不听见有这样的人,读了书倒更坏了。这是书误了他,可惜他也把书糟蹋了,所以竟不如耕种买卖,倒没有什么大害处。你我只该做些针黹纺织的事才是,偏又认得了字,既认得了字,不过拣那正经的看

① 孙康宜.文学经典的挑战[M].南昌:百花洲文艺出版社,2002:304.
② 孙康宜.文学经典的挑战[M].南昌:百花洲文艺出版社,2002:307.

也罢了，最怕见了些杂书，移了性情，就不可救了。"一席话，说的黛玉垂头吃茶，心下暗伏，只有答应一个"是"字。① 《红楼梦》中这些关于女子读禁书的叙述说明：这些"不正经"的小说戏词，在书坊可以随时买到，读书人家也有收藏。闺房女子则通过男子间接有机会读到这些书籍。而薛宝钗的一番劝说，俨然是男子的口气，简直是在背诵"女诫"书。

尽管《红楼梦》是小说，但是这些禁书对于妙龄女子具有很大"移情"作用，这在现实生活中是不乏例子的。《闺塾师》一书就利用许多出版史料，描述了汤显祖《牡丹亭》剧本传入闺房后所引出的"三妇传奇"，即由清初三位女性编写的《吴吴山三妇合评牡丹亭还魂记》。此书作为中国历史上第一部出版的女性文学批评著作，"其漫长的创作过程，特别展现了书籍深入女性闺阁的程度及明末清初江南出版世界如何深深地影响了女性的生活"。作者具体分析："男性和女性交际圈的关系；伙伴式婚姻的蔓延；通过书籍、手稿和纪念物如鞋子的交换，在家内生活中，一种女性文化的打造；在这一女性文化中，文学作品、鉴赏和普及所起的中心作用；女性写作和出版的重要性。就本章的目的而言，它也有效地说明了女读者被《牡丹亭》及其爱情辩解所迷住的程度。陈同、谈则和小青等读者都死于少年时期，她们既证明了创造才华的力量，也证明了由阅读这一看似随意的行动所带来的耗费精力的危险。"②而《红楼梦》中女子读禁书的情节，可以说正是以现实生活中这类女性读书现象为素材的。

我们不妨对比一下，李清照所读的书籍都是男子所读的，而明清时期江南才女们所读的书籍却不乏言情小说（当时的书坊主出版这类书籍，已经考虑到女性读者的需要）。李清照潇洒脱俗，即使是写词也流露出"丈夫气"，为文则有学者气；江南才女更多女性意识，不免为虚拟的小说故事所伤情，而她们编辑出版的诗集也拥有更多的男性读者。由于才女的读书生活都要依附于身边的男性，所以，不同的家庭阅读空间，造就了不同气质的才女；不同时代的男性视野，也参与构建了不同时代的才女文化。正因为书籍如此重要，士大夫对于家庭藏书的内容是非常重视的，明末清初理学家朱柏庐在《劝言》中特别谈到书籍对于人的熏陶作用："尝见人家几案间摆放小说杂剧，此最自误，并误子弟，亟宜焚弃。人家有此等书，便为不祥……将《孝经》《小学》《四书》本注置在案头，尝自

---

① 曹雪芹.红楼梦[M].北京：人民文学出版社，1998.

② 高彦颐.闺塾师——明末清初江南的才女文化[M].李志生，译.南京：江苏人民出版社，2005：75.

读，教子弟读。即身体而力行之，难道不成就好人，难道乡闾不称为自好之士。”①清代余治（号莲村）所辑录的《得一录》中有多篇劝禁小说的内容，如论收藏小说四害之一，就是“败闺门：凡好藏淫书，好唱弹词诸家妇女，率多丑声。其秉性幽贞者，或以瘵疾死，下此不忍言矣，可胜痛哉。”②

德風亭初集卷六　金陵叢書丁集之二十二
江甯女史王貞儀
論
地圓論
古人謂天圓而地方又曰天地本混沌一體此其理固不相
左與然按之周髀土圭之法與唐之復矩圖皆因地體渾圓
準驗其南北東西若是言之則地非方矣謂爲方者以地之
正平而非以形體之方圓擬地也蓋人之所居附于地目光
察遠皆直至其處地雖圓體百里數十里不足見其圓而目
之直注四望皆天似地與天皆方際而平不知其平乃目所
見之繩直而不少曲之平非地果平而方也陰陽大論黃帝

图 12-3

行文至此，不得不提到一位非同一般的才女王贞仪（字德卿），她不仅有诗词作品传世，还被后人称为“女科学家”。本书第十五章提到明代万历年间利玛窦带入中国的《几何原本》一书，经徐光启翻译后，对文人研究历算、天文学有很大影响。令人惊叹的是，清代乾隆年间的才女王贞仪，不仅阅读了家藏的各种书籍，还特别喜欢天文历算学的书籍。她自叙“幼侍先大父惺斋公，公细训以诸算法。既长，学历算，复读家藏诸历学善本十余种，潜心稽究十余年，不少倦”③。她精心研究前人的天文历算书籍（尤其是梅文鼎的书籍），写作了多篇文章，提出自己的质疑和见解。其《德风亭集》各卷所收录的有：《筹算易知自序》《历算简存自序》（卷二）、《岁差日至辨疑》《盈缩高卑辩》《经星辨》《黄赤二道辩》（卷五）、《地圆论》《地球比九重天论》《岁轮定于地心论》《日月五星随天左旋论一、二、三》（卷六）、《句股三角解》《月食解》（卷七）等。这些著述也是西学书籍进入士人家庭，为女子所阅读的典型例证，而与书坊小说进入闺阁不在一个层面。

① 陆林，吴家驹.朱柏庐诗文选[M].南京：江苏古籍出版社，2002：102.

② 余莲村.得一录：卷十一“收藏小说四害”[M]//近代中国史料丛书三编.第九十二辑（913 册），台北：文海出版社有限公司，2003：760.

③ 王贞仪.德风亭集：卷五.岁差日至辨疑[M]//金陵丛书丁集. 蒋氏（国榜）慎修书屋排印本，1916.

王贞仪能有如此成就，有赖于其祖父、父亲的教诲及丈夫的支持，为她提供了随意阅读的广阔空间。她也曾遭到迂腐之士的讥讽，但她义正词严地指出："唯今世迂疏之士，动谓妇人女子不当以诵读吟咏为事。夫同是人也，则同是心性。六经诸书，皆教人以正性明善、修身齐家之学，而岂徒为男子辈设哉！"①《德风亭集自序》也提到，文集编成后："有士者讥之，以为妇人女子唯酒食缝纫是务，不当操管握椟，吟弄文史翰墨为事。况妇女不以名尚，今之裒然成集也，其意何哉。"她先说"其论之似近乎正也"，对这种一本正经的俗论不予置评；她又说明："第以好名疑之，则非矣。好名之心，人皆不能无。而概观古今来能于诗古文章者，士大夫固无论，即闺阁中代不乏人"。② 既然男女都有"好名之心"，理应一视同仁，这是在为女子读书、著书的权利进行争辩，可以说是男女平等的先声。正因为如此，民国时期有文章以《旧女性中一颗彗星——王贞仪》为题，针对"晚近教育学者，主张女子教育应别于男子者多，认为男女可受同性质之教育者日少"的现象，列举中国史籍中的著名女性，特别指出："能与现代西方女科学家相媲美者，殊不多睹。惟吾南京一王德卿差近之。惜乎未享天年，复囿于环境，卒不能为中国之居里夫人，未免遗憾！吾谓之为旧女性中一颗彗星，实亦中国学术史中之一颗彗星也！"③文章将王贞仪与西方女科学家相媲美，借以表述男女教育平等的观点。换个角度看，这也借助西学的视角，重新发现了王贞仪在中国女性史及科学史上的独特价值。遥想王贞仪当年独自仰望星空、观察天象的身影，唯其十分罕见，更显得熠熠生辉，令人赞叹不已。

四、媒介变迁与女性解放

媒介与女性的关系是传播研究的一个热门话题。从媒介发展史的角度来看，当今所关注的是新媒介与新女性的关系。与此形成对比的正是传统媒介与传统女性的关系。由于中国有数千年的"女德"规范传统，中国传统女性没有属于自己的正当的受教育权力，她们接触印刷媒介的机会也受到了很大限制，甚至不得不依附于男性对女性的宽容程度。在近代的社会变革中，中国女性有机

---

① 王贞仪.德风亭集：卷四.上卜太夫人书[M]//金陵丛书丁集.蒋氏(国榜)慎修书屋排印本，1916.

② 王贞仪.德风亭集：自序[M]//金陵丛书丁集.蒋氏(国榜)慎修书屋排印本，1916.

③ 旧女性中一颗彗星——王贞仪[N].南京中央日报周刊，1948-03-08：13.

会进入新式学堂、参与创办女报，最初也要依靠男性的觉醒和呐喊，而报刊、图书等印刷媒介也推动了女性思想解放的进程。

在西学东渐的社会背景下，西方的男女平等观念、女学教育制度传入了中国。光绪二年(1876)中国人李圭到美国参加费城博览会，写成《环游地球新录》的日记，曾被《万国公报》连载。其中写他参观女学院后，不禁感慨："近年来，各国女塾，无地无之"，中国"倘得重兴女学，使皆读书明理，妇道由是而立，其才由是可用。轻视妇女之心由是可改，溺女之俗由是而止。"①美国传教士林乐知在上海创办的《万国公报》也先后发表了多篇文章，介绍西方各国女学的发展情况，提倡在中国开办女学，改良社会风俗。其中光绪四年(1878)的《中国女学》一文，谈到女学"泰西诸邦此事较前尤盛，在英伦女学生可进学宫读书……在美国女学生约三百万余。德国女孩八岁必入学，所读之书一切全备"。而在中国"现因女学不设，故女子为人所轻"。② 无论是李圭的感慨，还是传教士的评述，都说明当时的中国女子依然被男尊女卑的传统观念所束缚。

值得提起的是：同样是在1878年还发生了一个新闻事件，可以佐证当时中、西方对于女性的观念相去甚远。中国第一任驻英公使郭嵩焘正在为一篇《申报》的报道而烦恼。这篇文章报道了他与夫人在英国举办外交茶会的事情，其中有"侍郎与其如夫人暨英参赞马君出至听事，接见男女诸尊客"等字句，还评说"按此本驻扎他国钦差交接之成例，今郭侍郎亦仿行之，亦未始非共敦辑睦之道也"。③ 这一受到西方人称赞的外交活动，通过英国人所办的中文版《申报》在国内得到了传播，却成为保守势力攻击郭嵩焘的一条罪证。郭嵩焘考虑到这篇报道对他在国内的声誉造成了负面影响，不得不追究《申报》的责任，迫使《申报》登报承认消息不实。于是，《申报》又发了一篇题为《论礼别男女》的社论，"它醒目地把郭提高到一个勇于革新的文化先驱者，而惋惜他的行动只能远在伦敦而不可能发生在国内"；不久又刊出长篇社论，说明"郭因举行茶会而被人弹劾，并为之辩称：该会在外交上是成功的，而且在伦敦开茶会是不请人坐

① 李圭.环游地球新录[M].长沙：湖南人民出版社，1980：42.
② 林乐知.万国公报：第八册[M]//清末民初报刊丛编：之四.台北：华文书局股份有限公司印行，1968：5276.
③ 钦使宴客[N].申报，1878-08-06.

的,因此其毁损者实属无知"。[①] 这一事件说明:对于普通女性参与国家外交活动,中国与西方有着截然的不同的观念。郭嵩焘的梁氏夫人虽然有机会随同出行,见识了西方世界的女性生活方式,却依然难以逃脱中国传统礼教的束缚和谴责。其实,郭嵩焘已经习惯了这种由女主人出面约请茶会的"洋礼",他的日记中有许多关于参加这类茶会的记载。受到西方礼仪的影响,郭嵩焘实际上已经把梁氏夫人看作了大使夫人,而不仅仅是自己的小妾。他在离任前甚至"以梁氏随行数万里,一被参于刘锡鸿,再被参于张佩纶,不能为荣而只为辱。乃决计令其一见君主,归为子姓言之,足证数万里之行,得与其君主相见,亦人生难得之际会也",并在日记详细记录了他携梁氏夫人拜会英国女王的情景。[②] 可见,这位驻英大使已经抛弃了中国的礼教规范,更不在乎国内保守人士的攻击之词。

换个角度看,在半殖民地的中国,在上海租界西方人所办的中文报纸中,这种涉及中国女性的报道,还有《万国公报》上的有关文章,形成了新的舆论空间,改变着中国因袭了数千年的、由男性建构的"女德"观念。然而,由中国男性与女性共同参与,发出倡办女学的强烈呼喊并付诸实践,要到 1898 年"戊戌变法"前后了。主张变法维新的人士终于认识到对中国另一半——女性的启蒙,是关系到保国、保种、保教的大事。[③] 梁启超在《变法通议》"论女学"一章中指出:"吾推及天下积弱之本,则必自妇人不学始";"蒙养之本,必自母教始;母教之本,必自妇学始。妇学实天下存亡强弱之大原也"。[④] 其《倡设女学堂启》一文也指出办女学的目的:"上可相夫,下可教子,近可宜家,远可善种。妇道既昌,千室良善,岂不然哉! 岂不然哉!"[⑤]1898 年在维新派人物的支持和参与下,由康有为的女儿康同薇、梁启超的夫人李蕙仙等人参与主持的中国女学会在上海成立,或者说她们有赖于家庭的支持而成为新女性的旗手。她们以中国女学会

---

① 瓦格纳.《申报》的危机:1878—1879 年《申报》与郭嵩焘之间的冲突和国际环境[M].李必樟,译//张仲礼.中国近代城市发展与社会经济.上海:上海社会科学院出版社,1999.

② 郭嵩焘.伦敦与巴黎日记[M].长沙:岳麓书社,1984:868.

③ 王林.西学与变法——《万国公报》研究[M].济南:齐鲁书社,2004:221.书中指出:"《万国公报》宣传女学兴国的文章主要集中在 20 世纪初。当时清政府正在实施'新政',因此,《万国公报》的有些文章干脆就把女学作为变法之始。"

④ 梁启超.饮冰室合集:文集之一[M].北京:中华书局,1996:38,41.

⑤ 梁启超.饮冰室合集:文集之二[M].北京:中华书局,1996:15. 按:《倡设女学堂启》原刊《时务报》,1897(45):3-4.

的名义兴办女学、创办了第一份女报,如其办报缘起所声明的:“倡立女学堂,现定四月十二日开塾,以登报告白。外欲再振兴女学会,更拟开设官话女学报,以通坤道消息,以广博爱之心。”①从女性与媒介的关系来说,这是中国最早的由女性自办的女性媒介,其意义是非同寻常的。梁启超指出:“夫男女平权,美国斯盛;女学布濩,日本以强。兴国智民,靡不始此。”②而中国女性通过自己所办的报纸发出了同样的声音,这无疑对变法维新起到了推波助澜的作用。

民国时期,男女平等的观念通过各种印刷媒介广为传播。1918 年一本普及读物《家庭万宝全书》在“女诫”的小题下已经提到当时的新观念:“天赋人权,男女本无殊异。自世俗以玩物的眼光视女子家庭教育,男女之间大有轩轾。于是女子之智识日益短浅,其能力日益薄弱。积习相沿,女子遂成为男子之附属品。要知天地之生人,不能不借重女子,是世界上人类之身必有半数属于女子之传遗性。如今而使女子茫然不有道德之观念,懵然不有普通之知识,茶然不有进取之志气,其于个人愚弄女子之心计则诚得矣,其如人类将日即于退化何。”③1936 年出版的《中国现代女子教育史》一书,其绪论部分论述了“中国过去的女子地位”“中国女子旧教育的回顾”,大量引录中国古代书籍中的资料而加以批判:中国女子过去所处的地位“极其卑贱,而她们在教育方面的不为人们所重视也是势所必然。中国的整个社会,数千年来,都为男子所独占,何况教育,就是女子要教的话,也只是教她们怎样做奴隶,教她们怎样服服帖帖的‘从人’。这种教育是为男子而教的,在女子只是更加上一副镣铐”。特别是对古代的女教书籍进行了梳理和批判:“汉代出了两个女教圣人,写了两部经典,益加锁住了此后二千年女子的奴隶命运。这两部经典,一部是前汉刘向的《列女传》,一部是后汉班昭的《女诫》。”但《列女传》“无非教女子死心塌地的做父母舅姑丈夫儿子的奴隶”。此书接着讲述了中国现代女子教育的萌芽及发展过程,“自鸦片战争以后,西方文化日渐侵入,中国的旧有文明便渐渐摇动起来”,维新运动、五四运动也产生了很大影响。④ 由此可以略知,在晚清民国时期,中国传统的女教书籍已经遭到严厉批判,逐渐被来自西方的“男女平等”思想所取代了。

---

① 叶再生.中国近代现代出版通史:第一卷[M].北京:华文出版社,2002:723.

② 梁启超.倡设女学堂启[M]//饮冰室合集:文集之二.北京:中华书局,1996:20.

③ 鲁云奇,汇辑.家庭万宝全书:卷二[M].上海:中华图书集成公司,1918:46.

④ 程谪凡.中国现代女子教育史[M].上海:中华书局印行,1936:15,18.

综上所述，中国传统社会的女德教化观念，为宣扬女德的书籍提供了深厚土壤；而印刷书籍的普及，为才女的闺塾阅读及写作提供了空间。中国在晚清民国时期经历了前所未有的社会变迁，新式报纸、杂志、书籍等印刷媒介推动了女性解放思想、走出闺塾而进入学校的进程，传统的女教思想早已落后于时代而受到批判。历史是今天的“后视镜”，本文仅列举了少数女性书籍作为例证，借以获得一种比较的眼光，以便更好地认识当今时代日新月异的新媒介对女性观念及生活方式所产生的复杂影响。《消失的地域：电子媒介对社会行为的影响》一书指出：“新媒介或新的媒介类型可能重新构筑社会场景的方式，这类似于墙的建立与拆除，或者在物质场景中将人重新定位，或将其隔离在不同场景，或将其合并进相同或相似的场景。在对印刷媒介和电子媒介两者的差异的场景分析中，相关的问题有：在一个社会中，有谁能获取这个环境的信息，有谁不能？由于这种媒介，对不同年龄、性别、种族和教育背景的人来说，在获取相同或不同信息系统后又能达到怎样的程度？这个环境中能得到的信息类型与其他社会场景中得到信息有何不同？总之，这种媒介的广泛使用是以何种方式影响着‘谁知道关于谁的什么’？”①借鉴西方学者的研究角度，从古代到近代，再到当今时代，从印刷媒介到新媒介，探讨不同社会场景的差异及变化，同样需要借助历史比较的方法。回顾传统媒介与传统女性的关系、近代新媒介与近代新女性的关系，对于我们认识当代电子媒介（电视、互联网、手机等）与当代女性的关系，是有参照价值的。此外，在当今“国学热”的氛围中，回望历史，我们会发现所谓女德培训班是在重蹈覆辙，其讲课内容不过是沉渣泛起。② 这种盲目推崇古代女教读物的现象必须引起高度警觉，有必要重新唤起近代女性所具有的批判精神，防止倒退到传统女教的樊篱之中。

---

① 梅罗维茨.消失的地域：电子媒介对社会行为的影响[M].肖志军，译.北京：清华大学出版社，2002：66.

② 莫兰.“女德”流延之路已越走越窄[N].中国妇女报，2019-04-23(004).

第十三章

康熙朝文人对宫廷藏书的阅读利用

从书籍史的角度看,书籍是知识的载体,也是人际交往和知识传播的媒介。而个人的阅读行为是与社会背景相联系的,涉及“你为什么买或借这本书,你是谁,你在何时何地读它,这些情况常常和其他读者的情况汇集到一起,以创造出一幅阅读的社会剪影”①。在中国古代图书发展史上,图书有私藏,也有官藏,而历代朝廷通过大规模征集、抄录、整理等方式,汇集了卷帙浩繁的藏书。作为知识精英的读书人如何能够接触到宫廷的藏书,使之成为个人阅读和学术著述的资源,这与当时的统治者所实施的文化政策有密切关系。清康熙朝在实施文治的社会背景下,不仅征集图书,组织文臣编纂、刊印图书,还允许宫廷图书在一定范围内流通。本章仅以康熙朝的文人朱彝尊的经历为线索,从个人阅读史的角度,考察当时的布衣文人以特殊身份进入宫廷,有机会阅读宫廷藏书的情况。或者说,宫廷藏书通过特殊途径而在文人之间辗转流通,形成了相互关联的阅读网络,从而何促进了当时以博综考据为特征的著述风气。

一、布衣文人走进宫廷的机遇

朱彝尊有着特殊的家庭背景,其曾祖父朱国祚是万历十年(1582)的进士,官至户部尚书兼武英殿大学士,加少傅。他受其叔父影响,没有参加科举,也不受时文的限制,得以广泛阅读各种图书。在遭遇明朝覆亡的社会变故后,他秘密参与过抗清复明的活动,还致力于搜集明人诗歌、明史资料。但在康熙初年,

① 芬克尔斯坦,麦克利里.书史导论[M].何朝晖,译.北京:商务印书馆,2012:191.

图 13-1　朱彝尊像①

发生了庄廷鑨修史案，文人私修明史活动遭到镇压。正如归庄所记载的“康熙初，为国史事，杀戮多人，自此文网渐密”②。这种文字狱对私人藏书也产生了威慑作用，朱彝尊记载他当时藏书的情况：“时方起《明书》之狱，凡涉明季事者，争相焚弃。比还，问囊所储书，则并椟亡之矣”③。由于惧怕招祸，在他漂泊在外的时候，家人将其有关《明史》的藏书都烧毁了。

朱彝尊迫于生计，不得不到处奔走，寄身在他人幕府之中，也结交了各种各样的人物，通过抄录等方式来补充自己的藏书。曹溶的藏书中有大量宋元旧籍，朱彝尊曾为其整理藏书，有机会一饱眼福。黄虞稷、周在浚编写《征刻唐宋秘本书目》，朱彝尊积极参与此事，并向徐乾学提议珍惜留存下来的古籍，特别是那些解读经书的著述，这直接促使康熙帝近臣徐乾学和纳兰成德刊刻了《通志堂经解》。他不仅为此提供了家藏的版本，也得以看到多位藏书家提供的关于经籍注解的旧抄本。他还和友人汪森等人广泛搜集词籍，编纂了《词综》。朱彝尊在结交各种名人的过程中，已经显露出博学的才能，获得了一定的社会声誉。但作为一介布衣，他还只是个为人代笔的小人物，不免感慨：“每一念及，志已降矣，尚得谓身不辱哉！”④他找不到更好的前途，甚至没有条件安顿下来进行学术著述，开始在词中表达“归耕”的念头。如果没有特殊的途径，他不可能有机会进入宫廷，直接阅读官方的藏书。

因此，要特别强调的是，康熙帝在政局初步稳定后，转而实施文治策略，“康熙十七年，天子以制科召天下士，天下士多学与能为文词者，皆被召来京师”⑤。

① 叶恭绰.清代学者象传：第一册[M].上海：商务印书馆，1930.

② 归庄.归庄集：随笔二十四则[M].上海：上海古籍出版社，1984：518.

③ 朱彝尊.曝书亭集：卷三十五：曝书亭著录序[M]//景印文渊阁四库全书：1318 册.台北：台湾商务印书馆，1986：55.

④ 朱彝尊.曝书亭集：卷三十一：报周青士书 [M]//景印文渊阁四库全书：1318 册.台北：台湾商务印书馆，1986：7.

⑤ 李天馥：西河文集领词[M]//毛奇龄.毛西河先生全集//清代诗文集汇编：87 册.上海：上海古籍出版社，2010：2.

在当时的社会背景下，顾炎武、黄宗羲等人都拒绝征召，表现出遗民的气节，这使应诏的士人感受到一定心理压力。但对朱彝尊来说，这是改变当时困顿境遇的难得机会。他不仅通过他人举荐，顺利参加了考试，还得到康熙帝"亲拔"，被选入一等之列，进入了翰林院，从此改变了"布衣"身份。当时最终走进翰林院的有三位布衣，除了朱彝尊，还有严绳孙和潘耒。三位博学的布衣之士是有象征意义的人物，显示了康熙帝礼贤下士、广招人才的姿态，也会对其他文人接纳朝廷的文治举措产生一定影响。

朱彝尊最初以翰林院检讨的身份，进入《明史》馆，参与编纂史书。后来被康熙帝选为日讲官，知起居注，进入南书房；还曾参加朝廷组织的祭孔仪式，担任十哲分献官，受到了康熙帝的特殊礼遇。这些经历都是朱彝尊引为自豪、难以忘怀的，他晚年在文章中多次提到这一时期获得的身份，曾在署名前标称"前翰林院检讨，充日讲官，知起居注，入直南书房，纂修《明史》《一统志》"的名头。① 当然，朱彝尊本来就嗜好读书，他有幸进入翰林院及南书房，获得了抄录宫廷藏书的机会，为个人从事学术著述找到了新天地。

二、抄录宫廷图书的条件

1.宫廷图书的聚集

清初的宫廷藏书情况要追溯到明代文渊阁的藏书。明代宫廷藏书建有南京文渊阁和北京文渊阁。明代正统六年（1441）杨士奇所作《文渊阁书目题本》记载："查照本朝御制及古今经史子集之书，自永乐十九年南京取回来，一向于左顺门北廊收贮，未有完整书目。近奉圣旨，移贮于文渊东阁。臣等逐一打点清切，编置字号，写完一本，总名曰《文渊阁书目》。"②文渊阁的图书管理严格，一般人根本不能阅读，所谓"文渊阁为禁中深严之地，门榜圣旨，闲杂莫敢窥者"③。而能够阅读宫廷藏书者必须是皇帝的近臣，如明代文渊阁大学士吕调阳曾写道："文渊阁者，我国家储书之秘区，右儒之鸿制也。臣备员枢近，获睹典籍

① 朱彝尊.曝书亭集：卷六十五：杭州洞霄宫提举题名记[M]//景印文渊阁四库全书：1318册.台北：台湾商务印书馆，1986：376.

② 杨士奇，等.文渊阁书目[M]//景印文渊阁四库全书：675册.台北：台湾商务印书馆，1986：114.

③ 黄景昉.馆阁旧事：卷下[M] //中华再造善本续编.清代编：067册. 北京：国家图书馆出版社，2012.

之盛”。①

康熙帝设立史馆后，让征召进入翰林院的博学鸿儒参与编纂《明史》，借此象征清朝政权与明朝的接续关系。这对进入史馆的博学鸿儒是一个难得的机会，不仅满足了他们对明代的历史兴衰进行总结和反思的愿望，而不必冒私自编纂史书的风险；还能够以编纂官的身份，名正言顺地利用宫廷的有关藏书。所以，这是君臣之间都能够认同的文化举措。例如，同样以布衣而考中博学鸿儒的潘耒，他的长兄潘柽章因牵连庄廷鑨《明史辑略》案而被处死，顾炎武曾给潘耒写信说：“吾昔年所蓄史事之书，并为令兄取去。令兄亡后，书既无存，吾亦不谈此事。”②潘耒虽对文字狱心有余悸，但进入史馆后，立即上书建议“及此百废具举之时，广征天下遗书，充入秘府”③。即使没有应诏进入翰林院的顾炎武、黄宗羲等人后来也以间接方式，为编纂《明史》提供了帮助。

朱彝尊作为藏书家，熟悉图书目录。他在《文渊阁书目》题跋中提到宋、金、元及明代宫廷藏书迁徙的情况，“明永乐间敕翰林院凡南内所储书各取一部。于时修撰陈循督舟十艘，载书百椟送北京。又尝命礼部尚书郑赐择通知典籍者四出购求遗书，皆储之文渊阁内。相传雕本十三，抄本十七，盖合宋金元之所储而汇于一，缥缃之富古未有也”。但到万历年间，张萱等人“校理遗籍，惟地志仅存，亦皆嘉、隆后书，初非旧本。经典散失，寥寥无几”。④ 朱彝尊为明代宫廷藏书由于保管不善所遭遇的损失而深感痛心，在进入史馆后，曾经几次上书史馆总裁，其中指出“史馆急务，莫先聚书”⑤，建议“先就馆中所有群书，俾纂修官条分而缕析，瓜区而芋畴，事各一门，人各一册，俟四方书至，以类相从续之”⑥。还特别提到“明之藏书，《玉牒》《宝训》贮皇史宬，四方上于朝者贮文渊阁”，而万历年间张萱等人“校理遗籍，阁中故书十亡六七，然地志具存，著于录者尚三千余册，阁下试访之所司，请于朝，未必不可得”。⑦他非常希望能够搜集到这些宫

① 张萱：西园闻见录（一）[M]//中华文史丛书（第五辑：42）.台北：华文书局，1969：807.

② 顾炎武：顾亭林诗文集：与次耕书[M].北京：中华书局，1983：79.

③ 潘耒.遂初堂文集：卷四：请广秘府书籍以光文治疏[M]//续修四库全书，1417 册.上海：上海古籍出版社，2002：432.

④ 朱彝尊.曝书亭集：卷四十四[M]//景印文渊阁四库全书：1318 册.台北：台湾商务印书馆，1986：159.

⑤⑦ 朱彝尊.曝书亭集：卷三十二：史馆上总裁第二书[M]//景印文渊阁四库全书：1318 册.台北：台湾商务印书馆，1986：12.

⑥ 朱彝尊.曝书亭集：卷三十二：史馆上总裁第三书[M]//景印文渊阁四库全书：1318 册.台北：台湾商务印书馆，1986：13.

廷图书,作为编纂《明史》的参考资料。

朱彝尊在史馆分工撰写《明史》文苑传中多位人物。作为明代高官朱国祚的后代,他对编纂《明史》倾注了很大精力。他将家藏的文献资料提供给史馆,如“先太傅文恪公分撰《孝宗大纪》,皆附之家集中”;“康熙己未,史局既开,以先公《大纪》送馆,幸存其副”;①还提供了家藏明代内府图书《大明集礼》,“兵火之后,予家赐书之存仅此而已”②。他本人也为此多方收集资料,曾有书信向学者求助:“史局将开业,凡者茫无定论。兼以遗闻放失,秘馆所藏仅千一而已。譬之图绘一无粉本,将何以草创润色乎”③。他还提议设立土司传,并提供了自己所收藏的《土官底簿》,所谓“予在史馆,劝立土司传以补前史所未有。毛检讨大可是予言,撰《蛮司合志》,因以是编资其采择焉”④。由于从各地征集的图书进入了史馆,朱彝尊获得了阅读更多宫廷图书的机会,而他家所藏的相关图书也进入了为修史而聚集的流通环节。

2.直接利用宫廷藏书

翰林文人在编纂史书的过程中,可以查阅和参考大量宫廷藏书,也会由此产生私自抄书的想法。这种情况在明代就有先例,明代中书舍人张萱《西园闻见录缘起》记载:“时有正史之役,谬为当事推择,窃幸获窥金匮石室之藏,后死谓何。昔魏收愿直东观,郑樵求入秘书,今之日岭外老公车千载之一日也。视草之暇,即觅书佣,节略累朝实录,自洪武迄隆庆,凡三百卷,私名之曰《西省日钞》,不敢言实录也。窃以己意诠次之,凡十之三,卷凡一百,亦名之曰《西省识小录》。”⑤朱彝尊的藏书目录中有张萱的《西园闻见录》,对这种借机抄录副本的事自然有所了解。

康熙帝设立史馆,不仅从宫廷藏书中调集了相关史书,还广泛征集各种野

---

① 朱彝尊.曝书亭集:卷四十五:孝宗大纪书后[M]//景印文渊阁四库全书:1318册.台北:台湾商务印书馆,1986:168.

② 朱彝尊.曝书亭集:卷四十三:书大明集礼卷后[M]//景印文渊阁四库全书:1318册.台北:台湾商务印书馆,1986:139.

③ 吴修.昭代名人尺牍[M].光绪三十四年上海集古斋石印本.

④ 朱彝尊.曝书亭集:卷四十四:书土官底簿后[M]//景印文渊阁四库全书:1318册.台北:台湾商务印书馆,1986:155.

⑤ 张萱:西园闻见录(一)[M]//中华文史丛书(第五辑:42).台北:华文书局,1969:25.

史。朱彝尊曾记载:"《明史》开局,求天下野史。有旨勿论忌讳,尽上史馆。"①而史馆的纂修官可以广泛查阅各种图书资料,这是一种特殊的编纂体制,也是一种特殊待遇。毛奇龄曾记录当时在史馆编书及查书的情形:"自上开制科,以予辈五十人充明史馆官。其到任日,监修总裁与诸史官只一揖。监修总裁负北牖南面,铺簟登土炕坐。诸史官以次登炕,接总裁南面,东西环坐。东环者转而西面,至门止,西环者转而东面,又转而北面,亦至门止,全无比肩抗颜之嫌。其收掌司录皆中书主事,并不上堂参揖。而监修系满汉中堂,凡侍立者皆内阁中书,多进士出身,与诸史官亦并不一肃手。即供事官点茶数巡,自监修总裁诸史官外,亦并不一及。甚至查检史书,则侍立中书执钥,启金龙大柜,取书列长筵翻阅。其一时相形如此。"②这些纂修《明史》的翰林官,围坐在监修总裁周围,需要查检史书时,就列出名目;而侍立在一旁的内阁中书便拿着钥匙开柜,取出图书,陈列在桌案上,供史官翻阅。潘耒也曾回忆在史馆时博学鸿儒"得尽观馆中所贮天下书籍"③。

朱彝尊本来就嗜好藏书,在史馆中又有如此便利的条件,于是开始私自抄录史馆的图书。这种做法是违反史馆规矩的,朱彝尊因此遭到弹劾而被降职一级,如其所自述的:"中年好抄书,通籍以后,集史馆所储,京师学士大夫所藏弆,必借录之。有小史,能识四体书,间作小诗慢词,日课其传写。坐是为院长所弹去官,而私心不悔也。"④

朱彝尊究竟从史馆抄录了哪些图书,对其日后的著述又有什么用处,我们从他的书跋中可以发现一些线索。《跋绥寇纪略》记载:"《明史》开局,求天下野史。有旨勿论忌讳,尽上史馆。于是先生足本出,予抄入《百六丛书》。"这是一本"庶几可资国史之采择者"的图书。⑤ 朱彝尊还计划编纂《瀛洲道古录》,为此不分昼夜抄录有关图书,如其自述:"翰苑初入,供事吏手持张阁老位《词林典

① 朱彝尊.曝书亭集:卷四十四:跋绥寇纪略[M]//清代诗文集汇编:116 册.上海:上海古籍出版社,2010:365.(《景印文渊阁四库全书》本《曝书亭集》未收此篇)

② 毛奇龄.西河文集:史馆兴辍录[M]//万有文库:第二集.上海:商务印书馆,1937:1366.

③ 潘耒.遂初堂文集:卷八:南州草堂集序[M]//续修四库全书:1417 册.上海:上海古籍出版社,2002:506.

④ 朱彝尊.曝书亭集:卷三十九:鹊华山人诗集序[M]//清代诗文集汇编:116 册.上海:上海古籍出版社,2010:326.(《景印文渊阁四库全书》本《曝书亭集》删去"有小史"等句)

⑤ 朱彝尊.曝书亭集:卷四十四:跋绥寇纪略[M]//清代诗文集汇编:116 册.上海:上海古籍出版社,2010:365.

故》《翰苑须知》二编以见……予既为史官，思别撰一书，自分职以来，讫于明崇祯之季。恒囊书入直，晓夜抄撮，积一十四册。拟删其重复，补其阙遗，题曰《瀛洲道古录》。会遭院长弹事，未果会萃成书。然归田后，每扁舟近游，未尝不携之藤笈也。”①他到了晚年，还搜集了几种图书，继续编纂此书。

其实，私自抄录史馆图书，或许只是朱彝尊被弹劾的一个由头，这也不是什么严重的过错。但他作为一介布衣，没有经过科举的台阶，骤然得到康熙帝的特殊礼遇，难免遭到他人嫉恨。李光地就记载："当时鸿博如陈维崧、严荪友、朱彝尊、潘耒等，于诗上原有几年工夫，杂事记得些，便眼中轻科甲，科甲又嫉其以布衣而同馆。到底不久都赶去，其存者还是科甲。"②试想在史馆中，朱彝尊等布衣史官与总裁比肩而坐，而"侍立者皆内阁中书，多进士出身"，这自然会遭人嫉恨。朱彝尊也明白自己被降职的原因："二十二年春，予又入值南书房，赐居黄瓦门左，用是以资格自高者，合外内交构。逾年，予遂挂名学士牛钮弹事。"③

3.间接抄录宫廷图书

康熙二十三年(1684)，朱彝尊被弹劾降职后，失去了进入史馆抄书的机会。他不肯就此离去，依然留在京城，开始整理已有的资料，编纂《日下旧闻》等个人著述。他的门人王原在《日下旧闻序》中描述："先生自罢供奉，僦屋宣武门外，日夕坐卧一室，藤床竹几，架上藏书万轴，围列左右。先生目不停披，手不绝书。又时时延访遗老，质问逸事，或摹拓残碑碣，攀崖俯涧，侧足重茧不惮困……其采辑考辨，可谓勤且瘁矣。" ④张鹏后来为《日下旧闻》作序，也提到朱彝尊曾与他"饮饯于郊"，感慨"以京师辽金元明历代建都于是，不有以纪之，虑旧闻之放失也"⑤。可见，朱彝尊留在京城，是为了完成《日下旧闻》《瀛洲道古录》等书。他等待补官的机会，以便重新进入翰林院，阅读宫廷藏书。

朱彝尊在史馆期间，与史馆总裁徐乾学过从更加密切。徐乾学也是藏书家，其传是楼的藏书非常有名。朱彝尊在向他借阅图书时，也能接触到宫廷藏

① 朱彝尊.曝书亭集：卷四十四：跋洪遵翰苑群书[M]//景印文渊阁四库全书：1318册.台北：台湾商务印书馆，1986：158.

② 李光地.榕村语录·榕村续语录(下)[M].北京：中华书局，1995：687.

③ 朱彝尊.曝书亭集：卷六十七：承德郎日讲官起居注右春坊右中允兼翰林院编修严君墓志铭[M]//景印文渊阁四库全书：1318册.台北：台湾商务印书馆，1986：498.

④ 于敏中，等.日下旧闻考：第八册[M].北京：北京古籍出版社，1985：2582.

⑤ 于敏中，等.日下旧闻考：第八册[M].北京：北京古籍出版社，1985：2579.

书。例如，康熙二十四年(1685)，徐乾学任《大清一统志》副总裁，康熙二十九年(1690)罢官回乡，犹领《一统志》编纂事，设书局于洞庭东山，康熙帝准许徐乾学携带内府的相关图书。朱彝尊曾经“分纂《一统志》”，有机会从徐乾学那里看到内府的有关图书，其《太平寰宇记跋》提到此书是“从传是楼本缮写补之”；其《宋本舆地广记跋》说明“是书偶归予插架，顾阙首二卷。徐尚书总裁《一统志》，请权发文渊阁故书以资考验。是编首二卷存焉，予亟传写，遂成完书”。[①] 由此可见，他通过徐乾学间接抄录了文渊阁的地志类图书，这对他编纂《日下旧闻》是大有帮助的。徐元文所作《日下旧闻序》就提到“余兄弟祗命充《一统志》总裁官，因得遍阅天下郡邑所上志书”，“余伯兄藏书稍多，悉出相示”。[②]

此外，朱彝尊《跋典雅词》说明：“《典雅词》不知凡几十册，予未通籍时得一册于慈仁寺。集笺皆罗纹，惟书法潦草，盖宋日胥史所抄南渡以后诸公词也。后予分纂《一统志》，昆山徐尚书请于朝，权发明文渊阁书，用资考证。大学士令中书舍人六员编所存书目，中亦有《典雅词》一册。予亟借抄其副，以原书还库，始知是编为中秘所储也。”[③]《典雅词》是朱彝尊抄录的又一本文渊阁藏书。还有《跋元丰九域志》记载：“曩见宋椠本于昆山徐氏”，并说明“此则经进本也”，于是“抄而插诸架”。[④]

康熙帝组织文臣设立多处编书机构，在前人已有的图书文献基础上，进行大规模的汇集、编纂、刊刻工作。例如，曹寅奉命在扬州设立书局，承担编纂、刊印《全唐诗》的工程，由此参考了康熙帝所提供的宫廷图书。康熙帝《御制全唐诗序》说明：“朕兹发内府所有全唐诗，命诸词臣，合《唐音统签》诸编，参互校勘，蒐补阙遗。”[⑤]据王士禛记载：这本书“版藏内府，人间亦无从而见之也”[⑥]。这说明《全唐诗》是以胡震亨的《唐音统签》作为底本的，而这个底本收藏在内府，一般人是无法看到的。朱彝尊晚年回乡后，曾经与曹寅有交往，他在“知校

---

① 朱彝尊.曝书亭集：卷四十四[M]//景印文渊阁四库全书：1318 册.台北：台湾商务印书馆，1986：150.
② 于敏中，等.日下旧闻考：第八册[M].北京：北京古籍出版社，1985：2576.
③ 朱彝尊.曝书亭集：卷四十三[M]//景印文渊阁四库全书：1318 册.台北：台湾商务印书馆，1986：140.
④ 朱彝尊.曝书亭集：卷四十四：跋元丰九域志[M]//景印文渊阁四库全书：1318 册.台北：台湾商务印书馆，1986：151.
⑤ 圣祖仁皇帝御制文集[M]//景印文渊阁四库全书：1299 册.台北：台湾商务印书馆，1986：163.
⑥ 王士祯.分甘馀话：卷四[M].北京：中华书局，1989.（王士祯，原名王士禛）

勘《全唐诗》,业已开局”后,曾向曹寅提出有关杜甫诗歌的看法,供编纂者参考。① 他还编有《全唐诗未备书目》,提供给曹寅。由此判断,他一定有机会看到曹寅已有的书目,或者看到了康熙帝所发下的内府图书,这样才有可能补充其中缺少的唐诗版本。

朱彝尊还通过其他官员抄录图书。其《崇文书目跋》说明:“予求之四十年不获。归田之后,闻四明范氏天一阁有藏本,以语黄冈张学使按部之日传抄寄予。”②据叶启发考证:他看到的朱彝尊晚年抄本上面有校注的文字:“《崇文总目》一册,秀水朱竹垞检讨彝尊从四明范氏天一阁藏本传抄,后有康熙庚辰九月竹垞老人手跋。书中有朱笔校字,所据多为史志及《永乐大典》”;“则检讨所据校之永乐大典本,即张氏为之从内府抄出者矣”。③ 这里所提到的《永乐大典》本肯定是从内府抄出的。

三、抄录宫廷图书的启示

1.博学鸿儒的特殊身份

朱彝尊本是一介布衣,而入选博学鸿儒、成为翰林院检讨之后,其地位骤然提升;由于得到康熙帝的赏识而名声大震。他不仅在史馆获得了抄书的机会,还结识了其他博学鸿儒之士,而且与多位康熙帝身边的文臣有密切交往,其中徐乾学、王士禛等都是藏书家,徐乾学、曹寅都主持御制图书的编纂工程。在康熙帝的亲自掌控之下,这些文臣在相互交往的过程中,也以图书为媒介,产生借阅、抄录的行为,由此宫廷藏书与私人藏书,或者以抄录的方式获得了副本,或者成为相互参校的版本。一些稀缺的图书或宫廷藏书,也辗转得到流通的机会。这种抄书行为,不是为了收藏珍稀的原版本,而是为了促进图书流通、用于个人著述。朱彝尊曾为王士禛作《池北书库记》,谈到历代藏书的变化情况以及抄本流传的价值,还表示“明年归矣,将寻先生之书库,借钞所未有者”④。可

① 朱彝尊.曝书亭集:卷三十三:寄查德尹编修书[M]//景印文渊阁四库全书:1318册.台北:台湾商务印书馆,1986:27.

② 朱彝尊.曝书亭集:卷四十四[M]//景印文渊阁四库全书:1318册.台北:台湾商务印书馆,1986:158.

③ 叶启发.华鄂堂读书小识:卷二[M]//湖南近现代藏书家题跋选(二).长沙:岳麓书社,2011:194-195.

④ 朱彝尊.曝书亭集:卷六十六[M]//景印文渊阁四库全书:1318册.台北:台湾商务印书馆,1986:387.

见，即使在当时"雕本盛行"的情况下，抄本也是图书流通的一种重要方式。朱彝尊由于私自抄录史馆图书而获罪，但所抄录的大量资料，成为日后编纂大型书籍的文献基础。他于康熙二十六年（1687）编纂完成《日下旧闻》，得到了徐乾学的资助而刊刻出版，冯溥、陈廷敬、徐元文、张鹏、高士奇、姜宸英等朝廷官员都为其作序。他晚年在家乡全力编纂完成《经义考》，在康熙帝南巡的时候呈献而得到御赐"研经博物"的匾额。

2.抄书促进文献考据

朱彝尊的诸多著述有一个共同特点，就是"博综旧义"，充分吸收前人以及当时学者的研究成果，综合归纳，成为辑录汇编性的著述，《经义考》《日下旧闻》《明诗综》《词综》都是如此。关于《日下旧闻》，其门人王原评说朱彝尊"为学由博而入，归诸洁净精微，乃臻极至。基始之难，莫如考据。"①在清初的社会环境中，朱彝尊要完成诸多著述，必须博览群书。除了依赖于个人藏书及向朋友借阅图书以外，还依赖于从史馆抄录的图书，如其所言"余修辑《日下旧闻》，检阅经史子集，凡有系于京华之典故遗文，靡不极力索次，于是引用成书千有余种，然亦有阙佚未尽者焉"②。而《明诗综》"录明三百年诗，阅集不下四千部"③，其中也会参考他在史馆时抄录的资料。

这种辑录汇编而成的著述，必然涉及引用他人著述的规范问题。朱彝尊在《日下旧闻序》中说明：此书"捃拾载籍及金石遗文会粹之，分一十三门……所抄书凡千六百余种。虑观者莫究其始，必分注于下，非以侈摭采之博也"④。对这种严谨的引证方式，理学家陆陇其曾有记载：朱彝尊"言著书必载其姓氏，采其言，而没其姓氏者，窃也。此病起于明朝"。⑤ 可见，朱彝尊对明代的抄袭风气是非常不屑的，他自己的著述尽量参照各种典籍，形成了排比资料、引证群书、严谨考据、详加著录的特点。

明代的衰亡促使清初的学者进行反思，其中包括对明代的经学与科举的批评。朱彝尊编纂《经义考》也是有针对性的。他曾指出："永乐中诏修《五经四

---

① 于敏中，等.日下旧闻考：第八册[M].北京：北京古籍出版社，1985：2582.

② 朱彝尊.天府广记序[M]//孙承泽.天府广记（上册）.北京：北京古籍出版社，1982.

③ 朱彝尊.曝书亭集：卷三十九：成周卜诗序[M]//景印文渊阁四库全书：1318 册.台北：台湾商务印书馆，1986：95.

④ 于敏中，等.日下旧闻考：第八册[M].北京：北京古籍出版社，1985：2581.

⑤ 陆陇其.清献公日记：卷十[M]//李德龙，编.历代日记丛钞：第 15 册.北京：学苑出版社，2006：256.

书大全》”，但“胡广诸人，止就前儒之成编，一加抄录而去其名”，并没有广泛搜集和参考各种版本，“所谓《大全》乃至不全之书也”。[①] 他批评明代的学风：“顾科举行之久矣。言不合朱子，率鸣鼓百面攻之”[②]；后人“家守程朱之书，未暇广究诸家之说，久之本义单行，并程氏传亦辍不复观”[③]。而搜集和刊刻“自隋讫宋诸家之撰述”版本，就是他劝说徐乾学、纳兰成德刊印《通志堂经解》的原因。据理学家陆陇其的日记记载：康熙二十九年（1690）朱彝尊就谈到“今宜将先儒原书刊行”，“又言欲自纂一《经义存亡考》”。[④] 可见朱彝尊早就有编纂《经义考》的想法，必然为此而收集图书。

康熙帝推崇朱熹理学，在祭孔仪式中将朱熹升为十哲之一。朱彝尊曾任康熙帝的日讲官，自然了解康熙帝的经学理念。但《经义考》的根本思路是：广泛搜集版本，梳理历代经解古籍的流存情况，建构一个完整的经学研究的书目体系。正如毛奇龄为此书作序所指出的：“今经学大著，圣人之言毕见于斯世，而生其后者复得从此而有所考鉴。则既宝其书为盛朝庆，而又喜天下后世之知有经，并知有义也。”[⑤]因此，《经义考》展示了一种博览群书、严谨考据的治学态度和学问功底，防止出现明代那种抄袭偷懒、偏颇不全的不良现象，这对康熙朝刊刻理学图书有文献补救作用，可以说是用心良苦的。朱彝尊的《经义考》，从产生编纂的念头，到广泛搜集各种经解版本，到最后编纂完成，由当朝的著名人物作序，并得到康熙帝的肯定，可以说是一个典型的图书流通与利用的案例。通过朱彝尊的搜集、阅读和梳理，历代的经典版本被汇集起来，标明“存”“佚”“阙”“未见”等情况，编纂成为一部三百卷的经学图书目录，其中注明“存”者“均为朱氏知见之书”，多达1931条。[⑥] 还可以了解这本书在清代对书籍目录的影响，例如，《四库全书总目》的经部提要大量引用《经义考》。而谢启昆作《小学考》（原名《广经义考》），是针对《经义考》“止详《尔雅》，余并阙如”而续补的著述，由此也开拓了小学目录学的研究。再从政治意义来看，正如张宗友

---

① 朱彝尊.经义考：卷四十九：胡广等周易传义大全（按语）[M].北京：中国书店，2009：352.

② 朱彝尊.曝书亭集：卷三十五：道传录序[M]//景印文渊阁四库全书：1318册.台北：台湾商务印书馆，1986.

③ 朱彝尊.曝书亭集：卷三十四：周易辑闻序[M]//景印文渊阁四库全书：1318册.台北：台湾商务印书馆，1986.

④ 陆陇其.清献公日记：卷十[M]//历代日记丛钞：15册.北京：学苑出版社，2006：250.

⑤ 林庆彰，等.经义考新校[M].上海：上海古籍出版社，2010：7.

⑥ 张宗友.《经义考》研究[M].北京：中华书局，2009：61，66.

所评价的："朝代可以更替，文化必须传承。这是明清易代之际，影响知识分子们出处进退的重要因素。在宗社倾覆、抗清无望的情况下，搜辑遗逸，网罗放失，撰成集历代经籍著述之大成的著作，不失为一种有所担当的明智选择。"①

总之，朱彝尊是康熙朝一个有代表性的文人，他以布衣身份考中博学鸿儒，进入翰林院，获得了抄录宫廷图书的机会；他也结识了诸多博学文臣及藏书家，彼此形成了图书交流和学术探讨的群体。通过他抄录、利用宫廷图书的具体线索，可以窥见当时文人之间依然以抄本来交流图书的情况；可以探讨康熙帝实施文治举措对宫廷编纂和刊刻大型图书、对宫廷藏书的汇集以及与私人藏书聚合而得到利用、对形成博综考据的治学风气，都起到了促进作用。然而，康熙帝本人为了显示其博学好文的形象，亲自掌控宫廷多种图书的编纂及刊刻，这也使大量图书依然封闭在宫廷之内，除非得到皇帝特许，普通文人是没有权限来阅读的，而且皇帝的意愿也成为制约图书刊刻的种类和形式以及流传范围的重要因素。研究一个文人的阅读行为及学术成果，必须综合考察当时的社会背景、文人境遇以及学术生态等因素。

（原文发表于《民俗典籍文字研究》第 17 辑，商务印书馆 2016 年出版）

① 张宗友.《经义考》研究[M].北京：中华书局，2009：22.

第十四章

康熙朝文人对西学书籍的阅读取向

本章选择清代康熙年间以博学著称的文人朱彝尊作为个案，根据其文集中涉及传教士利玛窦以及评价西学书籍的文字，从个人阅读史的角度考察朱彝尊对传教士以及西学的看法，借以了解当时士人的知识结构及阅读思路，并窥探康熙帝的阅读取向对学术风气的引导作用。

一、书籍史、阅读史的视角及其启示

近年来从书籍史、阅读史角度，考察和研究"明清之际"这个时段的士人阅读和出版文化，是学术界所关注的一个问题。如《明清书籍史的研究回顾》一文所言："书籍史是近年来明清史研究中的热门议题。受到欧美研究的启发，明清中国的书籍文化史研究摆脱纯粹技术史的研究，而改从社会文化史切入，开拓了新的视野。当前所谓的书籍史，其实包含出版文化、书写文化与阅读史等几个不同面向，成为跨学科的新兴领域。"①这对研究清代康熙朝文人的书籍阅读史也有启发。

其一，"中华帝国晚期"——作为一个可以进行中西比较的时段。

海外对明清时期历史的研究比较重视，美国学者艾尔曼曾使用"中华帝国晚期"的概念，特指"1644 年，明朝为清朝'夷狄'所取代"以来，到 18 世纪"康乾盛世"时期②。这一概念不仅用于研究明清之际的学术思想，也被用于考察书籍

① 涂丰恩.明清书籍史的研究回顾[J].新史学,2009,21(1):181.

② 艾尔曼.从理学到朴学——中华帝国晚期思想与社会变化面面观[M].赵刚,译.南京:江苏人民出版社,1997:5,3.

的印刷、出版和阅读活动。梅尔清《印刷的世界：书籍、出版文化和中华帝国晚期的社会》一文指出："对于清代书籍史新的研究或许会迫使我们重新思考'晚期帝国'时代，作为一个分析时段的有效性，至少对于书籍和印刷文化是如此。初步的研究似乎表明在明清易代之后，某些领域呈现了深刻的变化，尽管变化的本质仍显得模糊不清。"①

以"帝国晚期"这样一个概念，来强调明清之际这个时段，还具有与西方书籍史进行比较的意义。正是在这一时段，利玛窦等西方传教士进入中国数十年后，西方的印刷书籍已经在朝廷广为传播，这促使中国文人就中学与西学问题展开对话以及论争。中国的书籍史可以被置于更为开阔的世界背景中，成为比较研究的对象，正如梅尔清所说，"在历史大背景下探讨书籍的生产、流通以及消费，呈现了更为宏观的思想、社会、政治及文化走向。如此的研究也体现了学术的现实意义，有利于中国史进入以世界和欧洲书籍史统领的国际学术舞台，与我们的同行展开跨领域和跨学科的交流"②。换个角度看，"书籍史"这个术语表明了一种比较研究的取向和方法，在亚洲与世界的背景下进行考察，中国书籍史具有不可或缺的地位与价值。

其二，个人阅读史：以书目序跋为依据的叙述。

阅读史是西方书籍史研究的一个方面，也是一种拓展。阅读史所关注的是书籍被阅读的具体情况，正如潘光哲所描述的："阅读作为一种普遍的人类社会现象，可以追问的共同问题是：谁在读？读些什么？什么时候读的？在哪里读的？为什么读？如何读？人类宽广无穷的'读书世界'，竟让史学工作者自身的知识探险，同样广袤无边"；他介绍了"追索晚清阅读史的一些想法"：将当时在市场上流通可以作为"阅读对象"的书籍称为"知识仓库"（其中包括大量西学书籍），而不同的读书人实际阅读的书籍构成其"读书世界"，读书人从"知识仓库"中选择阅读的书籍，获取"思想资源"。他举出个人阅读的例证，如分析王韬个人藏书的书目，说明其具有"帮助我们理解王韬的某些观念之所以形成的'思想资源'的价值"。③ 这实际上是对个人阅读史的研究，而且将同一时代读书人

①② 梅尔清.印刷的世界：书籍、出版文化和中华帝国晚期的社会[J].刘宗灵，鞠北平，译，马钊，校译.史林.2008(4)：1-19.

③ 潘光哲.追索晚清阅读史的一些想法——"知识仓库""思想资源"与"概念变迁"[J].新史学，2005，16(3)：137-160.

阅读书籍的异同加以对比,也可以反映一个时期思想文化("概念变迁")的历史。

此外,海外学者有关明代书籍史的研究,也延伸到个人阅读史层面。周绍明具体分析了明代杨士奇的藏书行为及书跋:"作为一个出身贫寒做到翰林学士的江西学者、太子的老师,一个做到大学士的人,杨可能是他那一代人里最大的藏书家,给我们留下了 302 篇书跋";通过统计和分析他藏书的过程和藏书来源,说明杨的题跋描绘了"一幅明初书文化的图景"。① 明清之际,在江南的文化发达地区,有许多著名的藏书家,他们有内容丰富的藏书目录和书籍序跋,这为个人阅读史研究提供了可以拓展的空间,或者说还有许多生动的个人阅读故事可以讲述。

其三、朱彝尊个人阅读史的典型性。

在艾尔曼所谓"中华帝国晚期"这个时段,明清易代到康熙年间是特别值得关注的。康熙十七年(1678),皇帝特别设立博学鸿词科,招揽江南博学之士,这是实施文治教化的一项有力举措。朱彝尊(1629-1709)是这个时段一个有代表性的文人,他经历了明朝覆亡的巨变,曾秘密参加抗清活动,但最终通过博学鸿词考试,成为被康熙帝选拔的一位博学鸿儒。他不仅参与了朝廷修撰明史的工作,还曾任皇帝身边的日讲官,负责记录皇帝的起居注,得以出入皇宫,抄录和阅读大量官方藏书。

朱彝尊也是著名的藏书家,不仅收藏大量图书,还详加考订,写作了一百多篇书籍序跋文章。他在博览群书、梳理考证的基础上,完成了《日下旧闻》《经义考》《明诗综》《词综》等鸿篇巨制。他还结交了许多著名文人学者,与之形成书籍阅读与交流的群体,并由于读书广博、学问深厚而获得许多文士的极力称赞。潘耒《曝书亭集序》称赞:"竹垞之学,邃于经,淹于史,贯穿于诸子百家。凡天下有字之书,无弗披览;坠闻逸事,无弗记忆。蕴蓄闳深,搜罗繁富。析理论事,考古证今,元元本本,精详确当。发前人未见之隐,剖千古不决之疑。"②查慎行《腾笑集序》评价:"先生于书无所不窥,搜罗遗佚,爬梳考辨,深得古人之意,而后发而为文,粹然一泽于大雅。固非今之称文者所敢望矣。"③到乾隆编纂《四

① 周绍明.书籍的社会史:中华帝国晚期的书籍与士人文化[M].北京:北京大学出版社,2009:81,82.

② 朱彝尊.曝书亭集:一册[M]//四部丛刊初编集部,上海:上海书店,1989.

③ 朱彝尊.腾笑集[M].上海:上海古籍出版社,1979.

库全书》时，朱彝尊所著述的《经义考》《词综》以及大量书籍序跋成为四库馆臣引用的资源；其《日下旧闻》由于博采群书，而受到乾隆皇帝的肯定，成为朝廷编纂《日下旧闻考》的底本。

本文所关注的问题是，在康熙年间，一位为人称许的博学鸿儒，既然“于书无所不窥”，其具有怎样的知识结构；从明朝万历年间西洋传教士利玛窦进入皇宫以来，有关西学的书籍已经被翻译为汉文，到清朝康熙年间已经成为文人普遍阅读的对象，当时人编纂的《古今图书集成》中就收录了大量来自西学书籍的资料。那么，朱彝尊究竟阅读过多少本西学书籍，或者说，如果一个学者很少阅读或者很少提及西学书籍，是否依然被称为博学？顺着这样的思路，考察朱彝尊的文集，发现其中仅有几篇文章提到西洋传教士及西学。这一现象对了解当时文人的“读书世界”而言，反而具有一定的典型性，值得深入剖析。

二、朱彝尊对西洋传教士的看法

朱彝尊在文集中提到的西洋人很少，但是几次提到明代万历年间进入中国的传教士利玛窦。朱彝尊是在什么语境中提到利玛窦的？这牵扯到明代的一段史实。

万历十年(1582)，意大利传教士利玛窦抵达澳门，开始在中国传教，此后一直寻求觐见皇帝的机会，直到万历二十九年(1602)，终于来到京师。当时朝廷负责接待的礼部尚书朱国祚正是朱彝尊的曾祖父。朱彝尊在文集中有几处记载了这段史实，间接表达了他对西洋传教士的看法。《书冯尚书元飙〈题首善书院诗〉后》一文借题发挥，详细记述了其曾祖父的故事：

> 万历二十九年二月庚午朔，天津河御用监少监马堂，进大西洋利玛窦所贡土物。时先文恪公以礼部侍郎掌本部尚书事，疏言：《会典》止有西洋琐里国，无所谓大西洋，其真伪不可知。又寄住二十年方行进贡，与远方慕义献琛者不同。且所贡天主、天主母图，既属不经，而行李中有神仙骨。夫既称神仙，自能翀举，安得遗骨？此韩愈所云凶秽之余，不宜令入宫禁者也。乞速勒归国，勿许潜居两京，与内监交往，以致别生支节，眩惑愚民。疏进，不报。迨天启初元，邹忠介、冯恭定同官都察院，都人建首善书院于大时雍坊，为讲学之所。二年，御史

倪文焕诋为伪学。是岁，毁先圣栗主，燔经籍于堂中，踣其碑。西洋人汤若望以其国中推步之法，证《大统历》之差。徐宫保光启笃信之，借书院作历局，遂距其中，更名天主堂。书院废而逆祠建矣。诵冯公诗，足当诗史。①

所谓"《会典》止有西洋琐里国，无所谓大西洋，其真伪不可知"，说明当时的礼部官员根据中国的典章书籍，无法判断大西洋在什么地方，对在中国住了二十年的利玛窦仍持不信任的态度。时至康熙年间，利玛窦带来的世界地图早已为文人所了解，康熙皇帝正在任用西洋传教士南怀仁等人修订历法，朱彝尊作为博学鸿词科的文士，不可能不知道"大西洋"了。但此文还是将西洋人汤若望"借书院作历局"称为"逆祠建"，在朱彝尊看来，正是由于当年朱国祚上疏后，皇帝不以为然，利玛窦等传教士才有机会进入皇宫，并在京师居住。而"西洋人汤若望以其国中推步之法，证《大统历》之差，徐宫保光启笃信之"，这不过是后续发生的事情。朱彝尊不仅是在叙述首善书院被更名为天主堂的缘由，也是在记录一段史实，所以说"诵冯公诗，足当诗史"。朱彝尊所编《明诗综》在"朱国祚"名下，引述他人之言，也提到"闻利玛窦进异物，公曰：此辈小智足以惑人，将来必有助之更历法者"②。从朱彝尊将天主堂称为"逆祠"来看，他对西洋传教士持排斥态度，这与其曾祖父是一脉相承的。

朱彝尊反复记录这段有关利玛窦的史实，是因为他正在参与修撰明史，希望将朱国祚的事迹写入史书。他另有《书〈先太傅奏疏尺牍卷〉后》一文也写道："先公万历中以礼部左侍郎掌本部尚书事，清德著闻。是时朋党纷争，先公中立不倚。惟力持谠议，抗疏建储，追册立旨下，出仪注于袖，信宿而大典行。他若劾郑国泰外戚不当预国事，利玛窦宜勒其回国，琉球遣使当仍依会典……皆存朝廷大体。"朱彝尊经过五十年的搜访，终于汇集了朱国祚的部分奏疏尺牍，"装界成六册"，他考虑的是"《明史》开局，同官已为先公立传。近闻执政有断自万历三十五年止之议，是公之列传犹属未定。留此六册，贻我子孙，庶几他日有览彝尊跋尾，知不诬其祖，稍见先公立朝之大节焉"。③ 关于朱国祚上疏阻止利玛窦一事，有奏疏的内容为证，朱彝尊认为这是有关朝廷大体的举措，也是

① 朱彝尊.曝书亭集：一一册：卷四十四：跋三[M]//四部丛刊初编集部.上海：上海书店，1989.

② 朱彝尊.明诗综：下册：卷五十四[M].台北：世界书局印行，1989：208.

③ 朱彝尊.曝书亭集：一三册：卷五十三：跋十二[M]//四部丛刊初编集部.上海：上海书店，1989.

朱国祚在朝为官时的功德之一，是值得写入明史的。事实上，《明史》中《外国列传七·意大里亚列传》所收录的有关利玛窦一事的上疏（“礼部言”），与朱彝尊所记载的内容是大体相同的。

如今我们可以参考《利玛窦中国札记》，其中对这段史实也有记载：“在他朝拜皇宫宝座的那一天，利玛窦神父拜访了内阁最高主管”。利玛窦由皇宫返回使节的住处后，“还有几个秘书来拜访了他们，向他们问了各种问题。其中一个是为最高主管官了解情况的，他急于知道他们到中国来的主要目的是什么……他掌握了这一情况后，就给皇帝上奏，说明神父们的事”，而这位最高主管官“应即朱国祚”。① 张铠所著《庞迪我与中国》一书也根据有关资料，描述了利玛窦和庞迪我到京师的情况，“正是由于万历皇帝给予他们‘觐见’的荣誉在先，所以礼部尚书朱国祚才接见了他们，并详细了解他们来华的目的和愿望”。当朱国祚知道庞迪我和利玛窦的目的是想长住北京以宣传基督福音之后，他担心日后会引来麻烦，“所以礼部在呈给万历皇帝的奏疏中写道……意思是请求给予赏赐后将西方传教士请出北京”。但万历皇帝迟迟没有批复朱国祚的奏疏，“据庞迪我记叙，礼部先后上疏四次，均‘留中不发’”。最后利玛窦和庞迪我终于被允许在北京居住。② 事实是，朱国祚在得知利玛窦通过宦官马堂进贡的事情后，就上疏阻止利玛窦进京，由于万历皇帝已经允许利玛窦等人入宫（只是“朝拜皇宫宝座”），朱国祚不得不接见利玛窦等人，并了解他们的实际意图。此后，他又几次上疏，万历皇帝都置之不理。

朱彝尊对其曾祖朱国祚上疏一事的记载，可以说明他对西洋传教士的态度是有特殊缘由的。由此，我们可以进一步考察朱彝尊作为一位藏书家、当时人公认的博学鸿儒，究竟如何看待西洋人的书籍。

三、朱彝尊对传教士书籍的评价

朱彝尊文集收录了 140 多篇书跋，其中包括朝鲜人所著书籍，如《书〈高丽史〉后》《书〈海东诸国纪〉后》《高丽权秀才应制集跋》；还有日本人所著书籍，如《跋〈吾妻镜〉》等。《书〈海东诸国纪〉后》记载：“属国惟高丽有史，有通鉴，有

① 利玛窦，金尼阁. 利玛窦中国札记[M]. 何高济，等译. 北京：中华书局，2010：417.

② 张铠. 庞迪我与中国——耶稣会“适应”策略研究[M]. 北京：北京图书馆出版社，1997：70.

史略。其次,则安南国人有《志略》。若日本之《东鉴》,即《吾妻镜》……既获《东鉴》,喜剧,著之于录……予晚得朝鲜人申叔舟《海东诸国纪》。”①朱彝尊认为这些史书有参考价值。

朱彝尊的文集中没有一篇关于西洋书籍的跋文,但在《竹垞行笈书目》中记载了“西洋书四十三本”。这“四十三本”书籍,从数量看并不少,遗憾的是除了这几个字外,没有记载具体的书名。由于利玛窦、汤若望等传教士先后进入中国,受到皇帝的任用,徐光启等人已经翻译了《几何原本》等书籍,有关天文历算的研究开始受到文人的重视,所以,可以想见朱彝尊所收藏的“西洋书”中应该包括这类书籍。

朱彝尊早年读过《丹元子步天歌》,这是一本以歌诀讲解观天认星知识的书籍。他的书跋也涉及中国天文历算书籍,如《书〈周髀〉后》《书宋宝祐〈会天历〉后》《跋〈孙子算经〉》《〈九章算经〉跋》等。其中《〈九章算经〉跋》考证了中国算术的由来:“九章即《周官》之九数,保氏以教国子者也……算术之古,莫尚于此矣。”②还有文献证实③,南怀仁《新制灵台仪象志》中南怀仁“弁言”一页,有“锡

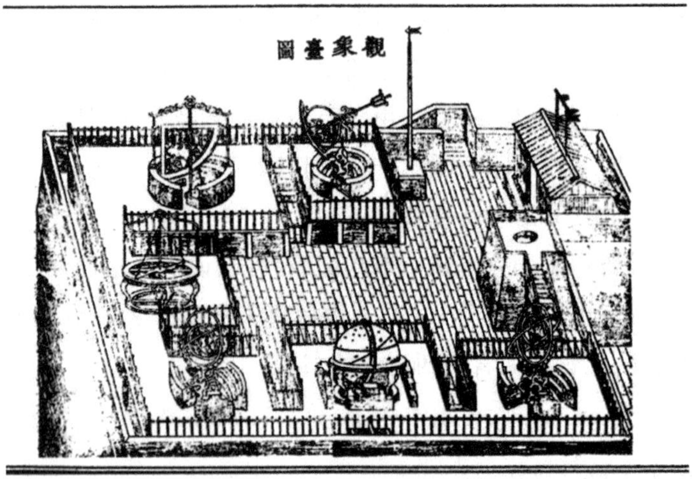

图 13-1 观象台④

① 朱彝尊.曝书亭集:一一册:卷四十四:跋三[M]//四部丛刊初编集部.上海:上海书店,1989.

② 朱彝尊.曝书亭集:一三册:卷五十五 · 跋十四[M]//四部丛刊初编集部.上海:上海书店,1989.

③ 席宗泽.南怀仁对中国科学的贡献[M]//魏若望,编.南怀仁(1623-1688)——鲁汶国际学术研讨会论文集.北京:社会科学文献出版社,2001: 215.按:据书页图 14,李光地写明“丁未岁”借书,席宗泽认为可能有误。待考。

④ 古今图书集成:第 033 册:历象汇编 · 历法典第九十三卷仪象部[M].中华书局,1934.

恺、寅旭同观”（即朱彝尊、王锡阐）的借阅签名。其他签名者有李光地、阎若璩、梅文鼎等，都是当时的著名学者。李光地在书页上说明他是“从勋卿（即南怀仁）处索赠此册”，而朱彝尊的签字在后面，应该是从李光地那里看到这本书的。

朱彝尊将主要精力用于编纂《日下旧闻》《经义考》等书籍，对西洋天文历算书籍并没有专门研究。但他与王锡阐、梅文鼎等人都有交往，也关注他们的研究成果。他曾作《张氏〈定历玉衡〉序》，在评价张简庵这本历法书的价值时，特别举出王锡阐（字寅旭）、梅文鼎（字定九，号勿庵）作为佐证。他指出张简庵“博综历法五十有六家，正古今历数之谬四十有四，成书一十八卷。既择焉而精，语焉而详矣。始稽之吴江王寅旭氏，继又往证之宣城梅定九氏”，说明本书经过三位学者共同研讨，很有价值。如此评价是为了与西洋人编制的中国历书对比，他认为“凡西洋之言，溺于数之中，出于理之外，傲人以所不知者，弗受其惑焉……是书传，足以伸儒者之气，折泰西之口，而王氏、梅氏为不孤矣。简庵，名雍敬。王氏，名锡阐。梅氏，名文鼎。皆有历书”。① 朱彝尊称赞《定历玉衡》“博综历法五十有六家”，是指对古今历法书籍的整理和考证，这种以博综群书为基础的治学方法和编纂方式，代表了当时士人注重文献考证的学术风气。他评价“凡西洋之言，溺于数之中，出于理之外”，这种看法也不是一家之言，纳兰成德在《渌水亭杂识》中就评价“西人长于象数而短于义理”，同时指出“西人历法实出郭守敬之上，中国曾未有也”。② 与之不同的是，朱彝尊极力推崇中国人的学问，批评西洋人编制历法，“傲人以所不知者”，特别举出张简庵、王锡阐、梅文鼎三人“皆有历书”，是要“伸儒者之气”，与泰西人所编制的历法相抗衡。

朱彝尊是博学鸿儒之一，其对西人书籍的态度是否具有代表性？有学者关注到“博学鸿儒和《明史》馆员对西学的取舍”③。这里仅举两位博学鸿儒对西学天文历算书籍的看法。潘耒推崇“吾所见能布算测天、著书立说，兼通中西之学者”，仅有王锡阐、梅文鼎和张简庵，他期待三人“相与详求熟讲，推明历意，兼用中西之长，而去其短。俾之厘定历法，典司历官，西人可无用也。屏邪教而正官常，岂惟历术之幸哉”。他的看法与朱彝尊大体相同，对西学取其实用的历

---

① 朱彝尊.曝书亭集：九册：卷三十五・序[M]//四部丛刊初编集部.上海：上海书店，1989.

② 纳兰性德.通志堂集[M].上海：华东师范大学出版社，2008：305.

③ 徐海松.清初士人与西学[M].北京：东方出版社，2000：178.

法，却斥责其“奉耶稣为天主，思以其教易天下，则悖理害义之大者”，是“邪教”。[①] 毛奇龄有《西教入中国录》一文，介绍利玛窦入中国以及建天主堂的事，又作《历法天在序》，对中历、西历进行比较：“予尝窥旧历，与郡之士大夫追论三五，皆云西历最良”。[②] 这说明博学鸿儒对西洋人的书籍是比较熟悉的，也有自己的看法。朱彝尊由于受其曾祖父朱国祚的影响，对传教士持排斥态度，这也影响到他在评价西洋人的书籍时，显得更为言辞激烈。

四、康熙帝对士人阅读取向的引导

朱彝尊是得到康熙帝赏识和提拔的博学鸿儒。他对西洋传教士以及西学书籍的看法，不仅仅与其曾祖父有渊源，还与康熙帝对士人阅读的引导作用有关系。所以，分析朱彝尊的个人阅读史，必须将其置于特定的社会文化氛围之中。

首先，康熙帝非常注重阅读儒家经学书籍。“自康熙九年开始正式经筵日讲后，康熙皇帝觉得讲习密度不够，故从康熙十二年二月开始，他又下令改间日进讲为每日进讲”，日讲的内容涉及《尚书》《四书》《易经》《诗经》《通鉴纲目》《资治通鉴》等儒学与历史经典。[③] 这些经筵讲义还被编辑成《日讲四书解义》《日讲书经解义》《日讲易经解义》《日讲诗经解义》等御制书。朱彝尊于康熙二十年起任日讲官，多次当值起居注官，他对康熙帝日讲经书的内容是非常了解的。他在晚年编纂完成了专门的经学目录《经义考》，为了表达“尊王”的意思，开篇首列“御注”与“敕撰”的类目，其中就收录了康熙敕修的日讲书。康熙四十四年，康熙帝南巡的时候，他呈献《经义考》，得到了康熙帝赏赐的“研经博物”四字匾额。康熙帝以古代已有的日讲经书方式，与博学鸿儒共同研习儒家经典，这是为了宣扬文治教化的理念，树立清王朝的正统地位。而作为博学鸿儒的朱彝尊，埋头阅读和梳理各种儒家经典，编纂书目，也顺应了康熙实施文治的需要。

---

① 潘耒. 遂初堂文集：卷七：宣城游学记序［M］//续修四库全书：第 1417 册. 上海：上海古籍出版社，2002.

② 毛奇龄. 西河文集：2 册［M］//万有文库第二集. 上海：商务印书馆，1937：339.（《西教入中国录》见《西河文集》：6 册，1367.）

③ 杨念群. 何处是“江南”：清朝正统观的确立与士林精神世界的变异［M］. 北京：三联书店，2010：97.

其次,康熙帝对西方天文历算书籍有浓厚兴趣。有学者分析,康熙帝“对欧洲科学方面的兴趣,集中在数学、天文学、植物学和医药学等领域,尤其喜欢亲自观测和实验,同时他还留心语言比较和音乐。作为专制君主,康熙的学术兴趣和爱好,必定对他的臣民发生影响”。① 康熙帝重用南怀仁等传教士负责编制历法等事务,由此阅读和钻研了多种西方天文历算学书籍。康熙二十八年,在南京观星台上,康熙帝曾与李光地就天文知识进行问对,对李光地不了解中西天文知识感到不满,这使得李光地“急于求习与钻研天文历算之学,以便趋附康熙的兴趣”。李光地幸好遇到进京来参修《明史·历志》的梅文鼎,便向他求教。后来李光地向康熙帝进呈了梅文鼎所著《历学疑问》,而康熙帝曾亲赐《几何原本》与《算法原本》两本书给李光地。李光地经过认真研读西学书籍,终于赢得了康熙帝的首肯。正如学者指出的:“李光地求习西学的活动本身就是清初西学流播扩展与深化的一种标志,它意味着西方异质文化已经深入到清初正统理学家的学术视野;同时,康熙与李光地君臣之间对西方科学一唱一和所造成的特殊影响力,无疑在客观上有力地刺激了清初学界的西学风尚”。②

再次,康熙帝倡导西学中源说。康熙帝对不同类型的博学之士予以包容,例如,朱彝尊以经学著称,获赐“研经博物”的匾额;梅文鼎精通天文历算之学,也获赐“绩学参微”的嘉名。正是梅文鼎,在王锡阐等人已有的著述基础上,通过考证中国历算典籍,推论出西洋历算之学源于《周髀算经》,从而为西学中源说提供了具体的文献例证,这在当时产生了很大影响。李光地赞许“梅定九讲算法,存古《九章》。渠言西学,总不出吾中国学内,只是中国失传。定老必有搜辑汉唐宋以来古法,以迄于今,最妙是此事”③。康熙帝批阅了李光地呈上的梅文鼎的《历学疑问》一书,还召见了梅文鼎,后来又命梅文鼎的孙子梅瑴成等人编纂《数理精蕴》。此书汇集了《周髀经解》和《几何原本》等中西书籍,为中学与西学的比较和会通提供了文献资源。而“西学中源说经梅文鼎与康熙帝的大力阐扬与上下呼应,终于定论为清代官方对待中西文化交流的一种指导思想,长期影响学术思想界”。④

---

① 朱维铮.走出中世纪(增订本)[M].上海:复旦大学出版社,2007:158-159.

② 徐海松.清初士人与西学[M].北京:东方出版社,2000:235.按:参考其“李光地的西学好尚及其意义”部分。

③ 李光地.榕村续语录:下册[M]. 北京:中华书局,1995:776.

④ 徐海松.清初士人与西学[M]. 北京:东方出版社,2000:361.

以上叙述虽然简略，却可以说明：当时人所谓博学，是指博览群书，编纂著述时引经据典，原原本本，文献全备，这也是考据学的特点。朱彝尊“于书无所不窥”，并不包括西学书籍。由于西方天文历算书籍已经成为一种知识资源，激发了中国士人对传统典籍重新考证和探索，朱彝尊虽然对西方天文历算没有专门研究，但也关注张简庵、王锡阐、梅文鼎等人的研究成果，并给予高度评价。还有，康熙帝从维护清朝正统的角度，一方面实施文治，大力推广儒家经学典籍；一方面任用南怀仁等传教士编制历法，吸纳西方天文历算之学，这为形成会通中学与西学的阅读思路和治学方法，提供了比较宽松的环境。正像王尔敏所分析的：“西方历算学之精密，足以订正中国传统历法之差误，自明末以至清代前期，西方教士已屡实任司天之职，这已显示重视之意。而自明末徐光启、李之藻，以至清初康熙帝，于西方历算均热心学习。尤其在十七八世纪，出于康熙帝之热心研求，遂影响士人景从，蔚然形成时代风气。”从士人阅读史的角度来看，西学中源说的形成是以博览群书、贯通古今、比较中西作为坚实基础的，“中西学源流说之创生启念，傅会为其共通之建说基础。联想内外为其一致之运思途径。而最重要之点，则丰富之文化遗产为创说取资之素材。人们思想敏锐，想象力丰富。尤其有记忆中所储存之广泛知识，用于联想，则如掘涌泉。所以在思想史范围内，常见诸多种傅会，此则为一种思想所必有，并必常常发生”。[①] 由此看来，朱彝尊对西洋人及其书籍的批评，在一定程度上也代表了“中国文化心理特色”，越是博综经典的儒者，在接触到完全不同的外来文化书籍时，越是习惯于进行审慎的比较和思考，从故有的文献资料中寻找依据和源流，并决定如何应对的态度。而梅文鼎通过博综典籍，考证源流，终于将西学纳入中学的体系，这是一种既顺应康熙帝的需要，也为博学鸿儒所认同的阐释模式，梅文鼎因此名声大震。

综上所述，从西方阅读史研究的视角来看，“中华帝国晚期”是一个可以进行宏观比较的时段，这正是西方传教士将西学书籍不断输入中国的时期。而中国的皇帝以及士人群体在与西洋传教士接触以及阅读西学书籍的过程中，开始明确区分中学与西学，并采用二者比较的阅读思路和治学方法，进行文献考据研究。选择这一时期有代表性的文人，根据其藏书目录、书序跋文等资料，可以

---

① 王尔敏.中西学源流说所反映之文化心理趋向[M]//中国近代思想史论续集.北京：社会科学文献出版社，2005：50，65.

了解其实际阅读的状况，探讨其对西学书籍的取向。本文虽然以朱彝尊为个案，也可以透视康熙朝的学术风气和文献资源，探讨西学中源说的形成与士人的历史记忆、知识结构以及思维方式的关系。同样，到晚清时期，透过梁启超等人所编纂的西学书目，可以证明士人“知识仓库”中西学书籍已经占有很大比例，这也为进一步考察西学中源说如何转向中体西用说，提供了丰富的文献资源。

（本文为 2011 年“西学东渐与东亚近代知识的形成与交流”暨第四届出版史国际学术研讨会的论文。原以《朱彝尊对西洋传教士及其书籍的看法——康熙朝文人阅读史个案探析》为题，发表于《北京行政学院学报》2012 年第 2 期）

第十五章

西书传入与文化融合

图书典籍是一个国家文化的重要载体。作为印刷媒介的书籍，由于其便于携带和流通的特点，成为作者与读者交流的媒介，也在国家之间跨文化的传播中起到了桥梁作用。西方书籍史研究也关注这样的角度："书史是持续地把一些孤立静止的信息转化为社会变迁过程的证据；书史关注读者和阅读。"①本章从传播者和接受者（读者）两个方面，举例说明西学书籍传入中国的复杂现象；强调在西方新闻媒介进入中国之前，最初是作为印刷媒介的书籍在西学东渐与文化变迁的过程中起到了非常重要的作用。这对认识当今的"国学"复兴现象，具有后视镜的意义。

一、利玛窦："合儒"的传教策略

中国历史上有过两次外来书籍大规模输入的过程，对以儒家为中心的封闭的知识体系产生了很大冲击。王国维是这样概述的："外界之势力之影响于学术，岂不大哉。自周之衰，文王、周公势力之瓦解也，国民之智力成熟于内，政治之纷乱乘之于外，上无统一之制度，下迫于社会之要求。于是诸子九流各创其学说，于道德政治文学上，灿然放万丈之光焰，此为中国思想之能动时代。自汉以后，天下太平，武帝复以孔子之说统一之。其时新遭秦火，儒家唯以抱残守缺为事，其为诸子之学者，亦但守其师说，无创作之思想，学界稍稍停滞矣。佛教之东，适值吾国思想凋敝之后。当此之时，学者之见，如饥者之得食，渴者之得饮，担簦访道者，接武于葱岭之道，翻经译论者，云集于南北之都。自六朝至于

---

① 项翔.近代西欧印刷媒介研究——从古腾堡到启蒙运动[M].上海:华东师范大学出版社,2001:6.

唐室，而佛陀之教极千古之盛矣，此为吾国思想受动之时代。然当是时，吾国固有之思想与印度之思想互相并行而不相化合，至宋儒出而一调和之，此又由受动之时代出而稍带能动之性质者也。自宋以后以至本朝，思想之停滞略同于两汉，至今日而第二之佛教又见告矣，西洋之思想是也。”①

书籍的传入和翻译，是外来文化进入中国的桥梁。钱存训《近世译书对中国现代化的影响》一文指出：“翻译不仅是一门科学或一种艺术，也是人类知识交换和国际文化沟通的一种实际工具。由于近代文化背景不同的国家接触频繁，翻译的价值更趋重要。西方各国虽然语言各异，但有共同的文化背景作为基础，所以翻译上的问题，多从语言的观点来研究，而无须从文化的差异来探讨。至于东西文化的沟通问题，不仅有语言上的障碍，且以文化类型迥异，就困难更多了”；“16 世纪末叶，西方知识在中国的出现，标志着从佛教传来以后第二次外来文化的大输入。在紧接着的两个世纪中，至少有 80 名不同国籍的耶稣会士参与翻译西书为中文的工作，先后译书 400 多种，所涉及的范围，对中国人而言，都是新的知识领域”。② 关于佛教书籍在中国的翻译及出版传播，还有西学书籍在中国的翻译及出版传播，已经有很多研究成果。本文仅举意大利传教士利玛窦与中国读书人交往的例子，说明西学书籍在明代被翻译和传入中国与利玛窦传教策略的关系。正如清人所言“利玛窦，明万历时航海至广东，是为西法入中国之始”。③

明万历年间，意大利传教士利玛窦（1552—1610）来到京城，请求晋见皇帝。他自称是从大西洋来的，当时负责接待的礼部尚书却说：“《会典》止有西洋琐里国无大西洋，其真伪不可知”。因此不向皇帝通报。④ 可见当时的士大夫习惯于向典籍寻找答案，而中国典籍中没有记载西方地理知识，就以为其根本不存在。对于中国文人当时的封闭状况和文化心态，利玛窦是深有感受的：“因为他们不知道地球的大小而夜郎自大，所以中国人认为所有各国中只有中国值得称羡。就国家的伟大、政治制度和学术名气而论，他们不仅把所有别的民族都看成是野蛮人，而且看成是没有理性的动物。他们看来，世上没有其他地方的国王、朝

① 王国维.论近年之学术界[M]//周锡山.王国维文学美学论著集.太原：北岳文艺出版社，1987：106.

② 程焕文.中国图书论集[M].北京：商务印书馆，1994：297.

③ 阮元，等.畴人传汇编：下[M].扬州：广陵书社，2009：507.

④ 张廷玉，等.明史：28 册[M].北京：中华书局，1974：8459.

图 15-1 利玛窦像①

代或者文化是值得夸耀的。”②

利玛窦在最初进入中国传教时,遇到了许多挫折,经过多年的观察,终于认识到利用书籍向读书人传播是最为有效的渠道,“虽然帝国并不由知识阶级即‘哲人’在进行管理这种说法是正确的,但必须承认他们对帝国的统治者有着广泛影响”③。于是,他换上了中国士大夫穿戴的儒冠和儒服,努力学习中文。他“游南昌,与建安王论友道,因著是编译献”④,用中文写了《交友论》。他说这本书“引用许多欧洲名人的遗训或名言,因此引起中国学人们的惊奇,为使该书更具有权威,我还请大官冯应京写一序言,后赠送给皇帝的亲属——建安王。后来不少学者争相传阅、抄录,我也都使他们称心满意”⑤。他将自己精心绘制的世界地图送给了肇庆知府王泮,王泮“立刻要人印刷出来……这张地图在中国是多么受到重视,还是知府本人在他官邸中亲自督印的。但他不愿意卖给任何人,而只是把它当作重礼,赠送给中国有地位的人”⑥。利玛窦的《交友论》在明代为人引用,评价其“尤切中人情”⑦;而利玛窦的地图被不断重印,“进入了长官和总督的衙门,大受称赞,最后应皇上亲自请求而进入皇宫”。⑧

利玛窦认为:儒学就是中国的一种教派,“中国有学问的人都非常尊敬他

---

① 利玛窦.利玛窦中国书札[M].芸娸,译.北京:宗教文化出版社,2006:前言5.

② 利玛窦,金尼阁.利玛窦中国札记[M].何高济,等译.桂林:广西师范大学出版社,2001:125.

③ 利玛窦,金尼阁.利玛窦中国札记[M].何高济,等译.桂林:广西师范大学出版社,2001:20.

④ 永瑢,等.四库全书总目:交友论[M].北京:中书书局,1981:1080.

⑤ 利玛窦.利玛窦书信集:上[M].罗渔,译.台北:光启出版社,辅仁大学出版社,1986:231.

⑥ 利玛窦.利玛窦书信集:上[M].罗渔,译.台北:光启出版社,辅仁大学出版社,1986:60.按:此信写于1584年。

⑦ 徐𤊹.徐氏笔精:卷之八:交友[M]//景印文渊阁四库全书:856册.台北:台湾商务印书馆,1986:576.此文说:“利玛窦,欧逻巴人也,著《天主实义》,人传诵之。而《交友论》尤切中人情。有云:古有二人同行,一极富,一极贫。或曰二人为友至密矣。窦法德曰:既然,何一为富者,一为贫者哉。言友之物,皆与共也。又云:视其人之友如林,则知其德之盛,视其人之友落落,则知其德之薄。”

⑧ 利玛窦,金尼阁.利玛窦中国札记[M].何高济,等译.桂林:广西师范大学出版社,2001:126.

(指孔子),以致不敢对他说的任何一句话稍有异议,而且还以他的名义起誓,随时准备全部实行,正如对待一个共同的主宰那样";"儒教是中国所固有的,并且是国内最古老的一种。中国人以儒教治国,有着大量的文献……凡做学问有了名气的人甚至从事学问研究的人,没有一个是再相信任何别的教派的"。因此他主动采取了"合儒"和"补儒"的传教策略,以为"把儒士派的大多数吸引到我们的观点方面来具有很大的好处,他们都拥护孔夫子,所以可以对孔夫子著作中所遗留下的这种或那种不肯定的东西作出有利于我们的解释。这样一来,我们的人就可以博得儒士们的极大好感"。[①] 例如,他在《天主实义》一书中为了说明"吾天主,乃古经书所称上帝也",就采用"中士"与"西士"对话的方式,引录了《中庸》《诗经》《礼记》《易》等书籍中关于"上帝"的文字作为依据。[②] 对此,明代文人也有反馈,如李贽评价利玛窦"住南海肇庆几二十载,凡我国书籍无不读,请先辈与订音释,请明于《四书》性理者解其大义,又请明于《六经》疏义者通其解说。今尽能言我此间之言,作此间之文字,行此间之仪礼,是一极标致人也"[③]。邹元标在《答西国利玛窦》的信中写道:传教士"欲以天主学行中国,此其意良厚。仆尝窥其奥,与吾国圣人语不异,吾国圣人及诸儒发挥更详尽无余。门下肯信其无异乎？中微有不同者,则习尚之不同耳。门下取《易经》读之,乾即曰统天。敝邦人未始不知天,不知门下以为然否"？[④] 今天我们来看明代文人与利玛窦以书信往来探讨问题,可以说是一次跨文化的对话。

利玛窦非常了解中国读书人的文化心理,费尽心思通过附会儒学的方式来翻译天主教义,也顺带介绍了一些西方的自然科学知识,以吸引中国读书人的注意。他发现"中国人最喜欢的莫过于关于欧几里德的《几何原本》一书。原因或许是没有人比中国人更重视数学了,虽则他们的教学方法与我们的不同;他们提出了各种各样的命题,却都没有证明。这样一种体系的结果是任何人都可以在数学上随意驰骋自己最狂诞的想象力而不必提供确切的证明。欧几里德则与之相反,其中承认某种不同的东西;亦即命题是依序提出的,而且如此确切

---

① 利玛窦,金尼阁.利玛窦中国札记[M].何高济,等译.桂林:广西师范大学出版社,2001:23,70,465.

② 朱维铮.利玛窦中文著译集[M].上海:复旦大学出版社,2001:21.

③ 李贽.续焚书:与友人书[M].北京:中华书局,2009:35.

④ 邹元标.愿学集:卷三:书[M]//景印文渊阁四库全书:1294册.台北:台湾商务印书馆,1986:89.

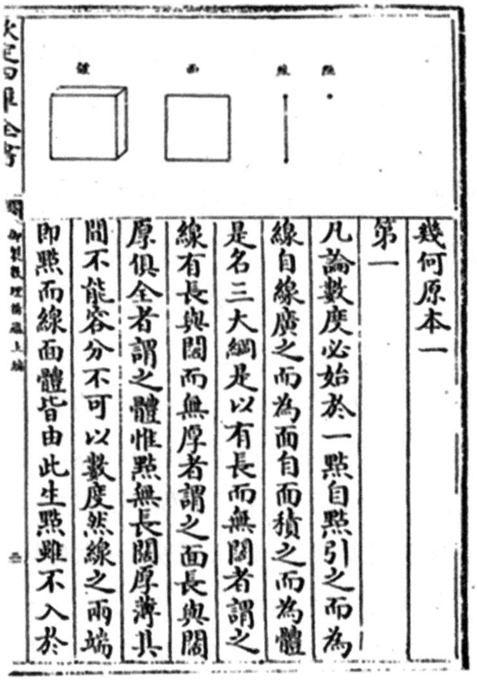
幾何原本一

第一

凡論數度必始於一點自點引之而為線自線廣之而為面自面積之而為體是名三大綱是以有長而無闊者謂之線有長與闊而無厚者謂之面長與闊厚俱全者謂之體惟點無長闊厚薄其間不能容分不可以數度然線之兩端即點而線面體皆由此生點雖不入於

图 13-2[1]

地加以证明，即使最固执的人也无法否认它们”[2]。在徐光启的要求下，利玛窦和徐一起翻译了这本书的前六卷，并刻印出版，使其得到了广泛传播。清代阮元作《畴人传》就多处提到《几何原本》一书。

利玛窦的传播策略在明代获得了成功，其他传教士也相继进入中国，这使更多的西学书籍传入中国，开阔了中国读书人的知识视野，如《明史》所言：传教士“其所著书多华人所未道，故一时好异者咸尚之。而士大夫如徐光启、李之藻辈，首好其说，且为润色其文词，故其教骤兴”。[3] 这些西学书籍不仅进入了明清之际的士大夫的私藏书目，有的还被收入官修的《四库全书》或者在《四库全书总目》中存目。而将西学书籍纳入中国传统的知识分类体系之中，这是清初盛行的“西学中源”说的一种反映，与利玛窦援儒入耶的方式有相通之处。下面仅举《四库全书总目》有关利玛窦几部书籍的提要，了解其中评价与阐释的思路。

利玛窦、李之藻合编《圜容较义》：“其书虽明圜容之义，而各面各体比例之义胥于是见，且次第相生，于《周髀》圆出于方，方出于矩之义，亦多足发明焉。”

利玛窦、李之藻合编《浑盖通宪图说》：“梅文鼎尝作订补一卷，其说曰：‘浑盖之器，以盖天之法代浑天之用，其制见于《元史》札玛鲁丁所用仪器中。窃疑为《周髀》遗术，流入西方。’”

关于中国的《周髀算经》：“明万历中欧逻巴人入中国，始别立新法，号为精

① 图 13-2 为收入《四库全书》的《几何原本》一页。

② 利玛窦，金尼阁.利玛窦中国札记[M].何高济，等译.桂林：广西师范大学出版社，2001：364.

③ 张廷玉，等.明史：28 册[M].北京：中华书局，1974：8461. 按：关于西书传入的情况，可参考柳诒徵《中国文化史》附“明末清初在中国之耶稣会士及著书一览表”，634-695.

密。然其言地圆,即《周髀》所谓地法覆槃,滂沱四隤而下也……西法出于《周髀》,此皆显证,特后来测验增修,愈推愈密耳。《明史·历志》谓尧时宅西居昧谷,畴人子弟散入遐方,因而传为西学者,固有由矣。"

《四库全书总目》还针对利玛窦宣传天主教义的书,剖析其传教的策略,如关于《二十五言》:"西洋人之入中国,自利玛窦始。西洋教法传中国,亦自此二十五条始。大旨多剽窃释氏,而文词尤拙。盖西方之教惟有佛书,欧逻巴人取其意而变幻之,犹未能甚离其本。厥后既入中国,习见儒书,则因缘假借,以文其说,乃渐至蔓衍支离,不可究诘,自以为超出三教上矣。附存其目,庶可知彼教之初,所见不过如是也。"

关于《天主实义》:"大旨主于使人尊信天主,以行其教。知儒教之不可攻,则附会六经中上帝之说,以合于天主,而特攻释氏以求胜。然天堂地狱之说与轮回之说相去无几,特小变释氏之说,而本原则一也。"

关于《畸人十篇》:"其言宏肆博辨,颇足动听。大抵掇释氏生死无常、罪福不爽之说,而不取其轮回戒杀不娶之说,以附会于儒理,使人猝不可攻。较所作《天主实义》纯涉支离荒诞者,立说较巧。以佛书比之,《天主实义》犹其礼忏,此则犹其谈禅也。"①

有趣的是,我们今天有机会将利玛窦自以为很得意的传教策略,与四库馆臣对利玛窦"附会六经"的批驳,加以对照。从中可以看出:中国以儒学书籍为中心的知识结构体系、中国读书人引经据典的思维方式的确是根深蒂固、难以改变的。利玛窦虽然采取了附会儒家经典的方式,但在四库馆臣看来,其来源不过是早已中国化的佛教,与儒理没有关系;即使是西方关于数学等方面的书籍,也不过是发明中国典籍古已有之的知识而已。②

还有一点值得注意:利玛窦带来的世界地图以及《几何原本》等科学书籍③,最早引起了中国士大夫的兴趣,并促使利玛窦将传教策略从口传改为书传(通过印刷复制加以传播)。这也从一个侧面折射出当时欧洲印刷书籍的发展状况,正如项翔指出的:在欧洲"印刷媒介大规模的生产和流通,带来了知识传播与发展环境的巨大变化……印刷术出现之后,知识分子阅读和参考文献的数

---

① 永瑢,等.四库全书总目[M].北京:中华书局,1981:897,896,891,1080.

② 参见本书第十四章.

③ 洪业.考利玛窦的世界地图[M]//洪业论学集.北京:中华书局,1981.

量和种类剧增,16 世纪所造就的博学者也非以前的博学者所能比。应该说是文艺复兴、地理大发现和印刷术等诸多因素共同促成了 15、16 世纪的'知识爆炸'";"在 16 世纪结束以前,天文制图、地图、同步编年史编撰、法典编撰、书目编辑等领域的革命性发展与印刷媒介所带来的这种新的信息收集、存储与传播方式密不可分"。① 假如欧洲还停滞在羊皮书或手抄书的时代,假如利玛窦没有天文、数学等方面的学问,他的传教策略可能依然是以口头方式对下层民众进行传播,而很难以儒士形象得到崇尚博学的中国读书人的认同和支持。中国读书人也会失去一次接触西学书籍,并初步与中国典籍加以比较和研究的机会。所以,利玛窦的书传策略,促成了一次西方机械印刷出版物与中国传统印刷出版物的交汇,显示了印刷媒介在空间传播方面的功效。而且,利玛窦的传播活动在中国产生了深远影响,晚清时王韬论述《变法》就指出:"自明季利玛窦入中国,始知有东西两半球。而海外诸国,有若棋布星罗。至今日而泰西大小各国,无不通和立约,叩关而求互市。举海外数十国,悉聚于一中国之中,见所未见,闻所未闻。几于六合为一国,四海为一家。秦汉以来之天下,至此而又一变。呜呼,至今日而欲辨天下事,必自欧洲始!" ② 梁启超也指出:利玛窦等人自万历末年至天启、崇祯间,先后入中国。中国学者如徐光启、李之藻等都和他们来往,对于各种学问有精深的研究。"在这种新环境之下,学界空气,当然变换,后此清朝一代学者,对于历算学都有兴味,而且最喜欢谈经世致用之学,大概受利、徐诸人影响不小"。③

二、梁启超:融合中西学术

1895 年的中日甲午战争,中国战败,这一事件对中国士人的刺激有如巨雷轰顶,是难以平复的精神创伤。中国士人开始从富强中国的愿望出发,更加主动地翻译和介绍西学书籍。中学成了当时特定历史背景下相对西学而言的概念,而中学与西学的关系也成为士人不断争论和探讨的问题。这也具体表现在士人对于中学书籍与西学书籍阅读比例的变化,以及士人知识结构的变化。梁

---

① 项翔.近代西欧印刷媒介研究——从古腾堡到启蒙运动[M].上海:华东师范大学出版社,2001:117,124.

② 王韬.变法中[M]//郑振铎.晚清文选.上海:上海书店,1987:401.

③ 梁启超.中国近三百年学术史[M].北京:东方出版社,1996:10,11.

启超(1873—1929)无疑是这个时代最有代表性的学者,钟少华曾有文从梁启超的“知识结构演进入手”,思考他“所代表的中国文化人的知识结构,所形成的百年前的知识体系,有什么文化特色?有什么历史教训”?其方法是抽取梁启超编纂和计划编纂的几部带有知识汇总性质的书籍。① 笔者本节偏重从阅读史角度,分析梁启超本人阅读中学、西学书籍比例的变化,试图说明其对中学、西学关系不断思考的过程,以及新旧媒介交替时代文化传播的特点。而与利玛窦将西学输入中国的时代相比,中学与西学的关系已经发生了巨大变化。

1922 年梁启超在《五十年中国进化概论》中指出:

> 近五十年来,中国人渐渐知道自己的不足了。这点子觉悟,一面算是学问进步的原因,一面也算是学问进步的结果。第一期,先从器物上感觉不足。这种感觉,从鸦片战争后渐渐发动,到同治年间借了外国兵来平内乱,于是曾国藩、李鸿章一班人,很觉得外国的船坚炮利,确是我们所不及,对于这方面的事项,觉得有舍己从人的必要,于是福建船政学堂、上海制造局等等渐次设立起来……第二期,是从制度上感觉不足。自从和日本打了一个败仗下来,国内有心人,真像睡梦中著了一个霹雳。因想道堂堂中国为什么衰败到这田地,都为的是政制不良,所以拿“变法维新”做一面大旗,在社会上开始运动。那急先锋就是康有为、梁启超一班人……第三期,便是从文化根本上感觉不足……革命成功将近十年,所希望的件件都落空,渐渐有点废然思返。觉得社会文化是整套的,要拿旧心理运用新制度,决计不可能,渐渐要求全人格的觉悟……所以最近两三年间,算是划出一个新时期来了。②

梁启超总结了“近五十年来”中国进化的过程,其实也揭示了中国人翻译引进和接受西学书籍的内容层面:从科学到制度、再到文化的演进过程。而梁启超本人对于西学书籍的接受过程也是如此,或者说正是与时代进化的趋势相一致的。

---

① 钟少华.进取集[M].北京:中国国际广播出版社,1998:435.

② 梁启超.饮冰室合集:文集之三十九[M].北京:中华书局,1996:43.

图 15-3 梁启超像

(一)早年读书

我们先要了解梁启超早年读书时期所奠定的中国传统学问的根基。根据他 1902 年所作《三十自述》,其读书经历和阅读书目可以排列如下:

四五岁就王父及母膝下授四子书、《诗经》。夜则就睡王父榻,日与言古豪杰哲人嘉言懿行,而尤喜举亡宋、亡明国难之事,津津道之。

六岁后,就父读,受中国略史,五经卒业。

八岁学为文。九岁能缀千言。

十二岁应试学院,补博士弟子员,日治帖括,虽心不慊之,然不知天地间于帖括外,更有所谓学也。辄埋头钻研,顾颇喜词章。王父、父母时授以唐人诗,嗜之过于八股。家贫无书可读,惟有《史记》一,《纲鉴易知录》一。王父、父日以课之,故至今《史记》之文,能成诵八九。父执有爱其慧者,赠以《汉书》一,姚氏《古文辞类纂》一,则大喜,读之卒业焉。……

十三岁始知有段、王训诂之学,大好之,渐有弃帖括之志。

十五岁……时肄业于省会之学海堂,堂为嘉庆间前总督阮元所立,以训诂词章课粤人者也。至是乃决舍帖括以从事于此,不知天地间于训诂词章之外,更有所谓学也。

己丑年十七,举于乡……

年十八……从坊间购得《瀛环志略》读之,始知有五大洲各国,且见上海制造局译出西书若干种,心好之,以无力不能购也……礼事南海先生……先生乃教以陆王心学,而并及史学、西学之梗概。自是决然舍去旧学,自退出学海堂,而间日请业南海之门。生平知有学自兹始。

辛卯余年十九,南海先生始讲学于广东省城长兴里之万木草堂,徇通甫与余之请也。

……日课则宋元明儒学案、二十四史、《文献通考》等,而草堂颇有藏书，得恣涉猎，学稍进矣……

甲午年二十二，客京师……其年七月，京师强学会开……会中于译出西书购置颇备，得以余日尽浏览之，而后益斐然有述作之志。①

由此可见，梁启超在十八岁以前已经按照传统的受教育方式，阅读了经、史、集部书籍，尤以史部书籍居多，并在乡试中考中了举人。十八岁时（1890），他阅读了徐继畬所著介绍世界地理的书籍《瀛环志略》，接触了上海江南制造局翻译馆引进的西书之后，才"决然舍去旧学"，并以为得知了真正的学问。梁启超所谓"舍去旧学"，并不是舍弃中学，而是舍弃旧的研究方法——为科举的帖括之学、为考据的"训诂词章"之学，是不知有西学的封闭的知识结构和治学方法。此后，他跟从康有为读书，包括中国史书和西学书籍，他说："余与诸同学日札记其讲义，一生学问之得力，皆在是年"，奠定了一生的学问基础。这种学问就是相对"旧学"而言的"新学"（其知识结构包括中学与西学）。

梁启超的转变，实际上延续了康有为从"旧学"到"新学"的读书治学方法：康有为 1874 年 17 岁时，"始见《瀛环志略》、地球图，知万国之故，地球之理"。1882 年 25 岁时，"道经上海之繁盛，益知西人治术之有本。舟车行路，大购西书以归讲求焉……自是大讲西学，始尽释故见"；1884 年 27 岁时，开始整合中学和西学的知识，"合经子之奥言，探儒佛之微旨，参中西之新理，穷天人之赜变。搜合诸教，披折大地，剖析今故，穷察后来"。② 他极力在传统典籍的框架中，融合中、西之新理。而康有为的代表作《新学伪经考》《孔子改制考》等，梁启超都参与其中。这一时期的学术情况，如梁启超在《清代学术概论》中所分析的："康有为、梁启超、谭嗣同辈，即生育于此种'学问饥荒'之环境中，冥思枯索，欲以构成一种'不中不西即中即西'之新学派，而已为时代所不容。"③

（二）戊戌（1898）变法前

梁启超在变法前后是参与社会运动的"急先锋"，他对中学与西学的关系有明确表述，对"西政"书籍尤为关注，这集中体现在：1896 年他编著了《西学书目表》，并在《时务报》发表了《西学书目表序例》和《西学书目表后序》。

---

① 梁启超.三十自述[M].饮冰室合集：文集之十一. 北京：中华书局，1996：15-17.

② 康有为.康南海自订年谱[M].台北：文海出版社，1972：7，12，15.

③ 梁启超.清代学术概论[M].上海：上海古籍出版社，2011：97.

洋务人士主办的江南制造局翻译馆的译书，大多是应用技术和自然科学的书籍，梁启超认为："惟西政书籍，译者寥寥"。他在《西学书目表》中将"译出各书，都为三类。一曰学，二曰政，三曰教"，专门列出"西政"一类，下设史志、官制、学制、法律、农政、矿政、工政、商政、兵政、船政等十个小类（他在1897年编辑了《西政丛书》），这都是"从制度上感到不足"的结果。《西学书目表序例》具体分析："西学各书，分类最难，凡一切政皆出于学，则政与学不能分，非通群学不能成一学，非合庶政不能举一政，则某学某政之各门不能分。今取便读者，强为区别。"①这实际上扩大了"西学"的概念，使之包括"西政"，而不是仅仅指自然科学。

所谓"西学"是与"中学"相对而言的。值得注意的是《西学书目表后序》不谈西学，却大谈中学：

> 梁启超曰：吾不忍言西学。梁作霖曰：子日与人言西学，曷为不忍言西学？梁启超曰：今日非西学不兴之为患，而中学将亡之为患……孔教之至善，六经之致用，固非吾自袒其教之言也。不此之务，乃弃其固有之实学，而抱帖括、考据、词章之俗陋，谓吾中国之学已尽于是，以此与彼中新学相遇，安得而不为人弱也。然则奈何？曰：读经、读子、读史三者，相须而成，缺一不可。

他也谈到中学与西学的关系：

> 舍西学而言中学者，其中学必为无用；舍中学而言西学者，其西学必为无本。无用无本，皆不足以治天下。虽庠序如林，逢掖如鲫，适以蠹国，无救危亡。方今四彝交侵，中国微矣，数万万之种族，有为奴之痛；三千年之宗教，有坠地之惧。存亡绝续，在此数年，学者不以此自任，则颠覆惨毒，宁有幸乎？②

这就是说，要以中学为本、西学为用，特别是恢复经世治用、兼善天下的实学传统。而学习西学，也是为了知己知彼，使中国的孔教不至于"坠地"，如《西学书目表序例》所言："今以西人声光化电农矿工商诸学，与吾中国考据词章帖括家

① 梁启超.西学书目表序例[M]//饮冰室合集：文集之一.北京：中华书局，1996：123.

② 梁启超.西学书目表后序[M]//饮冰室合集：文集之一.北京：中华书局，1996：126-129.

言相较,其所知之简与繁,相去几何矣。兵志曰:知己知彼,百战百胜。人方日日营伺吾侧,纤悉曲折,虚实毕见,而我犹枵然自大,偃然高卧,非直不能知敌,亦且昧于自知,坐见侵陵,固其宜也”。①

梁启超所提倡的知识结构是:中学,经、史、子,缺一不可;西学,西学、西政、西教,互相联系。这是一种与考据词章帖括之学完全不同的新学。从梁启超主张变法的大量政论文章中,也可以看出他主张变法的论据一是来自于引经据典(中学),一是来自西学书籍。梁启超 1897 年在《论君政民政相嬗之理》一文中承认“吾既未克读西籍,事事仰给于舌人,则于西史所窥知其浅也” ②,即依赖于他人翻译的西史书籍。他善于将二者相互比较和阐发,例如,1902 年《史学之界说》一文甚至将“古代周、孔、柏(柏拉图)、阿(阿里士多德)之智识能力”③相提并论。这与早期洋务人士“先从器物上感觉不足”,特别重视阅读西方自然科学和应用技术的书籍是不同的。

可以与之对比的是,洋务大臣张之洞于 1898 年发表了《劝学篇》,其序言所说的“五知”之一是:“四、知要。中学考古非要,致用为要。西学亦有别,西艺非要,西政为要。”他也强调:“今欲强中国、存中学,则不得不讲西学。”其提倡的知识结构是:“新旧兼学:四书、五经、中国史事、政书、地图为旧学,西政、西艺、西学为新学。旧学为体,新学为用,不使偏废。”简单说,阅读书籍也要“中体西用”。张之洞比之早期洋务宗旨也有了变化,看到了“西政为要”,应该是参照了梁启超等人的主张。但是,他同时反对康有为、梁启超等维新人士“新者不知本”,即要实行君主立宪,根本动摇现有的政治体制。其《劝学篇》便分为两篇:“内篇务本以正人心;外篇务通以开风气。”④

(三)戊戌变法失败后流亡日本

梁启超的《三十自述》说:“戊戌九月至日本,十月与横滨商界诸同志谋设《清议报》。自此居日本东京者一年,稍能读东文,思想为之一变。”

梁启超在编纂《西学书目表》时,还只是介绍和评价别人已经翻译的西学书籍。而在日本期间,他通过学习日文,可以直接阅读许多介绍西学的日本书籍。

---

① 梁启超.饮冰室合集:文集之一[M].北京:中华书局,1996:123.
② 梁启超.论君政民政相嬗之理[M]//饮冰室合集:文集之二.北京:中华书局,1996:10.
③ 梁启超.史学之界说[M]//饮冰室合集:文集之九.北京:中华书局,1996:9.
④ 张之洞.劝学篇[M].北京:华夏出版社,2002:3,94,2.

1902年他在《新民丛报》发表了《东籍月旦》一文，介绍学日文“专学读书，亦一急就之法”，“若用简便之法以求能读其书，则慧者一旬，鲁者两月，无不可以手一卷而味津津矣”。[①] 他将自己见到的日本翻译西学的书籍列出了目录，向国人介绍。

他先后创办了《清议报》《新民丛报》等，利用报纸（实为小册子）作为媒介，通过曲折的发行途径，向国内介绍西学书籍。1901年他在《〈清议报〉一百册祝辞并论报馆之责任及本馆之经历》一文中说明他的目的：“读东西诸硕学之书，务衍其学说以输入于中国，虽不敢自谓有所得，而得寸则贡寸焉，得尺则贡尺焉……以是为尽国民责任于万一而已。”[②]《新民丛报》所发表的中日人士的447篇文章，曾重新编订，以《新学大丛书》的名义出版（1903年）。钟少华认为此书的分类“与西方学术体系基本一致”，此书的框架也可以代表梁启超本人“在日时的知识结构”的进步。[③]

值得注意的是，梁启超谈到了报纸的传播作用：“《清议报》之在中国，其沧海之一粟乎！《清议报》之在世界，其大千之一尘乎！虽然，其寿命固已亘于新旧两世纪，无舌而鸣；其踪迹固已遍于纵横五大洲，不胫而走。今请与阅报诸君一为戏言，斯亦可谓文字界中之得天最厚者耶？”因此说，“《清议报》时代，实为中国与世界最有关系之时代，读者若能研究此时代之历史，而有所心得，有所感奋，则其于天下事，思过半矣。”他特别强调《清议报》独具特色，“全脱离一党报之范围，而进入于一国报之范围，且更努力渐进以达于世界报之范围。”[④]由于在报纸上发表政论文章，梁启超也形成了独特的“报章体”文字风格，“务为平易畅达，时杂以俚语韵语及外国语法，纵笔所至不检束，学者竞效之，号新文体……其文条理明晰，笔锋常带情感，对于读者，别有一种魔力焉”[⑤]。

不过，他认为这些报纸文章是不能与“藏之名山”的学术著作相比的。1902

---

① 梁启超.饮冰室合集：文集之四[M].北京：中华书局，1996：84.

② 梁启超.《清议报》一百册祝辞并论报馆之责任及本馆之经历[M]//饮冰室合集：文集之六.北京：中华书局，1996：47.

③ 钟少华.进取集[M].北京：中国国际广播出版社，1998：178，449.按：钟少华所见《新学大丛书》有“饮冰室主人编”的印章，但“无法审定该书为任公自编”（447页）。查北京师范大学图书馆所藏此书无编者标识。

④ 梁启超.《清议报》一百册祝辞并论报馆之责任及本馆之经历[M]//饮冰室合集：文集之六.北京：中华书局，1996：55，57.

⑤ 梁启超.清代学术概论[M].上海：上海古籍出版社，2011：86.

年他为《饮冰室文集》作序，就说明“吾辈之为文，岂其欲藏之名山，俟诸百世之后也，应于时势，发其胸中所欲言”。由于社会时事变化太快，信息数量剧增，“今日一年之变，率视前此一世纪犹或过之，故今之为文，只能以被之报章，供一岁数月之遒铎而已，过其时，则以覆瓿焉可也”。① 然而，报纸也成为他及时搬运和宣传西学书籍、扩大国人知识视野的重要媒介。由于报纸文章“不过演师友之口说，拾西哲余唾，寄他人之脑之舌于我笔端而已”，来不及精读和思考，梁启超在以后的文章中也有所修正，给人以一种多变的印象。他后来将自己二十年的政治生涯比作“欲为国中政治播佳种”，但对其实际产生的传播效果如何也有所反思：“但不知吾所谓佳种者，误于别择耶？将播之不适其时耶，不适其地耶？抑将又播之不以其道耶？要之，所获之果，殊反于吾始愿所期。吾尝自讼，吾所效之劳，不足以偿所造之孽也”。② 可以说，这也是对报纸传播效果的一种表述。

(四)从日本回国后

1912年，梁启超从日本回国，结束了十四年的流亡生活。1915年他发表《吾今后所以报国者》一文，表示退出政治活动，从事学术研究，“吾将讲求人之所以为人者……国民之所以为国民者”③，即致力于探讨国民精神。1918年底他赴欧洲考察，著有《欧游心影录》，对“科学万能之梦”提出反思与质疑：“当时讴歌科学万能的人，满望着科学成功，黄金世界便指日出现。如今功总算成了，一百年物质的进步，比从前三千年所得还加几倍，我们人类不惟没有得着幸福，倒反带来许多灾难。好像沙漠中失路的旅人，远远望见个大黑影，拼命往前赶，以为可以靠他向导；哪知赶上几程，影子却不见了，因此无限凄惶失望。影子是谁？就是这位科学先生。欧洲人做了一场科学万能的大梦，到如今却叫起科学破产来。”④他对“科学”的概念有了新的思考，进一步探讨哲学、道德、宗教等涉及人的精神层面的学问。

值得一提的是，梁启超还是“国学”的提倡者。1904年，梁启超在《论中国学术思想变迁之大势》一文结尾处数次提到“国学”一词：“近顷悲观者流，见新学小生之吐弃国学，惧国学之从此而消灭。吾不此之惧也。但使外学之输入者

① 梁启超.饮冰室文集序[M]//饮冰室合集：第1册.北京：中华书局，1996：1.

② 梁启超.吾今后所以报国者[M]//饮冰室合集：文集之三十三.北京：中华书局，1996：52.

③ 梁启超.吾今后所以报国者[M]//饮冰室合集：文集之三十三.北京：中华书局，1996：54.

④ 梁启超.欧游心影录[M]//饮冰室合集：专集之二十三.北京：中华书局，1996：10，12.

果昌,则其间接之影响,必使吾国学别添活气,吾敢断言也。但今日欲使外学之真精神普及于祖国,则当转输之任者,必邃于国学,然后能收其效……此吾所以汲汲欲以国学为我青年劝也。”①因而,他在1923年编写了以“国学”命名的书目,即《国学入门书要目及其读法》以及《最低限度之必读书目》等,表明他转向有关中国传统文化研究和教育的问题。这一书目是由于“清华周刊记者以此题相属”,为即将赴美留学的清华学生而作。此前,胡适已经开列了“一个最低限度的国学书目”,梁启超在《评胡适之的“一个最低限度的国学书目”》中说明:“我的主张,很是平淡无奇。我认定史部书为国学最主要部分,除先秦几部经书几部子书之外,最要紧的便是读正史、通鉴、宋元明纪事本末和九通中一部分,以及关系史学之笔记文集等,算是国学常识,凡属中国读书人都要读的。”(这些书籍正是他本人少年时期阅读且用功最多的)他认为:“《清华周刊》诸君,所想请教胡君的并不在此,乃是替那些‘除却读商务印书馆教科书之外没有读过一部中国书’的青年们打算。”②所以,他在《国学入门书要目及其读法》之后,附录《最低限度之必读书目》,又附言:“惟青年学生校课既繁,所治专门别有在,恐仍不能人人按表而读。今再为拟一真正之最低限度如下……以上各书,无论学矿学、工程学……皆须一读,若并此未读,真不能认为中国学人矣。”最后又在《致清华周刊记者书》中开列了“留美应带书目”十几种,都是便于携带的石印本和铅印本书籍。③

从这个“最低限度”的书目中,我们可以看到“国学”代替了“中学”一词,指作为中国人最起码应该了解的书籍以及产生于中国本土的常识。这与他早年在介绍西学书目时,强调经史子学及其经世治国的伟大意义已经有所不同。从知识结构来说,他依然希望学生不仅学习西方的科学知识,也阅读中国的典籍。但是,对于这些根据西学分科体系学习,几乎“没有读过一部中国书”的理工科学生来说,他只能苦口婆心地劝说:“读书自然不限于读中国书,但中国人对于中国书,至少也该和外国书作平等待遇。你这样待遇他,给回你的愉快报酬,最少也和读外国书所得的有同等分量。”④

读书的方法也和过去读经完全不同了。他特别说明:“还有一件,我在前项

① 梁启超.论中国学术思想变迁之大势[M].上海:上海古籍出版社,2001:135.

② 梁启超.饮冰室合集:专集之七十一[M].北京:中华书局,1996:29-30.

③ 梁启超.饮冰室合集:专集之七十一[M].北京:中华书局,1996:21,32.

④ 梁启超.国学入门书要目及其读法[J].清华周刊·书报介绍副刊.1923(3):1-25.

书目表中有好几处写‘希望熟读成诵’字样，我想诸君或者以为甚难，也许反对说我顽旧。但我有我的意思，我并不是奖励人勉强记忆，我所希望熟读成诵的有两种类：一种类是最有价值的文学作品，一种类是有益身心的格言。好文学是涵养情趣的工具，做一个民族的分子，总须对于本民族的好文学十分领略，能熟读成诵，才在我们的‘下意识’里头，得着根柢，不知不觉会‘发酵’。有益身心的圣哲格言，一部分久已在我们全社会上形成共同意识，我既做这社会的分子，总要彻底了解他，才不至和共同意识生隔阂。一方面我们应事接物时候，常常仗他给我们的光明，要平日摩得熟，临时才得着用。我所以有些书希望熟读成诵者在此，但亦不过一种格外希望而已，并不谓非如此不可。”这只是要提高学生的文学情趣和道德修养，对中国文化有所了解，否则，“任你学成一位天字第一号形神毕肖的美国学者，只怕于中国文化没有多少影响。若这样便有影响，我们把美国蓝眼睛的大博士抬一百几十位来便够了，又何必诸君呢？诸君须要牢牢记着你不是美国学生，是中国留学生。如何才配叫做中国留学生，请你自己打主意罢”。①

一位在戊戌变法中叱咤风云的大人物，一位考察欧洲归来的大学者，竟然以这样心平气和的语气来劝导学生读“最低限度的国学书”，这是耐人寻味的。梁启超 1927 年对清华学生说：“我这两年来清华学校当教授，当然有我的相当抱负而来的，我颇想在这种新的机关之中，参合着旧的精神。吾所理想的也许太难，不容易实现，我要想把中国儒家道术的修养来做底子，而在学校功课上把他体现出来……我很痴心想把清华做这种理想的试验场所，但照这两年的经过看来，我的目的并未能达到多少。第一个原因，全国学风都走到急功近利，及片断的知识相夸耀，谈到儒家道术的修养，都以为迂阔不入耳。在这种氛围之下，想以一个学校极少数人打出一条血路，实在是不容易。”他告诫学生“知识才能固然是要的，然而道德信仰——不是宗教——是断然不可少的”；并强调自己在清华教书的目的有两点：“（一）是做人的方法——在社会上造成一种不逐时流的新人。（二）做学问的方法——在学术界上造成一种适应新潮的国学”。② 梁启超希望在新式的大学里，通过指导学生阅读“国学”书籍，来弥补学科分类所造成的“片断的知识”，特别是缺少“儒家道术的修养”的知识体系。这也反映

① 梁启超.治国学杂话[M]//饮冰室合集：专集之七十一. 北京：中华书局，1996：23，26.
② 梁启超.北海谈话记[M]//夏晓虹.饮冰室合集：集外文中册.北京：北京大学出版社，2005：1035.

了他从欧洲考察归国后，对于中、西学关系的新的思考："拿西洋的文明来扩充我的文明，又拿我的文明去补助西洋的文明，叫他化合起来成一种新文明"，"把自己的文化综合起来，还拿别人的补助他，叫他起一种化合作用，成了一个新文化系统"。[①] 梁启超在脱离了政治活动之后，根据其知识结构，最终选择在这种"国学"领域，从事专门的学术研究。

在中国近代的文化演进过程中，梁启超是一个与时俱进的风云人物，也是指导青年人读书的导师，其个人阅读史蕴含着丰富的文化信息。从他本人少年时代的读书经历，到他在不同时期所开列的西学书目表以及国学书目，不仅反映了他本人的阅读书目和知识结构的变化，也是传统士大夫向近代知识分子转型的一个缩影。由于他最初所奠定的文化根基是如此坚固，他虽不断引进（"播种"）西学，却始终致力于培植"新学"或建构"国学"，使之与西学相融合，以便"加入人类全体中助他发展"。这是他与"五四"时代主张"全盘西化"者的区别所在。

三、国学复兴与文化传承

百年以后，中国人仍旧呼喊着振兴中华的口号，似乎与梁启超时代的志士仁人遥相呼应。但时代已经不同了，中国的经济正在以前所未有的速度发展，中国在世界上的地位有了很大提高。在全球化的背景下，在电子媒介的环境中，中、西文化的交流活动更加频繁，中、西书籍的双向翻译出版数量众多。然而，在现代化的进程中也出现了许多问题，包括科学技术，也包括制度层面以及精神文化层面。伴随着 20 世纪 80 年代出现的文化热潮，提倡"国学"的声音开始出现，并逐渐形成了"国学热"。1993 年 8 月，《人民日报》先后发表了题为《国学，在燕园又悄然兴起》的长篇报道，还有短评《久违了，"国学"！》，文章认为"国学的再一次兴起，是新时期文化繁荣的一个标志，并呼唤着新一代国学大师的产生"。[②] 2004 年在北京举行的"文化高峰论坛"，以"全球化与中国文化"为主题，通过和发表了《甲申文化宣言》。同年，蒋庆主编的一套推尊儒学的"中华文化经典基础教育诵本"出版，使在民间推广多年的少儿读经现象再次引起了讨论。2005 年中国人民大学宣布成立"国学院"，也引发了关于"国学"概

① 梁启超.欧游心影录[M]//饮冰室合集：专集之二十三. 北京：中华书局，1996：35，37.

② 陈来."国学热"与传统文化研究的问题[J].孔子研究，1995(2)：4-6.

念的重新阐释。2006 年 1 月 10 日光明日报《国学》版推出①，以“国学与二十一世纪”的题目刊登了访谈文章。新兴的网络媒体也曾经参与“国学”的传播，2006 年 1 月 12 日，百度宣布推出“国学频道”（2011 年下线），并举办了题为“互联网时代的国学复兴”的高峰论坛；同年 4 月 2 日北京大学国学教室正式启动“短信版”国学课堂（现有乾元国学教室及公众号）。尤其值得关注的是，2017 年 1 月 25 日中共中央办公厅、国务院办公厅《关于实施中华优秀传统文化传承发展工程的意见》发布并实施，中国传统文化教育进学校活动在各个层面蓬勃开展，进一步推动了国学的普及。在这样的文化背景下，回望历史，重温“国学”，梁启超那一代学者已经开始思考和研究的问题，可以作为我们今天继续探讨的起点。

（一）国学的研究层面

关于“国学”的学术研究，在近代以来就有过多次论争。当年梁启超提出的“国学书目”曾引起关于如何治国学的讨论。胡适提出“整理国故”的口号，指出“国学的使命是要使大家懂得中国的过去的文化史；国学的方法是要用历史的目光来整理一切过去文化的历史。国学的目的是要做成中国文化史”。② 有关于这一段历史已有学者加以研究和梳理③。从“中学”“新学”到“国学”，这些概念都是相对“西学”而言的，是明清以来西学东渐背景下的产物，也经历了不断演进的过程。从学术研究的层面来说，一方面，近代的“中学”已经摆脱了中国封闭千年的知识结构体系，是参照西学（从科学到制度到文化各个层面）书籍加以阐发的结果；另一方面，“国学”作为中国本土的学问体系（国学并不等于经学，应包括四部之学），也具有融合西学的能力以及存在的价值，梁启超所希望的是，“把自己的文化综合起来，还拿别人的补助他，叫他起一种化合作用，成了一个新文化系统”，还要“把这新系统往外扩充，叫人类全体都得着他好处。我们人数居全世界人口四分之一，我们对于人类全体的幸福，该负四分之一的责

---

① 房晓.“新闻纸上办学术”——《光明日报》国学版（2006－2016）研究［D］.北京：北京师范大学，2017.（于翠玲指导）

② 胡适.《国学季刊》发刊宣言［J］.国学季刊，1923，1（1）：12.

③ 罗志田.国家与学术：清季民初关于“国学”的思想论争［M］.北京：生活·读书·新知三联书店，2003. 刘东.审问与明辨：晚清民国的“国学”论争［M］.北京：北京大学出版社，2012.

任”①。因此,“国学”不仅是一个概念,而且是关系到中国文化命运、世界文明发展的问题。梁启超在《西学书目表后序》的结尾,谈到“中国之学”的命运时,曾经慷慨激昂地说:“存亡绝续,在此数年,学者不以此自任,则颠覆惨毒,宁有幸乎?曾子曰:‘士不可以不宏毅。任重而道远,仁以为己任,不亦重乎?死而后已,不亦远乎?’是在吾党。”1934 年马瀛也指出:研究国学者要“深知近世科学方法、性质、价值,与学术之历史发达过程,将东西之学术,切实比较研究之,方足使两系文明融合,而在世界学术上,放灿烂之光明。此实为研究国学之最大任务,而一般青年,不容不仔肩者也”。②

国学的论争一直在延续,国学的复兴在当今依然任重道远。楼宇烈如此揭示百年来国学论争的实质:“所有的国学讨论,归根到底都是东西文化的交流,是在现代化的进程当中思考如何正确对待本国已有的文化传统,如何建设具有本国、本民族特色的现代化国家。”③思考中国的文化传统,必须具有世界眼光。2004 年汤一介在北京论坛上发表题为《“文明的冲突”与“文明的共存”》的演讲,指出:

> 对任何一个民族和国家说,特别是对有较长历史而对当今人类社会有着重大影响的民族和国家说,它的文化传统是已成的事实,是无法割断的,因为其文化传统已深入到这个民族和国家的千百万的人民心中,是这个民族或国家的精神支柱。我们回到“传统”,以“传统”为起点,并从“传统”中找寻力量、找寻支点,以推进我们文化的发展,来解决当前人类社会存在的问题,就这个意义上说,二十一世纪也许将由有着很长历史文化传统的欧美文化、东亚文化、南亚文化、伊斯兰文化等推动人类社会进入再次回顾公元二千五百年前那个轴心时代的一个“新的轴心时代”。在这新的轴心时代,存在着不同的文化传统而且这些文化传统仍然有着雄厚的人口资源基础,是绝不可能被消灭的,即使用战争的办法,也只能暂时起一点作用,从长远看,文化仍然必须共存。④

---

① 梁启超.欧游心影录节录[M]//饮冰室合集:专集之二十三. 北京:中华书局,1996:37.

② 马瀛.国学概论[M].上海:上海大华书局,1934:29.

③ 楼宇烈.国学百年论争的实质[N].光明日报,2007-01-11.

④ 汤一介.“文明的冲突”与“文明的共存”[J].北京大学学报,2004(6):7-15.

确实如罗志田所指出的:“正是‘国学’的淡出进一步确立了‘中国文化’这一称谓的主流地位……什么是中国文化、中国文化是否妨碍中国‘走向世界’以及中国文化自身怎样‘走向世界’乃成为学界思想界关注、思考和争辩的问题,虽时隐时显,仍贯穿了整个 20 世纪,并带入 21 世纪。”①由此可见,我们今天阅读中华文化典籍、研究“国学”,依然如梁启超所言,要站在“人类全体”的高度,担当文化的重任。

(二)国学的普及层面

1923 年,梁启超向清华大学的学生推荐“国学”书目的时候,面对的是在新式大学中读理工科的学生,他们“除却读商务印书馆教科书之外没有读过一部中国书”,也就是没有读过一本完整的属于“国学”的书籍。梁启超批评当时“全国学风都走到急功近利,及片断的知识相夸耀,谈到儒家道术的修养,都以为迂阔不入耳”②。他以清华大学为试验场所,向学生讲授“做人的方法”“做学问的方法”。梁启超有关国学普及的见解,对当时的国学教育产生了很大影响,在今天依然具有振聋发聩的意义和参考价值。

民国时期国学普及的一个标志是,“二三十年代,许多学校都开设了国学概论、国学大纲一类的课程,因而除各类国学丛书、国学读本之外,社会上还涌现出大量的国学讲义”③,据统计“国学概论”类教材多达数十种④。这些教材都对“国学”概念加以表述,对国学知识加以分类和解说,反映了当时“国学”知识体系正在被建构的过程。例如,钱穆于 1927 年在商务印书馆出版的《国学概论》,最初是为中学生授课而编写的讲义。其开篇即言“国学,乃一时代之名词”,其内容是对中国学术史的全面梳理。马瀛 1934 年的《国学概论》原为高中文科讲义,其序指出:“自欧西学术流入我国,老师宿儒虑旧有学术日就荒落,立中学帜,与西学抗衡。或美其名曰国粹,或核其实曰国故。及新学制课程颁行,设立国学概论科目,遂为定名矣。”而提出“国学”的概念就是希望以“合理的、组织的、系统的方式建设一种学术”。⑤ 还有 1936 年吴其作所编写的《高中国学常识

---

① 罗志田.国家与学术:清季民初关于“国学”的思想论争[M].北京:三联书店,2003:403.

② 梁启超.北海谈话记[M]//夏晓虹.饮冰室合集:集外文:中册.北京:北京大学出版社,2005:1035.

③ 刘东,文韬.审问与明辨:晚清民国的“国学”论争:下册[M].北京:北京大学出版社,2012:872.

④ 钟少华.学问之途[M].北京:北京师范大学出版社,2003:197-198.

⑤ 马瀛.国学概论:自序[M].上海:上海大华书局,1934.

简明问答》一书，从中“不难看出国学论争中的某些基本问题已被当成定论和常识要求中学生掌握，例如，‘国学’即‘国故’，源于章太炎的《国故论衡》，是中国学术的总称”①。有学者评价“这种未尽成熟的普及却很能昭示社会对‘国学’的认同，以及教育界对年轻一代知识结构的期许。更重要的是，借助各种国学讲义、国学读本、国学辅导教材的‘国学’论述，我们可以大体窥见哪些‘国学’内涵最终得到了广泛的认可和支持”。② 在今天看来，这些“国学概论”只是普及古籍知识的教材，当时学人以西学为参照，尝试以新的分类框架和知识体系，讲述古代典籍的知识和治学方法，例如，王易的《国学概论》分为“经学、小学、哲学、史学”等类，出现了“哲学”的概念。然而，这些教材对于今天的大学生、中学生来说，已经显得生疏或艰深了。近年来，在“国学热”的推动下，民国时期的十多种国学概论类教材被重新出版，再次广为传播，由此见证了有关国学书籍被阅读接受的复杂现象。大学生重温这些书籍，有助于了解国学概念的含义、国学走进学校的历史，进一步思考国学体系建构、国学研究方法等深层次问题，但这还只是国学知识的普及读物。

关于少儿读经问题，民国时期学者就有过论争和探讨。在当今“国学热”的氛围中，少儿读经问题再次引发热议，民间私塾也热闹一时。究竟应该读什么经书？以什么方法读经？读经的目的是什么？今天已经不是“朱熹读书法”的时代，让学生反复背诵“四书”“五经”，从中悟“道”。即使是朱熹编写教材也考虑到“便于童子之习”，他的教学目的“莫非使之讲明义理，以修其身，然后推以及人，非徒欲其务记览为词章，以钓声名、取利禄而已”③。而梁启超所列出的《国学入门书要目及其读法》以及《最低限度之必读书目》包括经史子集四部，甚至非常重视史部书籍，绝不是“独尊儒术”的。他充分考虑到学生可能“阅读”的实际情况，将书目一再精简。他希望学生“熟读成诵”的也只是“最有价值的文学作品”和“有益身心的格言”。其目的只是让学生获得一个中国读书人应该具备的“国学常识”，而没有指望学生仅阅读几本国学的书籍，就可以担当弘扬中国文化的伟大使命。

① 刘东，文韬.审问与明辨：晚清民国的“国学”论争：下册[M].北京：北京大学出版社，2012：1931.

② 文韬.国故学与中国学术的纠结——民国时期两种“国学”概念的争执及其语境[J].中山大学学报(社会科学版)，2013(5)：39.

③ 朱熹.白鹿洞书院教条[M]//程瑞礼，撰.姜汉椿，校注.程氏家塾读书分年日程.合肥：黄山出版社，1992：1.

当今出版的针对少儿而不是大学生编辑的诵读文本，应该考虑到少儿的特点，选择易于诵读的内容。例如，选择唐诗宋词等有价值的文学作品以及《论语》《孟子》等经典中的格言。教学的目的也不仅是为了开发智力，提高语文水平等，主要是为了使少儿了解国学常识，学会做人的基本规范，例如，儒家有关"仁者爱人"的道德境界和推己及人的思维方式、道家与物相亲的人文情感，古代诗歌所表现的亲情、乡情、爱国情怀，等等，在今天仍然具有人文价值。至于古代童蒙读物有关"三纲五常"之类的教化句子，是不应现成拿来让儿童背诵的。

关于儒家经典还有如何理解的问题，古代经学是包括注疏在内的一套完整体系，例如《诗经》，如果没有毛亨序、郑玄笺、孔颖达疏，或者朱熹的《诗经集注》，等等①，不过是一本经过孔子整理的诗集。然而在当今的媒介环境之中，儿童所接触的媒介有多种多样的形式，来自电视、手机、网络等媒介的信息都会对儿童产生影响，少儿读经这样一种读书时代的方式，必然受到"读图"的冲击。《诗经》中描写爱情的民歌是否还能从"思无邪"的角度去解读，依然是个问题。此外，如今出版了许多普及国学的图书，如漫画版国学系列，儿童从中获得的古人形象（如孔子）及知识内容，已经与阅读文字版本不同。至于各种以儿童必读、经典、弘扬中华文化等名义出版的成套的书籍，早已超过了"最低限度"，有的还和课程应试结合，更带有功利目的，难免炒作概念。这些"国学"书籍出版现象也是值得关注的。

综上所述，在中国的书籍发展史上，国学书籍是西学东渐的产物，国学概念是比较西学而提出的。利玛窦输入西学书籍，要与中国的传统学问相融合；梁启超接受西学书籍，要在中学的基础上，融合西学，建构新学。而书籍史和出版史、阅读史相互联系，都是文化史的组成部分。正如西方学者所言："我们甚至可以称之为以印刷品为载体的社会和文化交流史。因为它的宗旨是了解理念在过去 500 年间通过印刷品传播的过程以及印刷文字作为载体如何影响人类的思想和行为。"②书籍作为印刷媒介便于携带，通过各种人际交往方式得以传播，促进了中、西文化的交流与融合，影响了人们的思想和行为，推动了中国社

---

① 按：田国福编《历代诗经版本丛刊》（济南：齐鲁书社，2008）收录中国汉代以来至民国年间学人撰写的《诗经》著作，各种版本共计 145 种。

② 达恩顿.阅读的未来[M].熊祥，译.北京：中信出版社，2011：179.

会文化的变革。历史在不断发展,却有相似之处,当今提倡中国优秀传统文化的传承,各种国学书籍得以再版,也需要重新解读。无论是从学术层面研究中国古代典籍,还是从普及层面考察少儿读经现象,我们都有必要回顾梁启超那一代学者曾经发出的声音,追寻其阅读的轨迹,探讨其提出的目标,从而温故知新,拓展学术视野;肩负起传承中国优秀传统文化的使命,继续前行。

(本章初稿作于 2005 年)

第十六章

古代传播史料的整理与利用

随着传播学研究在中国的深入展开,传播学的本土研究也引起学者的关注。而从中国传统文化中寻找"传的理论与实际"的史料是具有奠基意义的工作①,成为两岸三地学者共同致力研究的课题,并取得了初步成果。《20 世纪中国新闻学与传播学》总序说:"中国是一个有五千年以上文明史的国家。两千多年前就有关于传播的概念,关于传播活动的评价,关于传播技巧与传播思想的论述。但是,正如国际著名传播学家余也鲁教授所评价的,'一个有如此丰富的文化背景的民族,一直没有人在传的理论与实际的研究方面下功夫,实在教人诧异。'"②而从中国古代文献中整理和利用传播史料,探讨中国的传播发展史,是传播研究本土化的基础工作。实际上,这也是对中国古代文献中散见的史料重新发现和阐释,并加以建构的过程。

一、古代传播史料的整理价值

史料是研究历史的相关资料,是任何学科史的研究都不可缺少的基础。梁启超《中国历史研究法》自序指出:"我国史界浩如烟海之资料,苟无法以整理之耶?则诚如一堆瓦砾,只觉其可厌。苟有法以整理之耶?则如在矿之金,采之不竭;学者任研治其一部分,皆可以名家;而其所贡献于世界者,皆可以极大。"③而"史料为史之组织细胞,史料不具或不确,则无复史之可言"。④ 同样,中国古

① 邵培仁.传播学本土化研究的回顾与前瞻[J].杭州师范学院学报,1999(4):36-41.
② 徐培汀.20 世纪中国新闻学与传播学.新闻史学史卷[M].上海:复旦大学出版社,2001.
③ 梁启超.中国历史研究法:自序[M].上海:华东师范大学出版社,1996:2.
④ 梁启超.中国历史研究法[M].上海:华东师范大学出版社,1996:44.

代传播史研究也要从搜集和整理史料起步。就其价值意义而言,这一整理对于历史悠久的中国传播史料加以钩辑,不仅可以推进中国的传播史研究,也为西方国家的传播史、媒介史研究提供可以比较与参照的资料,从而具有“贡献于世界”的意义。从史料整理的基础来看,中国各种载体形式的文献资料十分丰富,“对中国古代传播起源的描述更显得确凿可信,这是某些西方学者在研究传播起源时所无法企及的”①。而且,“研究中国的历史(包括文史哲)与传统,对深潜在中国文化中的传的艺术作系统与科学的发掘和整理,作出大胆的假设,在现代社会生活中小心求证,一定可以探索出一些传的心理的理论架构,并找出道路,来开辟一个传学研究的新天地”②。

关于史料的整理,各个学科都有相应的史料学。一般说来,“史料学的任务之一是对于有关史料进行广泛的调查和探索”;“史料学的任务之二是对于史料的考订与鉴别”。③ 整理中国古代传播史料(与传播相关的史料),可以借鉴其它成熟学科史料学的思路和方法。在这方面,中国哲学史学科及其史料学的建立或许可以参照。关于中国哲学史学科的建立及其史料整理问题,冯友兰有过阐述,其中指出:“哲学本一西洋名词。今欲讲中国哲学史,其主要工作之一,即就中国历史上各种学问中,将其可以西洋所谓哲学名之者,选出而叙述之”。④而这种资料的搜集和整理工作,实际上是“对于中国的与欧洲的哲学观念在作比较和研究……只不过是怀有兴趣要弄清一种观念用另一种观念讲是什么”,“我们把它们看作人类进步同一趋势的不同实例,人类本性同一原理的不同表现。这样东方西方就不只是联结起来了,它们合一了”。⑤ 尽管关于哲学的概念以及中国哲学史的建立问题还有争论,但这种比较参照的思路是有启发的。与哲学相似,“传播学”也是从西方传入的概念,中国传播史料的整理也可以参照西方传播理论,比较同一原理的不同表述方式、同一现象的不同实例等,使中国

---

① 李敬一.绪论——关于传播学中国化的思考[M]//中国传播史:先秦两汉卷.武汉:武汉大学出版社,1996:1.

② 余也鲁.传在史中序[M]//郑学檬.传在史中——中国传统社会传播史料选辑.北京:文化艺术出版社,2001:1.

③ 张岱年.中国哲学史史料学[M].北京:生活·读书·新知三联书店,1982:3.

④ 冯友兰.中国哲学史[M].上海:华东师范大学出版社,2000:1. 此书附录《审查报告三》,陈寅恪肯定冯友兰《中国哲学史》:“取西洋哲学观念,以阐明紫阳之学,宜其成系统而多新解。”

⑤ 冯友兰.哲学在当代中国[M]//张海焘.中国哲学的精神:冯友兰文选.北京:国际文化出版公司,1998:216.

传播观念像中国哲学观念一样“得到欧洲逻辑和清晰思想的澄清”，同时也认识中国传播观念的特点。当然，这不是简单套用西方传播理论中的概念，“中国传播理论的探究可以始于历史却不能止于历史。从历史的研究中所找出的观念、通则、原理与型式，必须在当代社会与当代人中求证”①。

还可以借鉴西方关于传播学史研究的思路和方法。罗杰斯《传播学史：一种传记式的方法》②一书所梳理的传播学者，主要是经济学家、人类学家、心理学家、社会学家等等。但是他们从各自不同的学科领域，从不同的角度，实际探讨了有关传播的问题，为传播研究整合为一个学科提供了思想资源。《交流的无奈——传播思想史》一书也指出：“传播理论和伦理学、政治哲学、社会理论具有同质性，其关注点都是社会组织中‘我’与‘他’、‘我’与‘我’、‘近’与‘远’的关系。在本书考察的人物中，几乎没有一个人想到过什么‘传播理论’。但是，我们目前所处的位置，使我们能够发现他们的著作里原本并不存在的东西。”③同理，中国古代没有一个传播学者，但不缺少有关“传”的思想与实践。余也鲁就这样描述：“孔子一生所进行的可说是一次传播运动。设馆授徒、周游列国、删诗书、作春秋，是他用以传播思想的型式、媒介与途径；在社会的大动乱中，他寻求秩序的建立。他收弟子三千人，用人来作传的媒介；他在鲁国实践自己的理想，用一个国来作模式。这些和其他让新思想成功地传播的方法，史籍记载的很详尽。如果我们能同时在传媒与传的过程上下功夫，找寻其间的关系与规则，可供发现的一定很多。”④此外，学者有关传播的观念不同，也会影响对史料的分析角度。凯瑞《作为文化的传播》一书，针对“传播的传递观”，提出了“传播的仪式观”，认为“我们应该从生物学、神学、人类学及文学

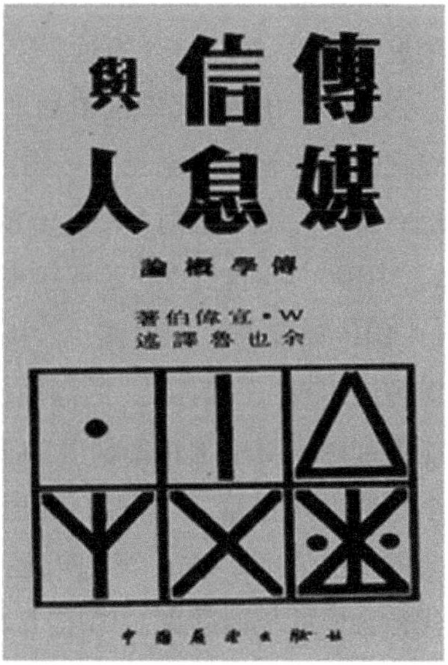

图 16-1

①④　余也鲁.代序：中国文化与传统中传的理论与实际的探索[M]//宣伟伯.传媒、信息与人：传学概论（最新增订本）.余也鲁，译述.北京：中国展望出版社，1985：24.

②　罗杰斯.传播学史：一种传记式的方法[M].殷晓蓉，译.上海：上海译文出版社，2001.

③　彼得斯.交流的无奈——传播思想史[M].何道宽，译.北京：华夏出版社，2003：8.

中的一些知识材料中另辟蹊径，以免像现在一样原地打转”；“只有把传播研究放在历史和文化中，才具有精确性或说服力。放在历史和文化中也就是放在特定民族的历史经验中”。[①] 这种“作为文化的传播”观念对于我们发现和探讨中国的传播史料尤其有启发意义。

中国的历史文献资料极为丰富，其中有许多关于传播的论述，同样需要一个追根溯源、加以整合的过程。关绍箕《中国传播思想史》一书自序指出：“我在一九九四年出版了《中国传播理论》一书，希望能凸显中华民族在传播问题上所展现的一些智能或洞见……国人需要一本概念清晰、体系井然的本土性传播理论专著……西方人对‘大众传播研究’区区几十年的历史，都肯认真地加以探索，中国人对自己二千五百年来的‘传播思想’，又怎能不细心回顾呢？”[②]他在《中国传播理论》一书“绪论”中也论述了中国传播理论的研究价值：“有鉴于传播理论出现‘全盘西化’的倾向，部分学者便发起‘传播研究中国化’运动，希望能唤起国人对中国传播研究的重视。”他具体描述了“传播研究的中国化”的三个研究方向：“第一个方向，运用西方现代传播理论及其方法，分析中国古代社会的传播活动。第二个方向，运用西方现代传播理论及其方法，分析中国近、现代社会中的传播问题。第三个方向，传播理论中国化，包括：(1)整理并分析中国古代的传播思想、(2)建构概念清晰、体系井然的中国传播理论、(3)西方传播理论在中国社会的验证或适用性。此一方向的重点与第二个方向稍有不同，主要是在检验西方社会及行为科学理论是否具有放诸四海皆准的普适性”。[③]可见，借鉴西方传播学理论，通过整理中国传播史料，建构中国传播史及传播理论，这是中国传播研究走向深入的必然途径，也是许多学者的共识。这方面的成果还有金冠军、戴元光主编的《中国传播思想史》[④]，全书分为古代卷(上)、古代卷(下)、近代卷、现当代卷，试图在比较大的历史跨度上，构建中国传播思想的完整体系。

---

① 凯瑞.作为文化的传播[M].丁未，译.北京：华夏出版社，2005：11，46.

② 关绍箕.中国传播思想史[M].台北：正中书局，2000：自序1，正文006.

③ 关绍箕.中国传播理论[M].台北：正中书局，1994：12.

④ 金冠军，戴元光.中国传播思想史[M].上海：上海交通大学出版社，2005.

二、古代传播史料的整理框架

对已经搜集的史料进行整理,还需要设置特定的框架。冯友兰《中国哲学史.绪论》指出:“史料多系片段,不相连属。历史家分析史料之后,必继之以综合工作,取此片段的史料,运以想象之力,使连为一串。”①整理史料的框架就是使“片段史料”互相连属起来的一种构想,这也是对史料重新发现和阐释的一种方式。

关于设置中国古代传播史料的整理框架,《传在史中——中国传统社会传播史料选辑》②一书已经做了初步尝试。本书将收录的资料分类归结到“传播的开始”“传播的观念”“传播的原则”“传播的过程”“传播的环境”“传播的技巧”“传播的形式”等章,还对每条资料从传播学的角度作了点评,编者试图利用这一框架将散见的史料整合起来。然而,问题在于一条条史料被纳入这种框架之后,是否就具有了“传播”的意义。由于传播学科是交叉学科,传播史料也涉及诸多学科,这就使“传播”二字成为非常宽泛的概念。因此,在确立这个整理框架时,编者还应该进一步考虑到如下问题:这些“传播”史料在原文本的语境中是如何表述的;所谓“传播的观念”究竟是传播什么的观念;所谓“传播的原则”是在什么范围内产生和应用的,有无普遍意义;所谓“传播的环境”是泛指“人文环境”,还是指具体的传播语境、社会背景,等等。至于那些本无“传播”意思的谚语,只是作为“语言传播”的一种形式被罗列在框架中,还不足以证明“中国传统社会之传播理论内容何等丰富”。

实际上,这涉及设置框架的依据问题。或者是研究者根据西方传播理论的有关模式设定的体系,或者是研究具体课题所需要的知识结构,或者是受所录资料限制而对资料解说式的分类,这些似乎都可以成为整理史料的框架。但是,鉴于传播学作为交叉学科的特点,其实很难采用笼统的“传播史料”的概念作为选辑史料的框架,而应考虑根据具体的研究领域和对象,首先在名目或范围上加以限定,再借鉴传播理论涉及的问题分出若干方面的子目,对已知的相关史料进行归纳和整理。

---

① 冯友兰.中国哲学史[M].上海:华东师范大学出版社,2000.

② 郑学檬.传在史中——中国传统社会传播史料选辑[M].北京:文化艺术出版社,2001.

或许可以根据传播媒介的特征，分为文字媒介传播史料、印刷媒介传播史料、新闻媒介传播史料等。这里可以参照西方媒介史的视角，发现不同媒介在物质形态、传播方式、传播功能等方面的特征。例如，中国的印刷媒介涉及书籍产生与复制的各个环节，具有丰富的史料。其实，中国的书籍史、印刷史、编辑出版史，都可以说是传播史的组成部分。或者说，中国的传播史，就像中国的文化史，其本身就涵盖了诸多学科的史料。因此，可以利用现有的诸多学科的史料，从中发掘有关传播的史料，涉及传播观念、传播活动和传播现象等。例如，关于宗教传播史料，可以分为佛教、道教等类别，仅佛教就涉及佛教的传入以及中国化过程、禅宗特殊的“不立文字”的传播方式、居士的参禅悟道生活、僧众抄写诵读佛经、寺庙讲经、民间的“唱导”宣传①、佛经的刻印和收藏等方面的资料。启功先生就指出：“佛教又叫像教，它在宣传方面很有办法，能把佛教的神秘感、威严感和神圣感渲染得淋漓尽致。它用文、色、香、钟、建筑、音乐、绘画、仪式等，从人的听觉、视觉、嗅觉等各个方面来加强其影响，其手法之周密与高明，是无与伦比的。”②还可以按照时代划分，例如限定为先秦传播史料，再分出传播者（士的传播观念、史官的传播观念等）、传播方式（整理文献、讲学、周游列国等）、传播技巧（游说论辩等）、传播渠道（礼乐仪式、采诗制度等）、传播工具（文字符号、各种载体的典册文献）、传播效果等方面的子目。③

此外，还可以参照西方传播理论的框架，将传播史料分为人际传播的史料、政治传播的史料、跨文化传播的史料等类别。在人际传播方面，儒家的伦理规范、推己及人的思维方式、人情世故与关系；在政治传播方面，采诗观风及上下相通、广开言路的观念，说服君主的策略④，文人清议，等等，都有很多资料值得解读。而跨文化传播史料包括中国历史上汉族和少数民族、中国和东西方国家的文化传播活动，涉及传播者（中外交往的人物）、传播途径（出使访问、留学、战争、通婚和亲）、传播工具、传播载体（图书、音乐、实物、服饰、文字、风俗、建筑等）、传播性质（宗教传播、文学传播、艺术传播）、传播接受（如汉化）等诸多方面。

---

① 东初.佛教对中国文化思想的影响[M]//张曼涛.佛教与中国文化.上海：上海书店，1988：132. 按：此书指出：“在印刷术未发明以前，宣传佛法，唯有靠唱导宣传，于是有‘转读’与‘梵呗’两项，实为初期宣传佛法唯一的要诀。”

② 启功.启功讲学录[M].北京：北京师范大学出版社，2004：28.

③ 可参考：张玉法.先秦的传播活动及其影响[M].台北：台湾商务印书馆，1993.按：此书运用现代的“传播”概念，引用大量史料，论述先秦时代的传播活动及其对文化与政治的影响。

④ 可参考：黄鸣奋.说服君主——中国古代的讽谏传播[M].北京：文化艺术出版社，2001.

在中国传播思想史或传播理论史的框架中，史料的整合就更为复杂了。余也鲁在1978年就介绍了中国多学科的研究者所总结出的十二个入口，“并且肯定了回到历史与传统中找寻传的理论的想法，不只实际可行，而且一定可以领向一个研究的新天地。这十二个入口是：(一)传与创新；(二)政治传通的结构与途径；(三)传与革命；(四)人际传播的特征；(五)说服的理论与实际；(六)环境(settings)与传通；(七)符号与传；(八)民间传通途径；(九)传播工具及其影响；(十)中外文化接触中‘传’的活动；(十一)从语言的浓缩与过滤中找‘传’的原理；(十二)基本的传的观念的研究。今后要做的事，是在每个主题下去找寻个案，找寻形成主流的支流，集中人力来进行个案的研究；然后综合每一个主题下个案研究所得来找寻通则，再把这些通则当作假设，来在现社会中求证。”①此后，关绍箕在《中国传播理论》绪论中指出：“中国传播理论分散在经、史、子、集内，如何将这些零散、片断的陈述或见解，汇整成一个体系井然的理论，便需要一个‘架构’来贯通。”他在《中国传播思想史》绪论中也说明：“‘传播思想’一词涵盖两个基本概念，一是‘传播’，一是‘思想’……‘传播思想’即是思想家或个人对传播现象或传播思想所提出的见解、观念、概念、主张、原理、学说或哲学。”本书划分了五大范畴：(1)语文传播思想(包括语用、语意、辩论、说服、修辞思想)。(2)传播规范思想(包括一般规范、语言规范、行为规范思想)。(3)人际观察思想(包括一般观察、察言与察声、观色与观行思想)。(4)人际关系思想(包括一般关系、家庭关系、君臣关系、朋友关系思想)。(5)民意与报业思想(包括民意思想、报业思想)。这两本书“一为横的研究”，“一为纵的研究”，对同样的史料，采用了不同的建构方法。上述学者的研究思路和研究著述都是值得参考的。

总之，研究者根据各自学科研究主题或课题的需要，可以设置不同的整理框架，综合诸多片段史料，形成有序排列的史料汇编。从历史诠释学的角度来看，“历史不只是单纯的客观知识，而是过去与现在的一种联系和对话，是现在对过去理解、阐释的结果。”②

---

① 余也鲁.代序：中国文化与传统中传的理论与实际的探索[M]//宣伟伯.传媒、信息与人：传学概论(最新增订本).余也鲁，译述.北京：中国展望出版社，1985：25.

② 韩震，孟鸣歧.历史·理解·意义——历史诠释学[M].上海：上海译文出版社，2002：17.

三、古代传播史料的综合利用

整理传播史料时，还有必要进一步区分这样两个概念：是表述“传播”观念的史料，即传播思想或者理论的史料，还是为研究传播史所需要查检的史料，即传播史的资料。传播思想或者理论的史料应该围绕“传播”，强调人的传播观念。而为研究传播现象所涉及的史料，其范围是相当广泛的。鉴于传播学作为交叉学科的特点，关于中国传播史的史料查检应该拓展到相关学科的史料及其大量研究成果。这就要求研究者具有广博的知识结构，出入于诸多学科领域，特别是要具有获得交叉学科信息、综合检索和利用资料的能力。

这里仅以古代传播媒介中的文字符号为例，就可以见出综合检索的重要作用。古代传播媒介中的文字符号涉及甲骨学、金石学、文字学、书法学、考古学、民俗学、中国印刷史，中国书籍史，还有经学中的古文经学和今文经学，等等，这些学科或门类都有工具书可以查检相关的研究成果，现在又开发了多种可以综合检索古籍的数据库。① 假如我们能够统合诸多学科的资料，对于中国独具特色、历史悠久的传播媒介——文字符号会有更加全面的认识。

传播史料的检索还应该熟悉工具书的多种类型和用途。例如，关于古代的传播(媒介)工具，古代类书有纸、墨、笔、砚等类目，收录了很多文献资料。此外，古代民谣，特别是时政民谣具有舆论传播的功能，成为传播史研究的课题之一。检索这方面的史料，如果利用古人编纂的民谣集，如明代杨慎《古今风谣》、《古今谚》，清代杜文澜《古谣谚》等，以及《二十五史谣谚通检》等工具书，可以手到拈来，当然对于其中有关舆论的谣谚要加以筛选。此外，陈世敏强调方志学对于传播研究的价值：“有关印刷、小报、说书、旅行、邮递、运输、走唱、酬酢、阅读、民谣、传说、谣言、喜庆往来等传播活动，方志里应有不少记载。”②

可以说，关于中国古代传播史的研究，所缺乏的不是资料本身，而是要关注获取资料的途径以及综合利用的方法。因此，编辑传播学史料检索指南、传播史研究成果目录、传播学研究手册之类名目的工具书是十分实用的。这类工具

---

① 按：清代大型类书《古今图书集成·理学汇编》有专门的“字学典”，收录与“字”有关的各种文献资料。瀚堂典藏数据库中“经部·小学类”，囊括了数百种文字、音韵、训诂等方面的典籍。

② 陈世敏.华夏传播学方法论初探[M]//陈国明.中国传播理论与原则.台北：五南图书出版股份有限公司，2004：142. 按：目前有多种工具书及中国数字方志库可以利用。

书应该提供从诸多交叉学科检索传播史料的线索，还应提供今人研究中国传播史的论著论文目录索引等。此外，为了便于不太熟悉古代文献的学生查检传播史料，在大学传播学科的研究生课程中，借助相关课程，讲授有关传播史料检索途径与综合利用的基础知识，或编写相关教材，也是十分必要的。例如，《传播研究方法—策略与资料来源》一书就是美国的传播学课程教材，“旨在帮助学习传播学课程的学生，能在这门专业学科中，熟悉研究方法与掌握利用大量信息来源”，“强调的是为得到某特定研究主题的有关信息，该如何搜寻文献资料的总策略”。[①]

四、古代传播史料的词语阐释

中国古代传播史料可以说是传播学和文献学交叉的产物。传播史料的阐释和利用，要以文献学作为基础。特别是有关传播概念的词语，对其古今含义进行界定和辨析，不能脱离具体的历史文化语境，也离不开文献学、训诂学的知识，下面仅举三例。

（一）“传播”一词

黄金贵在《古代文化中的传播概念》[②]一文中，对古代文献中“传播”一词以及表示传播概念的一些单音节词做了详细梳理工作，这对说明古代中国人所理解的传播概念是十分必要的。笔者利用古籍数据库进一步检索，发现其中多有单音节的“传”或“播”，还有“布”“宣”“扬”等同义词，复合词有“传播”“播传”“传布”“传扬”“流布”等。以“传播”为例，其最早出现于唐代人所撰《北史》“宜传播天下，咸使知闻”一句中[③]。“传播”一词涉及人际的口头传播（传播人口），如唐代白居易有诗题为《宣武令狐相公以诗寄赠，传播吴中，聊奉短草用申酬谢》。还有依赖媒介的书面传播，如宋代孔平仲记载：“昔时文字未有印板，多是写本。《齐・宗室传》：衡阳王钧尝自手细写五经，置于巾箱中，巾箱五经自此始也。至后唐明宗长兴三年，宰相冯道、李愚请令判国子监田敏校正九经，刻板

---

① 卢宾，等.传播研究方法——策略与资料来源：序[M].黄晓兰，等译.北京：华夏出版社，2000.

② 孙旭培.华夏传播论：第二章[M].北京：人民出版社，1997.

③ 李延寿.北史：十册[M].北京：中华书局，1974：3294.

印卖,朝廷从之。是虽在乱世,九经传播甚广。"[①]这两例都是指在空间范围的传播,与之相对的还有"传"之久远(后世、不朽)的时间范围。尽管中国古代表达"传"的意思有不同的字面,但人的传播行为以多种方式存在,这本身就是传播史研究的对象。余也鲁的《中国文化与传统中传的理论与实际的探索》一文,特意使用单音节的"传"字,强调"以中国人的智慧,应该可以从中国的历史中找到许多传的理论与实际,用来充实、光大今天传学的领域"[②]。当然,古代的"传"与今天源自西方的"传播学"概念是没有关系的。

此外,近代新语词的研究也为探讨从海外传入的新学科概念提供了一种参考。《现代汉语词汇的形成——十九世纪汉语外来词研究》一书附录了"十九世纪文献中的新词词表",其中也有"传播"一词,解释其"来自日语的回归汉字借词,动词。此词早在唐朝的汉语文献中就有了,后来在日本的影响下,再次在中国流行。在日语中,它为名词。在中国,此词始见于 1890 年的黄遵宪《日本国志》。"[③]作为名词的"传播"概念始于何时还需进一步考证,起码在民国时期,有关"传播"的学说,如"文化传播说"[④],作为一个国外的学科概念,已经有文章在报刊加以介绍。

(二)"新闻"一词

牛角的《古代"新闻"辨义》一文,对"按照现代'新闻'概念而简单地从古文献字面去溯源,并且忽视语义训诂、率有误解的研究予以诘难"。[⑤] 作者基于训诂学知识,对古代文献中"新闻"这一词语的用例及其含义进行了详细辨析,说明"新闻"一词虽然古已有之,但作为大众传播的"新闻"一词"是一个外来义兼汉语义的同形词"。

对此,还可以参照《现代汉语词汇的形成——十九世纪汉语外来词研究》一

---

① 孔平仲.珩璜新论:卷四[M]//丛书集成初编本:0284 册.上海:商务印书馆,1939:39.

② 余也鲁.代序:中国文化与传统中传的理论与实际的探索[M]//宣伟伯.传媒、信息与人:传学概论(最新增订本).余也鲁,译述.北京:中国展望出版社,1985:11.

③ 马西尼.现代汉语词汇的形成——十九世纪汉语外来词研究[M].黄河清,译. 上海:汉语大词典出版社,1997:195. 按:黄遵宪《日本国志》中确实有"传播"一词,如"汉籍传播日广,良工辈出。" 但与古代"传播"词义并无区别。

④ 希圣.文化传播说[N].中央副刊,1927-08-03.陶希圣.社会科学讲座:文化传播说的概要(社会进化说与文化传播说)[J].新生命.1929,2(6).

⑤ 牛角.古代"新闻"辨义——古代新闻、传播概念的训诂研究之一[J].杭州大学学报.1998(4):69-72.

书，其中考察了“新闻”这个词在近代的新义：

> “新闻”这词，也是在《海国图志》出版后，得以广泛传播的。虽然，这个特殊的复合词，在古代使用过。在唐朝，它是指“新近听来的事”；在宋朝，它是指“有别于正式朝报的小报”。最后用来指“news”“information”。当时，它用来作《天下新闻》这一杂志的刊名，这份杂志由新教徒于1828年至1829年在马六甲印行，这是传教士创办的早期刊物。从“新闻”一词又产生出另一个词——“新闻纸”。这是英语newspaper的仿译词。“新闻纸”用来指洋人在澳门和广州印行的定期刊物。19世纪末，这个词已不再出现，它被新出的“报纸”一词取而代之。①

总体来说，中国古代已有“新闻”这个复合词，指人们在日常生活中新近听闻的、口耳相传的新鲜、新奇的消息。这类“新闻”也被记录下来，编辑成书。例如，唐代尉迟枢《南楚新闻》一书，以“新闻”这个名词，概括全书的内容，其中有传奇轶事，属于道听途说的小说；也有“记时事者多为实录，有些可与正史相参证”②。但在中国近代，所谓“新闻”是一个表达新语义的名词，是依附于大众传播媒体而产

海國圖志卷八十一

夷情備采一 原無今補輯　邵陽魏源輯

澳門月報一 論中國 道光十九年及二十年新聞紙兩廣總督林則徐譯出中有四條會附奏進呈

中國人民居天下三分之一地廣產豐皆土著少習駕舟之事才藝工作甚多我皆不奇所最奇者惟中國之法度自數千年來皆遵行之在天下諸國中或大或小無有一國能有如此長久之法度也額力西國之梳倫與孔夫子同時各立法度然額力西國已經數易其主

海國圖志　卷八十一　夷情備采上　一

图 16-2

① 马西尼.现代汉语词汇的形成——十九世纪汉语外来词研究[M].黄河清，译.上海：汉语大词典出版社，1997：33. 按：魏源《海国图志》在1843年开始刊刻。此书多摘录采用报纸资料，如卷二十二有“附澳门月报〔即所谓新闻纸〕”。卷九十四西洋器艺杂述：“《美理哥国志略》曰：西国书籍，或以铅字摆板，或以铅字刊板。其摆板不过二十六字，如中华之点画钩剔，所印除经史诗词歌赋外，并印新闻纸。其纸各家不同，约千余样。始如欧罗巴刊刷，录见闻布告四方。其纸长至五尺，阔至三尺，其纸不打装，底面皆印字，或每日一出，或七日出三四张，或半月出一张不等。每一出多者约有二万张，少者约有五百张。每年收看新闻，银一圆至十二圆不等。”又：《申报》1872年4月30日刊发《本馆告白》，其中写道：“新闻纸之制，创自西人，传于中土。”其中仍然使用“新闻纸”一词，民国时期的报刊也还有使用。

② 朱一玄.中国古代小说总目提要[M].北京：人民文学出版社，2005：131.

生的,并与“新闻纸”一词有关联①,特指通过新闻媒体(新闻纸,即报纸)报道而向大众传播的新近发生的事情。即使是早期的杂志,如1834年的《东西洋考每月统纪传》中也设专门的“新闻”栏目,而与其他内容及文体相区别;而且“新闻”已经是新闻学研究的对象。这种对语词意义的考察,其实也是概念史的考察,必须将其置于特定的社会历史语境之中,加以辨析,发现其本质特征,而不能将古今字面相同的词语混合在一起。

传播史料的利用,还应该借鉴古代文史考据的基本方法。例如,关于唐代新闻传播的研究,《唐代文明与新闻传播》一书限定“本文中的新闻定义为经过传播的新近之事和新奇之事……只要经过传播,播于人口便成新闻”。从这一限定出发,探讨唐代的新闻传播应该说是比较审慎的。但是,此书在实际叙述中也有这样的推测“如果把白居易的新乐府视为新闻作品”“这些犹如新闻报道的乐府诗歌”。而对于《缚戎人》一诗,本书提出:“问题是白居易从哪儿获得这一新闻线索的呢?这一独家报道是怎么产生的?想来应有一段戏剧性的故事吧。”②究竟白居易的新乐府诗是否可以被看作“新闻报道”,应该考证这些诗歌的作年(白居易自注“元和四年,为左拾遗时作”)、诗歌内容的资料来源(新闻线索),这方面陈寅恪先生的《元白诗笺证稿》,采取诗史互证的方法,进行了翔实考证。③ 参考此书可以证明白居易的大部分新乐府诗是取材于前朝旧事,采用了以古喻今讽今的手法,因此不能轻易说这些作品是“新闻作品”。而以史证诗、诗史互证的方法,为探讨古代作品是否具有“新闻”性提供了一种参考。

(三)“风行草偃”的比喻

对于古代表述传播观念的词语,不仅要从训诂学角度考证古今意义的异同,还要借助大量文献史料,阐释其意义的内涵和演变,从而说明其理论价值。而在这方面,传播学史料的整理还刚刚开始,利用传播史料,特别是在与西方传播学说比较时要更加谨慎。

例如,《论语·颜渊》中孔子使用了一个比喻:“君子之德风,小人之德草,草

① 参见:新闻纸略论[J].东西洋考每月统纪传,清道光癸巳十二月(1834年1月).

② 李彬.唐代文明与新闻传播[M].北京:新华出版社,1999:105,231,235.

③ 陈寅恪.元白诗笺证稿[M].北京:生活·读书·新知三联书店,2001:217.按:元稹(微之)原有《缚戎人》诗,陈寅恪认为:“乐天于贞元时既未尝在西北边陲,自无亲所见闻,此所以不能超越微之之范围而别有增创也。”

上之风，必偃。"[①]有文章据此提出了"风草论"，将其称为一种单向的信息传播模式，并认为此说可能比西方的"魔弹论"更贴切。[②] 其实，根据儒家经籍注疏，君子在上、小人在下，具有不同的地位，是指为政者与民众的关系。而风行草偃，比喻君子的道德行为对小人具有教化和示范作用。

《孟子》最早引述和阐释了孔子的话："上有好者，下必有甚焉者矣。'君子之德，风也；小人之德，草也。草尚之风必偃。'"[③]宋代邢昺《论语注疏》解释《颜渊篇》："子欲善而民善矣者，言子若为善，则民亦化之为善矣。君子之德风，小人之德草，草上之风必偃者…… 在上君子为政之德若风，在下小人从化之德如草。加草以风，无不仆者，犹化民以正，无不从者。"[④]这里风行草偃的比喻，可以和《论语·为政》篇的一段话联系起来："子曰：为政以德，譬如北辰，居其所而众星共之。"所谓"为政以德"，邢昺解释："为政"一章"言为政以德之效也"，"言君上化民以道德，民或未从化，则制礼以齐整，使民知有礼则安，失礼则耻。如此则民有愧耻，而不犯礼，且能自修而归正也"。[⑤] 关于众星的比喻，朱熹解释："言众星四面旋绕而归向之也。为政以德，则无为而天下归之，其象如此。"[⑥]宋代金履祥进一步阐释："为政以德，此为为政者言之也。居为政之地者，固不无法制禁令，凡百施为。而夫子则言为政若能以德，则心得躬行，无非道理。以是率先之，人心自感动兴起而向慕之，不待他有作为，故曰无为而天下归之。"还引述"王文宪曰：不动而化，不言而信，无为而成，此言感通之妙也"。[⑦] 儒家强调身教，为政者首先要身正，以道德来教化民众，才能上行下效，达到如同风行草偃的效果。"风行草偃"不断被后人引用，也被表述为"化若风行，民犹草偃"[⑧]、"训若风行，应如草靡"[⑨]等成语。到宋代，理学家的解释已经渗透了道家、佛教的思想，所谓"感通之妙"，是指被教化者内心受到感动，是一种"自可以服人心

---

① 朱熹.四书章句集注[M].北京：中华书局，1983：138.

② 袁军，等.既要本土化，又要国际化——访中国社科院新闻与传播研究所研究员孙旭培[M]//传播学在中国——传播学者访谈.北京：北京广播学院出版社，1999.

③ 孟子：滕文公章句上[M]//朱熹.四书章句集注.北京：中华书局，1983：253.

④ 邢昺.论语注疏[M].桂林：广西师范大学出版社，2019：331.

⑤ 邢昺.论语注疏[M].桂林：广西师范大学出版社，2019：41.

⑥ 朱熹.四书章句集注[M].北京：中华书局，1983：53.

⑦ 金履祥.论语集注考证：(一)卷一[M]//丛书集成初编：103 册.北京：中华书局，2011：391.

⑧ 沈约.宋书：乐志二[M].北京：中华书局，1974：578.

⑨ 萧统.文选：(二)[M].李善，注.北京：中华书局，1997：704.潘岳《闲居赋》"训若风行，应如草靡"句下，李善注："《论语》孔子曰：君子之德风，小人之德草，草上之风必偃。"

之众”的效果。关键是“化”的效果,而不是“传”的功用。

儒家的教化观念以及风行草偃的比喻,在“诗教”中也有阐释。唐代孔颖达《毛诗正义》引述《诗序》所言:“风之始也,所以风天下,而正夫妇也。故用之乡人焉,用之邦国焉。”其解释:“风之始,此风谓十五国风。风是诸侯政教也,下云所以风天下,《论语》云:君子之德风。并是此义。”这就是说,“风”有教化天下的意思,其与《论语》中风草比喻是同样的意思。《毛诗正义》又引述《诗序》所言:“上以风化下,下以风刺上,主文而谲谏。言之者无罪,闻之者足以戒,故曰风。”再引郑玄笺加以解释:“臣下作诗所以谏君,君又用之教化,故又言上下皆用”;并进一步指出:“人君自知其过而悔之,感而不切,微动若风,言出而过改,犹风行而草偃”。而且,“诗皆人臣作之以谏君,然后人君用之以化下。此先云上以风化下者,以其教从君来,上下俱用,故先尊后卑”。① 此处,“风”指教化,具有“上下皆用”的双向作用,人臣是人君教化天下乡民的中介,人臣以诗对上劝谏,人君又以诗教化天下。或者说,通过“上下皆用”诗教之“六义”(风、赋、比、兴、雅、颂),人臣与人君达到沟通,最终实现教化天下的理想。其中人臣的角色是不可忽视的(这与“采诗说”也有关联),而诗歌作为具有教化作用的媒介尤其重要。总起来看,“风行而草偃”的比喻不仅指人君“为政以德”而上行下效的效果,也指臣下对人君进行委婉讽喻而达到的效果(最终促使人君达成教化天下的效果)。这种“风草论”涉及君与臣的伦理关系、上下等级秩序和双向沟通的方式,确实具有中国传统文化的特色,提出“风草论”也有阐释意义。但这与西方传播学曾提出的“魔弹论”②,强调大众传播媒介对受众“直接速效”的影响,是不能简单类比的。

此外,中国古代还有不少独具特色的传播观念,诸如古代史官所谓“藏之名山,传之其人”、从古代“采诗说”发展而来的“上下相通”(或“交通”)说、中国藏书家所追求的“书种”传家、儒家典籍“述而不作”的传统以及笺注疏体例中

---

① 阮元.十三经注疏[M].北京:中华书局,1980:271. 按:叶适.习学记言序目:上册[M].北京:中华书局,1977:61.“论《风》《雅》者必明正变,尚矣。夫自上正下为正,固也;上失其道,则自下而正上矣。自下正上,虽变,亦正也。”

② 郭庆光.传播学教程[M].北京:中国人民大学出版社,1999:193.此书指出:20世纪初至30年代末是传播效果研究的初级阶段。“这一时期的核心观点是:传播媒介拥有不可抵抗的强大力量,它们所传递的信息在受传者身上就像子弹击中躯体……可以引起直接速效的反应”,这种观点,后来被称为“子弹论”“魔弹论”,而且“魔弹论是错误的”。

“述”“传”等词义的表达①，等等，这些传播观念都渗透着中国传统文化诸多方面的因素，在历代文献的阐释中也有所演变。因此，利用中国传播史料必须将其置于传统文化的知识体系和具体语境中，参照古典文献学的知识，尽量钩辑多方面的资料，以考据求实的治学态度加以整理和辨析。

总之，研究中国传统文化中的传播，必须从史料的搜集整理开始。在这方面先期进入的学者所做的辛勤开拓工作和所取得的成果是值得尊敬的。正像邵培仁所说“这一研究，盼望文学、历史、哲学、教育学、社会学、心理学、人类学、政治学等各门学科的学者参加进来，也盼望社会各界的广泛关注和共同努力”②。参考诸多学科的研究资料和成果，在史料整理和阐释的基础上，梳理中国古代的传播观念，研究中国古代传播观念及实践与传统文化的关系等，将为研究中国传播史以及建构中国传播理论的框架起到推进作用。

五、伊尼斯引用中国史料的偏差

西方学者的传播史论著也有涉及中国史料的。加拿大学者哈罗德·伊尼斯（1894—1952）所著《帝国与传播》《传播的偏向》③，作为“新闻传播学译丛·大师经典系列”，于2003年在中国翻译出版，这有助于拓展中国学者的研究视野，其中所涉及的中国史料更引起了笔者的关注。

伊尼斯的著作写于20世纪50年代，作者当时所能参考的英文写作的中国资料是相当有限的。钱存训曾自述其用英文写作《书于竹帛》一书的背景：“一般西方学者所写有关书籍通史，对中国古代书籍制度的叙述，不是空白，就是十分简略……当初写作这书的动机，主要是使西方学者在研究世界图书发展史时，能对中国文化在这一方面的贡献增加了解。”④《书于竹帛》于1957年完成，1962年由美国芝加哥大学出版社出版，伊尼斯自然没有见到。但这段话恰好可以佐证：伊尼斯当年所参考的有关中国书籍的史料是十分简略的（这从其注释

---

① 刘知几.史通：卷一[M].沈阳：辽宁教育出版社，1997：3.此书指出：“盖传者，转也；转受经旨，以授后人。或曰传者，传也，所以传示来世。”孔颖达.礼记·曲礼[M]//阮元.十三经注疏.北京：中华书局，1980：1229下.疏曰：“传谓传述，为经义或亲承圣旨，或师儒相传，故云传。”

② 邵培仁.传播学本土化研究的回顾与前瞻[J].杭州师范学院学报，1999(4)：36-41.

③ 伊尼斯.帝国与传播[M]，传播的偏向[M].何道宽，译.北京：中国人民大学出版社，2003.

④ 钱存训.书于竹帛：写作缘起[M].上海：上海书店出版社，2002：1-3.

也可以看出)，对此我们不能苛责。但他据此得出的一些判断难免有偏差之处。数十年后，我们翻译引进这些“大师经典”，有必要对其中涉及中国史料的内容加以辨析或者补充注释，下面举例说明。

1.《帝国与传播》提到：中国“毛笔的使用，意味着从绘画到象形文字的演化。孔子说，一画值千言。”(131 页)这里“一画值千言”应该是一句俗语(或作“一画胜千言”)，但不是“孔子说”的。关于毛笔的使用，根据专家研究，“商代甲骨文中已有‘笔’字。虽然绝大多数甲骨文是用刀刻出来的，但也有少数卜辞是用红字写在甲骨上的。周代毛笔的使用已经相当普遍”；商代甲骨文是“笔和刀同时使用，不可或缺”的。① 至于“从绘画到象形文字的演化”，这是一个漫长的过程，不是仅和书写工具(毛笔)有关。

2.《传播的偏向》描述“中国人发明了用碎布造纸，用毛笔写字，完善了一套象形文字，约四五千字，用以满足一般的需要”(40 页)。纸的发明在东汉，“用毛笔写字”则在商周，二者不宜并提。中国的甲骨文已不止是象形字，还有会意字等，至于“完善了一套象形文字”，更不是在纸发明之后。关于文字的数量“约四五千字，用以满足一般的需要”，另一处写道“大约靠 1500 个汉字，中国的文字就能够以非凡的能力，成为表现许多方言的媒介”(14 页)，《帝国与传播》则说“大约 1500 个汉字进入日常使用范围”(132 页)。其中“1500 个汉字”的出处注释为 1949 年纽约出版的《中国语言》。但这些数字不知具体所指的是什么时期，也不知原文依据是什么。

3.《帝国与传播》提到“公元 105 年纸的发明”(即蔡伦造纸)、“墨水起初是用灯烟制作，220 年至 419 年逐步改进，最后使墨水永不掉色”。(131 页)关于纸的发明，史书记载是东汉蔡伦开始用树皮破布等造纸。② 而墨的制作有多种材料，但以松木烧烟制墨为主要方式。宋代的《墨经》记载：“古用松烟石墨两种，石墨自晋魏以后无闻，松烟之制尚矣。汉贵扶风隃麋终南山之松……”③。钱存训《书于竹帛》有关考证也说明“以烟煤作黑墨的起源应该很早，因为它是

---

① 曹之.中国印刷术的起源[M].武汉：武汉大学出版社，1996：198.按：郑玄，注，贾公彦，疏.周礼注疏：卷四十七筑氏[M].上海：上海古籍出版社，2010：1581.此书注释：“郑云：‘今之书刀’者，汉时蔡伦造纸，蒙恬造笔。古者未有纸笔，则以削刻字。至汉虽有纸笔，仍有书刀，是古之遗法也。”

② 范晔.后汉书：蔡伦传[M].北京：中华书局，1973：2513.此书记载：“自古书契多编以竹简，其用缣帛者谓之为纸。缣贵而简重，并不便于人。伦乃造意，用树肤、麻头及敝布、鱼网以为纸。元兴元年奏上之，帝善其能，自是莫不从用焉，故天下咸称‘蔡侯纸’。”

③ 晁氏.墨经[M]//丛书集成初编.上海：商务印书馆，1936.

用木材举火时的一种副产品”①。

4.《帝国与传播》陈述:“公元前 213 年,皇帝曾下诏禁书以保存口头传统,但此举又于公元前 191 年被取消。纸用来确立儒家的经典地位,亦用于补足口头传统,其表现为科举制度。此举始于公元 24 年,意在为行政岗位选拔人才。”(132 页)中国历史的事实是:公元前 213 年秦始皇下令焚书,这不是为了“保存口头传统”,而是为了钳制思想。公元前 191 年,即汉惠帝四年“除挟书律”,公元 24 年西汉亡。两汉实行的是察举制度,科举制度则始于隋唐,《新唐书》记载:“唐制,取士之科,多因隋旧。”②

5.《传播的偏向》陈述:“公元 2 世纪的初期,中国发明用碎布造纸。中国还发明了用毛笔画画写字,用灯烟造墨。所有这些发明,都标志着一个文字传统的开始,也标志着一个读书人阶级的兴起。”(14 页)这里将“所有这些发明”不分时间先后放在一起,是不确切的。中国“文字传统的开始”“读书人阶级的兴起”,更不是在公元 2 世纪初期中国发明造纸技术之后。

6.《传播的偏向》举到中国古代社会的例子:“印刷术也适应儒学的需要,儒学的兴趣在经典,经典是读书人需要的文献。因为汉字复杂,所以雕版印刷术的发展,大量地印制经书,都需要国家的支持。第一本雕版经书,是公元 668 年印制的。舆论受到严重的束缚,造成长期的动荡,引起改朝换代,导致蒙古人征服中原。”(14 页)这里,“第一本雕版经书,是公元 668 年印制的”,不知指什么经书,是儒家经典还是佛经?据学者考证,雕版印刷的起源与佛教的传播方式有关:“武则天长安四年(704 年)至唐玄宗十年(751 年)之间刻印的《无垢净光大陀罗尼经咒》和吐鲁番出土的《妙法莲华经》是迄今为止我们所知道的两件最早印刷品实物。”③

同样的意思在另一处表述为:“精妙的文字,对仕宦阶级在管理帝国中的地位提供了强大的支持。反过来,少数的治人者和广大人民之间的鸿沟,又导致了印度佛教传入中国……纸在中国的大量应用,使佛教徒能够大规模发展雕版印刷。儒家势力由于国家的影响和儒家经典的大量刊布而壮大。中国的文字给行政管理提供了基础,它强调的是按照空间来组织帝国,但无法满足时间的

① 钱存训.书于竹帛[M].上海:上海书店出版社,2002:140. 按:烟煤,指松烟。
② 欧阳修.新唐书:选举志上[M].北京:中华书局,1975:1159.
③ 曹之.中国印刷术的起源[M].武汉:武汉大学出版社,1996:270.

要求,因此中国总是暴露出改朝换代的问题,从1280年到1368年,它受到蒙古人的统治。”(40页)《帝国与传播》也提到:“帝国组织倚重空间观念,忽略时间观念,不能解决朝代更替的问题。公元1280年至1368年,蒙古人的统治隐含着政治组织的局限,也隐含着一种生命力坚强的语言的长处。”(132页)这里,佛教传入中国的原因是比较复杂的,佛经的传入必须经过文字翻译,佛教的盛行与统治者的提倡有关。所谓“少数的治人者和广大人民的鸿沟,又导致印度佛教传入中国”,没有具体时间和史料,无法说明二者之间的关系。

关于中国总是“改朝换代”以及“导致蒙古人征服中原”的原因,伊尼斯的表述更是令中国人不知所云。至于“也隐含着一种生命力坚强的语言的长处”,这句话的主语不明确,谁的“语言的长处”,是蒙语还是汉语?令人费解。柳诒徵1947年所著《中国文化史》指出:“蒙古之兴,初无文字”,还分析元代“其统辖诸国,全恃驿站之交通……盖元之疆域,亘古无匹。使非有特殊制度,以便利交通,则其国家必不能抟结为一……故欲考元代所以能合亚洲全境及欧洲东北部为一大国者,不可不注意于此也”。[①] 强调驿站交通网络使信息在空间范围传播对于维持国家统治的重要性,这些观点是值得中外学者注意的。伊尼斯多处提到中国“改朝换代”的原因,其实这是一个非常复杂的问题,不仅涉及传播媒介,更是政治制度问题,这里不能展开。

关于雕版技术的发展与“改朝换代”的关系,中国学者则有论述。罗树宝《中国古代印刷史》认为:“在中国印刷史上,朝代的更迭对印刷技术和印刷业的发展有什么影响,是一个需要研究的课题。虽然过去还没有人论及过这个问题,但肯定地说,各个朝代的更迭过程中,对印刷业都有不同程度的破坏。而统治者的爱好及当时的政策,也影响着印刷业的兴衰。”[②]所不同的是,伊尼斯更强调传播媒介对改朝换代的影响。钱存训则提出“可假设为‘相互影响论’。即新兴的科技会影响社会和生活方式的改变,而社会的需要也可促进新技术的发明,或不加鼓励而保持缓慢的发展。因此,印刷术和社会的关系是彼此相互影响而产生程度不同的作用……印刷术在中国的发明和应用,最初虽受到佛教的影响,但不久便为儒家经典所利用而取代,成为复兴中国传统思想的重要工具。中国社会长久以来为儒家思想所支配,主要是鉴古而知今,以教育和伦理维持

---

① 柳诒徵.中国文化史[M].上海:中国大百科全书出版社,1988:544,556.

② 罗树宝.中国古代印刷史[M].北京:印刷工业出版社,1993:13.

人际间的正确关系和社会秩序，而不鼓励追求物质享受和极端的社会变革。因此对于科技的应用，只在守成而不加提倡，印刷术在中国的发展，当然也是受到中国传统思想在社会上的指导作用，虽有一些改良，但没有引起激烈的社会变革”。[①] 我们可以参考这些论述来考察中国印刷技术的发展与社会文化、朝代更换的相互关系等问题。

7.中国文字在与西方拼音文字的比较中具有特殊意义。中国文字为什么没有演变为拼音文字呢？《传播的偏向》认为：“用笔而不是用舌头使彼此不能通话的人能够交流。用汉字通话的效果，使中国人不用再去开发字母表。”（40页）其实，康有为《广艺舟双楫・原书第一》已经指出：“中国自有文字以来，皆以形为主，即假借行草，亦形也，惟谐声略有声耳。故中国所重在形，外国文字皆以声为主……盖中国用目，外国贵耳。然声则地球皆同，义则风俗各异。致远之道，以声为便。然合音为字，其音不备，牵强为多，不如中国文字之美备矣。”[②]柳诒徵《中国文化史》分析：“吾国幅员辽阔，种族复杂，而能抟结为一大国家者，即持文字为工具也”，“象形文字为初民同具之思想。然吾国文字，独演象形之法，绵延至数千年，而埃及象形之字不传于后，此实研究人类思想之一问题也。夫人类未有文字，先有语言，演文字者必以语言为根柢。然太古之时，地小而人少者，声音易于齐同；地广而人众者，语言难于画一。以一地一族表示语言之符号，行之千里而外，必致辗转淆讹，不若形象之易于辨识，虽极东西南朔之异音，仍可按形而知义。吾国文字演形而不演声者，殆此故欤”。[③] 唐兰写于1935年的《中国文字学》则指出：“一个民族的文字，应当和它的语言相适应……要写历史，要传播艰深的思想，高度的文化，我们立刻会觉得拼音文字是怎样的不适应我们的语言。”[④]钱存训《书于竹帛》也说明：“中国文字记录的一个重大特点，便是它独有的持久性和延续性……中国文字除了一般文字通有的音、义以外，还有其特殊的形体，这种具有特殊形体的文字，超越了时间上的变化和空间上的限制，团结了中华民族，更造成了世界上一个最伟大的文化整体。”[⑤]此外，德国学者雷德侯的看法则提供了一个反证：“文字在中国成为保持

---

① 钱存训.印刷术在中国传统文化中的作用[J].文献，1991(2)：148-159.

② 康有为.广艺舟双楫[M]//艺林名著丛刊.北京：中国书店，1983：3.

③ 柳诒徵.中国文化史[M].上海：东方文化中心，1996：29，30.

④ 唐兰.中国文字史[M].上海：上海古籍出版社，2001：97.

⑤ 钱存训.书于竹帛[M].上海：上海书店出版社，2002：2.

文化一体性和政治体制稳定的最有力的工具。如果有人想知道为什么布鲁塞尔的官员还没能够重新统一欧洲,那么答案可能是因为他们使用了拼音文字。"[①]这些论述足以说明"中国人不用再去开发字母表"的原因,以及文字对维持中华帝国统治和形成中华文化的作用。

8.《帝国与传播》引述林语堂英文版《中国新闻与舆论史》:"这是个'富有心计的发明,前朝借以防止读书人想得太多'。公共舆论的抗争主要表现于歌谣,反映历代因朝政失误而遭到的危险。'中国人对当朝的官吏始终不信任'(林语堂语)。"(132 页)其实,这一段话都参考了林语堂书中关于古代中国部分(不止是引号中的话),但意思很不连贯。原注释"见林语堂,A History of the Press and Public Opinion in China,p.20,Chicago,1936"(148 页)。经核对其引用的英文版本及近年的翻译本标注的原书 20 页[②],主要讲的是:古代口传民谣作为公众舆论,表达了对统治者的讽刺,但没有提到"富有心计的发明"等意思。

麦克卢汉在《帝国与传播》序言中指出:伊尼斯"将一把解读技术的钥匙交给我们。凭借这把钥匙,我们可以读懂任何时代、任何地方的技术的心理影响和社会影响"[③]。而陈世敏《邂逅伊尼斯》一文结合其学术经历指出:"伊尼斯给我的启发是:从研究自己的社会文化问题开始";"人文社会科学的发展,与该社会的文化息息相关,所以,学术的思维应该奠基于本地土壤,以在地的现实与国际对话,寻求在地的文化发声管道,才有机会在世界体系中求得一席之地,进而受到国际的注意"。[④]

尽管伊尼斯在两本书中所引用的中国史料是有限的,但论据的偏差必然会影响其分析的准确,中国学者有必要审慎考辨,以免人云亦云。本文的目的不是要责备"大师经典",而是由此引出思考:究竟能否凭借"一把解读技术的钥匙",来读懂中国的媒介发展史?引起伊尼斯关注的中国传播史料能够说明什么问题、具有什么价值?受此启发,我们应该回过头来考察中国传播史料的整理和利用,充分利用中国学者在印刷技术史、文字学史、文化史等方面已经积累

---

① 雷德侯.万物:中国艺术中的模件化和规范化生产[M].张总,等译.北京:生活·读书·新知三联书店,2005:35.

② 林语堂.中国新闻舆论史[M].王海,何洪亮,译.北京:中国人民大学出版社,2008:18. 按:林语堂引用史料有局限,曾被人批评.参见:马星野.林语堂《中国新闻事业及舆论史》出版[J].服务(重庆),1939(6):61-62.

③ 伊尼斯.帝国与传播[M].何道宽,译.北京:中国人民大学出版社,2003:9.

④ 吴予敏,等.传播与文化研究[M].北京:北京大学出版社,2007:284.

的研究成果，以弥补伊尼斯当时使用中国资料的局限性。我们可以借鉴伊尼斯等西方传播学者的眼光和研究角度，深入探讨中国传播史的特点及其在世界传播史框架中所具有的参照价值，例如伊尼斯就分析了中国造纸和印刷技术传入西方及其对西方文明所产生的影响。这都有助于在历史的基础上验证媒介与人、媒介与社会的关系等传播理论。

（本章一至四部分，曾以《论中国古代传播史料的整理与利用》为题，发表于《郑州大学学报》2003 年第 3 期。第五部分写于 2005 年）

第十七章

古代采诗传统与近代办报观念

在中国近代,新式报纸的创办者和提倡者,在论述创办新报的意义时,几乎不约而同地比附古代的采诗说作为依据。古代的采诗说与新式报纸究竟存在什么关系,这有必要考察中国古代已有的"上下相通"的传播观念及其在近代受西方传播观念影响而演变的过程,并从当代传播学观点反思媒介与社会的关系,这也是探讨中国古代特有的政治传播观念及实践的一个案例。

一、古代文人的"采诗"说

采诗说源于古代典籍的记载。周代设有采诗官,《礼记·王制篇》记载:"天子五年一巡守,命太师陈诗以观民风。"①所谓"陈诗",就是"采其诗而观之"。班固《汉书》记载:"古有采诗之官,王者所以观风俗、知得失、自考正也。"②采诗者将从民间采集的口头传诵的诗歌,经过加工,献给天子,于是"王者不窥牖户而知天下"③。汉代的贾山"孝文时,言治乱之道",以秦朝的灭亡为喻,向皇帝进言,也引述"古者圣王之制,史在前书过失,工诵箴谏,瞽诵诗谏,公卿比谏,士传言谏。庶人谤于道,商旅议于市,然后君得闻其过失也。闻其过而改之,见义

---

① 礼记:王制篇[M]//阮元.十三经注疏.北京:中华书局,1980:1328.

② 班固.汉书:艺文志[M].北京:中华书局,1983:1708.

③ 班固.汉书:食货志[M].北京:中华书局,1983:1123.此书记载:"孟春之月,群居者将散,行人振木铎徇于路以采诗,献之太师,比其音律,以闻于天子。故曰,王者不窥牖户而知天下。"又,春秋公羊传注疏[M].上海:上海古籍出版社,1990:207. 注曰:"男女有所怨恨,相从而歌。饥者歌其食,劳者歌其事。男年六十,女年五十无子者,官衣食之,使之民间求诗。乡移于邑,邑移于国,国以闻于天子。故王者不出牖户,尽知天下所苦,不下堂而知四方。"

而从之，所以永有天下也”。① 关于诗歌的来源、采诗者、献诗及采诗的具体过程、采诗制度的建立等，古代典籍中有不同的说法及阐释（这里不作考证），但总体来说，采诗是官方实施的一种文化举措，其目的是通过采集的诗歌来辅助为政者考察得失，加以改正。“采诗观风”作为一个凝缩的词语以及观念，代表了“古者圣王之治”的典范，通过历代士人的阐释而被建构起来，并传播久远。

为什么诗歌可以考见朝政得失，这涉及中国传统的诗教说。孔子指出：“诗，可以兴，可以观，可以群，可以怨。”②对于“观”的含义，汉代郑玄注释为“观风俗之盛衰”；对于“怨”，孔安国解释为“怨刺上政”。《毛诗序》对于诗经中“风”的解释是：“上以风化下，下以风刺上，主文而谲谏，言之者无罪，闻之者足以戒，故曰风。”就是说，诗歌具有“上以风化下，下以风刺上”的政治传播功能，即实现自上而下、自下而上两个层面的沟通。而诗歌内容的变化是与朝政的得失相联系的，所谓“王道衰，礼义废，政教失，国异政，家殊俗，而变风、变雅作矣，国史明乎得失之迹”。③ 后人也依据《诗经》文本，考察周代政教得失、兴衰变化的迹象。唐代刘知几《史通》就参照史实来论证：“夫观乎人文，以化成天下；观乎国风，以察兴亡。是知文之为用远矣大矣。若乃宣、僖善政，其美载于周诗；怀、襄不道，其恶存于楚赋。读者不以吉甫、奚斯为谄，屈平、宋玉为谤者，何也？盖不虚美，不隐恶故也。是则文之将史，其流一焉。固可以方驾南董，俱称良直者矣。”④诗赋之文不虚美、不隐恶，真实反映了朝政得与失的状况，同样具有良史的价值。

值得指出的是，自秦始皇统一中国、汉武帝独尊儒术之后，历代阐释《诗经》的学者，不断强化诗歌可以考见朝政得失的传播功能，呼吁恢复可以使上下相通的采诗制度。这是因为在古代的专制社会中，在“君为臣纲”、皇权至上的伦理秩序中，士阶层已经失去了春秋战国时代可以奔走游说，择主而从，宣讲和实施自己学说的权利和自由。而通过诗歌来陈说民情，反映朝政的得失，就成为士阶层依据儒家的诗教传统而希望得到的一种政治权力，也是其引经据典的表

---

① 班固.汉书：贾邹枚路传[M].北京：中华书局，1983：2330.

② 论语：阳货[M]//朱熹.四书章句集注.北京：中华书局，2005：178.

③ 阮元.十三经注疏[M].北京：中华书局，1980：271. 按：张衡《东京赋》有“上下通情，式宴且盘”句。《文选》李善注：“上谓君，下谓臣。式用也，盘乐也。言君情通于下，臣情达于上，故能国家安而君臣欢乐也。（萧统.文选：上册[M].李善，注.北京：中书书局，1981：58.）

④ 赵吕甫.史通新校注[M].重庆：重庆出版社，1990：304. 按：吉甫、奚斯都是人名，见于《诗经》。

图 17-1 白居易像①

达方式。诗歌有琅琅上口、易于和乐演奏、便于传播的特点，这也是诗歌被赋予政治传播功能的原因之一。

汉代设有乐府，作为掌管朝廷音乐活动的机构，“自孝武立乐府而采歌谣，于是有代赵之讴，秦楚之风，皆感于哀乐，缘事而发，亦可以观风俗、知厚薄云。”②但汉代乐府逐渐成为宫廷娱乐的工具，乐府诗也受到批评：“内有掖庭材人，外有上林乐府，皆以郑声施于朝廷”③，因此汉哀帝时“罢乐府”④。

由于乐府的建立，而有乐府诗之名。然而，唐代诗人白居易等人倡导写作新乐府诗，关注的不是乐府机构的存废，而是追溯采诗观风的传统，强调采诗官对于补察时政的重要作用。其《采诗以补察时政》一文，以对策的口吻陈述：“臣闻圣王酌人之言，补己之过，所以立理本，导化源也，将在乎选观风之使，建采诗之官。俾乎歌咏之声，讽刺之兴，日采于下，岁献于上者也。所谓言之者无罪，闻之者足以自诫”，可以达到“上下交和，内外胥悦”的升平景象。⑤ 其《采诗官》一诗，从“监前王乱亡之由也”的角度，对采诗制度加以评说：“采诗官，采诗听歌导人言；言者无罪闻者诫，下流上通上下泰。”而这种制度已经废止多年了，“周灭秦兴至隋氏，十代采诗官不置”。所谓乐府机构也失去了劝诫的政治功能：“郊庙登歌赞君美，乐府艳词悦君意；若求兴谕规刺言，万句千章无一字。不是章句无规刺，渐及朝廷绝讽议；诤臣杜口为冗员，谏鼓高悬作虚器。”如此情况使皇帝无法了解下情：“一人负扆常端默，百辟入门两自媚。夕郎所贺皆德音，春官每奏唯祥瑞。君之堂兮千里远，君之门兮九重闭；君耳唯闻堂上言，君眼不见门前事。”其后果非常严重：“贪吏害民无所忌，奸臣蔽君无所畏。”他大声疾呼：“君不见厉王

① 王圻，王思义.三才图会：上册[M].上海：上海古籍出版社，1988：658.
② 班固.汉书：艺文志[M].北京：中华书局，1975：1756. 按：关于乐府机构设立的时间，有不同说法。
③ 班固.汉书：礼乐志[M].北京：中华书局，1975：1071.
④ 班固.汉书：哀帝纪[M].北京：中华书局，1975：335.
⑤ 谢思炜.白居易文集校注：第四册[M].北京：中华书局，2011：1599，1600.

胡亥之末年，群臣有利君无利。君兮君兮愿听此：欲开壅蔽达人情，先向歌诗求讽刺！”[①]他在《与元九书》中也断言：“洎周衰秦兴，采诗官废。上不以诗补察时政，下不以歌泄道人情；乃至于谄成之风动，救失之道缺，于时六义始刓矣！”[②]

白居易深刻地揭示了历代朝政兴衰的一个重要原因就是“上下”能否相通。周代采诗制度和诗经“化下”“刺上”的传统，是使“上下”相通、补察时政的重要传播渠道。白居易当时“身是谏官”（左拾遗），便自觉以诗歌当作“谏纸”，以新乐府这种便于传播、便于上达的形式，直陈时政弊端，“其辞质而径，欲见之者易谕也。其言直而切，欲闻之者深诫也。其事核而实，使采之者传信也。其体顺而律，可以播于乐章歌曲也。总而言之，为君、为臣、为民、为物、为事而作，不为文而作也”[③]。其目的是有机会“递进闻于上”[④]，起到补察时政的作用。白居易的大声疾呼，代表了中国古代有济世情怀的士阶层（士大夫）的共同诉求。他们希望通过恢复采诗官制度，发扬《诗经》的讽谕传统，从而获得“刺上”的权力，匡正时弊，实现“致君尧舜上，再使风俗淳”[⑤]的政治理想。而在“上下”沟通的渠道中，中国的士阶层无疑以儒家的济世情怀，自觉地担当起了采诗官的角色，所谓“天下之无道也久矣，天将以夫子为木铎”[⑥]。而他们向上所陈述的诗歌，无论是采自民间的诗歌，还是专为反映民情而作的新乐府诗，都起到了传播媒介的作用。

---

① 王汝弼.白居易选集[M].上海：上海古籍出版社，1980：89. 按：阍者，守门者。李白《梁甫吟》诗曾以形象的比喻，描述上下不通的现象：“阊阖九门不可通，以额叩关阍者怒。”

② 王汝弼.白居易选集[M].上海：上海古籍出版社，1980：346.按：陈寅恪.元白诗笺证稿[M].北京：生活・读书・新知三联书店，2001：123. 此书分析新乐府诗的宗旨：“元、白二公作新乐府在元和四年……观于策林中议文章及采诗二目所言，知二公于采诗观风之意，盖蕴之胸中久矣。然则二公新乐府之作，乃以古昔采诗观风之传统理论为抽象之鹄的，而以唐代杜甫即事命题之乐府，如《兵车行》者，为其具体之模楷，固可推见也。”

③ 白居易.新乐府五十首序[M]//王汝弼，选注.白居易选集.上海：上海古籍出版社，1980：46.

④ 白居易.与元九书[M]//王汝弼，选注.白居易选集.上海：上海古籍出版社，1980：353.按：李绛.李相国论事集：卷二：论白居易事[M]//丛书集成初编：0753 册.上海：商务印书馆，1939：11.此书记载：“上召学士于三殿对奏，论政事。拾遗白居易言事抗直，曰‘陛下错’。上色庄而罢，令翰林使密宣承旨李绛对。上曰：‘白居易小臣不逊，须令出院。’绛因切论曰：‘臣闻主圣臣直，宥过莫大。自陛下开纳谏诤，容受善言，小臣然后敢极论得失。从而怒之，则是缄其口。若从顺陛下，则安敢发言论？况居易所言，志在裨益，言虽太直，事涉不私。伏恐众议以为陛下恶闻直谏，斥出正人，非所以发扬圣德，纳谏诤也。’上悦曰：‘依卿所奏。’遂待之如初。”这条史料可以了解白居易任拾遗时的政治环境。

⑤ 杜甫.奉赠韦左丞丈二十二韵[M]//仇兆鳌.杜诗详注.北京：中华书局，1985：74.

⑥ 论语：八佾[M]//朱熹.四书章句集注[M].北京：中华书局，2005：68.

关于《诗经》的刺世传统以及白居易所作讽刺时政的新乐府，中国古代文学史多有论述。就这类诗歌在文学史上的传播影响而言，这种有明确政治功用性，或者说有一定时效性的诗歌作品，与自抒情志、委婉含蓄的诗歌相比，往往影响不及后者。就是在当时，白居易自己特别看重的新乐府也不如其《长恨歌》传播广泛，这种"时之所重，仆之所轻"的传播效果是诗人自己也无可奈何的。然而，当我们考察中国政治传播中"上下"相通的渠道，倾听近代办报人反复追溯古代"采诗"制度的论说时，我们得以站在非文学的角度重新认识《诗经》的刺世传统和白居易新乐府的深刻之处。或者说，这正是基于中国政治文化背景而形成的古代诗歌特有的传播现象。

二、近代报人的"采诗"说

中国历史上产生过所谓"邸报"、《京报》，这是自上而下的有控制的官方传播系统，其内容主要是朝廷公文的传递，起不到上下沟通、使民情上达的作用。戈公振称之为"官报独占时期"，当时"全国统于一尊，言禁綦严，无人民论政之机会"。[①] 因此，当近代意义的报纸作为大众传播媒介在中国出现时，早期办报人在阐释报纸的意义时，并不把官方的邸报作为类比的对象，而是追溯到中国历史久远的采诗制度，以及具有政治功用的诗教传统，他们正是在"上下相通"的意义上，把采诗与办报的功用联系在一起的。

晚清时期，西方的办报观念传入中国。中国的维新人士借鉴"泰西报纸之兴"的事实，认识到中国社会的最大弊端在于缺乏"上下相通"的机制。冯桂芬作《复陈诗议》，逐条列举古籍中关于采诗的记载，阐明"无非求所以通上下之情，而言者无罪，闻者足戒，微而显，婉而讽，莫善于诗。后世以为迂阔而废之，宜乎上下之情之积不能通也"，批评当时"上下之情之不通也久矣"。[②] 梁启超在光绪二十二年(1896)《论报馆有益于国事》说："上下不通，故无宣德达情之效，而舞文之吏因缘为奸；内外不通，故无知己知彼之能，而守旧之儒乃鼓其舌。中国受辱数十年，坐此焉耳。去塞求通，厥道非一，而报馆其导端也"；"报馆于古有征乎？古者太师陈诗以观民风，饥者歌其食，劳者歌其事，使乘輶轩以采访

① 戈公振.中国报学史[M].上海：上海古籍出版社，2003：29.

② 冯桂芬.复陈诗议[M]//冯桂芬.校邠庐抗议：卷下.上海：上海书店出版社，2002：36.

之，乡移于邑，邑移于国，国移于天子，犹民报也”。[①] 光绪二十四年（1898），孙家鼐在关于上海《时务报》改为官报的奏折中就以历史为鉴：“臣窃唯明目达聪，唐虞之盛德；采风问俗，三代之隆规。自古圣帝明王，未有不通达下情而可臻上理者也。”[②]同年，在光绪皇帝批准“将《时务报》改为官报”后，康有为上奏说：“查报馆之义，原于古之陈诗。古者以太史乘輶轩采诗万国，以观民风，胪列国之政，达小民之隐。故设官督报，实为三代盛制。”[③]这些关于设立官报的主张，仍然站在臣下向君上进策的立场，自然要从有益于国事的角度，将办报比附于“采风问俗”的“三代盛制”，以复古的方式提出改革现实的主张。

西方传教士为了让中国人接受西方的新闻传播观念，也要比附中国古已有之的传统。花之安 1883 年在《万国公报》上发表《新闻纸论》一文，论述报纸的作用，先陈述历史：“圣明之君，犹尚设谏木、立谤鼓，使下情得以通达。当其时太史采风，輶轩问俗，凡民间之疾苦无不周知，斯上下联为一体”；而“迨世衰道微，上下之情隔绝，谤言日兴。于是有用严刑以止谤者，究之民心骚然，道路以目。君壅蔽于上，臣泄沓于下，吾恐如川之崩决，而有不可止之势也。苟得一危言悚论，寓讽谏之意，以通上下之情者，岂非国家之幸，万民之福哉？”由此指出中国“绝无新报馆之设”，造成了“上下隔绝，情意不通，民间疾苦不能知矣”的弊病。[④] 英国传教士李提摩太 1895 年在《万国公报》上发表向皇帝进言的《新政策》中，也把“立报馆”作为“教民之法”中“欲通上下”的首要之事。[⑤] 正是从“以通上下之情”的角度，在维持皇权统治上下秩序的基础上，报纸被解释为类似于古代“谏木”“谤鼓”的舆论传播工具。英国人所办《申报》（其主笔主要是中国人）也认识到“欧洲诸国”的报纸和清朝官报的不同：“尤可异者，朝廷以每日所下之训谕、所上之奏章，咸登京报，为民表率。而民间曾无一事一闻以达上于君……苟民之意不达于上，则上所为治理者，其何能如乎心耶？是故新闻者，真可便民而有益于国者也。”这番议论也最终归结于“揆诸古者，采风问俗之典”。[⑥]《申报》还详细论述了中国邸报的历史，并指出邸报与新报的区别是：

---

① 梁启超.论报馆有益于国事[J].时务报，1896(1)：1-2.

② 清华大学历史系.戊戌变法文献资料系日[M].上海：上海书店出版社，1998：813.

③ 清华大学历史系.戊戌变法文献资料系日[M].上海：上海书店出版社，1998：821.

④ 李天纲.万国公报文选[M].北京：生活・读书・新知三联书店，1998：97.

⑤ 李天纲.万国公报文选[M].北京：生活・读书・新知三联书店，1998：358.

⑥ 申江新报缘起[N].申报，1872-05-06(1).

"邸报之作成于上,而新报之作成于下。邸报可以备史臣之采择,新报不过如太史之陈风。"①邸报是官报,而新报要寻找自下而上的"通"路,可以比附者只有古代的采诗说。

中国人自己所办报纸,或者说中国最初的新式报纸创办者、提倡者,更是敏锐地发现了西方报纸是对朝廷政治有制约力的一种媒介。这促使他们从新闻传播的性质来反思中国古代的采诗制度。当然这是论证报纸合理存在的重要依据,也是当时人引经据典、可以认同的论证角度。王韬在《论各省会城宜设新报馆》一文中列举:"孔子曰:天下有道则庶人不议。非不敢议,无可议也。顾虽无可议,而圣人犹欲其议之,盖圣人不自有其圣,而惟恐下情之壅于上闻也。故尧有直谏之鼓,舜有诽谤之木……诚以天下之大,兆民之众,非博采舆论,何以措置咸宜。是以盛治之朝,惟恐民之不议,未闻以议为罪也。及周之衰,上不求谏于下,而下亦不敢以谏其上,然国风、小雅,犹能依类讬讽,美刺並陈,太史采而登之于朝,矇瞽习而播之于乐,则民情之向背,政治之得失,犹恍然而可见。及风雅废,而人主益无所闻,奸宄益无所忌矣。"他同样以尧舜故事、周代太史采风以及郑人乡校等例子,作为设新报的历史依据。② 王韬《重民下》的一段话与白居易所表达的意思基本相同:"三代以上,君与民近而世治;三代以下,君与民日远而治道遂不古若。至于尊君卑臣,则自秦制始。于是堂帘高深,舆情隔阂,民之视君如仰天然,九阍之远,谁得而叩之!虽疾痛惨怛,不得而知也;虽哀号呼吁,不得而闻也。"但是,他强调"惟君民共治,上下相通,民隐得以上达,君惠亦得以下逮。"③郑观应在《日报上》一文中同样提到古代"太史采风,行人问俗,所以求通民隐,达民情者,如是其亟亟也"。而"自秦焚书坑儒,以愚黔首"之后,中国没有解决使上下通达的问题,"欲通之达之,则莫如广设日报矣"。④ 这些早期提倡办报者有着相同的知识结构,都从"上下相通"的角度,援引古代采诗说,以论述在中国办报纸的重要性。或者说,正是通过这种引经据典的思路,西方的新闻传播观念被演变成了中国化的说辞。

---

① 邸报别于新报论[N].申报,1872-07-13(1).

② 王韬.论各省会城宜设新报馆[N].申报,1878-02-19(选录香港《循环日报》).

③ 王韬.弢园文录外编[M].上海:中华书局,1959:23.

④ 夏东元.郑观应集:上[M].上海:上海人民出版社,1988:345.

三、传统“采诗”说的突破

在西方报纸以及新闻传播观念进入中国的初期，这种援引“采诗”以论办报，或者说将办报比附“采诗”的思路，是西方新闻传播思想中国化进程中一个必然阶段。这就像清初学者秉持的“西学中源”说一样，都是出自宗经征圣的传统思维模式。然而，这种比较或者说比附，不仅使早期办报人认识到中国封建社会缺乏“上下相通”，特别是使民情上达的有效媒介；也使其参照西方报纸对社会政治的舆论监督作用，逐渐打破了君上民下的传统秩序和传播体系，从而对古代“采诗”说有所突破。

这种突破具体表现在两个方面，一是强调报纸由下对上的约束监督功用，而不仅仅是使下情上达。二是强调报纸对下启蒙，也就是开启民智的作用。梁启超 1902 年在《新民丛报》发表的《敬告我同业诸君》一文说：“报馆有两大天职：一曰对于政府而为其监督者；二曰对于国民而为其向导者是也。”他看到了官报与新报的根本不同：“吾中国前此之报馆，固亦自知其与政府有关系焉矣。然其意曰：吾将为政府之顾问焉，吾将为政府之拾遗补阙焉。”他引入西方新闻观说：“报馆者，非政府之臣属，而与政府立于平等之地位者也。不宁惟是，政府受国民之委托，是国民之雇佣也；而报馆则代表国民发公意以为公言者也。”①这就从观念上颠覆了古代传统社会的上下秩序和传播关系，从而使报纸成为呼唤民主、民权的政治传播工具。

图 17-2

此外，中国早期办报人不仅在“上下通”的框架中，逐渐更新了报纸的传播

---

① 中国之新民（梁启超）.敬告我同业诸君［J］.新民丛报，1902（第 17 号）：1-7.

观念;而且借助于西方传入的报纸,放眼看世界,从而突破了中国闭关锁国的视野,认识到"中外通"的重要性。所以,他们往往把上下通与中外通相提并论。这同样使新式报纸与官方邸报有了根本不同的性质。从最初在世界格局中立足于中国而强调"夷情备采"①,到主动介绍西方的政治民主制度,并以此作为中国政治改革的参照,报纸这一新媒介在中国社会变革中起到了非常重要的作用。严复1897年在《国闻报缘起》中指出办报的目的就是求通:"一曰通上下之情,一曰通中外之故。为一国自立之国,则以通上下情为要义……为各国并立之国,则尤以通外情为要务"。而"阅兹报者,观于一国之事,则足以通上下之情;观于各国之事,则足以通中外之情"。② 正是在"通中外之故"的背景下,中国才可能借助于大众传播媒介——报纸,开始真正撬动"上下"秩序、推翻古代专制朝廷的革命进程。古代文人白居易那种"君兮君兮愿听此"的强烈而无奈的呼唤,也就为中国近代新式报纸创办者争取"言论自由"的雷霆之声所取代了。

四、媒介功能与社会变革

借助近代办报人的眼光,考察"上下相通"这一传播观念从古代"采诗"说到近代办报说的演变过程,这有助于从当代传播学角度,进一步反思其中所反映的媒介与社会的关系。

"上下相通"是带有政治伦理色彩的传播观念。古代的"采诗说"实际上是古代士阶层将儒家政治制度理想化的产物。古代士阶层对采诗制度的呼唤,恰恰说明中国古代社会缺乏实现上下相通的媒介,这正是自秦始皇专制以来历代朝政动乱的一个重要原因。到了近代,中国办报人出于维新改良的政治目的,参照西方传入的新闻传播观念,更加清楚地认识到中国缺乏上下相通的媒介,他们唯一可用来比附的就是古代的理想化的采诗说,而不可能是官方的邸报传统。古代士阶层希望通过诗歌的讽谏功能来辅助朝政,近代办报人希望通过报纸的大众传播功能来改革社会弊端,推进中国的民主化进程。值得注意的是,虽然中国采诗说有悠久的历史,中国最早发明了造纸技术和印刷技术,中国却

---

① 魏源.海国图志叙[M]//郑振铎.晚清文选.上海:上海生活书店,1937:13.

② 王栻.严复集:第二册[M].北京:中华书局,1986:453,455.

没能自发产生近代意义的大众传播媒介报纸。从汉代经学家到唐代文人白居易，再到近代办报人，历史走过了上千年，关于“上下相通”、中外相通的文章却还在做。这足以说明在古代的专制体系之中，媒介本身的作用可以在观念上被强化或者说被夸大，却不能担负起根本变革社会的使命。而报纸作为大众传播媒介和舆论的工具，最初是由外国人输入中国的，是伴随着中国社会制度的根本变革而逐渐发挥政治舆论作用的。

上下相通的传播观念，也反映了中国“传”者的社会地位和社会意识。无论是白居易所代表的古代士大夫阶层，还是梁启超所代表的近代维新人物，他们所接受的儒家治国平天下的人生观念是一脉相传的，他们在中国社会上下相通的纵向传播结构中自觉担当了“传”者的角色。所以在中国近代政治家办报是普遍现象，政治家的办报说也是最为强烈的声音。或者说中国近代办报人最初的新闻观，必然从上下相通的政治角度做文章。而政治家所办报纸在中国近代从维新改良到推翻帝制的进程中，起到了重要的政治传播作用。当然，随着报纸进入市场运作，办报人的身份和观念也发生了变化，传播媒介的功能也相应转向多元化，而不仅仅是政治传播的工具了。

报纸在近代的出现，是中国社会变革的必然产物。而报纸作为大众传播媒介在中国近代社会变革中所起到的重要作用，是古代借助音乐和口头相传的“采诗”制度根本无法相比的。因而，从媒介发展的历史来看，“媒介是社会发展的基本动力，每一种新的媒介的产生都开创了人类交往和社会生活的新方式。如果我们把媒介和媒介技术理解为社会生产力的重要内容，那么媒介的进步对社会变革的巨大影响是无可否认的”①。可以说，中国近代办报人无疑从政治家的立场，更加敏感而深刻地认识到了新媒介对于社会变革的重要意义。从采诗说到办报说，凸显了媒介所具有的“上下相通”的政治传播功能。

当代中国社会，在经历了十年“文化大革命”的禁锢之后，进入了改革开放的新时代，同时也是大众传播媒介飞速发展的时代。特别是日益普及、深入社会各个层面的电子媒介、网络媒介，为中国社会上下相通、中外相通提供了更为广阔的空间和更为快速的平台，也有助于推进中国改革开放的进程。当代大众传播媒介所产生的这种广泛而深刻的影响力，令人联想到报纸媒介在晚清民国之际蓬勃兴起的情形。当代西方传播学被引入中国后，进入了高校的学科教育

① 郭庆光.传播学教程[M].北京：中国人民大学出版社，1999：36.

体系,对中国传统特色的新闻观产生了新的冲击,而西方传播学也需要进一步中国化的过程。借鉴传播学的视角来看,无论是古代的采诗说,还是近代的办报说,都不仅是一种观念表述,而且是一套政治运作及媒介传播的机制。类似的还有近代文人曾引用古代"开言路"观念,辨析其与西方"言论自由"观念的区别①,这都是中国政治传播观念及其演变的例证。

在当今社会,"互联网正在改变我们如何进行政治运作和如何思考政治","互联网以什么方式组织和再组织传播系统来建构制度形式"等问题,即"互联网的政治化",成为中外学者所关注的问题。② 因此,反观中国"上下相通"这一传播观念的来源及演变,对于今天网络社会中各种身份的"传"者,考察当今的新闻传播现象、思考传播行为的社会影响,也是有参照意义的。

(原文以《从"采诗"说到办报说——论古代"上下相通"之传播观念的演变》为题,发表于《中国编辑》2002 年第 2 期)

① 于翠玲,郭毅.清末民国开言路与言论自由的比较视野考论[J].国际新闻界.2013(9).
② 查德威克.互联网政治学:国家、公民与新传播技术[M].任孟山,译.北京:华夏出版社,2010:4,2.

图书在版编目（CIP）数据

中国书籍文化史研究 / 于翠玲著. -- 北京：中国传媒大学出版社，2022.1（2024.6 重印）
（语言·文化·传播丛书）
ISBN 978-7-5657-3015-3

Ⅰ. ①中…　Ⅱ. ①于…　Ⅲ. ①图书史—文化研究—中国　Ⅳ. ①G256.1

中国版本图书馆 CIP 数据核字（2021）第 175954 号

中国书籍文化史研究
ZHONGGUO SHUJI WENHUASHI YANJIU

著　　者　于翠玲
策划编辑　黄松毅
责任编辑　欧丽娜
封面设计　宇宙尺度
责任印制　李志鹏

出版发行　中国传媒大学出版社
社　　址　北京市朝阳区定福庄东街 1 号　　**邮　　编**　100024
电　　话　86-10-65450528　65450532　　**传　　真**　65779405
网　　址　http://cucp.cuc.edu.cn
经　　销　全国新华书店

印　　刷　北京中科印刷有限公司
开　　本　710mm×1000mm　1/16
印　　张　18.25
字　　数　316 千字
版　　次　2022 年 1 月第 1 版
印　　次　2024 年 6 月第 2 次印刷

书　　号　ISBN 978-7-5657-3015-3/G·3015　　**定　　价**　78.00 元

本社法律顾问：北京嘉润律师事务所　郭建平